IUS COMMUNE GRAECO-ROMANUM

IURIS SCRIPTA HISTORICA – KVAB

PUBLICATIE VAN HET COMITÉ RECHTSGESCHIEDENIS
KONINKLIJKE VLAAMSE ACADEMIE VAN BELGIË
VOOR WETENSCHAPPEN EN KUNSTEN

IURIS SCRIPTA HISTORICA – KVAB

XXX

IUS COMMUNE GRAECO-ROMANUM
ESSAYS IN HONOUR OF PROF. DR. LAURENT WAELKENS

Wouter Druwé
Wim Decock
Paolo Angelini
Matthias Castelein

PEETERS
LEUVEN – PARIS – BRISTOL, CT
2019

ISBN 978-90-429-3802-1
eISBN 978-90-429-3803-8
D/2019/0602/26

PRÉFACE

MGR. Roland MINNERATH

Le Professeur Laurent Waelkens s'est attaché à explorer des territoires longtemps laissés en friche de l'histoire du droit romain: droit romain reçu dans l'Orient méditerranéen, droit romain oriental depuis Heraclius et surtout influence du droit romain oriental sur la formation des nations slaves du centre et de l'Est de l'Europe. Nous lui devons aussi des aperçus nouveaux sur le retour du droit byzantin sur l'Europe latine après 1453.

De ces recherches une ligne se dégage qui relie d'une manière inattendue l'Est et l'Ouest, après le tri opéré sur les influences venues de mondes largement hétérogènes. Les élèves du Professeur Waelkens ont creusé le sillon dans des domaines très spécialisés.

Le droit codifié par Justinien est bien le droit romain, mais déjà fortement marqué par l'influence des coutumes helléniques en droit privé, dans des domaines comme l'adoption, l'émancipation, et aussi dans les obligations, le droit de propriété.

Le droit romain byzantin s'est souvent acclimaté par le biais du droit canonique, formant un *ius commune graeco-romanum*. Depuis le synode de Constantinople de 696 le droit canonique oriental se distinguait clairement du droit canonique occidental qui avait ses propres collections canoniques et ses propres sources du droit, notamment les décrétales papales. Le *ius commune* byzantin portait la marque de ce que Waelkens appelle le césaropapisme. L'empereur occupait une place irremplaçable dans la structure même de l'Eglise. L'Empire à son tour apparaissait comme le cadre indispensable dans lequel pouvait se développer la pentarchie des patriarches. A la fin de la période byzantine, on pouvait encore entendre dire 'il n'y a pas d'Eglise sans Empire'. A l'inverse, en Occident, c'est l'Eglise qui regroupait dans une certaine unité la multiplicité des royaumes chrétiens. En Orient comme en Occident l'empire chrétien était idéalement au temporel ce que l'Eglise était au spirituel.

Le prof. Waelkens a attiré l'attention sur les retombées civilisationnelles des échanges entre Grecs et Latins avant, pendant et après le mémorable concile de Florence (1439). C'est à l'instigation du philosophe platonicien Gémiste Pléthon que Cosme de Médicis a créé l'académie néoplatonicienne de Florence, pionnière de nombreuses autres. Il avait été le maître des principaux protagonistes grecs au concile de Florence: Bessarion, Isidore de Kiev et Marc d'Ephèse.

Au XVe siècle, les Grecs ont importé en Occident des conceptions de droit qui y avaient été jusque-là soigneusement marginalisées par le dualisme juridique et l'émiettement féodal de la souveraineté. Un exemple en est le césaropapisme qui n'a pas été sans inspirer les monarchies absolues naissantes et le droit des Eglises issues de la Réforme intégré dans le droit civil de leur Etat respectif.

Le grand intérêt des recherches de Waelkens est d'avoir suivi la trajectoire du *ius commune* dans les régions nouvellement passées au christianisme en Europe centrale et orientale pour y acquérir une nouvelle physionomie. Le droit pur n'existe que dans les reconstructions des historiens. Appliqué aux réalités sociales d'un peuple il ne peut pas ne pas prendre en compte les usages locaux et les formes de droit antérieures. Ainsi le droit romain de l'époque classique s'est orientalisé dans l'Empire d'Orient, pour revêtir des traits des peuples de Grande Moravie, de Pologne, de la Rus'. La diversification et l'adaptation des normes de droit ne cachent pas leur source commune. Le socle romain a traversé les siècles en Orient comme en Occident.

On retiendra deux marques profondes laissées dans l'histoire du droit et de la civilisation. La première est l'armature conceptuelle d'une anthropologie juridique reçue de la philosophie grecque et du christianisme, la notion prometteuse de personne renforcée par celle de droit des gens. La seconde est l'idée de patrie étendue à une multitude de peuples vivant sous la même règle. C'était l'héritage de l'empire romain par excellence. A la fin du Ve siècle le poète gallo-romain Rutilius Namatianus, devant les ruines de l'empire romain d'occident, s'exclamait: «de diversis gentibus patriam fecisti unam» *(de reditu suo)*. La nostalgie d'une Europe intégrée est comme l'empreinte que nous ont laissée l'empire romain et la chrétienté médiévale.

L'Occident et l'Orient semblent perdre de vue la possibilité même d'organiser la coexistence et la coopération de leurs divers peuples dans le cadre d'un même Etat protecteur de leurs droits, les empêchant de s'armer les uns contre les autres. Le droit romain leur offre toujours les éléments d'une universalité jamais oubliée, que le droit canonique avait renforcée en la prenant à son compte.

TABLE OF CONTENTS

PART 3: ROMAN LAW AND IUS COMMUNE IN CENTRAL AND EASTERN EUROPE

INTRODUCTION

Wouter DRUWÉ, Wim DECOCK,
Paolo ANGELINI and Matthias CASTELEIN

In September 2018, Laurent Waelkens retired as full professor of Roman law at the Catholic University of Leuven (KU Leuven). In the later years of his research, Waelkens has actively and innovatively studied the influences of Graeco-Roman (or Eastern Roman) law in both Western and Eastern Europe. Thus, he discussed possible consequences of the fall of the Eastern Roman Empire in 1453 on the development of Protestantism and on the emergence of the early modern absolutist monarchies in Western Europe.[1] He also tried to explain how the re-interpretation in the late eighteenth and nineteenth centuries of the status of Russian serfs as slaves in the Western colonial sense, instead of in its traditional sense which was inspired by the Roman-Greek concept of *aichmalosia*, led to major social upheaval in the late nineteenth and early twentieth centuries.[2] As students of Waelkens, the editors wish to pay tribute to their academic teacher and to further his interests with a volume in his honour on *ius commune graeco-romanum*. For the purposes of our volume, the concept of *ius commune graeco-romanum* points at two closely related issues, namely Eastern Roman law and Roman law in Eastern Europe.[3]

First, a study of *ius commune graeco-romanum* entails research into Eastern Roman law, both in the Eastern Roman Empire and beyond. The Graeco-Roman law was indeed – at least in part – adopted in the regions of the Balkan peninsula, in Wallachia and Moldova, and in the Russian territories, including Georgia, to name

---

1 L. WAELKENS, "Legal Transplant of Greek Caesaropapism in Early Modern Times", in: W. DECOCK, J.J. BALLOR, M. GERMANN and L. WAELKENS (*eds.*), *Law and Religion. The Legal Teachings of the Protestant and Catholic Reformations*, Göttingen, 2014, p. 213-230; IDEM, "Réception ou refoulement? Pour une lecture grecque de l'histoire du droit de la Renaissance", in: B. COPPEIN, F. STEVENS and L. WAELKENS (*eds.*), *Modernisme, tradition et acculturation juridique* [Iuris Scripta Historica XXVII], Brussels, 2011, p. 137-149.

2 L. WAELKENS, "La personne dans le travail en servitude du droit romain antique et médiéval", in: J.-M. TUFFÉRY-ANDRIEU and F. LARONZE (*eds.*), *Les normes du travail: une affaire de personnes?*, Brussels, 2016, p. 33-51.

3 The concept of *ius commune graeco-romanum* was coined by Paolo Angelini – inspired by his conversations with Laurent Waelkens – in the following contributions: P. ANGELINI, "The Serbian Version of the Syntagma of Blastares, the Lex Romana Serborum", *Tijdschrift voor Rechtsgeschiedenis* 86 (2018), p. 297-298; IDEM, "Alcune considerazioni su storia del diritto e slavistica", *Historia et ius* 4/2013, nr. 16.

just a few. This process started with the christianization of the Slavs. Its consequences continued even after the fall of the Eastern Roman Empire, for instance in eighteenth-century Georgia. In many cases, the Church has played a key role in this process.

Legal historians have strongly focused on the concept of *ius commune* as a shared component of the Western European legal culture. Analogously, the Graeco-Roman law is a shared component of Eastern European legal culture. It was adopted in different ways, as the contributions in this volume aptly demonstrate. In some cases, Byzantine law was promulgated as official legislation. In other cases, it was used for the administration of justice in the courts, or for ecclesiastical matters. In still other jurisdictions, the Eastern Roman law merely – but importantly – functioned as a source of inspiration.

Relatively few monographs have been devoted to the reception of the Graeco-Roman law in Eastern Europe. In the second half of the nineteenth century, R. Hubé published an interesting study on Roman law and Graeco-Byzantine law in the Slav regions.[4] Although R. Hubé was a pioneer and has the great merit of having opened the debate on this topic, his rather brief study did not offer a complete and general overview. This author's main focus was on the reception of Byzantine law in Bulgaria, Serbia and Russia, albeit still not in an exhaustive way.

In 1922, T. Saturnik wrote an influential monograph in the Czech language on a similar theme, namely the reception of Byzantine law among the Slavs.[5] The first part dealt with the Byzantine sources, in particular the *Ekloge*, the *Prochiron* and their Slav translations, as well as with the Slav *nomokanon*. In this study's second part, the author focuses on different aspects of civil law, both in its Byzantine and Slav versions. In the final part of the book, Saturnik provides a textual comparison between the Greek and the Slav texts, as well as a juridical glossary. In the mid-twentieth century, A. Solovjev also published some interesting contributions on Slav legal history, and especially on the codification by Stephan Dushan, the Emperor of the Serbs and the Greeks.[6]

The Russian legal historians have provided the most complete reconstruction of the influence of Roman and Byzantine law. The historiographical debate has been summarized recently by F. Feldbrugge in his 2009 study on the law in medieval Russia, which included long paragraphs dealing with the influence and the reception of Roman and Byzantine law in Russia.[7] He supported the theory of a direct

---

4 R. HUBÉ, *O znaczenju prawa rzymsko-byzantynskiego u narodów słowiańskich*, Warsaw, 1868. This book was translated in French and published as: R. HUBÉ, *Droit romain et gréco-byzantin chez les peuples slaves*, Paris-Toulouse, 1880.

5 T. SATURNIK, *Příspěvky k šíření byzantského práva u Slovanů* [Contributions on the reception of Byzantine law in among the Slavs], Prague, 1922.

6 A. SOLOJNEV, *Istorija slovenskih prava. Zakonodavstvo Stefana Dušana cara srba i grka* [History of the law of the Slavs. The codification of Stephan Dushan, emperor of the Serbs and the Greeks], 1939, repr. Belgrade, 1998.

7 F. FELDBRUGGE, *Law in Medieval Russia*, Boston, 2009.

influence of Byzantine law in Russia, and only of a very weak indirect influence of Roman law through the medieval translations of the Byzantine compilations.

These are the most important of the few principal publications devoted to the reception of Graeco-Roman law in the Eastern European countries. Other scholars, among whom Michel Kaplan, went beyond and emphasized the importance of Byzantine history for Western Europe.[8] As a legal historian, Laurent Waelkens studied the reception and influence of the *ius graeco-romanum* in Western Europe, especially when migratory flows around 1453 brought many Byzantine scholars to Italy, Portugal and other European countries.

Secondly, just like there are strong indications that the Graeco-Roman law influenced both the Eastern and the Western part of the European continent, the same can be said of the medieval and early modern tradition of the academic *ius commune* (or *utrumque ius*) and, later still, of Pandectist Roman law. Self-evidently, this 'Western' tradition was based on a Graeco-Roman collection too, *i.e.* the Justinianic *Corpus iuris*. Some years ago, Laurent Waelkens even argued that the first titles of the Code of Justinian (C. 1, 1-13) had been added in the twelfth century on the basis of the Greek *Collectio tripartita* and that still in the sixteenth century some Greek constitutions had been included based on newly arrived manuscripts from Constantinople. His innovative idea launched a new debate among legal historians on the redaction of the Justinianic *corpus*, *i.e.* the foundational texts of the *ius commune*.[9] Although studies on the *ius commune* are often limited to the territories of current France, Italy, Germany, Spain and the Low Countries, that interesting mix of Roman and canon law definitely also impacted the law and legal culture in those regions that under the twentieth-century Soviet influence have become known as parts of Eastern Europe.

Earlier research in this field was usually limited to specific regions, such as the studies by M. Boháček on the influence of Roman law in the Bohemian lands[10], by G.C. Pfeifer on the reception of Roman law in late-medieval Central Europe[11], by J. Sondel on Roman law in Poland in the Age of Enlightenment[12], or, more

---

8 See *e.g.*: M. KAPLAN, *Pourquoi Byzance? Un empire de onze siècles*, Paris, 2016, especially p. 36-48.

9 L. WAELKENS, "L'hérésie des premiers titres du Code de Justinien. Une hypothèse sur la rédaction tardive de C. 1, 1-13", *Tijdschrift voor Rechtsgeschiedenis* 79 (2011), p. 253-296; B. STOLTE, "A heretical hypothesis on the beginning of the Codex Justinianus", *Tijdschrift voor Rechtsgeschiedenis* 81 (2013), p. 109-128.

10 See *e.g.*: M. BOHÁČEK, *Einflüsse des römischen Rechts in Böhmen und Mähren* [Ius Romanum Medii Aevi, V, 11], Milan, 1975.

11 G.C. PFEIFER, *Ius Regale Montanorum. Ein Beitrag zur spätmittelalterlichen Rezeptionsgeschichte des römischen Rechts im Mitteleuropa*, Ebelsbach, 2002.

12 J. SONDEL, *Ze studiów nad prawem rzymskim w Polsce w okresie oświecenia* [*A Study of Roman Law in Poland in the Age of Enlightenment*], Warsaw, 1988.

recently, by H. Siimets-Gross (one of the contributors of this volume) on Roman law in the Baltic provinces of the Russian Empire.[13]

This book, instead, groups contributions from a variety of Eastern European nations. Scholars from the Czech Republic, from Poland, Estonia, Croatia and Hungary present some aspects of the influence of this Western academic tradition of *ius commune* on their respective countries. Similar to what happened in Western Europe, the Church and canon law in particular have been essential for the reception of the learned tradition of Roman law in Eastern Europe too. Even if legists were underrepresented at medieval Eastern European academies and universities, the Roman legal terminology and some Roman legal institutes were effectively introduced in, for instance, Bohemia and Poland. This Roman legal influence continued into and was even strengthened in the early modern period. In the Renaissance, scholars at Polish universities, for instance, were driven by the desire to return to the classical legacy, like some of their Western European counterparts were too. In the eighteenth century, many Baltic lawyers had read *ius commune* at the German universities and introduced some of the learned concepts in the debates with the superior courts of their regions. It is well-known that in the nineteenth century many codifications were inspired by (the Pandectist version of) Roman law. The Austrian codification was applied in Hungary and Croatia too. The influence of Roman law – directly or through the major European codifications – was still present in the twentieth century, with effects on the Civil Code of Georgia, which was enacted as late as 1997.

This volume's aim is to keep alive and contribute to the debate on *ius commune graeco-romanum*, as understood in its double meaning of Eastern Roman law and Roman law in Eastern Europe. So far, the linguistic diversity has strongly limited the interactions between the scholars of our continent. Many publications in the Greek, Czech, Slovak, Russian, Polish, Croatian, Estonian, Bulgarian, Hungarian or Serbian languages are not accessible to the majority of Western European Romanists and legal historians. Consequently, many contributions have not resonated widely in the academic debates in Western Europe. To help bridge this gap, all contributions of the present volume have been written in a Western European language (English, French, German or Italian).

The volume consists of three main parts. In its **first part**, selected issues regarding Eastern Roman law in the Roman Empire itself are discussed. First, **Chris Rodriguez** (Paris, France) gives a summary of the work by Joseph Mélèze-Modrzejewski, who passed away in 2017, on the co-existence of Roman law and Greek customary law in Roman Egypt; a *ius graeco-romanum* in a literal sense. In a second contribution, **Tiziana Faitini** (Trento, Italy) discusses the influence of the Roman law regarding the redemption of prisoners on the teaching of Church Fathers,

---

13 H. Siimets-Gross, *Das Liv-, Est- und Curlaendische Privatrecht (1864/65) und das römische Recht im Baltikum*, Tartu, 2011.

including *inter alia* Ambrose of Milan and the Greek Church Father Origen. In an attempt to better understand the relation between customary law and the old Roman jurisprudential tradition, **Valerio Massimo Minale** (Napoli, Italy) studies the formal sources of the *nomos stratiotikos*, a Byzantine collection of regulations on military law compiled in the sixth to eighth centuries. Finally, **Vasileios-Alexandros Kollias** (Athens, Greece) deals with one specific legal dispute in the fourteenth-century Eastern Roman Empire regarding the jurisdiction over the suffragan diocesan see of Amykleion. The discussion offers a good example of the rights of the Eastern Roman Emperor with respect to the Church, and of the role of the patriarchal synod of Constantinople in that regard.

In this volume's **second part**, influences of Eastern Roman law outside of the Empire will be highlighted. Thus, through a comparison between the Moravian collection of *Zakon Sudnyj Ljudem* and the Byzantine compilation known as the *Ecloga*, **Tomáš Gábriš** (Bratislava, Slovak Republic) searches for the archaic customs of Great Moravia, and discusses the intentions and influences of the work of the Byzantine missionaries Constantine and Methodius (863 AD) on those old laws. Afterwards, **Annick Peters-Custot** (Nantes, France) points at a remarkably different understanding of the notion of gifts to spiritual institutions in Norman Italy (eleventh-twelfth centuries) when compared to other Italian and European regions, and will explain this difference in understanding with reference to Norman Italy's Byzantine legal heritage. In her contribution, **Tamara Matović** (Belgrade, Serbia) studies the influence of the Graeco-Roman tradition on last wills in medieval Serbia, and particularly analyzes its relation to pre-existing Slavic customs. Subsequently, **Gábor Hamza** (Budapest, Hungary) deals with the influence of Byzantine law on Georgia from the eighteenth century until today. Finally, **Dmitry Poldnikov** (Moscow, Russian Federation) discusses a possible instrumentalisation of Byzantine law by Byzantinist scholars in late imperial, Soviet and contemporary Russia. He investigates how the dominant ideologies of the time have continuously been shaping the knowledge about Byzantine Roman law in the Russian academia.

In this book's **third and final part** on Roman law in Eastern Europe, aspects of the influence of Western *ius commune* on Central and Eastern European regions will be dealt with. In his contribution, **Dalibor Janiš** (Olomouc, Czech Republic) studies the early reception and influences of Roman and canon law in the Czech lands, with a special focus on the thirteenth and fourteenth centuries. In that period, Roman law was particularly received through ecclesiastical regulations and canon law, as well as through the presence of Italian lawyers at the Czech royal court. As of 1348, the University of Prague would take part in the academic debates as well. **Maciej Mikuła** (Cracow, Poland) analyzes some published doctoral dissertations, defended at the Academy of Cracow in the sixteenth and seventeenth centuries. The Polish learned authors – who had often studied at Italian universities – frequently used argumentations based on Roman and canon law to tackle the legal problems of their time. **Merike Ristikivi, Hesi Siimets-Gross and Katrin Kello** (Tartu, Estonia) offer a joint contribution on the role of the Roman legal principle of the *favor libertatis* in legal disputes regarding the status of serfs in the Estonian and Livonian provinces of the Russian Empire in the eighteenth century. Many Estonian and Livonian lawyers had studied the *ius commune* at German universities and introduced those learned concepts in the legal debates. Then, **Mirela Krešić** (Zagreb, Croatia) deals with the consequences of the adoption of the Roman *praesumptio muciana* by the *Allgemeines Bürgerliches Gesetzbuch* in Croatia and Slavonia in the period 1853 to 1946. Subsequently, **Levente Völgyesi** (Budapest, Hungary) studies the influence of the *ius commune* on the development of procedural law in Hungary until the enactment of the first code of civil procedure in Hungary in 1868. Finally, and analogous to Poldnikov's contribution on the contemporary study of Byzantine law in Russia, **Paulina Święcicka** (Cracow, Poland) discusses the teaching methods and styles of Roman law at the University of Cracow in the nineteenth and twentieth centuries.

The preceding overview shows that the current volume includes original contributions by scholars from a variety of European countries, but mainly from Eastern Europe. All contributions focus on Eastern Roman law and/or Roman law in Eastern Europe. On the one hand, scholars like Laurent Waelkens taught the academic community that Eastern Roman law (*ius graeco-romanum*) has had a major impact on Western Europe too. On the other hand, the (mainly) Western academic tradition of Roman law (*ius commune*) has impacted and continues to influence the law of Eastern European nations. Different though the specificities of each European national legal system might be, we all share this common Graeco-Roman legal heritage, the *ius commune graeco-romanum*.

Part 1:

IUS GRAECO-ROMANUM IN THE ROMAN EMPIRE

L'APPLICATION DE LA LOI ET LA PERSISTANCE DE LA COUTUME DANS L'ÉGYPTE ROMAINE AU HAUT-EMPIRE: ESSAI DE SYNTHÈSE AUTOUR DES TRAVAUX DE JOSEPH MÉLÈZE-MODRZEJEWSKI*

Chris RODRIGUEZ

à la mémoire du Professeur Joseph Mélèze-Modrzejewski

1. Introduction

Comme le montre le titre de son dernier ouvrage, le Professeur Waelkens s'est longuement intéressé à la réception du droit romain dans les cultures juridiques européennes, et à son influence sur l'évolution de la pensée comme de la pratique juridique.[1] Cependant, si les Romains furent les premiers à envisager le droit comme une discipline, ils découvrirent lors de la conquête successive des différentes provinces d'autres droits, moins élaborés, mais parfois plus anciens, qu'il devint nécessaire de connaître et d'adapter afin de ne pas heurter les populations conquises ni rompre l'équilibre social.

Dans ce domaine, l'Égypte tenait une place à part. Ancienne et brillante civilisation, elle avait été conquise naguère par les armées hellénistiques, et présentait un cadre complexe combinant coutume égyptienne, droit grec hellénistique désormais coutume provinciale, puis droit romain. Chercher à y imposer le droit romain avec une stricte fermeté après la bataille d'Actium était donc impossible, surtout à la vue du nombre particulièrement réduit de citoyens romains.[2] Les nouveaux maîtres de l'Égypte réservèrent donc une place importante à la coutume qui, tout en cohabitant avec le droit romain, réussit même, dans certains cas, à l'influencer.

Ce rapport complexe entre 'loi' et 'coutume' en Égypte fut l'objet de la thèse de notre maître le Professeur Joseph Mélèze-Modrzejewski, hélas disparu en janvier 2017. Soutenu en 1970 sous la direction de Jean Gaudemet, ce travail fut la base de nombreuses études postérieures de l'auteur, qui en proposa plus de quarante ans

---

* Je tiens à remercier très chaleureusement les disciples, collègues et amis du Professeur Waelkens de m'avoir sollicité pour participer à ce volume en l'honneur de ce grand savant. J'espère que cette modeste contribution sera à la hauteur de leurs attentes.

[1] L. WAELKENS, *Amne Adverso : Roman Legal Heritage in European Culture*, Louvain, 2015.

[2] A. JÖRDENS, "Status and Citizenship", dans: C. RIGGS (*éd.*), *The Oxford Handbook of Roman Egypt*, Oxford, 2012, p. 250-252.

plus tard une version qu'il qualifiait lui-même de 'rajeunie'.[3] Après avoir rappelé brièvement les grandes idées générales défendues par cet illustre chercheur sur les rapports entre loi et coutume à l'époque hellénistique et au Haut-Empire, jusqu'à l'Édit de Caracalla (I), nous éclairerons ce pluralisme des traditions juridiques dans la province d'Égypte par l'étude du procès du préfet Caius Vibius Maximus, et notamment de sa relation amoureuse avec un jeune Alexandrin (II), en mettant en lumière les différentes perspectives offertes par la cohabitation de la coutume égyptienne, du droit grec commun devenu coutumier, et du droit romain.

2. Loi et coutume dans l'Égypte grecque et romaine jusqu'à l'Édit de Caracalla

La problématique mise en œuvre dans la thèse de Joseph Mélèze-Modrzejewski concernait plus précisément l'évolution du rapport entre la loi et la coutume en droit privé. L'auteur avait pris soin de définir avec précision ces trois concepts: le droit privé, inconnu des Grecs et des Égyptiens, doit être entendu au sens contemporain du terme. La loi est définie comme toute règle de droit émanant d'un État ou d'un pouvoir souverain sous la sanction de la contrainte; la coutume est un droit effectivement pratiqué par un groupe social dont les règles ne sont pas édictées par le souverain législateur, qui peut cependant les élever au rang de droit positif en leur accordant le bénéfice de la sanction judiciaire. Le point commun de la loi et de la coutume est la garantie de la sanction officielle conférée par leur qualité de règles juridiques. Ainsi, il faut entendre par 'loi' la seule législation royale pour l'époque ptolémaïque, puis les constitutions impériales et les édits préfectoraux pour la période romaine, même si les textes juridiques en question ne sont pas à proprement parler des *leges*.[4]

Avant de nous focaliser sur le cas de la période du Haut-Empire romain, entre la bataille d'Actium et l'Édit de Caracalla (b), un retour sur la situation dans l'Égypte ptolémaïque s'imposait en guise de prolégomènes (a). Pour cette période, Joseph Mélèze-Modrzejewski concentrait sa réflexion autour de trois grandes questions : les composantes du droit ptolémaïque, les mécanismes de l'évolution juridique et la structure du système global.

a. Loi et coutume dans l'Égypte ptolémaïque

Longtemps, l'historiographie, notamment allemande, définissait le droit ptolémaïque comme une 'addition des trois droits: égyptien, grec et royal'.[5] La réalité semblait

---

[3] J. Mélèze-Modrzejewski, *Loi et coutume dans l'Égypte grecque et romaine* [Supplement of the Journal of Juristic Papyrology, 21], Varsovie, 2014.

[4] J. Mélèze-Modrzejewski, *Loi et coutume*, p. 17-23.

[5] W. Schubart, *Einführung in die Papyruskunde*, Berlin, 1918, p. 281; E. Seidl, *Ptolemäische Rechtsgeschichte*, Glückstadt, 1962², p. 1-2.

cependant plus complexe. Joseph Mélèze-Modrzejewski rappelait en effet que, outre le manque d'exhaustivité d'un tel dispositif (le droit juif se retrouverait ainsi exclu alors qu'il était appliqué dans les *politeumata*), ce triptyque ne semblait pas adapté à la situation réelle du droit dans le royaume lagide. Mieux vaudrait par conséquent envisager que le droit grec et le droit égyptien étaient deux parties intégrantes du droit royal.[6]

Le roi, incarnation du νόμος, ne légiférait pas mais ordonnait au moyen de deux types de textes: les διαγράμματα, équivalents des *edicta* romains, sortes de lois-cadres, de portée générale, et qui avaient pour objet des dispositions de droit public, et les προστάγματα, qui étaient des réponses sous forme de lettres à des cas plus précis, comme plus tard les rescrits romains. Cette législation royale, en dehors de quelques exceptions, comme l'organisation des tribunaux, se préoccupait essentiellement de problèmes d'ordre fiscal ou administratif et peu de droit privé. Les exemples de διαγράμματα parvenus jusqu'à nous sont le plus souvent des lois économiques ou fiscales sur les impôts, les taxes, ou la réglementation autour du monopole royal, des dispositions pénales protégeant les intérêts du roi ou du royaume, des actes constitutionnels, comme le célèbre *diagramma* de Cyrène.[7] Parallèlement, on remarque le maintien des traditions juridiques égyptiennes après la conquête; le 'code' d'Hermoupolis-Ouest (aujourd'hui Tounah el-Gebel), recueil de pratiques jurisprudentielles présentées sous forme casuistique et qualifié de 'coutumier sacerdotal' (ἱερατικὸς νόμος) et pour lequel furent découvertes plusieurs variantes et une traduction grecque, démontre la persistance des coutumes égyptiennes pour statuer le quotidien des indigènes, comme en témoignent par ailleurs d'autres documents de la pratique. Ces 'coutumes du pays' (νόμοι τῆς χώρας) acquirent finalement une valeur de droit positif car le roi lagide autorisait leur maintien pour les causes de droit privé, probablement en réponse à un souhait exprimé dans la *chôra* au sein des communautés égyptiennes.

Le droit grec était plus difficile à saisir: l'Égypte ptolémaïque ne mettait pas les Grecs sur un même pied d'égalité; il faut d'abord différencier les trois *poleis* des Grecs de la *chôra*. Pour le cas des trois cités grecques (Naukratis, Ptolémaïs, Alexandrie), nous sommes tributaires d'un nombre de sources extrêmement réduit, hormis les *dikaiomata* du *P.Hal.* 1 pour Alexandrie. L'indépendance législative héritée de la tradition de la cité classique était largement limitée par la soumission de ces cités à la loi royale, en tête de la hiérarchie des sources du droit, comme en témoignent les décisions des juges dans les tribunaux des dicastères. L'autonomie législative des cités n'était donc qu'apparente. Dans la *chôra*, les pratiques coutumières inspirées des anciennes cités grecques persistaient. Les formulaires notariaux, à l'exemple du *P.Eleph.*1, révélaient cette continuité du droit privé. La rencontre des différentes traditions de la Grèce classique, réunies par un même substrat originel, aboutirent à la formation progressive d'une *koinè* juridique, un droit grec

---

6 J. Mélèze-Modrzejewski, *Loi et coutume*, p. 50.

7 *SB* VIII 9934.

commun, appelé dans les textes les πολιτικοὶ νόμοι, dont le sens reste sensiblement différent de celui constaté dans les sources byzantines tardives, qui les comprennent comme 'le droit civil'.[8] Ce droit grec commun régissait *de facto* le droit privé dans la *chôra*, tout en restant soumis aux lois royales.

Cette coexistence de deux droits coutumiers, égyptien et grec, tolérés par le pouvoir royal, soumis tous deux à la législation des Ptolémées, invite à poser la question de la personnalité du droit; l'analyse du *P.Tebt.* 5, lignes 207-220, décret de Ptolémée VIII relatif à la compétence des tribunaux, amène à conclure que, contrairement au cas de l'Antiquité tardive, la personnalité du droit n'existait pas en Égypte.[9] On n'était pas jugé en fonction de son appartenance ethnique, mais selon la langue du contrat; un Égyptien hellénisé pouvait ainsi demander à être jugé selon le droit grec. C'est sur ce principe lié à la langue du contrat que s'organisait la justice ptolémaïque, composée des chrématistes, juges royaux, qui statuaient les affaires liées aux intérêts du Trésor ou à la sûreté de l'État, les dicastères, tribunaux institués pour le droit grec, et les laocrites, pour le droit égyptien. Cette coexistence de deux traditions juridiques différentes aboutissait finalement à des emprunts et à des influences: les Grecs firent par exemple adopter l'écrit en double-expédition, même si cette pratique semble avoir été d'origine orientale, ce qui démontre par ailleurs la richesse des échanges et des transferts dans le domaine juridique en Méditerranée. Pour leur part, les Égyptiens incitèrent les souverains lagides à punir de mort la pêche à l'oxyrhynque, considérée comme un animal sacré, ou encouragèrent l'instauration progressive de la primogéniture mâle dans les contrats de succession.

Comme énoncé précédemment, coexistence ne signifiait pas statut d'égalité entre les sources de droit. Le *P.Gurob.* 2, qui nous a transmis un extrait du *diagramma* judiciaire de Ptolémée II, rappelait explicitement que les lois royales s'imposaient en premier lieu dans la hiérarchie des normes, avant les coutumes, puis l'opinion la plus équitable. Le roi ptolémaïque ne faisait donc que 'légaliser' les coutumes par la garantie d'une sanction officielle, ce qui le dispensait de légiférer en matière de droit privé.[10]

En dépit de ce système juridique finalement très cohérent, les Romains trouvèrent en Égypte un appareil judiciaire grippé lorsqu'ils conquirent le pays: la justice était désorganisée (disparition des dicastères puis des laocrites) ou inefficace (bureaucratie arbitraire, irrespect progressif de la hiérarchie des droits). Il fallut donc aux nouveaux maîtres du pays remettre de l'ordre, sans pour autant bouleverser une société attachée à ses coutumes qui avaient survécu à trois siècles de domination grecque, et en tenant compte du fait que, à l'époque, la doctrine romaine ne reconnaissait pas la coutume comme source de droit.[11]

---

[8] *Scholie des Basiliques*, 46, 2, 2, 4; J. Mélèze-Modrzejewski, *Loi et coutume*, p. 161.

[9] J. Mélèze-Modrzejewski, *Loi et coutume*, p. 178.

[10] J. Mélèze-Modrzejewski, *Loi et coutume*, p. 213-220.

[11] D, 1, 1, 7 (Papinien); D, 1, 2, 2, 12 (Pomponius).

b. La rencontre des traditions juridiques après la conquête romaine de l'Egypte

La conquête romaine provoqua des bouleversements institutionnels et des modifications importantes dans le domaine du droit public. La province était désormais soumise à la puissance du *populus romanus*, et administrée selon les conditions du statut augustéen de l'Égypte.[12] Interdite aux sénateurs et aux chevaliers d'élite, elle se retrouvait directement rattachée à la maison impériale, sous l'autorité exclusive du *princeps*, et sous l'administration d'un préfet, chevalier muni d'un *imperium* à la manière d'un proconsul.[13] Les attributions et compétences du préfet d'Égypte, seul représentant de l'empereur, furent ensuite précisées ou modifiées par le recours à des constitutions impériales successives. Ce sont parallèlement d'autres constitutions qui établirent l'organisation de l'administration, de la justice du gouverneur ou qui définirent les statuts des cités grecques de la province.[14]

L'époque romaine se divise en deux phases, avant et après l'Édit de Caracalla généralisant la citoyenneté romaine à tous les hommes libres de l'Empire. Pour la période qui nous intéresse, jusqu'en 212, on remarque chez les Romains la volonté de ne pas bouleverser le quotidien des habitants de l'Égypte. Sans être strictement 'légale', la continuité de la vie juridique quotidienne est attestée (b.1), et le droit romain pénètre progressivement dans la province, à la fois comme *Reichsrecht* (lois républicaines, constitutions universelles, doctrine, sénatus-consultes) et comme *Provinzialrecht* (constitutions et édits préfectoraux dont la portée est limitée à l'Égypte, élévation de coutumes pérégrines au rang d'institutions officielles) si l'on suit la distinction opérée par Schönbauer (b.2).

b.1. Persistance et maintien des droits locaux

La volonté générale des Romains était de ne pas bouleverser le quotidien des habitants. Les principales structures administratives furent conservées, tout comme plusieurs éléments du quotidien, comme le calendrier ou les poids et mesures. La découverte de formulaires ptolémaïques datés de l'époque romaine témoigne de la continuité de la vie juridique dans le domaine du droit privé. Les *leges prouinciarum* trahissaient du reste de véritables préoccupations du nouveau pouvoir à l'égard du droit public, mais un désintérêt global pour le droit privé comme pour le droit des pérégrins. Toutefois, il ne s'agissait pas en l'espèce d'une pleine continuité de la vie juridique, car l'Égypte n'était plus un État souverain mais bel et bien une province soumise. Il n'y avait donc pas de 'survie légale' des droits locaux, simplement tolérés.

---

12 Dion Cassius, 51, 17, 1-3.

13 D, 1, 17, 1 (= Ulpien, *Ad Edictum* 15): '*Praefectus Aegypti non prius deponit praefecturam et imperium, quod ad similitudinem proconsulis lege sub Augusto ei datum est, quam Alexandriam ingressus sit successor eius, licet in prouinciam uenerit: et ita mandatis eius continetur.*'

14 J. Mélèze-Modrzejewski, *Loi et coutume*, p. 251-254.

Plusieurs lois lagides furent confirmées par des constitutions impériales ou des édits préfectoraux et élevées au rang de loi de droit provincial, d'autres maintenues et tolérées en tant que coutumes et certaines, plus rares, furent abrogées. Ainsi, la très sévère loi d'inspiration égyptienne qui prévoyait la peine de mort en cas de pêche à l'oxyrhynque fut confirmée par les autorités romaines[15] afin de ne pas heurter les croyances locales, alors même que les Romains étaient réputés comme hostiles à la zoolâtrie.[16] L'abrogation des lois royales était beaucoup plus rare, et n'était décidée que lorsque ces dispositions entraient en contradiction avec le droit romain.[17] Ce désintérêt d'ensemble des Romains, qui légiférèrent peu en Égypte, traduisait la perception globale qu'ils avaient de ce pays conquis, qu'ils regardaient avant tout comme un grenier à blé et un moyen de percevoir des impôts.

L'arrivée des Romains correspondit également à l'émergence d'un concept nouveau qui apparaît dans au moins quatre documents: les 'lois des Égyptiens' (νόμοι τῶν Αἰγυπτίων). Cette appellation ne désignait cependant pas les seuls Égyptiens, mais tous les *Aegyptii*, donc les pérégrins d'Égypte, qu'ils fussent Égyptiens, Grecs ou Juifs. Ces 'lois des Égyptiens' qualifiaient finalement tout droit coutumier de manière générale. À ce sujet, le *P.Oxy.* IV 706 se révèle particulièrement intéressant, car il permet d'évaluer la hiérarchie des droits alors en vigueur, et de comprendre comment le préfet agissait pour trancher. Il s'agit en l'occurrence d'un banal litige entre un patron, Hérakleidès, et son affranchi Damarion, tranché par le préfet Lupus, au début du deuxième siècle.[18] Lors de son affranchissement, Hérakleidès avait garanti par écrit que Damarion ne lui devait plus aucun service, mais il contestait désormais cet accord, conclu sur la base de 'lois des Égyptiens'. Lupus prit alors le parti de trancher selon le droit romain ('ἀστικοὶ νόμοι', équivalent de '*ius Urbis Romae*')[19] et de remettre en cause cet accord qui contrevenait au dispositif romain. Ainsi, si les Romains respectaient les coutumes et étaient prêts à valider des contrats négociés à l'aide du droit coutumier, ils pouvaient cependant le corriger en s'appuyant sur le droit romain. De même, dans un autre document, le *P.Oxy.* II 237, un père demandait le retour auprès de lui de sa fille mariée, en s'appuyant sur la procédure grecque de l'ἀφαιρέσις. Les autorités romaines refusèrent

15 *PSI* VIII 901.

16 S. Pfeiffer, "Der ägyptische Tierkult im Spiegel der griechisch-römischen Literatur", dans: A. Alexandridis, M. Wild et L. Winkler-Horacek (*éd.*), *Mensch und Tier in der Antike, Grenzziehung und Grenzüberschreibung*, Wiesbaden, 2008, p. 363-383.

17 *W. Chr.* 351. Hadrien abroge une loi royale sur les conditions d'affermage des parcelles de terre du domaine public.

18 J. Mélèze-Modrzejewski, "La loi des Égyptiens: le droit grec dans l'Égypte romaine", dans: B.G. Mandilaras (*éd.*), *Proceedings of the XVIII International Congress of Papyrology (*Athens, 25-31 May 1986*)*, vol. 2, Athènes, 1988, p. 386-389 (= "Droit impérial et traditions locales dans l'Égypte romaine", Aldershot, 1990, nr.°IX). Voir la traduction française dans J. Mélèze-Modrzejewski, *Le Droit Grec après Alexandre*, Paris, Dalloz, 2012, p. 154.

19 Sur l'équivalence des termes 'ἄστυ' et '*Urbs Roma*', voir H.J. Mason, *Greek Terms for Roman Institutions; a Lexicon and Analysis* [American Studies in Papyrology, 13], Toronto, 1974, p. 27. Pour les attestations papyrologiques, voir H. Cadell, "Pour une recherche sur *astu* et *polis* dans les papyrus grecs d'Égypte", *Ktèma* 9 (1984), p. 237-238.

d'accéder à sa demande, pourtant légitime en droit grec, car cette loi fut jugée 'inhumaine' par les Romains. Ces 'lois des Égyptiens' n'avaient donc pas été élevées au rang de droit positif.

b.2. La pénétration progressive du droit romain

La persistance des coutumes et des droits locaux n'entravait pas la pénétration du droit romain au-delà des seuls détenteurs de la citoyenneté. Pour ce qui recouvrait le droit public, les Romains légiférèrent, et firent appliquer ce qui relevait du *Reichsrecht* : des lois de portée générale, des constitutions impériales universelles, des sénatus-consultes, ou des décisions jurisprudentielles. À l'échelle provinciale, des solutions romaines furent introduites pour combler les lacunes du droit coutumier, et des institutions officielles créées pour évaluer voire élever au rang de droit positif les coutumes pérégrines.

L'administration de la justice restait par ailleurs un monopole préfectoral. Les tribunaux sous l'autorité du préfet sanctionnaient en général en s'appuyant sur le droit pérégrin, mais avaient recours au droit romain en cas d'absence de solution juridique, ou de coutume contraire aux principes du droit romain. Les décisions des tribunaux ne faisaient cependant pas jurisprudence car les fonctionnaires locaux n'avaient pas force de loi, et se contentaient simplement d'appliquer le droit existant. Parallèlement, les édits préfectoraux ne réglaient la vie juridique que des seuls citoyens romains.

Dans l'ensemble, les sources révèlent un accueil plutôt favorable du droit romain dans la province, même s'il était perçu parfois comme trop technique. La documentation papyrologique témoigne également de problèmes de traduction entre le latin et le grec de certains concepts juridiques. Dans tous les cas, jusqu'en 212, on assiste cependant à une coexistence des droits locaux et du droit romain en Égypte. Si la pratique pérégrine continuait de dominer la vie quotidienne, l'apport romain, superficiel en droit privé, complétait avec habileté les lacunes des coutumes. Les échanges et la rencontre de ces traditions juridiques aboutirent même à un fléchissement progressif de la doctrine romaine, qui reconnut progressivement la coutume comme une source du droit.[20]

Cette imbrication de plusieurs traditions juridiques au sein d'une même province pouvait en outre permettre de modifier la perception d'une affaire, au-delà du strict plan légal. L'affaire de mœurs dans laquelle se retrouva embourbé le préfet d'Égypte Caius Vibius Maximus, jugé par le tribunal impérial présidé par Trajan entre 110 et 113 de notre ère, en est un bon exemple car elle permet de combiner la condamnation pénale dictée ou non par le droit romain, une

---

[20] D, 1, 3, 32, pr. (JULIEN, *Digesta*, 94): '*De quibus causis scriptis legibus non utimur, id custodiri oportet, quod moribus et consuetudine inductum est: et si qua in re hoc deficeret, tunc quod proximum et consequens ei est: si nec id quidem appareat, tunc ius, quo urbs roma utitur, servari oportet.*'

condamnation sociale conséquence de la tradition égyptienne, et la possibilité d'éclabousser des complices par le recours aux dispositions du droit grec commun devenu coutumier.

3. Le procès du préfet Maximus et sa relation amoureuse avec son jeune amant

Après sa sortie de charge, le préfet Caius Vibius Maximus,[21] en poste entre 103 et 107, ami de Stace et de Pline le Jeune, fut attaqué par les Alexandrins pour des actes de cruauté, de corruption, de spoliation ou d'usure, qui lui valurent d'être condamné à la *damnatio memoriae*.[22] Si la quasi totalité des débats est hélas perdue, le hasard a toutefois préservé l'évocation par l'avocat de la partie alexandrine d'une relation intime entretenue par Maximus avec un jeune adolescent de dix-sept ans, alors que les faits reprochés par ailleurs semblaient cependant plus graves (*P.Oxy*. III 471). Cette affaire a par ailleurs été intégrée au corpus papyrologique des *Acta Alexandrinorum*[23] en raison de la découverte d'un second extrait rédigé sur le modèle des minutes (*P.Schub*. 42). Ce développement, assez long, et qui occupe l'essentiel des fragments du plaidoyer parvenus jusqu'à nous, mérite que l'on s'y attarde.

> Col.II
> Le dernier document met en effet en lumière son attachement et son amour pour le jeune homme. Car, alors que nous étions opprimés, chaque fois qu'il quittait la province, (...) les intérêts (...) de tout (...) il attribue les gymnasiarchies à des surveillants : à la dix-neuvième année de notre seigneur Berenicianus
> Col.III
> sera gymnasiarque, alors que pour la vingt-neuvième année Aneikètos exercera la gymnasiarquie. Sur tout cela, pour quelle raison t'es-tu tu?

---

21 Sur ce personnage, voir par exemple J. N. Coroï, "Caius Vibius Maximus : Praefectus Alexandriae et Aegypti", dans: *Atti del Congresso internazionale di diritto romano; Roma 22-29 aprile 1933*, Pavie, 1934, p. 513-524; A. Stein, *Die Präfekten von Ägypten in der römischen Kaiserzeit*, Berne, 1950, p. 50-53; R. Syme, "C. Vibius Maximus, Prefect of Egypt", *Historia* 6 (1957), p. 480-487.

22 Son nom est martelé dans trois inscriptions: *IGR* I 1175; *CIL* III 14148[2]; le martelage de l'inscription *IGR* I 1148, bien que datée de 109, concerne également Maximus et non son successeur (voir A. Stein, "Ser. Sulpicius Similis", *Hermes* 53 (1918), p. 425-427).

23 H. Musurillo, *The Acts of Pagan Martyrs*, Oxford, 1954, n° VII p. 33-41. Les *Acta Alexandrinorum* sont un recueil de documents officiels ayant trait aux relations entre Alexandrie et Rome entre les principats d'Auguste et Caracalla. Le corpus regroupe essentiellement des minutes de procès et des rapports d'ambassades, ainsi que quelques pétitions ou autres sources administratives. Ils se caractérisent par un travail de réécriture plus ou moins affirmé par les auteurs alexandrins, qui y exposaient leurs griefs à l'encontre du pouvoir romain, et se développèrent au sein d'une frange des élites intellectuelles locales (membres du Musée ou du Gymnase) hostiles à Rome.

Diras-tu que tu as été trompé ou que tu as reçu des cadeaux? Il vaut mieux se mettre d'accord seulement sur le moins grave. Mais nous, nous disons que tu n'as pas reçu l'argent mais que tu l'as donné.
Et pourquoi donc? Un enfant de dix-sept ans, qui toute la journée mange à tes côtés. Chacun de ces hommes, toutes les fois qu'il fut jugé digne de prendre part à une réception – en effet, une fois devenu roi, tu n'accordais pas si aisément de telles faveurs –, a vu l'enfant au banquet soit avec son père, soit seul. Et chacun vit le regard honteux et les contacts honteux des amants au poil dru. Quoi encore? Toute la journée, il l'embrassait. Ils témoignent, Seigneur, par ton Génie, que, attendant patiemment la salutation matinale
Col.IV
en restant sur le seuil de la porte, ils ont vu l'enfant sortir de la chambre à coucher en exhibant les signes de son intimité avec lui. Une fois qu'il se fut habitué à la honte, ce bel et riche adolescent se vautra dans la débauche et éclata d'insolence, à tel point qu'il batifolait ouvertement avec tous et qu'il se cramponnait aux mains du chambellan Eutychès, et il riait d'un rire strident et sans pudeur au beau milieu de ceux qui venaient présenter leurs salutations. Il n'était pas sot, si bien que devant les débiteurs il donnait en spectacle ce qu'il faisait. Quoi donc, tu ne l'en empêchais pas, toi qui baisses les yeux et exagères ta mine austère? Mais si un homme pauvre aux vêtements bon marché vient te solliciter, tu ordonnes que l'on confisque ses biens, ceux de sa femme et ceux de son entourage. Et celui qui ne s'asseyait pas en vêtements blancs
Col.V
au théâtre, tu le livrais à la mort. Cet adolescent imberbe, (…) et beau, en le gardant dans le prétoire toute la journée, tu ne l'envoyais plus en cours ou vers les exercices physiques qui conviennent aux jeunes gens. Combien de fois as-tu fort justement reproché à son père de ne pas l'éduquer et (…)? Tu te promènes dans toute l'Égypte avec l'adolescent. Non pas certes (…) Lors de tes assises publiques, un enfant de dix-sept ans n'est-il pas à tes côtés à la tribune? Quoi donc? Et à Memphis, et à Péluse, et partout où tu étais, Maximus, il était aussi présent. Nous, tous les autres, nous évitions tes tournées et tes sessions judiciaires, de telle sorte que (…)[24]

Le préfet Maximus ne cherchait pas à vivre sa relation amoureuse avec ce jeune homme dans la discrétion. Il le gardait constamment auprès de lui, multipliait les marques d'affection publiques et ostentatoires, lui permettait de l'accompagner à

---

24 Pour le texte grec, voir H. MUSURILLO, *Acta Alexandrinorum: De Mortibus Alexandriae Nobilium Fragmenta Papyracea Graeca*, Leipzig, 1961, p. 23-31.

l'occasion du *conventus*[25], l'autorisait à demeurer à ses côtés pendant les procès[26] et sa présence dans sa chambre retardait les salutations matinales.

Du point de vue du droit romain, à cause de cette liaison, Maximus pouvait théoriquement[27] faire l'objet d'une condamnation pour *stuprum cum masculo* (mœurs dépravées).[28] L'homosexualité n'était pas répressible à Rome mais aurait cependant été partiellement encadrée par la *lex Scantinia*.[29] Nous savons peu de choses concrètes sur cette loi. Elle daterait de 226 avant JC (mais la date est incertaine) et punissait visiblement toute relation avec un *ingenuus*, au contraire de la coutume grecque qui autorisait les rapports entre un homme mûr actif et un jeune homme passif qui, en tant qu'imberbe, était encore considéré comme androgyne. Une autre situation pouvant déboucher sur une peine était le cas d'un rapport homosexuel entre deux adultes: le passif tombait alors sous le coup de cette loi, mais l'actif n'encourait rien.[30]

Cependant, en l'espèce, il est presque impossible d'envisager que la *lex Scantinia* ait pu être invoquée contre le préfet. La relation que les deux amants paraissaient entretenir nous laisse penser qu'elle était de nature pédérastique. Maximus était sans doute le partenaire actif du couple, et le jeune homme n'était

---

25 U. WILCKEN, "Der ägyptische Konvent", *APF* 4 (1908), p. 381-382, avait démontré, notamment en s'appuyant sur ce texte, que Memphis et Péluse, dont il est question ici, étaient les étapes du *conventus* en Égypte (voir aussi *P.Oxy*. IV 709). Le *conventus* marquait le déplacement d'un gouverneur dans sa province afin d'y rendre la justice. Pour une brève synthèse sur le *conventus* en Égypte, voir A. BÉRENGER, *Le métier de gouverneur dans l'empire romain de César à Dioclétien* [De l'Archéologie à l'Histoire, 62], Paris, 2014, p. 210-215.

26 À l'occasion du *conventus*, le préfet se tenait sur un βῆμα (sorte de podium, cf. *LSJ*, p. 314) en bois transportable et pourvu de marches (représentation iconographique sur un vase en argent de Méroé chez H. GABELMANN, *Antike Audienz- und Tribunalszenen*, Darmstadt, 1984, p. 126-127 et planche 11/2), et était, comme au tribunal d'Alexandrie, secondé par un *consilium* d'assesseurs composé entre autres de l'archidicaste et de l'*idios logos* (voir L. CAPPONI, "Spaces of Justice in Roman Egypt", in F. DE ANGELIS (*éd.*), *Spaces of Justice in the Roman World*, Leyde, 2010, p. 262-264).

27 JUVÉNAL, *Satires*, II, 43-44, sous-entendait que la *lex Scantinia* n'était plus appliquée à son époque et qu'elle avait été mise en sommeil.

28 Pour une définition générale du *stuprum*, voir C.A. WILLIAMS, *Roman Homosexuality: Ideologies of Masculinity in Classical Antiquity*, Oxford, 1999, p. 96-97; E. FANTHAM, "*Stuprum*: Public Attitudes and Penalties for Sexual Offences in Republican Rome", *Échos du Monde Classique* 35 (1991), p. 269-273.

29 Sur cette loi, parfois appelée *lex Scatinia*, voir C. LOVISI, "À l'origine de la Loi Scantinia?", dans: M. HUMBERT et Y. THOMAS (*éd.*), *Mélanges à la mémoire de André Magdelain*, Paris, 1998, p. 275-283; E. CANTARELLA, *Selon la Nature, l'usage et la loi: la bisexualité dans le monde antique*, traduit de l'italien par M.D. PORCHERON, Paris, 1991 (édition originale 1988), p. 159-171; S. LILJA, *Homosexuality in Republican and Augustan Rome*, Helsinki, 1983, p. 112-121; C.A. WILLIAMS, *Roman Homosexuality*, p. 119-124. Parallèlement à la *lex Scantinia*, la législation et la répression du *stuprum* ont pu coexister ou se compléter mutuellement (voir G. RIZZELLI, *Lex Iulia de adulteriis: Studi sulla disciplina di adulterium, lenocinium, stuprum*, Lecce, 1997, p. 219-222).

30 À Rome, cette différenciation entre actif et passif n'était pas le fruit d'un jugement moral ou d'un étalonnage des pratiques sexuelles, mais répondait à l'obligation d'inviolabilité du corps du citoyen qui imposait un interdit politique (voir par exemple J. WALTERS, "Invading the Roman Body: Manliness and Impenetrability in Roman Thought", dans: J.P. HALLETT et M.B. SKINNER (*éd.*), *Roman Sexualities*, Princeton, 1997, p. 30-34).

vraisemblablement pas citoyen romain.[31] Par conséquent, Maximus ne fut certainement pas condamné pour cette liaison en application de cette loi.[32]

Un extrait des *Sentences de Paul*[33] aurait pu peut-être provoquer la condamnation du préfet. Le texte est cependant difficile à interpréter à cause de l'ambiguïté de certains termes latins:

> Celui qui aura convaincu un enfant porteur de la toge prétexte (*puer praetextatus*) de se livrer au *stuprum* ou à une quelconque autre ignominie, que ce soit en l'attirant lui-même ou en corrompant celui qui l'accompagne, celui qui aura sollicité une femme ou une jeune fille, celui qui aura fait quoi que ce soit pour corrompre la pudeur, celui qui aura fourni sa maison ou de l'argent dans ce but, sera puni de la peine capitale si le crime est achevé, et déporté dans une île si le crime n'est pas achevé: les acolytes seront condamnés à la sanction suprême.

Un doute persiste ici sur le recours à l'expression *puer praetextatus* en lieu et place d'*ingenuus*, et sur le fait que les compilateurs du *Digeste* préférèrent ne retenir que le simple terme *puer*. S'il est très probable que le champ de cette disposition semblait se limiter aux seuls enfants porteurs de la toge prétexte[34], la correction, certes tardive, pourrait laisser supposer une hésitation ou une contradiction, et le terme *puer* pourrait alors qualifier tout enfant ou jeune homme de naissance libre. Parallèlement, il est essentiel de se poser ici la question de la définition précise du *stuprum* sous la plume d'un juriste.[35] Le *stuprum* doit être compris comme un abus à caractère sexuel, un acte d'*hybris*, qui dans l'esprit d'un législateur romain ne peut être qu'une atteinte à l'inviolabilité du corps, donc à l'acte de pénétrer.[36] Le cas de la relation entre le préfet et le jeune homme entrerait alors dans le cadre répressif

---

31 B. LEGRAS, "L'homosexualité masculine à travers les papyrus grecs d'Égypte: droit et morale", dans E. CANTARELLA et G. THÜR (*éd.*), *Symposion 1997*, Cologne, 2001, p. 278.

32 J. BOSWELL, *Christianity, Social Tolerance and Homosexuality*, Chicago, 1980, p. 70, considérait l'accusation comme complètement irrecevable. B. LEGRAS, "L'homosexualité masculine", p. 277-278, estime que Maximus a été acquitté pour cette affaire.

33 *Sentences de Paul*, V, 4, 14: '*Qui puero praetextato stuprum aliudue flagitium, abducto ab eo uel corrupto comite, persuaserit, mulierem puellamue interpellauerit, quidue pudicitiae corrumpendae gratia fecerit, domum praebuerit pretiumue quo id persuadeat, dederit, perfecto flagitio capite punitur, imperfecto in insulam deportatur: corrupti comites summo supplicio adficiuntur.*' Le texte est repris sous une forme légèrement abrégée dans le *Digeste* (D, 47, 11, 1, 2) ('*Qui puero stuprum abducto ab eo uel corrupto comite persuaserit aut mulierem puellamue interpellauerit quidue impudicitiae gratia fecerit, domum praebuerit pretiumue, quo is persuadeat, dederit : perfecto flagitio punitur capite, inperfecto in insulam deportatur : corrupti comites summo supplicio adficiuntur.*').

34 J. WALTERS, "Invading the Roman Body", 1997, p. 35, pensait, sans doute à juste titre, que ce passage ne concernait que des jeunes hommes citoyens de haute condition sociale, mais il se focalisait uniquement sur le terme '*praetextatus*' et n'étudiait pas davantage le terme '*puer*'.

35 Pour une tentative de définition juridique du *stuprum*, voir A. RICHLIN, *The Garden of Priapus: Sexuality and Aggression in Roman Humor*, Oxford, 1992, note 8, p. 258.

36 Comme il est précisé dans le texte issu des *Sentences de Paul*, la simple intention de commettre un *stuprum* suffisait pour être poursuivi (cf. VALÈRE-MAXIME, VI, 1, 8, sur le cas de Cneius Sergius Silus, condamné vers 60 avant notre ère pour avoir proposé de l'argent à une mère de famille).

prévu par cette disposition. Toutefois, si le rapprochement avec l'affaire qui nous intéresse méritait d'être abordé, il faut cependant se garder de tirer des conclusions fermes ou hâtives. Le procès du préfet s'est déroulé en effet à l'aube du IIe siècle, alors que Paul était un juriste du troisième siècle, et les *Sentences* qui lui sont attribuées considérées souvent comme encore plus tardives. Rien n'indique donc qu'une telle mesure était déjà effective au moment de l'attaque des Alexandrins contre Maximus.[37] En revanche, même si l'accusateur de Maximus était un Grec, il n'oubliait pas qu'il s'adressait à un jury romain, et il ne manqua pas de mettre en avant la conception romaine de la sexualité. Les Romains, s'ils toléraient la pédérastie avec un non-citoyen, la considéraient cependant comme une pratique 'orientale'.[38] L'opinion publique romaine éprouvait même un certain mépris à l'égard des amours du gymnase.[39] Dans ce contexte, si la description de la relation entre Maximus et le jeune homme pouvait ne pas être répressible selon le droit, elle ternissait en revanche largement la réputation d'un homme qui, à Rome, prétendait s'appuyer sur des soutiens influents.

Parallèlement, en tenant compte de la place laissée à la coutume, la mise en lumière de la liaison entre les deux amants se révélait tout aussi nuisible au jeune homme. La description des rapports entretenus entre les deux protagonistes nous laisse l'impression que sa famille est dépeinte, toutes proportions gardées, comme des 'collaborateurs' du pouvoir romain.[40] Le garçon vivait pleinement sa relation avec le préfet, sans vergogne ni pudeur et, de par sa présence aux banquets,[41] son

---

37 Sur le problème de la datation de ce texte, voir E. CANTARELLA, *Selon la Nature, l'usage et la loi*, p. 254.

38 R. MACMULLEN, "Roman Attitudes to Greek Love", *Historia* 31 (1982), p. 487. L'Orient était du reste perçu par les Romains comme une terre de luxure et de débauche où les soldats risquaient d'y perdre leurs qualités (cf. SALLUSTE, *Catilina*, XI, 5-7, à propos des armées de Sylla en Asie). Par ailleurs, le recours régulier à des termes grecs translittérés pour qualifier le vocabulaire de l'homosexualité en latin trahissait la perception romaine de cette pratique.

39 TACITE, *Annales*, XIV, 20, 4: "*degeneretque studiis externis iuuentus, gymnasia et otia et turpes amores exercendo*". F. DUPONT et T. ELOI, *L'érotisme masculin dans la Rome antique*, Paris, 2001, p. 33-36, développent ce rejet du gymnase, en partie lié à l'interdit politique d'atteinte au corps du citoyen, mais pas forcément à une répulsion sexuelle romaine. P. VEYNE, "La famille et l'amour sous le Haut-Empire Romain", *Annales ESC* 33/1, (1978), p. 50-51, soulignait pour sa part la crainte des parents de voir leur fils s'adonner à "l'amour grec" dans les écoles romaines.

40 B. LEGRAS, "L'homosexualité masculine", p. 277: '*stigmatiser le comportement honteux d'un jeune Grec qui s'est associé par sa présence aux actes arbitraires, injustes et cruels de l'occupant romain.*'

41 À Rome, les écarts de conduite observés dans le cadre des banquets avaient déjà donné lieu depuis la *lex Orchia* de 182 avant notre ère à une série de lois somptuaires plus ou moins respectées dont les dispositions visaient à réduire le nombre de convives, les excès et les dépenses (voir MACROBE, *Saturnales*, III, 17, 2-13). La *lex Fannia* de 161 trouverait même son origine dans le fait que les 'jeunes gens de naissance libre vendaient leur vertu et leur liberté' ('*ingenui pueri pudicitiam et libertatem suam uenditarent*') à l'occasion de ces banquets, comportement qui pourrait largement rappeler celui du jeune homme. Maximus ne respectait donc pas les lois somptuaires romaines, même s'il n'était vraisemblablement pas le seul dans ce cas.

père paraissait tirer profit de la situation[42] en intégrant le cercle restreint des proches du préfet.[43] Même s'il est difficile d'esquisser de façon rigoureuse le profil social du jeune homme, il était sans doute au moins citoyen alexandrin, puisqu'il participait aux exercices du gymnase, et il était riche, si bien que sa famille était vraisemblablement issue du même milieu que les auteurs des *Acta Alexandrinorum* porteurs de l'accusation contre le préfet. Par conséquent, leur rancœur à l'égard de l'un des leurs ne pouvait être qu'exacerbée.

Par les banquets et la fête, le jeune homme se livrait naturellement à la débauche et à la consommation excessive de boissons alcoolisées, première illustration d'une attitude désordonnée largement dénoncée par nos sources comme par le droit. En Égypte, l'état d'ivresse dans l'espace public n'était pas puni en soi, mais faisait par exemple figure de circonstance aggravante.[44] Les lois alexandrines qui nous sont parvenues par le célèbre *P.Halensis* prévoyaient ainsi qu'une atteinte (ἀδίκημα) au corps humain serait doublement punie si le coupable était ivre.[45] Le *P.Lond.* VII 2009, daté de 246 avant notre ère, relate pour sa part l'agression d'un tenancier d'une taverne par des clients enivrés et présente pour originalité l'ajout dans un interligne de l'adjectif 'μεθύων' (ivre) pour qualifier les assaillants, sans doute dans le but d'aggraver les faits. La simple fréquentation assidue du banquet par le jeune homme posait donc d'ores et déjà un problème de comportement à l'égard des normes sociales, au-delà de ce que prévoit le droit romain.

Par ailleurs, l'homosexualité, et a fortiori la pédérastie, n'était ni répressible ni condamnable dans les cités grecques d'Égypte, mais les traditions coutumières anciennes rendaient cette pratique plus ambiguë et rejoignaient en partie les conceptions romaines sur ce plan. *L'Enseignement du Vizir Ptahhotep*, texte fondamental de l'Égypte pharaonique, y faisait par exemple référence. Document pseudépigraphe attribué faussement au vizir Ptahhotep (-2400 avant Jésus-Christ) mais datant en réalité de la XIIe dynastie (dix-neuvième siècle avant notre ère), cette sagesse était un recueil de maximes et de principes destiné aux élites et aux castes supérieures, notamment aux juges, pour lesquels il était susceptible de faire office d'*exemplum* à suivre en cas de litige. *L'Enseignement* se présente sous la forme d'une sorte de

---

42 Il ne faut cependant pas considérer, comme avait pu le faire Boswell, que les plaintes alexandrines visaient les faveurs accordées au garçon (J. BOSWELL, *Christianity, Social Tolerance and Homosexuality*, p. 70).

43 Le simple fait pour le père de tolérer une telle conduite le rendait déjà condamnable moralement, surtout dans un contexte alexandrin de plus en plus romanisé. VALÈRE-MAXIME, VI, I, 5, mentionnait ainsi le cas de Fabius Maximus Servilianus, qui n'hésita pas à punir son fils coupable de 'mœurs impures' ('*dubiae castitatis*').

44 W. CLARYSSE, "Use and Abuse of Beer and Wine in Graeco-Roman Egypt", dans: K. GEUS et K. ZIMMERMANN (*éd.*), *Punica-Libyca-Ptolemaica: Festschrift für Werner Huss, zum 65. Geburtstag dargebracht von Schülern, Freunden und Kollegen* [Studia Phoenicia, 16], Louvain, 2001, p. 162-163.

45 *P. Hal.* 1, l.193-195: 'ὅταν τις τῶν εἰς τὸ σῶμα ἀδικημάτων μεθύων (...) ἀδικήσηι διπλασίαν τὴν ζημίαν ἀποτεισάτω τῆς γεγραμμένης.' Les trois autres cas pour lesquels cette majoration de la peine était prévue sont de commettre le crime dans un temple, sur l'agora, ou la nuit.

miroir du prince par lequel Ptahhotep dicterait la conduite à suivre au fils du pharaon.[46] La Maxime 31 évoque le cas d'une relation sexuelle avec un jeune homme:

> Tu ne coucheras pas avec un jeune efféminé[47]
> dont tu auras fait la connaissance.
> ce qui est défendu deviendra de l'eau pour son cœur,
> car il n'est jamais de cesse à sa passion.
> Il ne doit pas passer la nuit à faire ce qui est défendu,
> car il ne cessera qu'après avoir épuisé son désir.

La relation pédérastique n'était donc pas encouragée en Égypte, si bien que la perception grecque entrait en contradiction avec les coutumes locales finalement beaucoup plus proches des traditions romaines. Par ailleurs, la maxime de *l'Enseignement de Ptahhotep* sous-entendait même que le fait d'être un partenaire passif était défendu au Moyen-Empire, comme l'atteste le terme *ḫsfwt*, qui signifie 'pervers et punissable'.[48] Cette relation était avant tout critiquée car susceptible de corrompre la moralité du jeune homme, qui prendrait la place assignée aux femmes, ce qui ressemble, à près de deux millénaires d'intervalle, aux considérations romaines en la matière.

À l'époque du procès de Maximus, au premier siècle de notre ère, cette méfiance à l'encontre de l'homosexualité passive associée à la féminité (voire à la condition servile) semble confirmée par une 'chose merveilleuse' (θαυμάσιον) rapportée par Phlégon de Tralles, auteur qui compila sous le principat d'Hadrien plusieurs contes et légendes surnaturels issus de toutes les provinces de l'Empire. L'anecdote qui nous intéresse prend d'ailleurs place à Alexandrie:

> Le médecin Dorothéos dit dans ses *Mémoires* qu'à Alexandrie d'Égypte un débauché (κίναιδος) enfanta, et grâce à ce prodige le nouveau-né fut momifié et conservé.[49]

L'association entre l'homosexualité passive, sens ici du κίναιδος, et la fonction première de la femme dans l'Antiquité, l'enfantement, trahit ici le lien très fort entretenu par ces deux notions dans le culture populaire en Égypte, et même à Alexandrie en dehors du milieu très restreint du gymnase. En terme d'histoire des mentalités, cette anecdote reflète en partie le scandale que dut susciter la dénonciation

---

46 B. MATHIEU, "L'Enseignement de Ptahhotep", dans: P. CROUZET-DAURAT (*éd.*), *Visions d'Égypte: Émile Prisse d'Avennes (1807-1879),* Paris, 2011, p. 62-66.

47 Le terme égyptien est *ḥm.t-ẖrd*, littéralement 'femme-enfant'; Bernard MATHIEU, auteur de la traduction citée, y voit un jeune giton, mais la prostitution n'est pas explicite (B. MATHIEU, "L'Enseignement de Ptahhotep", note 38, p. 80). En revanche, l'association entre l'homosexualité passive et la féminité est pour le moins évidente.

48 R. B. PARKINSON, "Homosexual Desire and Middle Kingdom Literature", *Journal of Egyptian Archaeology* 81 (1995), p. 69.

49 PHLÉGON DE TRALLES, *De Rebus Mirabilibus*, 26 : 'Δωρόθεος δέ φησιν ὁ ἰατρὸς ἐν Ὑπομνήμασιν ἐν Ἀλεξανδρείᾳ τῇ κατ' Αἴγυπτον κίναιδον τεκεῖν, τὸ δὲ βρέφος ταριχευθὲν χάριν τοῦ παραδόξου φυλάττεσθαι.'

publique du comportement du jeune homme dans une société qui restait dominée par les hommes.[50] Parallèlement à ce témoignage littéraire, une lettre probablement datable de la fin du IIIe siècle confirme une nouvelle fois la réprobation ressentie à l'encontre de l'homosexualité dans la province romaine d'Égypte. Le *P.Oxy.* VIII 1160 est la réponse d'un certain Trophimos, jeune Grec installé à Alexandrie, à une précédente missive envoyée par son père Origénês.[51] Le contenu de la correspondance est somme toute assez banal, mais il est intéressant de souligner que le père s'interrogeait de manière d'ailleurs alambiquée sur un éventuel amant de son fils (μοιχός) et visiblement sur un ton plutôt teinté de reproche (l.24-27).[52] Le document n'est pas exploitable outre mesure, mais cette mise en série de textes d'origine et d'époque diverses témoigne d'une réelle différence d'appréciation de l'homosexualité entre le monde des cités grecques et l'Égypte.

Le comportement scandaleux du jeune homme est peut-être encore amplifié par certaines remarques de l'accusateur, derrière lesquelles nous serions tentés de lire des attaques visant à faire passer le garçon pour un prostitué. Il était reproché à Maximus d'avoir donné des cadeaux, ce qui est dans la bouche de l'avocat alexandrin plus grave que d'en avoir reçu ('ἡμεῖς δ' οὐκ εἰληφέναι σε μισθὸν ἀλλὰ δεδωκέναι'). Nous pourrions envisager ici que Maximus a offert des présents au jeune homme, tout en partageant sa couche[53], ce qui équivaudrait finalement à considérer que le garçon se comportait comme un prostitué et qu'il n'hésitait pas à utiliser son corps pour obtenir des faveurs.[54] D'autres détails inclinent vers la même direction: sa manière de rire particulièrement vulgaire[55] ou son impudeur[56] tendraient à le rapprocher des clichés liés à la prostitution.

---

50 Dans son recueil, PHLÉGON de TRALLES rapportait par ailleurs un second cas d'homme ayant accouché, et il n'est pas étonnant de constater qu'il s'agissait cette fois-ci d'un esclave d'un soldat de l'armée romaine de Germanie, donc d'un homme susceptible de jouer le rôle passif (*De Rebus Mirabilibus*, 27, 623-624 : "Δοῦλος γὰρ στρατιώτου ἔτεκεν").

51 G. TIBILETTI, *Le lettere private nei papiri greci del III e IV secolo d.C. : tra paganesimo e cristianesimo* [Scienze filologiche e letteratura, 15], Milano, 1979, p. 163-164; voir aussi B. LEGRAS, "L'homosexualité masculine", p. 281-282 (avec traduction française).

52 "Ἔγραψές μοι δὲ ὅτι κάθῃ ἐν Ἀλεξανδρίαν μετὰ τοῦ μοιχοῦ σου· γράψον μοι δὲ τίς ἐστιν ὁ μοιχός μου.'

53 À Rome, l'octroi de cadeaux influait sur la réputation de celui qui les offrait ; s'ils étaient à destination de personnes pour lesquelles on éprouvait de l'affection, ils étaient honorables. À l'inverse, si la personne visée était par exemple une prostituée (*meretrix*), c'était un acte déshonorant (cf. D, 39, 5, 5). Dans le cas de Maximus, le simple fait de donner un cadeau à son jeune amant était donc déjà un acte déshonorant du point de vue alexandrin.

54 S'il était habituel d'offrir des cadeaux aux jeunes gens courtisés dans le cadre d'une relation pédérastique, la différence entre le cadeau offert à l'être courtisé et celui remis au prostitué était cependant parfois très ténue (voir M. NOWAK, "Defining Prostitution in Athenian Legal Rhetorics", *Tijdschrift voor Rechtsgeschiedenis* 78 (2010), p. 195).

55 Sur le rire des prostitués, voir CLÉMENT D'ALEXANDRIE, *Le Pédagogue*, II, 46, 3.

56 ESCHINE, *Contre Timarque*, 189, prétendait pouvoir reconnaître le corps d'un prostitué. Au paragraphe 108, il est dit de Timarque qu'il commettait l'*hybris* à l'égard de son propre corps ('ὑβριστὴν εἰς τὸ σῶμα τὸ ἑαυτοῦ').

L'accusation de prostitution faisait figure dans l'Antiquité de poncif rhétorique dans le monde grec comme à Rome.[57] À Athènes, les cas les plus célèbres sont le *Contre Androtion* de Démosthène et surtout le *Contre Timarque* où Timarque était attaqué par Eschine non pas parce qu'il était homosexuel (et le fait qu'il fût actif ou passif n'entrait pas en ligne de compte)[58] mais bien en tant que prostitué.[59] Dans ces deux discours, les célèbres orateurs tentaient de décrédibiliser leurs adversaires en rappelant leur passé de prostitué.[60] L'accusation était d'autant plus usitée qu'elle frappait le coupable d'atimie,[61] c'est-à-dire de la privation des droits civiques.[62] Ici, les accusateurs alexandrins stigmatisèrent de la sorte la conduite du jeune homme, en sous-entendant qu'il se prostituait, si bien qu'ils espéraient entrevoir la possibilité d'une déchéance de ses droits civiques à l'échelle de la cité.[63]

À Athènes, la procédure débouchant sur une telle sanction était fondée sur une action en deux temps: l'atimie était d'abord implicite, et n'était pas prononcée directement contre le citoyen, qui se devait de s'imposer par lui-même les restrictions

---

57 J.J. Winkler, *Désir et contraintes en Grèce ancienne*, traduction S. Boehringer et N. Picard, Epel, Paris, 2005 (édition originale 1990), p. 119-122.

58 R.W. Wallace, "On not Legislating Sexual Conduct in Fourth-Century Athens", dans: G. Thür et J. Vélissaropoulos-Karakostas (*éd*), *Symposion 1995*, Cologne, 1997, p. 162-163, rappelle l'absence de législation concrète réprimant les comportements sexuels à Athènes mais insiste sur la différence importante pour les Grecs entre 'plaisir sexuel' et 'être l'esclave de son plaisir', attitude condamnée au moins moralement (voir par exemple Eschine, *Contre Timarque*, 141).

59 S.C. Todd, "Some Notes on the Regulation of Sexuality in Athenian Law", dans: H.A. Rupprecht (*éd.*), *Symposion 2003*, Vienne, 2006, p. 94.

60 Démosthène, *Contre Androtion*, 30 ; Eschine, *Contre Timarque*, 19-22. E.E. Cohen, "Laws Affecting Prostitution at Athens", in : E. Cantarella (*éd.*), *Symposion 2005*, Vienne, 2007, p. 216-217, rappelle que la prostitution n'était pas réprimée et restait une activité légale, même si les abus et les proxénètes pouvaient être poursuivis pour *hybris*.

61 J.M. Rainer, "Zum Problem der Atimie als Verlust der bürgerlichen Rechte insbesondere bei männlichen homosexuellen Prostituierten", *RIDA* 33 (1986), p. 106-114. Par ailleurs, l'accès au gymnase était rigoureusement interdit aux prostitués, si bien que par son comportement le jeune homme s'excluait lui-même de la *paideia* (voir P. Gauthier et M. B. Hatzopoulos, *La loi gymnasiarchique de Béroia* [Μελετηματα, 16], Athènes, 1993, p. 84-85).

62 M. Youni, "The Different Categories of Unpunished Killing and the Term ATIMOΣ in Ancient Greek Law", dans: G. Thür (*éd.*), *Symposion 1997*, Cologne, 2001, p. 126-127, rappelle les sanctions liées à l'atimie pour l'époque classique: interdiction de parler à l'Assemblée, de voter des décrets, d'accéder aux magistratures, d'être juré, de porter une accusation, de témoigner au cours d'un procès, et même l'impossibilité de se rendre sur l'Agora ou dans les sanctuaires. Les catégories de citoyens frappés d'atimie étaient nombreuses, et les prostitués considérés comme 'coupables de vie honteuse' ('αἰσχρῶς βεβιωκότες'); voir Eschine, *Contre Timarque*, 28-30. D.M. MacDowell, "Athenian Laws about Homosexuality", *RIDA* 47 (2000), p. 25, estimait néanmoins possible l'existence d'une atimie seulement partielle pour les prostitués. Au fil des siècles, jusqu'à l'époque romaine, les interdictions frappant les *atimoi* s'assouplirent, même s'il est difficile d'en définir précisément les critères ou les différences entre les *poleis* (voir A. Dimopoulou-Piliouni, "Ἀποξενοῦσθαι: Ἀτιμία in Roman Times?", dans: G. Thür (*ed.*), *Symposion 2009*, Vienne, 2010, p. 235-236).

63 Malgré la conquête romaine qui vit les cités grecques perdre leur autonomie politique, l'atimie resta attestée. Le cas le plus tardif se trouve dans un décret de Thasos (*IG* XII Suppl. 364) probablement datable du principat d'Auguste.

liées à son statut.[64] S'il venait à ignorer ces restrictions, il pouvait alors faire l'objet, en fonction des interdictions transgressées, d'une enquête soit dans le cadre d'une δοκιμασία ῥητορῶν, soit dans celui d'une γραφὴ ἑταιρησέως.[65] Si la procédure athénienne était appliquée en l'espèce, en considérant que les lois alexandrines s'inspiraient souvent de la législation attique,[66] dénoncer la relation entretenue par le jeune homme pourrait donc susciter l'ouverture d'une enquête et la reconnaissance de l'amant comme *atimos*, statut irréversible, qui l'écarterait définitivement de la vie civique alexandrine.[67]

La condamnation du fils pour prostitution aurait en outre de graves répercussions pour le père, mentionné dans notre texte comme commensal du préfet et fermant les yeux sur la conduite de son fils.

Le pouvoir exercé par un père sur son fils dans les cités grecques d'Égypte était sans comparaison avec la puissance du *paterfamilias* romain.[68] Déjà dans l'Égypte pharaonique, le père exerçait une autorité limitée sur ses enfants.[69] En revanche, on attendait de lui qu'il donnât à son fils une éducation suffisante afin de préserver l'ordre social.[70] En contrepartie, le fils devenu adulte prenait en charge

---

64 R.W. WALLACE, "Unconvicted or Potential *Atimoi* in Ancient Athens", *Dikè* 1 (1998), p. 74-75, évoque '*a sword hanging over the head*'.

65 S.C. TODD, "Some Notes on the Regulation of Sexuality in Athenian Law", p. 95.

66 Le *P.Hal.* 1 montre que les lois alexandrines étaient proches de la législation athénienne, bien qu'Alexandrie ne reçût pas complètement le droit athénien (voir J. MÉLÈZE-MODRZEJEWSKI, *Loi et coutume*, p. 122-124). Ainsi, certaines lois semblaient effectivement directement calquées sur la législation de Solon. La loi sur les distances, si elle a peut-être subi quelques modifications du fait du contexte local alexandrin, est dans l'ensemble la même pour les deux cités (voir U.E. PAOLI, "La loi de Solon sur les distances", *RHD* 27 (1949), p. 507). Par ailleurs, la loi alexandrine sur l'*hybris*, thématique qui nous intéresse partiellement ici, est elle aussi directement inspirée d'Athènes (voir pour une mise au point B. ANAGNOSTOU-CANAS, "La réparation du préjudice dans les papyrus grecs d'Égypte", dans: E. CANTARELLA (*éd.*), *Symposion 2005*, Vienne, 2007, note 48, p. 314-315). Il nous paraît donc opportun d'avoir recours au droit athénien pour étudier ici le cas du jeune amant de Maximus. En outre, il ne faut pas omettre qu'Athènes influença largement les fondements de la *koinè* juridique qui prit forme progressivement à l'époque hellénistique (J. MÉLÈZE-MODRZEJEWSKI, *Loi et coutume*, p. 148-149).

67 Au cas (peu probable) où le jeune homme fût citoyen romain, la sanction serait équivalente et aboutirait à être frappé d'*infamia*. L'*infamia*, équivalent de l'atimie grecque, concernait notamment '*les hommes qui se comportent en femme*', autrement dit les homosexuels passifs (D, 3, 1, 1, 6 [ULPIEN, *Ad Edictum*, 6]: '*qui corpore suo muliebria passus est*'). Voir A. ROUSSELLE, "Personal Status and Sexual Practice in the Roman Empire", dans: M. FEHER (*éd.*), *Fragments for a History of the Human Body*, Tome 3, Zone 5, New-York, 1989, p. 315-319.

68 J. MÉLÈZE-MODRZEJEWSKI, "Pères et fils dans l'Égypte hellénistique: réponse à Eva Cantarella", dans: G. THÜR (*éd.*), *Symposion 2009*, Vienne, 2010, p. 15 (= *Droit et Justice dans le monde grec et hellénistique* [Supplement of the Journal of Juristic Papyrology, 10], Varsovie, 2011, p. 407).

69 S. ALLAM, "Familie und Besitzverhältnisse in der altägyptischen Arbeitersiedlung von Deir-el-Medineh", *RIDA* 30 (1983), p. 23-25.

70 B. KASPARIAN, "La condition de l'enfant et du fils aîné dans l'Égypte ancienne", dans: J. BOUINEAU (*éd.*), *Enfant et romanité : analyse comparée de la condition de l'enfant*, Paris, 2007, p. 32.

son vieux père et devenait son 'bâton de vieillesse'.[71] Cette tradition était également attestée à Athènes, où la loi imposait au fils de subvenir aux besoins de ses parents.[72] La même pratique se retrouvait logiquement dans l'Égypte hellénistique,[73] comme en témoigne la célèbre plainte de Pappos contre son fils datée de 222 avant notre ère (*P.Enteux.* 25)[74]: le vieux Pappos, malade et presque aveugle, se considérait lésé par son fils Strouthos qui ne lui payait pas la somme promise pour sa subsistance et qui de surcroît le maltraitait en dépit de l'éducation et de l'enseignement de la grammaire prodigués durant son enfance ('διδάξαντος αὐτὸν τὴν γραμματικὴν'). Après examen par le stratège, le fils fut contraint de payer et risquait même, en cas de manquement à ses obligations, de voir 'inscrit son nom au temple du lieu' ('ἐπιγράψειν αὐτὸν ἐπὶ τὸ ἱερὸν τοῦ αὐτοῦ μέρους'), ce que Joseph Mélèze interprétait comme 'un blâme public'.[75]

En l'espèce, le père pouvait être mis en cause pour ne pas avoir tenu son rôle social en proposant une éducation morale insuffisamment satisfaisante à son fils et se retrouver ainsi privé de l'assistance de son fils.[76] Par ailleurs, sa présence au banquet démontrait l'intérêt et les avantages qu'il obtenait de la situation, si bien que ce dernier se retrouvait, toutes proportions gardées, dans la position d'un proxénète utilisant son propre fils. Reconnu comme tel, le père du jeune homme serait alors susceptible d'être privé de ses droits paternels, et notamment de l'obligation du fils de pourvoir aux besoins de son père devenu âgé,[77] voire, comme c'était le cas dans l'Athènes classique, d'être frappé d'une condamnation à mort.[78] On était

---

71 B. Kasparian, "La condition de l'enfant et du fils aîné dans l'Égypte ancienne", p. 24-25. Cf. notamment le *P.Kahoun* VII 1. Le 'bâton de vieillesse' était à l'origine une institution; un 'fils', biologique ou non, était nommé par le roi pour assister son 'père' à la fin de sa vie et lui succéder. Sur ce 'bâton de vieillesse', voir A. McDowell, "Legal Aspects of Care of the Elderly in Egypt to the End of the New Kingdom", dans: M. Stol et S.P. Vleeming (*eds.*), *The Care of the Elderly in the Ancient Near East*, Leyde, 1998, p. 201-203 (McDowell traduit par 'Staff of Old Age').

72 On en trouve une allusion chez Aristophane, *Les Oiseaux*, 1355-1357. Voir E. Cantarella, "Fathers and Sons in Athenian Law and Society", *Symposion 2009*, Vienne, 2010, p. 6.

73 Les filles avaient les mêmes obligations, comme en témoigne une autre plainte (*P.Enteux.* 26).

74 Traduction française chez J. Mélèze-Modrzejewski, *Le Droit grec après Alexandre*, Paris, 2012, p. 128-129 (commentaire p. 50-51), à compléter avec H.A. Rupprecht, "Die Sorge für die Älteren nach den Papyri", dans: M. Stol et S.P. Vleeming (*éd.*), *The Care of the Elderly in the Ancient Near East*, Leyde, 1998, p. 230.

75 À Rome, l'entretien du père âgé par son fils n'était pas obligatoire jusqu'aux principats d'Antonin et Marc-Aurèle, qui déterminèrent successivement les cas précis au gré de plusieurs rescrits rapportés par Ulpien, *De Officio Consulis* 2 (D, 25, 3, 5). C'était généralement lorsque le père (ou la mère) était indigent que les enfants se trouvaient mis à contribution.

76 Dans un autre contexte, une loi de Solon prévoyait de dispenser un fils de nourrir son père âgé si celui-ci ne lui avait pas enseigné une τέχνη (Plutarque, *Vie de Solon*, 22 : 'καὶ νόμον ἔγραψεν, υἱῷ τρέφειν πατέρα μὴ διδαξάμενον τέχνην ἐπάναγκες μὴ εἶναι').

77 Eschine, *Contre Timarque*, 13-14; voir aussi à Delphes la 'loi sur les parents' ('νόμος περὶ τῶν γονέων'), cf. J. Velissaropoulos-Karakostas, *Droit Grec d'Alexandre à Auguste (323 av. J.-C.-14 ap. J.-C.) : Personnes, Biens, Justice* [Μελετηματα, 66], vol. 1, Athènes, 2011, p. 330.

78 Eschine, *Contre Timarque*, 14; 184. D.M. MacDowell, "Athenian Laws about Homosexuality", p. 17-18, explique difficilement la distinction et la différence de sanction entre un père proxénète

donc dans le cas de ce père très loin de la figure du *paterfamilias* pourtant dominante dans le monde romain. Derechef, dans une autre affaire, ce pilier de la tradition romaine fut mis à mal par Trajan qui ordonna à un père d'émanciper son fils parce qu'il le maltraitait.[79] Cette remise en cause du *mos maiorum* était peut-être encore une conséquence de l'influence grandissante d'autres droits coutumiers et par la capacité du droit romain à se repenser au contact de ces traditions juridiques.

Cette digression sur la relation amoureuse entretenue par Maximus et son jeune ami démontrait toute la complexité de la coexistence de la loi (le droit romain) et de la coutume (droits égyptien et grec). En l'espèce, le droit romain ne permettait pas de faire condamner ni le préfet ni le jeune homme. En revanche, la coutume égyptienne, hostile à l'homosexualité, et l'ancien droit grec, érigé en droit provincial, et qui permettait de punir le jeune homme et son père, donnaient un retentissement beaucoup plus important à cette affaire et apportait contre Maximus des circonstances aggravantes que le droit romain ne prévoyait pas. Les autres crimes qui lui furent reprochés suffisaient à le faire condamner. Nonobstant, par son attitude, le préfet entraînait finalement dans sa chute son amant et ses proches.

4. En guise de conclusion

Avec l'édit de Caracalla, les *Aegyptii* changèrent de statut: anciens pérégrins, ils devinrent *cives Romani*. Pour autant, comme le montra le long débat autour de la clause de sauvegarde contenue dans l'Édit de 212, ces nouveaux citoyens conservèrent leur statut fiscal et ne bénéficièrent pas de l'ensemble des privilèges fiscaux des citoyens de longue date, ce qui opérait d'emblée une distinction entre anciens et nouveaux citoyens. En parallèle, le droit coutumier continua à se maintenir, même après la généralisation de la citoyenneté. Il changea néanmoins de statut; ces coutumes locales pérégrines devinrent des coutumes provinciales romaines. Les pratiques juridiques locales survivaient à la condition de ne pas heurter les principes du droit romain; les mariages adelphiques ou la mise en gage des enfants pour dette furent par exemple déclarés illicites et contraires au droit, mais ne disparurent pas pour autant, démontrant ainsi la grande difficulté à faire évoluer les coutumes en dépit de l'instauration de sanctions judiciaires.

Finalement, Joseph Mélèze-Modrzejewski validait la victoire des coutumes: devenues droit provincial romain, certaines furent même intégrées au droit romain impérial (la *praescriptio longi temporis* ou l'adoption par les femmes en sont des

---

et un proxénète extérieur à la famille du garçon. Il envisage l'hypothèse de deux lois votées successivement dont le chevauchement et la non-conformité n'auraient pas été relevés par le législateur ('*the Athenians simply made two overlapping laws at different times without noticing the discrepancy*').

[79] Un fragment de Papinien nous apprend ainsi l'ordre d'émancipation prononcé par Trajan, puis le préteur empêcha le père violent de prétendre à la succession de son fils décédé en raison de cette émancipation forcée (D, 37, 12, 5). Sur cette affaire, voir M. FELL, *Optimus Princeps? Anspruch und Wirklichkeit der imperialen Programmatik Kaiser Traians*, Munich, 1992, p. 140-141.

exemples). Plus tard, l'Égypte byzantine commença à ignorer purement et simplement les constitutions contraires aux pratiques juridiques locales, consacrant le droit coutumier local comme une *consuetudo* affirmée par la pratique et acceptée comme source de droit par la doctrine. Joseph Mélèze-Modrzejewski concluait donc sur la prédominance en Égypte du droit coutumier, que ce soit à l'époque ptolémaïque ou sous la domination romaine, sans recours à une codification quelconque, et limitait l'activité législative à des mesures liées au droit public et de plus en plus difficiles à appliquer.[80]

Ce regard sur le rapport entre loi et coutume rappelle toute la difficulté à faire appliquer dans la pratique un droit importé à l'échelle d'un empire aussi hétéroclite que le fut l'Empire romain. Il démontre aussi la capacité du droit romain à savoir s'adapter, à tenir compte du contexte, et à opérer des transferts lorsque cette situation s'avérait nécessaire. En toile de fond se dessine le haut niveau de la discipline juridique romaine qui, à l'inverse des droits coutumiers, a su développer et alimenter sa doctrine pour pouvoir transmettre sa technique et ses principes. Les travaux remarquables menés par le Professeur Waelkens témoignent de l'héritage laissé par Rome aux traditions européennes ultérieures en matière de science juridique, et le conflit pacifique antérieur entre loi et coutume en Égypte révèle pour sa part la capacité des Romains à avoir su construire et adapter ce savoir qui a tant séduit les juristes postérieurs.

[80] En s'appuyant abondamment sur la thèse de JOSEPH MÉLÈZE, SOAZIC KERNEIS aboutit aux mêmes conclusions pour les provinces de Bretagne et d'Irlande (S. KERNEIS, "Loi et coutume dans l'Empire romain. A propos du droit vulgaire", dans: J. HALLEBEEK, M. SCHERMAIER, R. FIORI, E. METZGER et J.P. CORIAT (*éd.*), *Inter cives necnon peregrinos: Essays in honour of Boudewijn Sirks*, Göttingen, 2014, p. 367-383).

REDEMPTION BETWEEN LAW AND THEOLOGY. THE THEOLOGICAL TRANSLATION OF THE ROMAN *REDEMPTIO* IN THE PATRISTICS

Tiziana FATTINI

This paper examines the conceptualisation of redemption developed by the Early Christian authors – Origen and Ambrose in particular – and demonstrates the extent to which it was defined by the doctrinal tradition and practice surrounding the juridical institution of the redemption of prisoners. This connection is far more than a simple question of lexical borrowing and sheds light on the fact that the theological conception of redemption was associated not just with a single, resolutory event, but with a complex web of relationships that permeated the social, political and economic spheres. Over its history, in fact, the concept of 'redemption' became a fabric full of nuances, in which different threads from different spheres were entwined. Its analysis provides a vivid example of the close, reciprocal intertwining of theological and juridical concepts and practices that has characterised Western tradition,[1] and allows us to see how Graeco-Roman law contributed to the shaping of theological interpretations and, through them, to the conceptualisation of social, economic and political interactions.

1. The juridical institution of *redemptio*

In the classical Latin context, the term *redemptio* – etymologically derived from the verb *emo* and evoking the action of 'acquisition', or rather, 'reacquisition' – mainly referred to the juridical institution that clarified the methods and consequences of the payment of ransoms for Roman prisoners in enemy hands, according to a custom

---

[1] For an introduction to the extensive bibliography on political theology, and the historical intertwining of theology and politics, see H. OTTMANN, "Politische Theologie als Begriffsgeschichte", in: V. GERHARDT (*ed.*), *Der Begriff der Politik, Bedingungen und Gründe politischen Handelns*, Stuttgart, 1990, p. 169–188; M. NICOLETTI and L. SARTORI, *Teologia politica*, Bologna, 1991; R. HEPP, "Theologie, politische", in: J. RITTER (*ed.*), *Historisches Wörterbuch der Philosophie*, Basel, 1998, vol. 10, p. 1105-1112; C. MEIER, "Was ist politische Theologie?", in: J. ASSMANN (*ed.*), *Politische Theologie zwischen Ägypten und Israel*, München, 1995, p. 3-18; P. SCOTT and W.T. CAVANAUGH (*eds.*), *The Blackwell Companion to Political Theology*, Malden Mass, 2004.

that can clearly be traced back to Ancient Greece and other ancient societies.[2] As is well known, this institution was an element of the *ius postliminium*, the discipline that protected the *status* of Roman citizens who had been held beyond the borders of the *civitas* and then returned to their homeland. After suffering the temporary suspension of their civil rights and liberty, and being reduced to the *status servitutis*, they regained their *libertas*.[3]

In this context, the *redemptor* is the person who '*emit hominem ab hostibus*'. Although the institution is already attested in the Republican period and the Senate was involved in the repatriation of the *milites*, it was only during the reign of Severus that a legally binding relation was created between the *redemptus* and the *redemptor*, introduced, perhaps, with the aim of increasing the number of prisoners of war redeemed through commercial exchanges, and furthering the interests of the *redemptor*. The *redemptus* thus found himself indebted to his *redemptor*, who had paid his ransom; this debt could be paid either in service or money. In other words, the *captivus* who, before his imprisonment had been a *servus*, immediately became, due to his redemption, the property of the person who had redeemed him, unless his previous *dominus* took possession of him again by repaying the *redemptor*. On the other hand, men who had previously been free, on their return *in civitatem*, had their liberty and citizenship restored (after having lost them, in accordance with *ius postliminium*, during their imprisonment), but certain measures were introduced to create an economic tie between the redeemed person and the *familia* of his redeemer, in order to guarantee that the latter was repaid.[4]

---

2 Think of the ransom of prisoners (*lytron/lytrosis*) mentioned by Plutarch (*Life of Solon*, 15) and Herodotus (*Histories*, 5.77). See L. BURCKHARDT, "Lytron", in: H. CANCIK, H. SCHNEIDER and M. LANDFESTER (*eds.*), *Der Neue Pauly*, http://dx.doi.org.kuleuven.ezproxy.kuleuven.be/10.1163/1574-9347_dnp_e715200, accessed 2 August 2018, and P. DUCREY, "Aspects juridiques de la victoire et du traitement des vaincus", in: J. P. VERNANT (*ed.*), *Problèmes de la guerre en Grèce ancienne*, Paris, 1968, p. 231-243.

3 On the juridical aspects see, among others, L. AMIRANTE, *Redemptio ab hostibus*, in: A. AZARA and E. LULA (*eds.*), *Novissimo Digesto Italiano*, Torino, 1976, vol. 14, p. 1102-1104; M.V. SANNA, *Ricerche in tema di 'redemptio ad hostibus'*, Cagliari, 1998; S. BARBATI, "Sui presupposti di applicazione e la natura giuridica degli effetti del *postliminium*", *Atti dell'Accademia Romanistica Costantiniana* 20 (2014), p. 587-813. A historical contextualisation in Y. RIVIÈRE, "Captivité et retour de captivité dans la Rome impériale", *Les Cahiers du Centre de Recherches Historiques* 42 (2008), http://ccrh.revues.org/3446, accessed 2 August 2018. On the opposition between *status servitutis* and *status libertatis*, and its influence on the development of civil law, see L. WAELKENS, *Amne adverso, Roman legal heritage in European culture*, Leuven, 2015, ch. 2.

4 For instance, D. 49.15.15 states that the heirs to a *redemptus* have to repay the *redemptor* of the latter before getting their legacy. A redeemed citizen became a free *alumnus* of his redemptor's family, to whom he was economically tied until his debt was repaid. See L. WAELKENS, "La *redemptio ab hostibus* e la *redemptio a domino* nel diritto romano", in: T. FAITINI and M. NICOLETTI (*eds.*), *Redimere e riscattare. La redemptio tra teologia e politica* [Politica e religione. Annuario di teologia politica], Brescia, 2017, p. 75-90. See also S. BARBATI, "La *redemptio ab hostibus* e lo status del *redemptus*", in: C. LORENZI and M. NAVARRA (*eds.*), *Frontiere della romanità nel mondo tardo antico. Appartenenza, contiguità, alterità. Trasformazione e prassi*, Napoli, 2016, p. 133-254.

In peace time, *redemptio* came to be associated with the area of what we would term private law, to indicate the return to liberty of a citizen who had previously had to sell himself into servitude to a *dominus* in order to pay overwhelming debts. This *redemptio a domino* also required the payment of a price or the liquidation of a debt. This was possible through the intervention of a third party, who then became the new *dominus* of the *servus*, or through a gradual repayment made directly by the *servus* to his *dominus*: the wages gained by the *servus* were recorded within the household accounts of the *familia* that he had voluntarily joined.[5]

We see that the *redemptio*, far from being a discrete event, or signifying a simple change of *status*, shaped an entire network of social, economic and political relationships. It is precisely this mechanism that we will be attempting to track in early Christian theology, which extensively elaborated upon the concept of *redemptio* to grasp the salvific action of Jesus.

Before turning our attention to the Patristic sources, we should remember that in the sphere of *ius civile* the institution of *redemptio* maintained its juridical valence in subsequent centuries, as attested by, for example, the ordinary Gloss on the title *De captivis et postliminio reversis et redemptis ab hostibus* of the *Digest* (49.15). With regard to canon law, the institution was evoked within at least two particular circumstances. First, in relation to the prohibition on ordaining unfree men as priests, the canonists established that once someone – his servitude notwithstanding – had been ordained, his previous *dominus* was entitled to receive moneys as reparation.[6] Second, one of the exceptions to the general prohibition, in canon law, on the alienation of church property was made in relation to its use for the redemption of prisoners. This tradition originated in a decision made by Ambrose of Milan (recounted in his *De officiis*) to take responsibility for selling the Cathedral's sacred vessels in order to redeem Christians who had been imprisoned during the battle of Adrianople, which ended with an overwhelming victory for the Goths in 378[7] – a decision

---

[5] See L. WAELKENS, "La personne dans le travail en servitude du droit romain antique et médiéval", in: J.-M. TUFFÉRY-ANDRIEU and F. LARONZE, *Les normes du travail: une affaire de personnes?*, Brussels, 2016, p. 33-51; S. HEINEMEYER, *Der Freikauf des Sklaven mit eigenem Geld, Redemptio suis nummis*, Berlin, 2013; on the financial accounting within the *familia*, see also L. WAELKENS, "L'origine romaine des obligations naturelles", *Revue historique de droit français et étranger* 90 (2012), p. 318-321.

[6] See P. LANDAU, "Frei und Unfrei in der Kanonistik des 12. und 13. Jahrhunderts am Beispiel der Ordination der Unfreien", in: J. FRIED (*ed.*), *Die abendländische Freiheit vom 10. zum 14. Jahrhundert. Der Wirkungszusammenhang von Idee und Wirklichkeit im europäischen Vergleich*, Sigmaringen, 1991, p. 177-96, and R. HELMHOLZ, *The Spirit of classical Canon Law*, Athens (GA), 1996, ch. 3, p. 61 et seqq. The case had already been dealt with by C. 1.3.36.1.

[7] See AMBROSE, "De officiis", II.28.136-39, in: I.G. KRABINGER and G. BANTERLE (*eds.*), *Sancti Ambrosii Episcopi Mediolanensis Opera*, Roma, 1977, p. 260-262, where a parallel between the *redemptio captivorum* and the *redemptio* by Christ is drawn to justify the sale. Similarly, see Ibidem, II.15.70-71, p. 222, which concludes: '*Praecipua est igitur liberalitas redimere captivos – et maxime ab hoste barbaro qui nihil deferat humanitatis ad misericordiam.*'

that would find its way into the *Decretum*.[8] The redemption of prisoners in the actual sense had been – by the way – deemed a pious *officium* by Cicero, whose *De officiis* Ambrose evidently intended to rewrite in the light of the Christian revelation.[9]

Sticking to the literal sense of *redemptio*, it is also significant that at the time of the Third Crusade and the fall of Jerusalem (1187), a group of *viri redemptores* coalesced around the figure of Jean de Matha (1154-1213) and declared themselves the liberators of their Christian brothers imprisoned by the Saracen enemy. The *regula* of the order of the Holy Trinity, approved by Innocent III in 1198 with the bull *Operante divine dispositioni*, explicitly established the *redemptio captivorum* as one of its goals and provided that the property be divided into three parts, one for the support of religious communities, one for charity, and the last for the redemption of Christian prisoners; for this purpose, Innocent III, who had consistently supported the Order since its founding, allowed the Trinitarians to have business dealings with the Saracens[10].

This brief sketch reveals the extent to which the memory of the actual juridical valence of *redemptio* continued to flourish at the heart of the *res publica christiana*. We must now ask ourselves to what extent and in what ways the juridical apparatus of redemption, limited by definition to the concrete case of prisoners of war and debtors, interacted with the theological concept expressed in the biblical texts, giving rise to a conceptualisation that is considerably broader in both its object and its scope: the conceptuality developed in relation to redemption, in fact, involves, in various ways, the entire network of social, economic and political relations in Western society.[11] The theological translation of redemption – which occurred during the Early Christian period – is clearly key to our understanding of this interaction. The following pages will therefore analyse some of the most important of the many relevant examples to be found in the Patristic texts.

---

[8] See C.12 q.2 c.14-15, analysed by R. Helmholz, *The Spirit of classical Canon Law*, p. 81.

[9] See Cicero, *De officiis*, II.18.63, together with Seneca, *De Beneficiis*, II.21.

[10] See G. Cipollone, *Cristianità – Islam. Cattività e liberazione in nome di Dio. Il tempo di Innocenzo III dopo il 1187*, Roma, 2003, ch. VI, p. 393-394 and 406-410.

[11] Suffice it to evoke the classic analysis provided in 1938 by Eric Voegelin's *Political Religions* (English translation by T. J. Di Napoli, Lewiston, 1986), and the philosophical interpretation given, in 1940, by Walter Benjamin's "On the concept of history" (English translation in H. Eiland and M.W. Jennings (*eds.*), *Selected writings, vol. 4: 1938-1940*, Cambridge, 2003, p. 389-400; see also his fragment "Capitalism as Religion", in: M. Bullock and M.W. Jennings (*eds.*), *Selected Writings*, vol. 1: 1913–1926, Cambridge, 2002, p. 288-291). A fascinating insight into the political and social implications of the concept of *redemption* is provided by M. Nicoletti, "Politik und Erlösung", in: P. Koslowski (*ed.*), *Endangst und Erlösung 2. Rechtfertigung, Vergeltung, Vergebung in Philosophie und Theologie*, München, 2012, p. 133-148.

2. *Redemptio* and redemption in the Patristics

The full semantic spectrum of commerce, of ransom, of the liberation of slaves and prisoners, is used in the New Testament – especially in the letters of Paul and Peter – to describe the actions of Jesus.[12] The New Testament authors are already fully aware of the juridical valence of the concept of the *lytron* (which becomes *redemptio* in Latin versions), introduced to characterise the state of humanity and the salvation attained through the Passion of Christ. This valence is fully explored by some of the earliest authors, who construct their own interpretations of the biblical story of salvation, weaving a dense web of internal references and fully exploiting the complexities – juridical included – of the concepts used.

Some of the texts by Origen and Ambrose, in particular, are extremely explicit and allow us considerable insight into the ways in which the concept was adapted. Their analyses are not merely based on simple lexical borrowing, but on a structural analogy which is introduced and replicated in the explanation and the institutionalisation of the redemptive mechanism. The presence of a long exegetical tradition which explains the Passion of Christ – both the event itself, and its effects – according to a juridico-economic logic does not, of course, mean that this is necessarily the most appropriate theological interpretation, or the closest to the biblical text, whether the Old or the New Testament. This interpretation was, in fact, intensely debated and revised – from Augustine of Hippo to Anselm of Canterbury.[13] Whatever its merits, it was elaborated at length and had a profound influence, and thus deserves a central place in the historical picture. Importantly, it provides a significant insight into how the Graeco-Roman law contributed to the shaping of theological interpretations and, through them, to the conceptualisation of social, economic and political relationships.

Let us now begin with Origen and his lengthy *Commentary* on Paul's Letter to the Romans, handed down to us in Rufino's translation. This text dwells frequently upon the subject of ransom and redemption, and allows us to follow Origen's train of thought as he worked out his interpretation of the concept, focusing upon the *public* dimension of *redemptio* (as understood in times of war and which

---

12 See F. BÜCHSEL, "Lytron", in: G. KITTEL and G. FRIEDRICH (*eds.*), *Theologisches Wörterbuch zum Neuen Testament*, Stuttgart, 1933-1978, vol. 4, col. 340-356.

13 As for the Bible, see the framework offered by G. L. PRATO, "'Sarete riscattati senza denaro' (Is 52,3): la redenzione nell'Antico Testamento tra metafora teologica e linguaggio giuridico ibrido", in: T. FAITINI and M. NICOLETTI (*eds.*), *Redimere e riscattare*, p. 25-57, with further references, and S. LYONNET and L. SABOURIN, *Sin, Redemption and Sacrifice. A Biblical and Patristic Study*, Roma, 1998. For the history of the theological debate, in addition to the latter see at least J. RIVIÈRE, *Le dogme de la rédemption. Essai d'étude historique*, Paris, 1905; J. RIVIÈRE, "Rédemption", in: A. VACANT, E. MANGENOT and É. AMANN (*eds.*), *Dictionnaire de théologie catholique*, vol. 13/2, Paris, 1937, col. 1912-2004; H. E. W. TURNER, *The Patristic Doctrine of Redemption: A Study of the Development of Doctrine During the First Five Centuries*, Eugene, 1952; G. ANDERSON, *Sin: A History*, New Haven, 2009, p. 111-132. The theological interpretation of salvation in terms of ransom from the enemy is highlighted by W. ELERT, "Redemptio ab hostibus", *Theologische Literaturzeitung* 5/72 (1947), p. 265-70.

provided for the paying of a ransom to the enemy). The identity of the enemy with which he was concerned is quite evident. The Greek term *diabolos*, in the Septuagint, is used to translate the Hebrew *sātān*, the primary meaning of which, in the Old Testament, was "enemy". While other accessions, according to which the devil is identified as a malevolent, persuasive seducer, were retained, this became the most common meaning of the term in the New Testament. The same is true for the Latin *diabolus*, which is a direct transliteration of the Greek and is more widespread than the transliteration from the Hebrew *satanas*[14].

When dealing with the well-known text of Romans 3:24, referring to the believers '*justified by his grace as a gift, through the redemption that is in Christ Jesus*',[15] Origen looks long and hard at the concept of redemption, starting by observing that the term *redemtio* '*refers to that which is given to enemies for those whom they are keeping in captivity* [*quod datur hostibus pro his quos in captivitate detinent*]' so that they can be restored to their "*original freedom*".[16] He then deduces that the same thing has happened to human beings:

> 'Captives conquered by sin, as if by war, were being held fast, then, by the enemies of the human race. The Son of God came, who "has become for us" not only "wisdom from God and righteousness and holiness" but also "redemption". He gave himself as the redemption price, that is to say, he handed himself over to the enemies and, what is more, poured out his own blood to those thirsting for it; and this is the redemption accomplished for those who believe, just as Peter also writes in his epistle when he says, "You were redeemed not with perishable silver or gold, but with the precious blood of the only begotten Son of God".'[17]

The conclusion of this passage states that 1 Peter 1:18-19 is a key reference; its connection to Romans 3:24 will, indeed, be established by the ordinary Gloss.[18]

---

14 W. Foerster and G. von Rad, "*Diabállo, Diábolos*", in: G. Kittel and G. Friedrich (*eds.*), *Theologisches Wörterbuch zum Neuen Testament*, vol. 2, col. 69-80.

15 The New Revised Standard Version of the Bible is used. See D.F. Tolmie, "Salvation As Redemption: The Use of 'Redemption' Metaphors in Pauline Literature", in: J.G. van der Watt (*ed.*), *Salvation in the New Testament. Perspectives on Soteriology*, Leiden, 2005, p. 247-269, for an analysis of this passage and of Paul's lexicon.

16 Origen, *In epistula Pauli ad Romanos explanationum libri I-IV*, ed. F. Cocchini, Roma, 2014, vol. 1, III.7, p. 286-288; English translation in: T.P. Scheck (*ed.*), *Commentary on the Epistle to the Romans. Books 1-5* [The Fathers of the Church, 103], Washington, 2009, p. 215. On Origen's interpretation of the redemption see J.A. Alcain, *Cautiverio y redención del hombre en Origenes*, Bilbao, 1973, which distinguishes five different interpretations, among which a 'commercial' interpretation, based around economic sale (p. 177-222), and a 'juridical' one, given in terms of debt (p. 224-237).

17 Origen, *Commentary on the Epistle to the Romans. Books 1-5*, III.7.14, p. 215.

18 See the Gloss on Romans 3:24: '*Unde non corruptibilibus auro et argento sed pretioso sanguine unigeniti Filii Dei. Id est pretium datum pro nobis*' (M. Morard (*ed.*), *Glossa ordinaria cum Biblia latina*, Glossae Scripturae Sacrae-electronicae (Gloss-e), IRHT-CNRS 2016, http://gloss-e.irht.cnrs.fr/php/editions_chapitre.php?livre=../sources/editions/GLOSS-liber60.xml&chapitre=60_3, accessed 2 August 2018).

The ransom in question is, as we see in Peter's Letter, none other than the '*precious blood of Christ*' and it is clear from these lines that this blood is going to be given to the enemies of mankind, here referred to in the plural. The identity of these enemies is understood implicitly, and elsewhere Origen reiterates that the reference is to '*the ruler of this world and the evil powers under him*' who '*captured and conquered*' men, and demanded that a ransom [*lytron*] be paid for their release.[19]

The language of captivity and the characterisation of the devil as *hostis* or *inimicus* will be made relatively explicit by, for example, Jerome[20] and, soon afterwards, by Chromatius of Aquileia, who, in some sermons, likens captivity under the barbarians to that under the devil.[21] There are also a number of passages in Augustine which are extremely clear[22]. But let us stay with Origen's commentary on Romans. A little further on, in fact, we read:

> 'Through the sacrifice of himself he would make God propitious to men and through this he would manifest his own righteousness [*iustitiam suam*] as he forgives them their past sins, which they had contracted by serving the worst tyrants [*pessimis tyrannis serviendo*] at the time when God was tolerating and allowing this to be done. God allowed this so that afterwards, i.e. at this time, he would manifest his own righteousness. For at the consummation of the age, at the end of time, God disclosed his own

---

19 See Origen's fragment commenting on Ephesians 1:7, edited in J.A.F. GREGG, "The commentary of Origen upon the Epistle to the Ephesians", *Journal of Theological Studies* 3 (1901-02), p. 233-244, especially p. 238; English translation in R.E. HEINE (*ed.*), *The Commentaries of Origen and Jerome on St. Paul's Epistle to the Ephesians*, Oxford, 2002, p. 91.

20 JEROME, *Commentarii in iv epistulas Paulinas. Ad Ephesios*, in: J.P. MIGNE (*ed.*), *Patrologia Latina*, Paris, 1844-55, vol. 26, col. 480: '*Ille redimitur qui captivus est, et in hostium veniens potestatem liber esse desivit: ita et nos quidam dicunt in hoc mundo esse captivos, et sub principibus et potestatibus iugo servitutis teneri, nec ante vinctas catenis explicare manus, et oculos sursum attollere, nisi redemptor advenerit.*'

21 See CHROMATIUS OF AQUILEIA, *Sermo 12* (on Paul's Letter to the Romans): '*Si autem eum comparet quem habuit et amisit, non emere, sed redimere dicitur, quia suum redimit, et eum redimit quem habuerat. Unde romani qui de captivitate barbarica, dato pretio, liberantur, non empti, sed redempti dicuntur. [...] Incurrerat enim homo dudum dominationem diaboli, veluti barbaricam captivitatem, ut recedens a domino originali inimici fraude caperetur. Sed propterea redempti sumus sanguine christi, propterea de captivitate diaboli liberati, ut ad originalem dominum rediremus, a quo iam recedere non debemus, ne iterum captivitatem diaboli incurramus, et minime iam liberari mereamur*' (in: R. ETIEX and J. LÉMARIÉ (*eds.*), *Chromatii Aquilensis opera* [Corpus Christianorum Series Latina, 9A], Turnhout, 1974, p. 54-55; see also sermons 19 and 42).

22 See e.g. a long passage of AUGUSTINE, *Enarrationes in Psalmos* [Corpus Christianorum Series Latina, 39], ed. D.E. DEKKERS and I. FRAIPONT, Turnhout, 1956, In Ps. XCV.5, p. 1346-1347, where the whole process of *redemptio* from the captivity by the devil is described in detail: '*Tenebantur enim homines captivi sub diabolo, et daemonibus serviebant, sed redemti sunt a captivitate. Vendere se potuerunt, sed redimere non potuerunt. Venit redemtor, et dedit pretium; fudit sanguinem suum, emit orbem terrarum. Quaeritis quid emerit? Videte quid dederit, et invenite quid emerit. Sanguis christi, pretium est. Tanti quid valet? Quid, nisi totus orbis? Quid, nisi omnes gentes?*'

> righteousness and, for the redemption price, gave him whom he made a propitiator [*redemptionem dedit eum, quem propitiatorem fecit*].'[23]

Here, it is justice that distinguishes the divine action explained by Origen, which he contrasts with the power exercised by the devil. The devil is an appalling tyrant, as, indeed, he would continue to be conceived in subsequent political thought – wonderfully portrayed by Ambrogio Lorenzetti in his fresco on the walls of the Palazzo Pubblico in Siena.[24] This, however, does not detract from the fact that, according to Origen, the devil has rights, and is fully entitled to a ransom: it is justice, indeed, which both explains and guarantees the mechanism of redemption as Origen conceives it. The devil's revendication is exercised by '*lawful right* [*iure aequissimo*]',[25] as Augustine will put it, in a long and clear passage of his *Libero arbitrio*, testifying to the enduring influence of Origen's interpretation although, as is well-known, Augustine endeavours to reformulate it.

Another Greek Church Father, Gregory of Nyssa, fully endorses Origen's interpretation. On the question of the *iura diaboli* and the quality of justice that guides God in his recognition of these rights in order to fulfil his plan of salvation, Gregory's *Great Cathechism* is probably the most important text we have. To act justly, Gregory argues, is intrinsic to divine wisdom. And justice is not the exercise of arbitrary, tyrannical, sway over Satan. To explain this, the author draws a parallel with the case of individuals who voluntarily sell themselves into servitude to a *dominus* in order to pay their debts:

> 'They who have bartered away their freedom for money are the slaves [*douloi*] of those who have purchased them, for they have constituted themselves their own sellers, and it is not allowable either for themselves or anyone else in their behalf to call freedom to their aid [...]. If anyone out of regard for the person who has so sold himself should use violence against him who has bought him, he will clearly be acting unjustly in thus

23 ORIGEN, *In epistula Pauli ad Romanos*, III.5, p. 288; English translation in: T.P. SCHECK (*ed.*), *Commentary on the Epistle to the Romans. Books 6-10* [The Fathers of the Church, 104], Washington, 2009.

24 On Lorenzetti's frescoes see at least Q. SKINNER, *Visions of Politics*, Cambridge, 2002, vol. 2, ch. 3 and 4.

25 AUGUSTINE, *The problem of free choice*, ed. M. PONTIFEX, Westminster, 1955, III, 10.31, p. 173. The complete passage is: '*Servata est ergo in utroque peccato iustitia domini punientis. Nam et illud appensum est aequitatis examine ut nec ipsius diaboli potestati negaretur homo quem sibi male suadendo subiecerat. Iniquum enim erat ut ei quem ceperat non dominaretur. Nec fieri ullo modo potest ut dei summi et veri perfecta iustitia, quae usquequaque pertenditur, deserat etiam ordinandas ruinas peccantium. [...] Atque Verbum Dei unicus Dei Filius, diabolum quem semper sub legibus suis habuit et habebit, homine indutus etiam homini subiugavit: nihil ei extorquens violento dominatu, sed superans eum lege iustitiae; ut quoniam femina decepta et deiecto per feminam viro omnem prolem primi hominis tamquam peccatricem legibus mortis, malitiosa quidem nocendi cupiditate sed tamen iure aequissimo, vindicabat, tamdiu potestas eius valeret, donec interficeret iustum*' (ID., *De libero arbitrio*, III, 10.29 and 31, in: W.M. GREEN (*ed.*), *Aurelii Augustini Opera* [Corpus Christianorum Series Latina, 29], Pars II/2, Turnhout, 1970, p. 293-294).

arbitrarily rescuing one who has been legally purchased as a slave, whereas, if he wishes to pay a price to get such a one away, there is no law to prevent that. On the same principle, now that we had voluntarily bartered away our freedom, it was requisite that no arbitrary method of recovery, but the one consonant with justice should be devised.'[26]

In Gregory's view, God is '*making the redemption of the captive a matter of contractual exchange* [*synallagmatiken* (...) *lytrosin*]', which '*exhibits his justice*'[27]. The payment of the ransom that the devil – as the rightful owner – claims is therefore obligatory under the terms of the redemption contract. The redemption implies a coming to terms with Satan, who is a party in the case.

The immediate problem of this interpretation is clearly the almost Gnostic vision – the legitimation of a diabolic figure in opposition to, and on equal terms with, God – implied by the recognition of Satan's right to receive a ransom. We know that exegetics and theologians debated this objection vigorously, and, in the end, eschewed the theory of *iura diaboli*.[28] While this problematic interpretation is not particularly pertinent to our current topic, another – more relevant – difficulty also arises from the mechanism introduced by a juridical interpretation of the redemption. The question regards the status of the *redemptus* and the ties that bind him to his *redemptor*. The implication that someone redeemed by Christ thus entered into a *status servitutis* was clearly problematical from an exegetical point of view, given the explicit references in the New Testament to the freedom of the sons of God and the relationship of brotherhood and friendship that Jesus has with those called by God.[29] Origen, for instance, commenting on Romans 8:15 ('*you did not receive a spirit of slavery to fall back into fear, but you have received a spirit of adoption*') in his *Commentary*, solves the problem by distinguishing between two

---

[26] See GREGORY OF NYSSA, *Oratio catechetica magna Great Catechism*, 22, in J.P. MIGNE (*ed.*), *Patrologia Graeca*, Paris, 1857–66, vol. 45, col. 60-61; English translation in P. SCHAFF and H. WACE (*eds.*), *A Select Library of the Nicene and post-Nicene Fathers of the Christian Church,* vol. 5, Grand Rapids, 1893, p. 492-493, modified. On Gregory's theory of the rights of the devil see L.F. MATEO-SECO, "Devil", in: G. MASPERO and L.F. MATEO SECO (*eds.*), *The Brill Dictionary of Gregory of Nyssa*, Leiden, 2010, p. 223-226.

[27] GREGORY OF NYSSA, *Oratio catechetica magna*, 23, col. 64; English translation p. 493, modified.

[28] On the theory of the *iura diaboli* and the debate surrounding it from Late Antiquity to the Middle Ages see, among others, J. RIVIÈRE, *Le dogme de la rédemption*, p. 374 *et seqq.*; S. LYONNET and L. SABOURIN, *Sin, Redemption and Sacrifice*, p. 207 *et seqq.*; "The rule of Satan" in G.M. LUKKEN, *Original Sin in the Roman Liturgy. Research into the Theology of original Sin in the Roman Sacramentaria and the early Baptismal Liturgy*, Leiden, 1973, p. 157-199. On the medieval discussion of the issue, see B. PASCIUTA, "Il diavolo e il diritto: il *Processus Satanae* (XIV sec.)", in: X., *Il diavolo nel Medioevo. Atti del XLIX Convegno storico internazionale (Todi, 14-17 ottobre 2012)* [Centro italiano di studi sull'alto medioevo], Spoleto, 2013, p. 421-447.

[29] However, the passages in which Paul calls himself the 'slave of Christ' (among which 1 Corinthians 7:22) must also be taken into account in this regard. See the synthesis given by the entry *doulon* in C. SPICQ, *Lexique théologique du Nouveau Testament*, Paris, 1991, p. 391-397, in particular 392-393.

states: the ideal one is that of a son, free from fear, but, before this, man must experience servitude, and fear of his redeemer.[30]

Ambrose, however, to whom we will now turn, explicitly accepted the juridical implications that established a link of dependence – debt or servitude – between the *redemptor* and the *redemptus*. The link between the coming of Christ and *redemptio* had been clear from the very moment of his birth, according to Ambrose, who, commenting on the universal census ordered by Augustus in his lengthy *Exposition* on the Gospel of Luke, reinterprets the event in explicitly juridical terms. This approach, in fact, runs through all of Ambrose's work, providing further confirmation of his stature as a translator of an entire cultural inheritance: not only does he provide crucial insights into the development of the relationship between the Church and the Roman Empire in late antiquity, but he is also an essential figure for any historian of thought attempting to probe the constant interchange between theology and politics.[31]

His hermeneutical skill is at its most refined in his spiritual interpretation of the census organised by Quirinus, and in his declaration that it is a necessary act for those who wish to join the community of heaven. In Luke's account of Jesus' birth, the bishop of Milan finds all of the elements contractually necessary to validate the '*redempti[o] omnium*':

> 'The first enrolment was made when Cyrinus was governor, so that the Evangelist seems to have entered, as it were, the consul in this book as a token. For if consuls are entered in the lists of purchases [*adscribuntur tabulis emtionis*], how much more must the time be entered for the redemption of all [*redemtioni omnium*]! Thus, ye have everything which was customarily included in the contracts [*in contractibus*]: the name of the man holding the supreme power then, the day, the place, the cause. Witness, too, are wont to be used.'[32]

---

30 See ORIGEN, *In epistula Pauli ad Romanos*, VII.1, vol. 2, p. 218-224. On this see J. RIVIÈRE, *Le dogme de la rédemption*, p. 248-249, and J.A. ALCAIN, *Cautiverio y redención del hombre en Origenes*, p. 182, who highlights the inner tensions of Origen's writings on this aspect. Similarly, Jerome's text, quoted above in footnote 20, goes on to specify that redemption does not imply servitude to Christ.

31 On Ambrose's use of Roman law, see J. GAUDEMET, "Droit séculier et droit de l'église chez Ambroise", in: G. LAZZATI (*ed.*), *Ambrosius episcopus. Atti del Congresso internazionale di studi ambrosiani nel 16. centenario della elevazione di sant'Ambrogio alla cattedra episcopale. Milano, 2-7 dicembre 1974,* 2 vol., Milano, 1976, vol. 1, p. 286-315, especially p. 287-300; G. LAZZATI, *Le droit romain dans la littérature chrétienne occidentale du IIIe au Ve siècle* [Ius Romanum Medii Aevi, I.3.b], Milano, 1978, p. 71–98, and B. MORONI, "Lessico teologico per un destinatario imperiale. Terminologia giuridico-amministrativa e cerimoniale di corte nel *De fide* di Sant'Ambrogio", in: L.F. PIZZOLATO and M. RIZZI (*eds.*), *Nec timeo mori. Atti del Congresso internazionale di studi ambrosiani nel XVI centenario della morte di sant'Ambrogio*, Milano, 1998, p. 341-363, especially p. 343-345.

32 AMBROSE, *Expositionis Evangelii secundum Lucam libri I-V*, II.39, in: M. ADRIAEN and G. COPPA (*eds.*), *Sancti Ambrosii Episcopi Mediolanensis Opera 11*, 2 vol., Roma, 1978, vol. 1, p. 180; English translation by T. TOMKINSON, *Exposition of the Holy Gospel According to Saint Luke*, Etna

In these lines, which also appears in the ordinary Gloss to Luke 2:2,[33] redemption is clearly conceptualised as a contract, in the most literal sense – a sense which, for Ambrose, who had been an imperial functionary before becoming a bishop, seemed absolutely straightforward: it was all there – the place, the witnesses, the names of the governors were all given. The universal census, according to Ambrose, in its provision of 'hard evidence', fulfilled a need within the divine redemptive plan. There are further references to *redemptio* later on in the *Exposition*, where Ambrose, echoing John 8:34, remarks that man is sold because he sins and is a slave to sin: a condition of servitude which is afterwards redeemed through divine goodness.[34] This, however, establishes a clear relationship of dependence and debt between redeemer and redeemed, which is asserted throughout the *Exposition*.[35]

This relationship is often made even more explicit in Ambrose's writings. Men have changed their creditor, not discharged their debt.[36] The fact that the debt

---

California, 1998, §II.39, p. 51. On the interpretations of the census in Patristic and medieval exegeses see T. FAITINI, "Towards a Spiritual Empire: Christian Exegesis of the Universal Census at the Time of Jesus' Birth", in: S.J. BROWN, C. METHUEN and A. SPICER (*eds.*), *The Church and Empire* [Studies in Church History, 54], Cambridge, 2018, p. 16-30; see also the essays collected in *Censo, ceto, professione. Il censimento come problema teologico-politico* [Politica e religione. Annuario di teologia politica], Brescia, 2015.

33 Gloss 'Cyrino' on Luke 2:2 (*Glossa ordinaria cum Biblia latina*, cit., http://gloss-e.irht.cnrs.fr/php/editions_chapitre.php?livre=../sources/editions/GLOSS-liber57.xml&chapitre=57_2, accessed 2 August 2018).

34 AMBROSE, *Expositionis Evangelii secundum Lucam*, X.66, vol. 2, p. 444: 'Omnis *deinde* qui facit peccatum servus est peccati. Peccatis *inquit* vestris venditi estis. *Venditio propter peccata nostra, propter bonitatem autem dei redemtio peccatorum.*' See also, with reference to 1 Peter 1:18-19: Ibidem, VII.117, vol. 2, p. 178: '*Etenim adversarius tamquam captiva mancipia vilioris pretio aestimationis addicit, at vero dominus tamquam speciosa servitia, quae ad imaginem et similitudinem sui fecit, idoneus sui operis aestimator magno pretio nos redemit, sicut sanctus apostolus dixit:* emti enim estis pretio magno'.

35 Ibidem, VI.25, vol. II, pp. 26-28: '*Sed quis est populus iste, qui amplius debet, nisi nos, quibus amplius creditum est? Illis credita sunt eloquia dei, nobis creditur virginis partus. Habes talentum virginis partum, habes fidei centesimum fructum. Creditus est Emmanuhel nobiscum deus, credita domini crux mors resurrectio. Etsi Christus pro omnibus passus est, pro nobis tamen specialiter passus est, quia pro ecclesia passus est. Itaque non est dubium quod plus debeat qui plus accepit.*' Earlier, Ambrose defines the spiritual 'money of the virtues' through which the debt has to be repaid: '*Non materialem faeneratori huic debemus pecuniam, sed meritorum examina, aera virtutum, quarum meritum gravitatis pondere, iustitiae specie, sono confessionis expenditur*' (*ibi*, VI.24, vol. 2, p. 26).

36 See this passage of *Epistula 7(41)*, §§7-8, in: O. FALLER and M. ZELZER (*eds.*), *Sancti Ambrosii epistulae et acta*, Vienna, 1968-1996, vol. 3, p. 149-50: '*Nemo fenus suum patrimonio innocentiae suae poterat exsolvere, de meo une me liberarem habere non poteram, novum genus absolutionis meae detulit; ut creditorem mutarem, quia fenus unde solverem non habebam. Debitores autem nos non natura sed culpa fecerat; peccatis enim nostris aera gravia contraximus. ut essemus obnoxii qui eramus liberi. Debitor enim est qui aliquid accepit de feneratoris pecunia. Peccatum autem a diabolo est, tamquam in eius patrimonio has habet impius opes; sicut enim Christi divitiae virtutes sunt ita diaboli opes crimina sunt. Redegerat humanum genus in perpetuam captivitatem obnoxiae hereditatis gravi fenore quod obaeratus auctor ad posteros de fenerata successione transmiserat. Venit Dominus Iesus, mortem suam pro morte omnium obtulit, sanguinem suum pro sanguine fudit universorum. Mutavimus ergo creditorem, non evasimus.*' See also *Epistula 69(72)*, §8 (Ibidem, vol. 2, p. 182), which states that the creditor, i.e. the devil must, of necessity, be repaid. This letter highlights

contracted with Christ is infinite, and cannot be repaid, does not exclude the need to make some sort of reparation:

> 'We were distrained by the evil creditor for our sins. We signed the document of debt [*chirographum culpae*], we owed the penance of blood: the Lord Jesus came and gave his blood in the place of ours; but you cannot repay the blood. A good servant [*servus*] has to pay to his lord [*dominus*] the price he paid: if you cannot repay the price, you must at least prevent the price from seeming unworthy.'[37]

The use here of the terms *servus/dominus*, and the need to recompense the *dominus* for the costs he has sustained, leave no room for argument. Noteworthy, too, is the reference to the *chirographum,* i.e. the promissory note of which Paul writes in the Letter to the Colossians 2:13-14 in relation to the inscription *Iesus Nazarenus Rex Iudaeorum* attached to the cross. Many other Christian authors – from Augustine to Jacob of Varazze and Raymond Lulle – would also elaborate upon Paul's umpteenth juridical reference;[38] they deduced that Christ died to redeem the debt assumed and underwritten by the acceptance of the *chirographum.*[39] And for Ambrose it was simply logical to deduce that, in relation to a *Christus* who had become *dominus* and *redemptor*, the *redemptus* was a *servus*: '*no one is a free man*', indeed, because men '*are all freedmen* [*liberti*] *of Christ*'. The juridical knowledge revealed by Paul's terminology is openly asserted to conclude that '*you who have been created are a slave, you who have been redeemed are a slave, and you owe servitude to Him as your Lord and Redeemer* [*quasi domino servitutem debes et quasi redemptori*]'.[40]

---

the pointlessness of circumcision, a thesis which had been very similarly argued by ORIGEN, *In epistula Pauli ad Romanos*, vol. 1, II.9, p. 208. 2,13: '*Si ergo* pretio empti *sumus, ut etiam Paulus astipulatur, ab alioque sine dubio empti sumus, cuius eramus servi, qui et pretium poposcit quod voluit, ut de potestate dimitteret quod tenebat. Tenebat autem nos diabolus, cui distracti fueramus peccatis nostris. Poposcit ergo pretium nostrum sanguinem Christi.*'

37 AMBROSE, *De virginitate*, ed. I. CAZZANIGA, Torino, 1952, XIX.126, p. 100, my translation.

38 On Paul's use of juridical categories, see F. LYALL, *Slaves, Citizens, Sons. Legal Metaphors in the Epistles*, Grand Rapids, 1984, and, more recently, the (partial) account given by A. DU TOIT, "Forensic Metaphors in Romans and their soteriological significance", in: J.G. VAN DER WATT (*ed.*), *Salvation in the New Testament*, p. 213-246.

39 Different exegeses and meanings associated with the *chirographum* are summarised by G.M. LUKKEN, *Original Sin in the Roman Liturgy*, p. 177-180. A number of exegetical interpretations highlighting its economic implications are discussed in R.C. MUELLER, "*Eva a dyabolo peccatum mutuavit.* Peccato originale, prestito usurario e *redemptio*", in: D. QUAGLIONI, G. TODESCHINI and G.M. VARANINI (*eds.*), *Credito e usura fra teologia, diritto e amministrazione: linguaggi a confronto (sec. XII-XVI)*, Roma, 2005, p. 227-245; V. TONEATTO, *Les banquiers du Seigneur. Évêques et moins face à la richesse (IVe-début IXe siècle),* Rennes, 2012, p. 173-177.

40 AMBROSE, *De Iacob et vita beata*, I.3.12, in: C. SCHENKL and R. PALLA (*eds.*), *Sancti Ambrosii Episcopi Mediolanensis Opera 3*, Roma, 1982, p. 242-244; English translation in: M.P. MCHUGH (*ed.*), *Seven exegetical works* [The Fathers of the Church, 65], Washington, 1972, p. 127-128. The passage comments upon 1 Corinthians 7:22.

Two other passages in the commentary on Paul's letters which were, until the sixteenth century, attributed to Ambrose, thus ensuring the significance of their influence on medieval doctrine, are equally insistent upon this point. Again commenting on the Letter to the Romans, the pseudo-Ambrose says that men do not owe obedience to Adam, who, as the original sinner, bequeathed death to his descendants: they must instead follow Christ's law and revere their redeemer. What is more, he continues, men are actually '*servants in the control and power of the Redeemer* [*domini* [...] *quasi servos in condicione et dominio redemptori*]'.[41]

The hermeneutical difficulties that Christian thinkers got themselves into as they tried to reconcile the stratification of the biblical text with their own cultural and juridical mindset are manifest in the uncertainties and somewhat forced nature of their readings. Nevertheless, these readings demonstrate the extent to which the original juridical institution – together with the web of relationships, above all that between *redemptor* and *redemptus*, that it resulted in and governed – was interpreted and reinterpreted and sometimes turned upside down in the process of making it theological, although it never ceased to be a point of reference.

These considerations on the *status* of servitude and debt in relation to Christ the Redeemer evoke the *private law* aspect of *redemptio*, i.e. that of the debt slavery, which was ended by the *redemptio a domino*. On this subject, the above passages from Ambrose appear quite transparent and may also bring to mind the fact that some of Tertullian's writings were equally clear.[42] There is, however, a passage which better renders both the lucidity and the creativity of the conceptual transposition – and was also the beginning of a reading of human activity in monetary terms which undoubtedly had a significant impact on Christian moral thought: the long exegetical passage is from Origen's homily on Exodus, translated by Rufino. The sixth homily, in particular, commenting on the flight of the Jews, pursued by the Egyptians, describes the triumphant crossing of the Red Sea and dwells on the text of Exodus 15:16, which, praising the power of God, contrasts the enemy with '*the people you acquired*'. The need to explain this purchase began a long aside on

[41] AMBROSIASTER, *In Epistulam ad Romanos*, XIV.8, in: H.I. VOGELS (*ed.*), *Ambrosiastri qui dicitur commentarius in epistulas paulinas*, Pars prima, Vienna, 1966, recensio γ, p. 439; English translation in: G.L. BRAY (*ed.*), *Commentaries on Romans and 1-2 Corinthians*, Downers Grove, 2009, p. 105. See also Ibidem, VIII.12.

[42] See TERTULLIAN, *De fuga in persecutione* 12.3, in: A. GERLO (*ed.*), *Tertulliani opera*, pars II: *Opera montanistica* [Corpus Christianorum Series Latina, 2], Turnhout, 1954, p. 1150: '*Sol cessit diem emptionis nostrae. Apud inferos remancipatio nostra est et stipulatio nostra in caelis [...]. Et Dominus quidem illum redemit ab angelis munditenentibus, <a> potestatibus, a spiritalibus nequitiae, a tenebris huius aevi, a iudicio aeterno, a morte perpetua; tu autem pro eo pacisceris cum delatore vel milite vel furunculo aliquo praeside sub tunica et sinum, quod aiunt, ut furtivo, quem coram toto mundo Christus emit, immo et manumisit!*' See the analysis proposed by J. RIVIÈRE, "Tertullien et les droits du démon", *Revue des Sciences Religieuses* 2/6 (1926), p. 199-216, especially p. 211-214. Tertullian's use of juridical categories is constant, although his precision is debated (see R. MARTINI, "Tertulliano giurista e Tertulliano padre della Chiesa", *Studia et documenta historiae et iuris* 41 (1975), p. 78-124, and J. GAUDEMET, *Le droit romain dans la littérature chrétienne occidentale du IIIe au Ve siècle*, p. 15-32).

Origen's interpretation of the Old Testament episode, and launched the discussion that concerns us here.

Men belong to God from the moment of their conception, writes Origen, since he is their Creator. The need for him to buy them is only explained by the fact that they '*belong[ed] to another*', having sold themselves to Satan because of their sins.[43] And, he explains, this happens because each sin corresponds to a coin received from the devil:

> 'Murder is the money of the devil [...]- You have committed murder; you have received the devil's money. Adultery is the money of the devil [...].You have committed adultery; you have received a coin from the devil. Theft, false testimony, greediness, violence, all these are the devil's property and treasure for such money proceeds from his mint. With this money, therefore, he buys those whom he buys and makes all of those his slaves [*efficit sibi servos*] who have received however insignificant a coin from his property of this kind. [...] He may also present this money which we enumerated above to some of us and make those his own again, and again write for them documents of slavery and bound sureties of sin [*tabulas servitutis et peccati chirographa*] and mingle those whom he made his slaves for the price of sin with the servants of God.'[44]

The preacher here conjures up an extremely literal system of moral accounting: Origen's reasoning – which is later echoed by Ambrose[45] – associates the sum of money received by the devil with the debt contracted with him, which makes men his slaves. This is why Christ has to redeem men, by paying the price of their sins with his blood; this, Origen concludes, is why God himself has to buy his own people.[46] These lines clearly reveal the extent to which the Passion was conceptualised as a financial transaction. It was interpreted as the payment of a ransom and, therefore, the acknowledgement of a loan which every believer must value in order to comprehend the sum of his debt to Christ.[47]

---

43 Cfr. ORIGEN, *Homiliae in Exodum*, ed. M. SIMONETTI, Roma, 2005, VI §9, p. 190: '*Dei igitur sumus, secundum quod ab eo creati sumus; effecti vero sumus servi diaboli, secundum quod peccatis nostris venundati sumus. Veniens autem Christus redemit nos, cum serviremus illi Domino, cui nosmet ipsos peccando vendidimus. Et ita videtur tamquam suos quidem recepisse, quos creaverat, tamquam alienos autem acquisisse, qui alienum sibi dominum peccando quaesiverant*'; English translation in: R.E. HEINE (*ed.*), *Homilies on Genesis and Exodus*, Washington, 2002, p. 295.

44 ORIGEN, *Homiliae in Exodum*, VI §9, p. 190-92; English translation in: R.E. HEINE (*ed.*), *Homilies on Genesis and Exodus*, p. 296.

45 See e.g. AMBROSE, *De Iacob et vita beata*, I.3.10, p. 240 and the passages quoted above in footnotes 35 and 36.

46 ORIGEN, *Homiliae in Exodum*, VI §9, p. 192: '*Paulo latius progressi sumus, dum volumus exponere, quomodo Deus quae sua sunt, dicatur* acquirire *et* redimere *Christus* sanguine pretioso, *quos emerat diabolus vili mercede peccati.*'

47 See the analysis of Augustine's homily n. 130 proposed by V. TONEATTO, *Les banquiers du Seigneur*, p. 175.

3. In conclusion. Towards the Middle Ages

We thus see that the implications of the juridical institution that has inspired our investigation were extensively elaborated by the Christian authors in their endeavour to understand, through a sort of structural analogy, Christ's act of redemption. The most directly public and political aspect of the *redemptio ab hostibus* proved the most suitable terrain upon which to construct the institutions and identity of the Christian community, of which the contrast between the Kingdoms of Heaven and Hell and the coexistence, in history, of two cities under two different rulers, is an integral part. On the other hand, the private implications of the institution also provided the Early Christian exegetical experts with much to write about. The Passion was presented by them as an economic transaction, which also involved an actual dynamic of debt – even servitude – between redeemer and redeemed.

The economic aspect of the Early Christian discourse cannot be denied, nor, indeed, can the influence of this discourse on the conceptualisation of Western economic practice. The latter, moreover, was extensively debated by the very earliest Christian authors, resulting in the evaluation and regulation of the economic activity within the light of the charity which governed the Christian community. The opportunity to redeem and liberate one's soul through the appropriate use and bequeathing of one's material wealth was also investigated.[48] The conceptual link between *redemptio* and *paenitentia*, which had evident practical implications, is noteworthy here. This link, in fact, involves the penitential practices which meticulously regulated the lives of the faithful according to a discipline which, although conceived within a predominantly ecclesiastic and monastic environment, gradually extended to involve (at least in theory) the whole *societas christiana*.[49] The penitential books which became common in the Early Middle Ages, in particular, provide us with an eloquent example of the link between *redemptio* and *paenitentia*, because of both their rigorous juridico-economic logic and the concepts they used in fixing penitential tariffs for specific sins.[50] The tariffs – expressed in fasting periods over weeks and years – *redeemed* the sins of the penitent, and could then themselves be *redeemed* (i.e. substituted) by reciting psalms and singing hymns:

---

48 See P. Brown, *The Ransom of the Soul. Afterlife and Wealth in Early Western Christianity*, London, 2015, who contextualises the last wills *pro redemptione animae* which blossomed during the Early Middle Ages. See also G. Todeschini, *Il prezzo della salvezza. Lessici medievali del pensiero economico*, Roma, 1994, p. 119-143.

49 On the social relevance of confession after the Fourth Lateran Council (1215), see T. N. Tentler, "The 'Summa' for confessors as an instrument of social control", in: H. A. Oberman and C. Trinkaus (*eds.*),*The pursuit of holiness in late medieval and Renaissance religion. Papers from the University of Michigan conference*, Leiden, 1974, p. 103-137, P. Prodi, *Una storia della giustizia. Dal pluralismo dei fori al moderno dualismo tra coscienza e diritto*, Bologna, 2000, p. 87-92, and R. Rusconi, *L'ordine dei peccati. La confessione tra Medioevo e età moderna*, Bologna, 2002.

50 On this genre see C. Vogel, *Les "libri poenitentiales"*, Turnhout, 1978, and the historiographical discussion by R. Meens, "The historiography of Early Medieval Penance", in: A. Firey (*ed.*), *A New History of Penance*, Leiden, 2008, p. 73-96

the term *redemptio* was also used in both these senses. Moreover, the *redemptor* of a penitent who was not able to fast – or, more often, to recite the psalms in Latin – could also be a pious person to whom the former donated money. This practice provided the religious communities with a certain wealth which should only have been used to help the poor and – in a sort of circle of *redemptiones* – to *redeem* prisoners.[51]

After Anselm's extensive elaboration of the theory of the incarnation as vicarious satisfaction, at the turn of the twelfth century, the interpretation of redemption in public terms, as a ransom paid to the devil, the ultimate enemy, gradually decreased in importance. Nevertheless, reference to the private debt dynamic between redeemer and redeemed remained a constant in Christian discourse. William of Auvergne, for example, in some of his homilies, conceptualises God's redemption through extensive reference to the semantics of social and feudal relationships, with which his audience was, of course, familiar, and highlights the servile bondage linking the faithful to their redeemer.[52] In the thirteenth century, we thus find again an eloquent testament to the enduring efficacy of the Graeco-Roman law apparatus applied to theological discourse, demonstrating the extent to which *redemptio* was able to express itself in matrices of social, political and economic relationships and how the concept of redemption, far from merely corresponding with one isolated event, had, over time, become central to a web of diverse relations.

---

51 See T. POLLOCK-OAKLEY, "Les commutations et les rédemptions dans les pénitentiels du continent", *Revue historique de droit français* 18 (1939), p. 39-57, and C. VOGEL, "Composition legale et commutation dans le système de la pénitence tarifée", *Revue de droit canonique*, essay in three parts in the issue 8 (1958), p. 289-318, and 9 (1959), p. 1-39 and 341-359.

52 See for instance GUILLELMUS ALVERNUS, *Sermones de tempore* [Corpus Christianorum Continuatio Mediaevalis, 230A], ed. F. MORENZONI, Turnhout, 2011, *sermo* 287A, p. 567: '*Item tria sunt servicia que soli Deo debemus. Quia ab illo tenemus quicquid habemus, ei debemus servicium feodale; et quia ipsius solius bonis pascimur et vestimur et vivimus et huiusmodi, debemus ei servicium famulare; et quia ab eo empti sumus et redempti, debemus ei serviicium servile.*'

MACRO NEL *NOMOS STRATIOTIKOS*: DIRITTO MILITARE E 'RITORNO AL FUTURO'

Valerio Massimo MINALE

È noto che il *Nomos Stratiotikos*, come del resto, verosimilmente, il *Nomos Gheorghikos* e il *Nomos Rhodiōn Nautikos*, risale al periodo della dinastia isaurica,[1] uno dei più travagliati, dal punto di vista sia militare[2] sia religioso,[3] nell'orizzonte storico dell'impero romano d'Oriente[4]; solo uno studioso lo avrebbe collocato, invece, al tempo di Leone VI il Saggio.[5]

Esso di solito segue in guisa di appendice l'*Ekloge*, varata nel marzo del 741,[6] ed è conservato in settantaquattro manoscritti, nonostante soltanto in

---

1 L. BURGMANN, "Die Nomoi Stratiotikos, Georgikos und Nautikos", *Zbornik Radova Vizantološkog Instituta* 46 (2009), p. 53-64 (traduzione italiana in *Teoria e storia del diritto privato* 4 (2011), online) e L. BURGMANN e E. MCGEER, "Nomos Stratiotikos", in: *Oxford Dictionary of Byzantium*, vol. 3, Oxford, 1991, p. 1492; inoltre, M.T.G. HUMPHREYS, *Law, Power, and Imperial Ideology in the Iconoclastic Era. C. 680-850*, Oxford, 2015, p. 152-165 insieme con L. BRUBAKER, J.F. HALDON e R. OUSTERHOUT, *Byzantium in the Iconoclast Era (ca.680-850). The Sources: An Annotated Survey*, Aldershot, 2001, p. 291-293; infine, vogliamo citare P. VERRI, *Le leggi penali militari dell'impero bizantino nell'alto medioevo*, Roma, 1978, supplemento a *Rassegna di giustizia militare* 1-2.

2 Sul rapporto tra organizzazione militare e riforma religiosa, in connessione anche con quanto riportato nella nota seguente, W.E. KAEGI, "The Byzantine Armies and Iconoclasm", *Byzantinoslavica* 27 (1966), p. 48-70; cfr. inoltre nt. 39.

3 Rinviamo a J. ATKINSON, "Leo III and Iconoclasm", *Theoria. A Journal of Social and Political Theory* 41 (1973), p. 51-62 e soprattutto S. GERÖ, *Byzantine Iconoclasm during the Reign of Leo III, with Particular Attention to the Oriental Sources*, Leuven, 1973; inoltre, H.J. GEISCHER (*ed.*), *Der byzantinische Bilderstreit*, Gütersloh, 1968; J. HERRIN, "The Context of Iconoclast Reform", in: A. BRYER e J. HERRIN (*eds.*), *Iconoclasm. Papers Given at the Ninth Spring Symposium of Byzantine Studies. University of Birmingham, March 1975*, Birmingham, 1977, p. 15-20 e J. IRMSCHER (*ed.*), *Der byzantinische Bilderstreit: Sozialökonomische Voraussetzung, ideologische Grundlagen, geschichtliche Wirkungen. Eine Sammlung von Forschungsbeiträgen*, Leipzig, 1980 insieme con *Culto delle immagini e crisi iconoclasta. Atti del Convegno di Studi, Catania, 16-17 maggio 1984*, Palermo, 1986; infine, ancora L. BRUBAKER, J. F. HALDON e R. OUSTERHOUT, *Byzantium in the Iconoclast Era*, p. 233 *et seqq.* e L. BRUBAKER, *Inventing Byzantine Iconoclasm*, London, 2012, p. 22 *et seqq.*

4 Per tutti, G. OSTROGORSKY, *Storia dell'impero bizantino*, Torino, 1968, p. 139-197 (orig. *Geschichte des byzantinischen Staates*, München, 1963).

5 A. SCHMINK, "Probleme des sog. Nomos Rhodion Nautikos", in: E. CHRYSOS (*ed.*), *Griechenland und das Meer*, Mannheim, 1999, p. 171-178.

6 D. GINIS, "Das Promulgationsjahr der Isaurischen Ecloga", *Byzantinische Zeitschrift* 24 (1923), p. 345-358 e V. GRUMEL, "La date de la promulgation de l''Eclogue' de Leon III", *Échos d'Orient* 34 (1935), p. 327-331, ma anche V. GRUMEL, "La date de la promulgation de l'Eklogue des Isauriens: l'annee et le jour", *Revue des études byzantines* 21 (1963), p. 272-274; comunque, L. BURGMANN, *Ecloga. Das Gesetzbuch Leons III. und Konstantinos V.*, Frankfurt am Main, 1983, p. 10-12.

diciotto appaia insieme con gli altri due *nomoi*;[7] ne esiste, inoltre, un'importante traduzione armena.[8]

Secondo il suo editore moderno[9] – il quale sembra non abbia utilizzato a sufficienza il codice più antico, il Vallicellianus F 47, basandosi piuttosto sull'oxoniense Bodleian Library Laud 39 – il *Nomos* ἐκ τοῦ Ῥούφου καὶ τῶν τακτικῶν, contiene cinquantasei articoli[10] ed è suddiviso in tre sezioni, la prima (15) tratta dal manuale di tecnica militare dell'imperatore Maurizio, lo *Strategikon*,[11] in parte rielaborato nel *Taktikon*[12] di Leone VI, la seconda (18) – Ποινάλος στρατιωτικός, titolo che viene seguito dalla parola FELICITER – e la terza (23) composte da norme sistemate appunto dal misterioso Rufus e che provenivano in vario modo dalla compilazione giustinianea e soprattutto da D. 49.16, la sezione dedicata alla materia militare; purtroppo non ci è giunto il cinquantasettesimo libro dei Basilici, che sarebbe stato utile per un confronto testuale, anche se la traduzione dei luoghi che rimangono nella *Synopsis maior* suggerirebbero l'esistenza di almeno due differenti traduzioni dal latino al greco, segno che la collezione fu ampiamente diffusa.[13]

Ora, si dice che il *Nomos Stratiotikos*, sempre insieme con gli altri due *nomoi*, sia un perfetto esempio di diritto consuetudinario o meglio che le norme in esso raccolte avessero un forte valore siffatto.[14]

---

7 L. BURGMANN, M.T. FÖGEN, A. SCHMINCK e D. SIMON (*eds.*), *Repertorium der Handschriften des byzantinischen Rechts. I. Die Handschriften des weltlichen Rechts (Nr. 1-327)*, Frankfurt am Main, 1995, p. 443 (indice).

8 H. KAUFHOLD (*ed.*), *Die armenischen Übersetzungen byzantinischer Rechtsbücher*, Frankfurt am Main, 1997, p. 18-19.

9 W. ASHBURNER, "The Byzantine Mutiny Act", *Journal of Hellenic Studies* 46 (1926), p. 80-109 = J. ZEPOS e P. ZEPOS, *Jus Graecoromanum*, vol. 2, Athen, 1931 (Aalen, 1961), p. 63-103; inoltre, E. KORZENSZKY, *Leges poenales militares e codice Laurentiano LXXV, 6*, Budapest, 1931 (*Ibidem*, p. 80-89) e V. V. KUCHMA, "Νόμος Στρατιωτικός (K voprosu a sviazi trekh pamiatnikov Vizantiiskogo Voennogo prava)", *Vizantijski Vremennik* 32 (1971), p. 276-284, anche all'indirizzo http:// myriobiblion.byzantion.ru/NS.htm; infine, C.E. BRAND, *Roman Military Law*, Austin-London, 1968.

10 Al ventiseiesimo posto della raccolta viene inserito un articolo 'bis', ammettendo evidentemente due varianti.

11 Il testo, che consta di dodici libri, risale alla fine del VI secolo. G.T. DENNIS e E. GAMILLSCHEG (*eds.*), *Das Strategikon des Maurikios*, Wien, 1981 e G.T. DENNIS (*ed.*), *Maurice's Strategikon. Handbook of Byzantine Military Strategy*, Philadelphia, 1984, a parte H. MIHĂESCU, *Mauricius Arta Militara*, Bucarest, 1970; inoltre, B. LEONI, *La parafrasi ambrosiana dello Strategikon di Maurizio. L'arte della guerra a Bisanzio*, Milano, 2003; infine, di qualche utilità anche G. CASCARINO (*ed.*), *Strategikon. Manuale di arte militare dell'Impero Romano d'Oriente*, Rimini, 2006.

12 Leone VI, che lo avrebbe compilato a cavallo tra il IX e il X secolo, riutilizzò ampiamente lo *Strategikon* di Maurizio, aggiungendo qualcosa dalla trattatistica di epoca ellenistica (come l'opera di Onasandro: C. PETROCELLI (*ed.*), *Il generale Manuale per l'esercizio del comando*, Bari, 2008); egli, inoltre, ci ha lasciato anche i *Problemata*, sempre di argomento militare, compilati in forma di domanda e risposta: A. DAIN (éd.), *Leonis VI Sapientis Problemata*, Paris, 1935. Cfr. G.T. DENNIS (ed.), *The Taktika of Leo VI. Text, Translation and Commentary*, Washington, 2010 e J. HALDON, *A Critical Commentary on "The Taktika of Leo VI"*, Washington, 2014, a parte R. VÁRI, *Leonis imperatoris Tactica*, Budapest, 1917-1922, 2 vol. e G. MORAVCSIK, *Byzantinoturcica. I. Die byzantinischen Quelle der Geschichte der Türkvölker*, Budapest, 1942, p. 239 *et seqq.*

13 Σ.4: J. ZEPOS e P. ZEPOS, (eds.), *Jus Graecoromanum*, vol. 5, Athen, 1931 (Aalen, 1961), p. 509-512; inoltre, per qualche indicazione generale, N.G. SVORONOS, *Recherches sur la tradition juridique à Byzance. La Synopsis Major des Basiliques et sas appendices*, Paris, 1964.

14 P. PIELER, "Byzantinische Rechtsliteratur", in: H. HUNGER (*ed.*), *Die hochsprachliche profane Literatur der Byzantiner*, vol. 2, München, 1978, p. 429 *et seqq.* e soprattutto, p. 440-442 (insieme con P. PIELER,

Il principio, tuttavia, occorre che sia meglio specificato: in questo senso, sarà necessario capire in quale misura gli articoli provenienti dalla tradizione giustinianea dei *Digesta* parteciperebbero della natura consuetudinaria dell'ordinamento militare, avendo un'origine, invece, prettamente giurisprudenziale; ancora, chiarire alla mente se l'eventuale cifra consuetudinaria di quegli stessi articoli sia precedente oppure susseguente al loro inserimento nella raccolta; infine, individuare il nesso preciso tra diritto consuetudinario e diritto militare.

Forse, in ordine alla soluzione dei quesiti appena posti, la lettura di alcuni luoghi notevoli potrebbe risultare di qualche ausilio.

In particolare si può fare riferimento a NS. 29, che deriva direttamente dalla seconda parte di D. 49.16.13.4,[15] a sua volta un passo tratto dall'opera *De re militari*[16] del giurista severiano Emilio Macro,[17] il quale fu tra i pochi che ebbero a occuparsi di questa tematica:[18]

"Neue Überlegungen zum byzantinischen 'Bauerngesetz'", in: P. PICHONNAZ, N.P. VOGT e S. WOLF (*eds.*), *Spuren des römischen Rechts. Festschrift für Bruno Huwiler zum 65. Geburtstag*, Bern, 2007, p. 489-497) ed E.E. LIPŠIC, *Pravo i sud v Vizantii v IV-VIII vv.*, Leningrad, 1976, p. 193-203; inoltre, A. SCHMINCK, "Der 'Nomos Georgikos' und die Rechtspraxis", in: *La réponse des juristes et des experts à la pratique du droit. 59ème Session de la Société Internationale Fernand de Visscher pour l'Histoire des Droits de l'Antiquité. Supplementum*, Bochum, 2005, p. 66-70.

15 V.M. MINALE, "Per uno studio sui frammenti De re militari di Macro", *Teoria e storia del diritto privato* 6 (2013), p. 27-30, *passim* (dove alla bibliografia citata occorre aggiungere H. DEVIJVER, "Die Aufgabe eines Offiziers im römischen Heer. Kommentar zu Aemilius Macer D. XLIX 16.12.2", in: L. CERFAUX, W. PEREMANS e A. TORHOUDT (*eds.*), *Antidorum Willy Peremans sexagenario ab alumnis oblatum*, Louvain, 1968, p. 23-37).

16 D. 29.1.26, D. 38.12.1, D. 35.2.92, D. 48.19.14, D. 49.16.12, D. 49.16.13, che secondo la sistematica leneliana si dividerebbe in D. 49.16.13.pr.-2, 3 e 4-6, D. 49.17.11; O. LENEL, *Palingenesia Iuris Civilis. I*, Leipzig, 1885, p. 573-574.

17 D. LIEBS, "(M.?) Aemilius Macer", in: K. Sallmann (*ed.*), *Handbuch der lateinischen Literatur der Antike. IV. Die Literatur des Umbruchs. Von der römischen zur christlichen Literatur 117-284 n. Chr.*, München, 1997, p. 214-216 (dove si citano P. JÖRS, "Aemilius 87", in: *RE*, vol. 1, Stuttgart, 1893, p. 567-868 – provvisto di altra essenziale bibliografia – e W. KUNKEL, *Herkunft und soziale Stellung der römischen Juristen*, Weimar, 1952 (Graz, 1967), p. 256-257), oltre a D. LIEBS, "Römische Provinzialjurisprudenz", *ANRW*, II,15 (1976), p. 312-315 insieme con p. 324, 325-327, 341-344 e D. LIEBS, *Römische Jurisprudenz in Africa. Mit Studien zu den pseudopaulinischen Sentenzen*, Berlin, 1993, p. 25-27 (e D. LIEBS, *Vorwort* alla ristampa della seconda edizione del libro di Wolfgang Kunkel, Köln, 2001, p. xiii); inoltre, F. NASTI, *L'attività normativa di Severo Alessandro. I. Politica di governo. Riforme amministrative e giudiziarie*, Napoli, 2006, p. 90 *et seqq.*; infine, a parte H. FITTING, *Alter und Folge der Schriften römischer Juristen*, Halle, 1908², p. 126-127, R. ORESTANO, "Macro Emilio (Aemilius Macer)", in: *Novissimo Digesto Italiano* 10, Torino 1964, p. 11, già in *Nuovo Digesto Italiano* 7, Torino 1938, p. 1101 (= *Scritti. V. Sezione seconda. Voci enciclopediche*, Napoli 2000, 35) (dove si cita, tra gli altri, A. BERGER, "Macer", in: *Encyclopedic Dictionary of Roman Law* Philadelphia, 1953, p. 570) e R. ORESTANO, *L'appello civile in diritto romano. Corso di diritto romano tenuto nell'Università di Genova. Appunti ad uso degli studenti*, Torino, 1966 (ristampa stereotipa della seconda edizione del 1953), p. 56.

18 In particolare, D. LIEBS, *(M.?) Aemilius Macer*, p. 215 e D. LIEBS, *Römische Provinzialjurisprudenz*, p. 341-344; inoltre, F. NASTI, *L'attività normativa*, p. 95, nt. 139. Più in generale sul genere, E. SANDER, "Das Recht des römischen Soldaten", *Rheinische Museum für Philologie* 101 (1958), p. 152-234 e E. SANDER, "Das römische Militärstrafrecht", *Rheinische Museum für Philologie* 103 (1960), p. 289-319, ma anche E. GABBA, "Considerazioni sugli ordinamenti militari del tardo impero", in: *Ordinamenti militari in Occidente nell'Alto Medioevo* [Centro italiano di studi sull'alto

Ἐὰν στρατιώτης ἐναντιωθῇ τῷ ἰδίῳ ἄρχοντι βουλομένῳ αὐτὸν τυπτῆσαι, εἰ μὲν κατέσχε μόνον τὴν ῥάβδον, τῆς στρατείας ἐναλλάττεται· εἰ δὲ ἐξεπίτηδες ἔκλασεν αὐτὴν ἢ χεῖρας αὐτῷ ἐπήγαγεν, κεφαλικῶς τιμωρεῖται.

e

Nam eum, qui centurioni castigare se volenti restiterit, veteres notaverunt: si vitem tenuit, militiam mutat: si ex industria fregit vel manum centurioni intulit, capite punitur.

La norma sancisce – la prima parte del brano, che non viene riportata, parlava del fatto che qualunque tipo di ufficiale superiore avrebbe potuto punire il *miles inreverens*, colpevole perciò di insubordinazione[19] – che il soldato che avesse opposto resistenza al comandante incaricato di colpirlo sarebbe stato trasferito ad altro reparto e di conseguenza degradato[20] qualora gli avesse "trattenuto la verga"[21] o avesse bloccato l'azione di chi aveva il compito di batterlo, condannato a morte qualora lo avesse ferito di proposito o gli avesse rotto la mano.

Non è dato di sapere quale fosse l'origine di una simile prescrizione.

Al di là di un generico riferimento ai giureconsulti del passato,[22] potrebbe essere che Macro richiamasse alla mente una collezione di diritto militare di antica

---

medioevo, 15/1], Spoleto, 1968, p. 65-94; inoltre, J. VENDRANT-VOYER, "Origine et développement du 'droit militaire' romain", *Labeo*, 28 (1982), p. 259-277; infine, D. PANIAGUA AGUILAR, "La literatura de re militari", in: *El panorama líterario-científico en Roma (siglos I-II) "et docere et delectare"*, Salamanca, 2006, p. 83-116 e soprattutto I. RUGGIERO, "De poenis militum. Su alcuni regolamenti militari romani", in F. BOTTA e L. LOSCHIAVO (*ed.*), *Civitas, Iura, Arma. Organizzazioni militari, istituzioni giuridiche e strutture sociali alle origini dell'Europa (secc. III-VIII)*, Lecce, 2015, p. 259-279.

[19] *Inreverens miles non tantum a tribuno vel centurione, sed etiam a principali coercendus est.*

[20] Sulla *mutatio militiae*, V. GIUFFRÈ, *Testimonianze sul trattamento penale dei "milites"*, Napoli, 1989, p. 19.

[21] La traduzione di '*vitem*' con τὴν ῥάβδον parte dal semplice termine 'bastone' per assumere tutta una gamma di significati legati anche alla sfera del linguaggio militare, tra cui 'bastone di comando', ma soprattutto 'verga' e per sineddoche 'fascio littorio': H.G. LIDDELL e R. SCOTT, *A Greek-English Lexicon*, Oxford, 1968 (rist. 9ª ed.), p. 1562; inoltre, M. G. MOSSI SASSI, *Il "sermo castrenis"*, Bologna, 1983, p. 23 *et seqq.* Il potere di percuotere il cittadino romano sotto le armi era simboleggiato appunto da un bastone, 'il ceppo di vite' (Y. LA BOHEC, *L'esercito romano. Le armi imperiali da Augusto alla fine del terzo secolo*, Roma, 2001, 79). Sul tema interessanti suggestioni in C. CASCIONE, "Verberabilissime", *Index* 25 (1997), p. 473-489 (a proposito di J. GABHARDT, *Prügelstrafe und Züchtigungsrecht im antiken Rom und in der Gegenwart*, Köln, 1994) e in particolare p. 475 (in cui si evoca D. 49.16.3.1; sulla *castigatio* V. GIUFFRÈ, *Testimonianze sul trattamento penale dei "milites"*, p. 18); ancora, A. D'ORS, "Virgae Sanguineae?", *Iura* 24 (1973), p. 207-208, su D. 4.9.9 in cui si riporta in relazione alla pena del parricida la curiosa espressione '*virgis sanguineis verberatus*'; infine, W. NIPPEL, *Public Order in Ancient Rome*, Cambridge, 1995, *passim*.

[22] O. BEHRENDS, "Les 'veteres' et la nouvelle jurisprudence à la fin de la république", *Revue historique de droit français et étranger* 55 (1977), p. 7-33; *contra* M. HORAK, "Wer waren die veteres? Zur Terminologie der klassischen römischen Juristen", in: G. KLINGEBERG, J. M. RAINER e H. STIEGLER (*eds.*), *Vestigia Iuris Romani. Festschrift für Gunter Wesener*, Graz, 1992, p. 201-236 e ancora prima M. HORAK, *Entscheidungsbegründungen bei den älteren römischen Juristen bis Labeo. I*, Aalen, 1969,

origine, addirittura vicina, forse, a quella *disciplina Augusti* evocata in D. 49.16.12 subito dopo un richiamo a Terrutenio Paterno, altro cultore di cose militari;[23] rimane anche piuttosto oscuro a che cosa si facesse riferimento con questa formula, se a una regola scritta stilata dallo stesso Augusto nel riordinare l'esercito dopo la battaglia di Azio oppure a un complesso di norme appunto consuetudinarie tramandato in ambito castrense e intitolato per questo motivo al *princeps*: probabilmente, le regole scritte in epoca augustea per l'esercito divennero in seguito un vero e proprio ordinamento applicato in maniera abitudinaria dai comandanti negli accampamenti.[24]

Anche NS. 30 risale a Macro, nella misura in cui la prima parte di un passaggio paolino presente in D. 48.19.38.11 e riproposto in PS. 5.31.5[25] sembrerebbe essere quasi commentato da D. 49.16.13.5:

> Ὁ κλάσας τὴν φυλακὴν στρατιώτης καὶ ἐκφυγὼν κεφαλικῶς τιμωρεῖται.
>
> e

---

7 *et seqq.*; infine, R.A. BAUMAN, *Lawyers in Roman Transitional Politics. A Study of the Roman Jurists in Their Political Setting in the Late Republic and Triumvirate*, München, 1985, p. 5 *et seqq.*

[23] D. LIEBS, *Handbuch der lateinischen Literatur der Antike*, p. 136-137 (*De re militari libri IV*).

[24] H. MALCOVATI, *Imperatoris Caesaris Augusti Operum Fragmenta*, Torino, 1965, p. 150 e P. CUGUSI, *Epistolographi latini minores. II. Aetatem ciceronianam et augusteam amplectens. 1. Testimonia et fragmenta*, Torino, 1979, p. 449, n. 129; inoltre, L. DE BIASI e A.M. FERRERO, *Cesare Augusto Imperatore. Gli atti incompiuti e i frammenti delle opere*, Torino, 2003, p. 62-63 e soprattutto p. 568-569, nt. 1, in cui vengono riportate le due ipotesi su quale fosse la natura, invero piuttosto misteriosa, dello scritto, un'operetta di argomento militare attribuita ad Augusto e intitolata appunto *Disciplina* (A. NEUMANN, "Das Militärhandbuch des Kaisers Augustus", *Klio* 26 (1933), p. 360-362 insieme con A. NEUMANN, "Das römische Heeresreglement", *Historische Zeitschrift* 166 (1942), p. 554-562) ovvero addirittura una lettera dello stesso *princeps* indirizzata forse a Tiberio (E. ALBERTINI, "Addendum aux fragments des lettres d'Auguste", *Revue des études anciennes* 42 (1940) = F. CHAPOUTHIER, W. SESTON e P. BOYANCE (*eds.*), *Mélanges d'études anciennes offerts a Georges Radet*, Paris, p. 379-381); ancora, L. GIORDANO, "Ottaviano Augusto scrittore. Le lettere private", *Memorie dell'Accademia delle Scienze di Torino. Classe di scienze Morali, Storiche e Filologiche* 24 (2000), p. 15 *et seqq.*; infine, V. GIUFFRÈ, *Letture* I, p. 19 (orig. *Il diritto militare dei romani*, Bologna, 1983², 22, dove, ancora, p. 37-42) e V. GIUFFRÈ, *Letture*, vol. 2, p. 294 e 360. Per ulteriori indicazioni, comunque, S.E. PHANG, *Roman Military Service. Ideologies of Discipline in the Late Republic and Early Principate*, New York, 2008 insieme con K. RAAFLAUB, "Die Militärreformen des Augustus und die politische Problematik des frühen Principats", in: A. BINDER (*ed.*), *Saeculum Augustum*, vol. 1, Darmstadt, 1987, p. 246-307, G. HORSMANN, *Untersuchungen zu militärischen Ausbildung im republikanischen und kaiserzeitlichen Rom*, Boppard am Rhein, 1991, p. 187 *et seqq.* e di nuovo J. VENDRANT-VOYER, *Origine et développement du "droit militaire" romain*, fino a p. 270, del quale anche *Normes civiques et métier militaire à Rome sous le Principat*, Clermont-Ferrand, 1983, p. 95-139, a parte F. GUIZZI, *Augusto: la politica della memoria*, Roma, 1999, p. 13 *et seqq.* La *disciplina Augusti*, peraltro, sembra sia da porre in connessione con degli scritti di Adriano sempre in materia militare, denominati *Sententiae*: A.A. SCHILLER, "Sententiae Hadriani de re militari", in: W.G. BECKER e L. SCHNORR (*eds.*), *Sein und Werden im Recht. Festgabe für Ulrich von Lübtow zum 70. Geburtstag am 21. August 1970*, Berlin, 1970, p. 295-306, insieme con A. NEUMANN, "Das Augusteisch-Hadrianische Armeereglement und Vegetius", *Classical Philology* 31 (1936), p. 1-10.

[25] *Miles qui ex carcere dato gladio erupit poena capitis punitur*; I. RUGGIERO, *De poenis militum*, p. 271 *et seqq.*

Eius fugam, qui, cum sub custodia vel in carcere esset, discesserit, in numero desertorum non computandam Menander scripsit, quia custodiae refuga, non militiae desertor est. Eum tamen, qui carcere effracto fugerit, etiamsi ante non deseruerit, capite puniendum Paulus scripsit.

Viene qui riportata, con tutta evidenza, l'eco di un dibattito sulla comminazione della pena capitale al soldato che fosse fuggito dal carcere e sull'assimilazione di un simile comportamento alla diserzione,[26] sulla base dell'interpretazione più restrittiva e perciò meno dura di Arrio Menandro[27] e contraria, ma verosimilmente vincente, di Giulio Paolo.[28]

Nella trasposizione del materiale da D. 49.16 al *Nomos Stratiotikos* scompaiono i riferimenti ai singoli giuristi, come in precedenza si erano dileguati i *veteres* e il loro *notaverunt*, secondo un meccanismo che tendeva a privilegiare la natura dispositiva della citazione conservandone soprattutto il comando in essa contenuto.

L'ultimo articolo della raccolta, infine, un richiamo a C. 12.35.15.1, in cui si conserva il lacerto di una costituzione emanata da Arcadio a Costantinopoli nel 458[29] e che sarebbe stata rivisitata anche in una novella giustinianea del 542, la 106,[30] riecheggia il divieto delle attività agricole per il ceto dei militari[31], secondo un adagio che trova una sorta di anticipazione in un passo ancora una volta di Macro in D. 49.16.13pr.-2:

Μήτε δὲ γεωργίαις ἀπασχολείσθωσαν ἢ ἐμπορίαις μήτε πολιτικὴν φροντίδα εἰς ἑαυτοὺς λαμβανέτωσαν ἐπεὶ τῆς στρατείας καὶ τῶν στρατιωτικῶν προνομίων ἐκβάλλονται.

e

---

26 A proposito, W. Ashburner, *The Byzantine Mutiny Act*, p. 101. La persistenza della questione trova un riscontro nella *neara* 67 di Leone VI, che riguarda i transfughi che tornavano alla sede originaria di propria volontà e che abolisce la pena di morte stabilendo che la prima volta avrebbero dovuto ricevere il perdono, la seconda e la terza, invece, divenire schiavi rispettivamente per tre anni e in perpetuo (P. Noailles e A. Dain (*ed.*), *Les Novelles de Léon VI le Sage*, Paris, 1944, p. 242-245). Sul soldato in carcere, S. Perea Yèbenes, "El soldado romano, la ley militar y las cárceles in castris", in: S. Torallas Tovar e I. Pèrez Martín (*eds.*), *Castigo y reclusion en el mundo antiguo*, Madrid, 2003, p. 115-152.

27 D. Liebs, *Handbuch der lateinischen Literatur der Antike. IV*, cit., p. 137-138 (*De re militari libri IV*).

28 Ivi, p. 170 (*De poenis militum liber singularis*). Sul punto può risultare proficuo rinviare a M. Carcani, *Dei reati delle pene e dei giudizi militari presso i romani*, Milano, 1874 (Napoli, 1981), p. 71-87 (con una 'nota di lettura' di Vincenzo Giuffrè; inoltre, V. Giuffrè, "Su taluni scritti intorno alla guerra ed ai suoi protagonisti", in: *Letture*, vol. 1, p. 83-91.

29 *Milites, qui a re publica armantur et aluntur, solis debent publicis utilitatibus occupari nec agrorum coltui et custodiae animalium vel mercimoniorum quaestui, sed propriae muniis insudare militiae.*

30 Giustiniano si era espresso nel 539 sulle armi (N. 85) e lo avrebbe fatto nel 545 sul passaggio delle truppe (N. 130); su altro tema, in C. 11.23.1 aveva richiamato la legge di Anastasio sui coloni *adscripticii*: ciò sarebbe stato stato ripreso anche nell'App. 9. È perduta, invece, la legislazione di Tiberio II (J. Zepos e P. Zepos (*eds.*), *Jus Graecoromanum*, v. I, Athen, 1931 (Aalen, 1961), p. 25).

31 A proposito, W. Ashburner, *The Byzantine Mutiny Act*, p. 109.

(pr.) *Milites agrum camparare prohibentur in ea provincia, in qua bellica opera peragunt, scilicet ne studio culturae militia sua avocentur, et ideo domum comparare ne prohibentur. Sed et agros in alia provincia comparare possunt. Ceterum in ea provincia, in quam propter proelii causam venerunt, ne sub alieno quidem nomine eis agrum comparare licet: alioquin fisco vindicabitur.* (1) *Is autem, qui contra disciplinam agrum comparaverit, si nulla de ea re quaestione mota missionem acceperit, inquietari prohibetur.* (2) *Illud constat huius praescriptionis commodum ad eos, qui ignominiae causa missi sunt, non pertinere, quod praemii loco veteranis concessum intellegitur: et ideo et ad eum, qui causaria missus est, potest dici pertinere, cum huic quoque praemium praestatur.*

Ai soldati – secondo una traduzione letterale – è vietato acquistare terreni agricoli nelle province in cui stanno conducendo un'attività bellica, affinché lavorare nel proprio campo non li distragga dal combattere: tuttavia, è loro concesso di comprarsi un'abitazione; ma il divieto non vale per i terreni situati in altre province. Nella provincia, invece, in cui essi sono venuti per la guerra neppure per mezzo di un altro soggetto e quindi sotto diverso nome la prescrizione negativa può essere aggirata, altrimenti il fisco ne avrebbe rivendicata la proprietà. Comunque, colui che avrà violato la legge non potrà essere disturbato, senza che nessuno abbia sollevato la questione, se nel frattempo avrà ottenuto il congedo; un simile beneficio, che per i veterani aveva la natura di un premio,[32] veniva rifiutato ai soggetti congedati con ignominia, mentre persisteva in caso di allontanamento dall'esercito per ragioni di salute.

L'aspetto forse più interessante consiste nel modo in cui il giurista descrive le mansioni militari che vedevano protagonisti i soldati nelle regioni dove erano comandati di operare: *in ea provincia, in qua bellica opera peragunt* e *in ea provincia, in quam propter proelii causam venerunt* non restituiscono, soprattutto nel secondo caso, un'idea di staticità delle truppe, bensì di movimento; una simile interpretazione è corroborata dalla circostanza che l'acquisto di terreni agricoli è concesso in province diverse, quasi che i luoghi di cui si parla non siano quelli abituali di stanza.

Il passo macrino, ancora, va considerato sia con un celebre quanto controverso brano tratto dalla biografia di Severo Alessandro attribuita a Lampridio e conservata nella *Historia Augusta* (58.4-5)[33] sia con un *excerptum* di Elio Mar-

---

32 Si vedano C.R. WATSON, *Discharge and Resettlement in the Roman Army. The Praemia Militiae*, Berlin, 1965; inoltre, E. TODISCO, *I veterani in età imperiale*, Bari, 1999.

33 (4) *Sola quae de hostibus capta sunt, limitaneis ducibus et militibus donavit, ita ut eorum essent, si heredes eorum militarent, nec umquam ad privatos pertinerent, dicens attentius eos militaturos, si etiam sua rura defenderent.* (5) *Addidit sane his et animalia et servos, ut possent colere quod acceperant, ne per inopiam hominum vel per senectutem possidentium desererentur rura vicina barbariae, quod turpissimum ille ducebat.*

ciano che si legge in D. 49.16.9[34] (e con un altro di Erennio Modestino in D. 18.1.62.pr.)[35].

Il primo, che si porrebbe in contrasto con quanto appena visto, sembrerebbe attestare già in epoca severiana l'esistenza, almeno allo stato embrionale, di una struttura militare di soldati-contadini (piuttosto che di contadini-soldati),[36] quei c.d. *limitanei* che

---

34 (pr.) *Milites prohibentur praedia comparare in his provinciis, in quibus militant, praeterquam si paterna fiscus distrahat: nam hanc speciem Severus et Antoninus remiserunt. Sed et stipendiis impletis emere permittuntur. Fisco autem vindicatur praedium illicite comparatum, si delatus fuerit. Sed et si nondum delata causa stipendia impleta sint vel missio contigerit, delationi locus non est.* (1) *Milites si heredes extiterint, possidere ibi praedia non prohibentur.*

35 *Qui officii causa in provincia agit vel militat, praedia comparare in eadem provincia non potest, praeterquam si paterna eius a fisco distrahantur.*

36 La notizia, la cui verosimiglianza si inserisce, necessariamente, nell'ampio dibattito sull'affidabilità o meno della fonte storiografica rappresentata dalla *Historia Augusta*, è stata considerata non attendibile, oltre a T. MOMMSEN, "Das römische Militärwesen seit Diocletian", *Hermes* 24 (1889), p. 195-279, 200, da Michail Ivanovič Rostovcev ed Ernest Stein e in tempi più recenti da A. ALFÖLDI, "La grande crise du monde romain au IIIe siècle", *L'antiquité classique* 7 (1938), p. 5-18, ma soprattutto A. ALFÖLDI, "Epigraphica III", *Archaeologiai Érteśitő* 1, 3 (1940), p. 195-235, 234), D. VAN BERCHEM, *L'armeé de Diocletien et la réforme constantinienne*, Paris, 1952, p. 21 e 41 – differentemente in ID., "L'annone militaire dans l'empire romain au IIIe siècle", *Mèmoires de la Société Nationale des Antiquaires de France* 10 (1937), p. 117-202, 133 e soprattutto S. MAZZARINO, il quale in *Aspetti sociali del IV secolo. Ricerche di storia tardo-romana. Ricerche di storia tardo-romana*, Roma, 1951 chiude e apre rispettivamente il terzo e il quarto capitolo prendendo in considerazione proprio questo punto; in particolare, si sarebbe trattato dell'anticipazione, da parte del redattore del testo, di qualcosa che avrebbe trovato la propria realizzazione soltanto circa un secolo più tardi, tra Diocleziano e Costantino: anzi, è noto che secondo il grande studioso catanese fu proprio il secondo a preferire, per ragioni strategiche legate non tanto alla difesa dei confini quanto alla manovrabilità delle truppe contro i rivali interni, contingenti scelti e bene armati, stanziati nelle capitali imperiali, rispetto alle legioni poste di guardia ai diversi *limes*, lontane, portando a compimento un processo di divisione che il primo, mosso da altri intenti, aveva soltanto avviato. Tuttavia, riprendendo un ragionamento proposto da R. SORACI, *L'opera legislativa e amministrativa dell'imperatore Severo Alessandro*, Catania, 1974, p. 165 *et seqq.* e quanto affermato un decennio prima da R. MACMULLEN, *Soldier and Civilian in the Later Roman Empire*, Harvard, 1963, in cui il capitolo iniziale è intitolato, in maniera assai significativa, "Farmers"', è forse ancora possibile indagare con profitto la questione della terra ai soldati di confine prima del momento dioclezianeo-costantiniano. Entrambi, infatti, individuano nell'età severiana un punto di svolta e ricordano come sia Valeriano (Tyr. Trig. 18.6 ss.) sia Probo dopo la campagna in Isauria (Prob. 16.6) – in questo caso, veterani insediati con la promessa dell'arruolamento della prole – avrebbero concesso, al tempo dell'anarchia militare, una certa condizione di stanziarietà ad alcune sezioni dell'esercito: se è vero che occorre tenere distinti il fenomeno delle concessioni fondiarie ai veterani al termine del servizio da quello dei *gentiles*, ossia i *barbari foederati*, è comunque un dato di fatto che il problema già esisteva ed era pressante, soprattutto se posto in connessione con il vettovagliamento e quindi l'*aderatio*, la tassazione al posto del reclutamento. Inoltre, l'ipotesi sarebbe indirettamente confermata dalla politica di favore che Settimio Severo, considerato il capostipite della dinastia, impostò verso i militari (tra i tanti, E. BIRLEY, "Septimius Severus and the Roman Army", *Epigraphische Studien* 8 (1969), p. 63-82; R. E. SMITH, "The Army Reforms of Septimius Severus", *Historia* 21 (1972), p. 481-500, ma anche A.R. BIRLEY, *"Septimius Severus, propagator imperii"*, in: *Actes du IXe congrès international d'études sur les frontières romaines*, Bucharest, 1974, p. 297-299), in particolare attraverso il permesso di celebrare matrimoni legittimi (J.B. CAMPBELL, "The Marriage of the Soldiers under the Empire", *JRS* 68 (1978), p. 153-166 e M. MIRKOVIC, "Die römische Soldatenehe und der Soldatenstand", *ZPE* 40 (1980), p. 259-271, oltre a J.H. JUNG, "Das Eherecht der römischen Soldaten", *ANRW* 2, 14 (1982), p. 302-346), *iuste nuptiae* che legavano il *miles*, secondo quanto ricorda con disprezzo Erodiano (*Nea Hist.* 3.8.5), al luogo di vita della famiglia, in aggiunta all'aumento della paga e al privilegio di portare l'anello d'oro; in questo senso, è curioso che la medesima critica sia ripro-

in CTh. 7.20.4, fondamentale legge costantiniana del 17 giugno 325, appaiono, anteposti ai *comitatenses*, come *ripenses*;[37] il secondo, tratto da un'opera di carattere generale come i sedici libri delle *Institutiones* e che fu di poco precedente a quella di Macro, risulta più in sintonia con il suo pensiero nella misura in cui viene utilizzata la dicitura *in his provinciis in quibus militant*, meno lontana dal concetto di stanzierietà delle truppe.[38]

C'è da dire che le riflessioni giurisprudenziali vengono riportate nei tre articoli in una maniera asettica che non lascia lascia spazio al dubbio e che intende presentare la norme in essi contenute per assunte, ormai, nell'ordinamento militare: questo, proveniente dal passato e filtrato attraverso il dibattito dei giuristi severiani, approda, dopo la cristallizzazione di epoca giustinianea, nel *Nomos Stratiotikos*, che intende fungere da mera ricognizione di un diritto diffuso e quindi da prontuario per il comandante in veste di giudice dei soldati a lui sottoposti.

Una specie di "consuetudine scritta", se è lecito spendere un simile ossimoro.

Si tratta di un fenomeno abbastanza tipico di tutto il fervore legislativo isaurico, comune sia all'*Ekloge* sia agli altri due *nomoi*;[39] l'opera della dinastia macedonica

---

posta da Zosimo, tributario di Eunapio, contro Costantino (*Nea Hist.* 2.31). Infine, è attestato da risultanze archeologiche che negli anni di Alessandro Severo fu fortemente rinforzato il *limes* africano, con *centenaria*, vere e proprie comunità di villaggio costruite attorno ai *castella*.

37 La bibliografia sull'argomento, come noto, è vastissima. Rimane tuttora fondamentale di nuovo D. Van Berchem, *L'armée de Diocletien et la réforme constantinienne*; imprescindibili, d'altro canto, i seguenti contributi: a parte W. Seston, "Du 'comitatus' de Dioclétien aux 'comitatentes' de Constantin", *Zeitschrift für Alte Geschichte* 4 (1955), p. 284-296, B. Isaac, "The Meaning of the Terms Limes and Limitanei", *JRS* 78 (1988), p. 125-147 e Y. Le Bohec, "'Limitanei' et 'comitatentes'. Critique de la thèse attribuée a Theodore Mommsen", *Latomus* 66 (2007), p. 659-672; A. Lewin, "Limitanei and comitatenses in the Near East from Diocletian to Valens", in: Y. Le Bohec e C. Wolff (*eds.*), *L'armèe romain de Diocletian à Valentinian Ier*, Lyon, 2004, p. 227-236; infine, per ulteriori riferimenti, M. Nicasie, *Twilight of Empire. The Roman Army from the Reign of Diocletian until the Battle of Adrianople*, Amsterdam, 1998, insieme con H. Elton, *Warfare in Roman Europe. AD 350-425*, Oxford, 1998. Interessante, oltre a M. Rocco, *L'esercito romano tardoantico. Persistenze e cesure dai Severi a Teodosio I*, Padova 2012, *passim* L. Minieri, "'Excepta annona limitaneorum'. Una riflessione sulla condizione dei 'limitanei' in età tardoantica", in: C. Lorenzi e M. Navarra (*eds.*), *Frontiere della romanità nel mondo tardoantico: appartenenza, continuità, alterità, trasformazione e prassi* [Atti dell'Accademia Romanistica Costantiniana, 21], Napoli, 2016, p. 333-354.

38 In questo senso, potrebbe essersi trattato di un divieto oggetto di restrizione nel periodo compreso tra Settimio Severo e Antonino Caracalla, citati presumibilmente riguardo un rescritto inviato a un soldato, e lo stesso Severo Alessandro, il quale potrebbe avere concesso ai soldati di acquistare, presso il confine che difendevano, un appezzamento di terreno capace di sostentarli insieme con le loro famiglie: comunque, J. Vendrant-Voyer, *Origine et développement du "droit militaire" romain*, p. 126-127; già l'art. 70 dello *gnomon* dell'*idios logos* prescriveva qualcosa di simile (S. Riccobono jr., *Il Gnomon dell'Idios Logos*, Palermo, 1950, p. 57-58 e 210-222 e J. Modrzejewski, "Gnomon de l'Idiologue" in: V. Giuffrè (*ed.*), *Les lois des Romains*, Napoli, 1977, p. 520-557, 546).

39 Oltre a G. Ostrogorsky, "Über die vermeintliche Reformtätigkeit der Isaurier", *BZ* 30 (1929) = F. Dölger (*ed.*), *Festgabe August Heisenberg zum 60. Geburtstage gewidmet*, Berlin, p. 394-399, ancora fondamentali M.V. Anastos, "Church and State during the First Iconoclastic Controversy (726-787)", *Rivista di studi storico-religiosi* 1 (1957), p. 279-280 e D. Savramis, "Die Kirchenpolitik Kaiser Leons III.", *Südostforschungen* 20 (1961), p. 1-22; sul carattere 'umanitario' della legislazione isaurica, T.E. Gregory, "The Ekloga of Leo III and the Concept of Philantrophia", *Βυζαντινά* 7 (1975), p. 269-287.

sarebbe stata maggiormente votata a perpetuare ciò che aveva ricevuto dal passato,[40] riguardo tanto la traslazione del materiale derivante dall'*Ekloge* e destinato al *Prochiron* e all'*Eisagoge* quanto la raccolta della traduzione commentata della compilazione giustinianea, che in realtà andava avanti ormai da secoli, nei Basilici.[41]

In un simile lunghissimo processo l'esperienza isaurica rappresenta una tappa fondamentale e addirittura imprescindibile, poiché attesterebbe che proprio l'eredità rappresentata dalla compilazione giustinianea, in senso temporale più vicina rispetto alla successiva epoca macedonica, non soltanto non languiva, ma era conosciuta e utilizzata, al punto tale da renderne necessaria una riduzione a cui ricorrere con facilità quando necessario; è ovvio, peraltro, che un simile ragionamento presupporrebbe l'esistenza di un rapporto simbiotico tra le fonti normative che risalivano alla dinastia isaurica e ciò che provenendo dal *Corpus Iuris* sarebbe confluito a suo tempo e in vario modo sempre nei Basilici: ecco che diventa utile riflettere sulla realtà per cui sia l'*Ekloge* sia i *nomoi* non si sottrassero al flusso che avrebbe perpetutato il lascito del diritto romano e anzi ne furono parte integrante.

Tutto ciò appare tanto più vero in relazione alla connessione esistente tra D. 49.16 e il luogo parallelo che si sarà trovato nel cinquantasettesimo libro dei Basilici – B. 57.1, *restitutus*, risulta fortemente lacunoso: per esempio, in B. 57.1.13 manca la parte con il passo di Macro, mentre si è conservato quello di Marciano in B. 57.1.9 – e che non conosciamo, lo *Strategikon* di Maurizio (che a sua volta possedeva un notevole carattere consuetudinario in quanto aveva attinto alla disciplina vigente nei campi militari) e appunto il *Nomos Stratiotikos*; ancora, acquista un ulteriore significato se prendiamo in considerazione il fatto che il settimo libro del

---

40 Sul punto, P.E. Pieler, "Ἀνακάθαρσις τῶν παλαιῶν νόμων und makedonische Renaissance", *Subseciva Groningana* 3 (1989), p. 61-77; inoltre, N.J. Pantazopoulos, "Caratteri ed aspetti fondamentali della politica legislative della dinastia macedone", in *Studi in onore di Edoardo Volterra*, vol. 5, Milano, 1971, p. 151-169; più recentemente, S. Troianos, "Δίκαιο και ιδεολογία στα χρόνια των Μακεδόνων", *Βυζαντινά* 22 (2001), p. 240-261, ma anche G. Matino, "Il programma macedone di restaurazione e la codificazione di Basilio I e Leone VI", in: F. Conca e G. Fiaccadori (*eds.*), *Bisanzio nell'età dei Macedoni. Forme della produzione letteraria e artistica. Ottava giornata di studi bizantini. Milano, 15-16 marzo 2005*, Milano, 2007, p. 195-206; infine, L. Burgmann, "Zur Organisation der Rechtsprechung in Byzanz (Mittelbyzantinische Epoche)", in: *La giustizia nell'alto medioevo (secoli IX-XI)* [Centro di studi dell'alto medioevo, 44/2], Spoleto, 1997, p. 905-930, tutta la prima parte.

41 Imprescindibile il dibattito tra A. Schminck, *Studien zu mittelbyzantinischen Rechtsbüchern*, Frankfurt am Main, 1986 (ma anche Id., "Zur Einzelgesetzgebung der 'makedonischen' Kaiser", in: *Fontes Minores*, vol. 11, Frankfurt am Main, 2005, p. 269-323) e T.E. van Bochove, *To Date and Not to Date. On the Date and Status of Byzantine Law Books*, Groningen, 1996 (inoltre, Id., "Some Byzantine Law Books. Introducing the Continuous Debate Concerning Their Status and Their Date", in: J.H.A. Lokin e B.H. Stolte (*eds.*), *Introduzione al diritto bizantino. Da Giustiniano ai Basilici*, Pavia, 2011, p. 239-266); in aggiunta, E.E. Lipšic, "Vizantijskoe pravo v period meždu Eklogoj i Prochironom (Častnaja Rasprostranennaja Ekloga)", *Vizantijski Vremennik* 36 (1974), p. 42-72; infine, V.M. Minale, "Diritto romano e ideologia politica bizantina dagli Isauri ai Macedoni: prima dei Basilici", *Index* 43 (2015), p. 537-554.

Codex Theodosianus,[42] che conteneva diverse costituzioni in materia di diritto militare, venne ignorato dal redattore del *Nomos Stratiotikos*, il quale, d'altronde, avrebbe tratto pochissimo dalla sezione corrispondente del *Codex Iustinianus*, cioè 12.35.

Rimane da comprendere il motivo che fu alla base della composizione del testo, forse legato alla riforma dell'esercito che Leone III intese promuovere una volta preso il potere a seguito della sconfitta degli Arabi che assediavano Costantinopoli nel 718 ovvero nel 740, anno della vittoria di Akroinon presso Amorio in Frigia;[43] del resto, l'evoluzione dei *themata*, le circoscrizioni in cui si era andato suddividendo l'impero a partire da Maurizio, Eraclio, figlio dell'ultimo esarca d'Africa[44] e vincitore dei Persiani,[45] poi Costante II,[46] potrebbe fare pensare al bisogno di regolamentare quanto da lungo tempo era stato lasciato appunto agli usi e ai costumi.

---

42 V. GIUFFRÈ, *"Iura" e "arma". Intorno al VII libro del Codice Teodosiano*, Napoli, 1983[3].

43 Si leggano H. AHRWEILER, "L'Asie Mineure et les invasions arabes", *Revue Historique* 227 (1962), p. 1-32 insieme con R. GUILLAND, "L'expédition de Maslama contre Constantinople (717/718)", *Al-Machriq* 49 (1955), p. 89-112 (= *Études byzantines*, Paris, 1959, p. 109-133) e F. GABRIELI, "L'eroe omayyade Maslama ibn Abd al-Malik", in *Atti dell'Accademia nazionale dei Lincei. Rendiconti della classe di scienze morali, storiche e filologiche*, vol. 5, 8 (1950), p. 22-39; inoltre, più datati, ma egualmente rilevanti, A.A. VASILIEV, "The Struggle with the Saracens (717-867)", in: *The Cambridge Medieval History* 4, Cambridge, 1923, p. 119-138 insieme con E. HONIGMANN, *Die Ostgrenze des byzantinischen Reiches von 363 bis 1071 nach griechischen, syrischen und armenischen Quellen*, Bruxelles, 1935; ma anche M. CANARD, "Les expédition des Arabes contre Constantinople dans l'histoire et dans la légende", *Journal Asiatique* 208 (1926), p. 61-121; ancora, V. BREYER, *Bilderstreit und Arabersturm in Byzanz. Das 8. Jahrhundert (717–813) aus der Weltchronik des Theophanes*, Graz, 1964[2]; e A.R. SANTORO, *Byzantium and the Arabs during the Isaurian Period (717-802)*, New Brunswick, 1978; infine, B. CECOTA e T. WOLIŃSK, "The Conquest", in: T. WOLIŃSK e P. FILPCZAK (*eds.*), *Byzantium and the Arabs. Encounter of Civilizations from Sixth to Mid-Eighth Century*, Lodz, 2015, p. 205-314.

44 W.E. KAEGI, *Heraclius, Emperor of Byzantium*, Cambridge, 2003, p. 19 *et seqq.*

45 Per esempio, J. HOWARD-JOHNSTON, "Heraclius' Persian Campaigns and the Revival of the East Roman Empire. 622-630", *War in History* 6 (1999), p. 1-44; inoltre, M. WHITBY, "Defender of the Cross: George of Pisidia on the Emperor Heraclius and His Deputies", in: M. WHITBY (*ed.*), *The Propaganda of Power and the Role of Panegyric in Late Antiquity*, Leiden, 1998, p. 247-276 e M. WHITBY, "George of Pisidia's Presentation of the Emperor Heraclius and His Campaigns", in: G.J. REININK e B.H. STOLTE (*eds.*), *The Reign of Heraclius (610-640). Crisis and Confrontation*, Leuven 2002, p. 157-174. Su questo tema, W.E. KAEGI, "Reconceptualizing Byzantium's Eastern Frontiers in the Seventh Century", in R.W. MATHISEN e H.S. SIVAN (*eds.*), *Shifting Frontiers in Late Antiquity*, Aldershot ,1996, p. 83-92 (ma anche W.E. KAEGI, "The Frontier. Barrier or Bridge?", in: *The 17th International Byzantine Congress. Major Papers. Dumbarton Oaks/Georgetown University (Washington, D.C., August 3rd-8th, 1986)*, New Rochelle, 1986, p. 299-303) e W.E. KAEGI , "The Byzantine 'Holy War': The Idea and Propagation of Religious War in Byzantium", *Speculum* 69 (1994), p. 518-520.

46 Per un'ottima ricostruzione storiografica sull intricato tema, J.F. HALDON, "Military Service, Military Lands, and the Status of Soldiers: Current Problems and Interpretations", *Dumbarton Oaks Papers* 47 (1993), p. 1-67 insieme con J.F. HALDON, *Recruitment and Conscription in the Byzantine Army (550-950). A Study on the Origins of the Stratotika Ktemata*, Wien, 1979, p. 20-40 e J.F. HALDON, *Byzantine Pretorians. An Administrative, Institutional, and Social Survey of the Opsikion and Tagmata C. 580-900*, Bonn, 1984; inoltre, W.T. TREADGOLD, "Le terre militari e le proprietà imperiali nell'impero medio-bizantino", *Rivista di studi bizantini e slavi* 3 (1983), p. 215-225 e S. COSENTINO, "Organizzazione tematica ed esercito", *Rivista di Bizantinistica* 1 (1991), p. 113-127.

Ma la questione del reclutamento delle truppe attraverso l'ordinamento tematico e quella conseguente dell'assegnazione della terra ai soldati, in una parola la storia dei fondi stratiotici, gli στρατιωτικὰ κτήματα posti sovente sulla frontiera dell'impero nelle regioni anatolica e armena, è lontana dal *Nomos Stratiotikos* e sarebbe stata affidata, invece, ai crisobolli che gli imperatori macedoni, in particolare Romano Lecapeno e Costantino VII Porfirogenito,[47] quest'ultimo in tema di συνήθεια,[48] avrebbero emanato nel tentativo di proteggere attraverso la προτίμησις, il diritto di prelazione sulla vendita delle terre confinanti, la piccola proprietà libera dallo sviluppo incontrollato del latifondo;[49] lo stesso discorso vale per la marineria, concentrata nel *thema* marittimo di Kibyrrhaioton.[50]

In senso ancora più generale, nonostante l'età isaurica avrebbe conosciuto una prevalenza dei contadini indipendenti, non è possibile richiamare la questione, diacronicamente parallela a quella del colonato tardoantico,[51] dell'onnipotenza sempre crescente

---

47 Il primo, *magas drungarios* della flotta, emanò nel 934 una fondamentale crisobollo con cui intese sottrarre all'aristocrazia le terre che si era accaparrata acquistandole a infimo prezzo dai contadini in seguito alla carestia del 927: J. Zepos e P. Zepos (*eds.*), *Jus Graecoromanum*, vol. 1, p. 205-214 e 198-204; il secondo, figlio di Leone VI e della quarta moglie Zoe Carbonopsine, tentò nel 947 di proseguire la politica del predecessore nell'intento di regolamentare i fondi stratiotici (VI e quindi VII e VIII tra il 945 e il 959 e XIV che non abbiamo più: *Jus Graecoromanum*, vol. 1, p. 214-217 e 218-226 e 239); successivi interventi legislativi furono promossi da Romano II (XV tra il 959 e il 963 e XVI del 962: Ibidem, p. 240-244), dall'usurpatore Niceforo Foca (XVIII e XXII tra il 963 e il 969 e XX e XXI del 967: Ibidem, p. 247-248 e 253-256) e infine da Basilio II (XXVIII tra il 975 e il 966: Ibidem, p. 262-272; N. Svoronos, "Remarques sur la tradition du texte de la nouvelle de Basile II concernant les puissants", *ZRVI* 8 (1964) = F. Barišic (*ed.*), *Mélanges Georg Ostrogorsky*, vol. 2, Beograd, p. 427-434. A parte G. Ostrogorsky, "The Peasant's Pre-emption Right. An Abortive Reform of the Macedonian Emperors", *JRS* 37 (1947), p. 117-126, un importante contributo sulla documentazione proveniente dal Monastero della Grande Lavra sul Monte Athos, E. McGeer, *The Land Legislation of the Macedonian Emperors*, Turnhout, 2000, raccolta di traduzioni di testi notevoli tratti da due appendici, A e B, alla *Synopsis maior*, insieme con N. Svoronos, *Les novelles des empereurs macédoniens concernant la terre et les stratiotes*, Athens, 1994 (revised edition by P. Gounaridis); inoltre, J. Haldon, *Military Service, Military Land, and the Status of Soldiers*.

48 VIII: 1.1, 2.1 e 3.1.

49 Nella storia rurale bizantina l'evoluzione dell'antica comunità di villaggio (κώμη: ἀλληλέγγον ed ἐπιβολή) e della proprietà libera (χωρίον: καπτικόν) fu caratterizzata dall'atteggiarsi tanto del regime fiscale quanto dell'accaparramento del suolo da parte dello stato – τὰ κλάσμα, cioè i fondi divenuti statali successivamente a una procedura di esproprio per incuria – e della grande aristocrazia militare: cfr. M. Gorecki, "Land Tenure in Byzantine Property Law: iura in re aliena", *Greek, Roman and Byzantine Studies* 22 (1981), p. 191-210; per riferimenti essenziali, M. Kaplan, *Les hommes et la terre à Byzance du VIe au XIe siècle. Propriété et exploitation du soil*, Paris, 1992 insieme con P. Lemerle, *The Agrarian History of Byzantium from the Origins to the Twelfth Century: The Sources and the Problems*, Galway, 1979.

50 Da ultimo, J.H. Pryor e E.M. Jeffreys (*eds.*), *The Age of the ΔΡΟΜΩΝ. The Byzantine Navy ca. 500-1204*, Leiden, 2006.

51 Per tutti, A. Marcone, *Il colonato tardoantico nella storiografia moderna: da Fustel de Coulanges ai nostri giorni*, Como, 1988; sul mondo bizantino, ancora utile A. Segré, "The Byzantine Colonate", *Traditio* 5 (1947), p. 103-133.

tanto delle istituzioni ecclesiastiche[52] quanto delle grandi famiglie aristocratiche,[53] quei magnati che avrebbero posto le premesse per il fenomeno, in epoca comnena, del c.d. feudalesimo bizantino.[54]

Sta di fatto che nonostante il mondo militare di Bisanzio sia stato molto studiato,[55] anche in relazione alla letteratura tecnica di settore[56] che annovera diversi impor-

---

52 Anche le istituzioni ecclesiastiche, che per prime si erano andate accaparrando vasti appezzamenti di terreno attraverso le donazioni testamentarie, contribuirono a loro volta e in maniera simile all'arricchimento dell'aristocrazia con la pratica delle donazioni (τὰ χαριστικία).

53 Il potere dei δυνατοί sui πένητες veniva esarcitato mediante sia il pagamento in natura e lo sfruttamento di *corvées* sia il godimento di privilegi fiscali di vario genere (κουφισμός, alleggerimento; συμπάθεια, esenzione; ἐξκουσεία, immunità).

54 Il lungo processo avrebbe avuto inizio molto indietro nel tempo – H. Köpstein e F. Winkelmann (*eds.*), *Studien zum 7. Jahrhundert in Byzanz. Probleme der Hausbildung des Feudalismus*, Berlin, 1976, dove in particolare S. Maslev, *Die soziale Struktur der byzantinischen Landegemeinde nach dem Nomos Georgikos*, p. 10-22 e H. Köpstein, *Zu einigen Aspekten der Agrarverhältnisse im 7. Jahrhundert (nach den juristischen Quellen)*, p. 23-34, ma anche D. Angelov, *Zur Frage der Agrargesetzes und der Herausbildung der Feudalverhältnisse in Byzanz*, p. 3-9 e sarebbe stato connesso con la proprietà fondiaria condizionata degli *stratiotai*, la *pronoia* – G. Ostrogorsky, *Pronija. Prilog istorii feudalizma u Vizantiji i u južnoslovenskim zemljama* (anche in H. Grégoire e P. Lemerle (*eds.*), *Pour l'histoire de la féodalité byzantine*, Bruxelles, 1954) e Id., *Vizantijskie piscovye knigi* (orig. *Byzantinoslavica* 9 (1948), p. 203-306) insieme con M. Mladenović, "Zur Frage der Pronoia und des Feudalismus im byzantinischen Reiche", *Südost-Forschungen* 15 (1956), p. 123-140 e A. Hohlweg, "Zur Frage der Pronoia in Byzanz", *BZ* 60 (1967), p. 288-308; inoltre, P. Magdalino, "The Byzantine Army and the Land: From stratiotikon ktema to Military pronoia", in: N. Oikonomides e K. Tsinakis (*eds.*)., *Byzantium at War (9th-12th c.)*, Athens, 1997, p. 15-36 e M.C. Bartusis, *Land and Privilege in Byzantium: The Institution of Pronoia*, Cambridge, 2012 – da cui sarebbe sorto un vero e proprio sistema di gerarchia del potere. Come noto, il tema è stato approfondito soprattutto dalla bizantinistica di stampo marxistico: K.P. Matschke, "Die Entwicklung der Konzeption eines byzantinischen Feudalismus durch die sowjetische marxistische Byzantinistik 1930-1966", *Zeitschrift für Geschichtswissenschaft* 15 (1967), p. 1065-1086 e prima ancora D. Zakythinos, "Processus de féodalisation", *L'Hellénisme contemporaine* 2 (1948), p. 449-534 (= *Byzance: état-société-économie*, London 1973); inoltre, K. Watanabe, "Problèmes de la 'féodalité' byzantine: une mise au point sur les diverses discussions", *Hitotsubashi Journal of Arts and Sciences* 5 (1965), p. 6-24 insieme con E. Werner, *Die Entstehung eines Feudalstaates in Byzanz*, Berlin, 1967 e E. Werner, *Le Féodalisme à Byzance. Problèmes du mode de production de l'empire byzantin*, Paris, 1974.

55 Rinviamo a J.F. Haldon, *Warfare, State, and Society in the Byzantine World, 564-1204*, London, 1999 e Id., *The Byzantine Wars*, London, 2008 insieme con Id., *State, Army and Society in Byzantium. Approaches to Military, Social, and Administrative History (6th-12th Centuries)*, Aldershot, 1995 e G.T. Dennis, "The Byzantine in Battle", in: N. Oikonomides (*ed.*), *Byzantium at War (9th-12th Centuries)*, Athens, 1997, p. 165-178; inoltre, E. McGeer, *Sowing the Dragon's Teeth. Byzantine Warfare in the Tenth Century*, Washington, 1995, J. W. Birkenshaw, *The Development of the Komnenian Army. 1081-1180*, Leiden, 2002 e S. Kyriakidis, *Warfare in Late Byzantium. 1204-1453*, Leiden, 2011 (ma anche di nuovo M.C. Bartusis, *The Late Byzantine Army: Arms and Society 1204-1453*, Philadelphia, 1992); su un periodo più circoscritto, invece, P. Meinrad Strässle, *Krieg und Kriegsführung in Byzanz: die Kriege Kaiser Basileios II. gegen die Bulgaren (976-1019)*, München, 2006; infine, G. Ravegnani, *Soldati e guerre a Bisanzio*, Bologna, 2009 e W.T. Treadgold, *Byzantium and Its Army, 284-1081*, Stanford, 1995 (trad. ital. *Bisanzio e il suo esercito. 284-1081*, Gorizia, 2007), ma anche E.N. Luttwak, *La grande strategia dell'impero bizantino*, Milano, 2009 (orig. *The Grand Strategy of the Byzantine Empire*, Cambridge, 2009).

56 E. McGeer, "Military Texts", in: E. Jeffreys, J. Haldon e R. Cormack (*eds.*), *The Oxford Handbook of Byzantine Studies*, Oxford, 2008, p. 907-914 e F.D. Sullivan, "Byzantine Military Manuals. Perceptions, Practice and Pedagogy", in: P. Stephenson (*ed.*), *The Byzantine World*, London, 2010, p. 149-161 insieme con G. Breccia, "Educazione e cultura militare a Bisanzio (IV-XI secolo)", in: M. Ferrari e F. Ledda (*eds.*), *Formare alle professioni. La cultura militare tra passato e presente*, Milano, 2010, p. 64-80.

tanti monumenti,[57] il *Nomos Stratiotikos* non sembra avere ricevuto il giusto approfondimento da parte della dottrina storico-giuridica.[58]

Back to the future: così si chiude il cerchio.

L'ordinamento giuridico isaurico, nell'intento di mettere mano alla disciplina militare riguardo soprattutto i *crimina* dei soldati, guarda al passato e recupera il materiale proveniente dalla tradizione della compilazione giustinianea, compresa la riflessione dei giuristi severiani in essa contenuta: costoro, testimoni di un altro momento di riforma dell'esercito, quella voluta a suo tempo da Settimio Severo e dal figlio Antonino Caracalla,[59] nel tentativo di affrontare una materia piuttosto magmatica si guardano indietro ed evocano, attraverso Macro, la mitica *disciplina Augusti* quasi a indicare in essa una sorta di momento fondativo.

---

57 In ordine cronologico: il compendio di Siriano Magistro, suddiviso in tre parti (*De re strategica*, *Rhetorica militaris*, su cui I. Eramo, *Siriano. Discorsi di guerra. Testo, traduzione e commento*, Bari, 2010 e *Naumachia*), la cui datazione, un tempo stabilita nel VI secolo, viene collocata adesso nel IX (B. Baldwin, "On the Date of the Anonymous Περὶ στρατηγικῆς", *BZ* 81 (1988), p. 290-293, C. Zuckerman, "The Compendium of Syrianus Magister", *JÖB* 40 (1990), p. 209-224, S. Cosentino, "Syrianos' Strategikon – a Ninth-century Source?", *Bizantinistica* 2 (2000), p. 243-280 e P. Rance, "The Date of the Military Compendium of Syrianus Magister – Formerly the Sixth-Century Anonymus Byzantinus", *BZ* 100 (2007), p. 701-737); la *Sylloge tacticorum* (Συλλογὴ τακτικῶν) compilata verosimilmente sotto Costantino VII Porfirogenito (E. McGeerr, "Sylloge Tacticorum", in: *Oxford Dictionary of Byzantium*, vol. 3, 1980; A. Dain, *Sylloge tacticorum*, Paris, 1938 e R. Vári, "Die sog. 'Inedita Tactica Leonis'", *BZ* 27 (1927), p. 241-270 e l'appendice al suo *De cerimoniis* (G.T. Dennis (*ed.*), *Three Byzantine Military Treatises*, Washington, 1985); il *De velitatione bellica* (Περὶ παραδρομῆς) di Niceforo II Foca (G. Dagron e H. Mihăescu (*ed.*), *Le traité sur la guérille (De velitatione) de l'Empereur Nicéphore Phocas (963-969)*, Paris, 1986); i *Tactica* di Nikephoros Ouranos, in cui il generale di Basilio II, attorno al 1000, recupera l'opera omonima di Leone VI e i *Praecepta militaria* (Στρατεγικὴ ἔκθεσις καὶ σύνταξιν) ancora di Niceforo Foca (F. Trombley, "The Taktika of Nikephoros Ouranos and Military Encyclopaedism", in: P. Binkley (*ed.*), *Pre-modern Encyclopaedic Texts: Proceedings of the Second COMERS Congress, Groningen, 1-4 July 1996*, Leiden, 1997, p. 261-274); i *Parangelmata poliorcetica* (F. D. Sullivan, *Siegecraft: Two Tenth-century Instructional Manuals by Heron of Byzantium*, Washington, 2010) e quindi lo *Strategikon* di Kekaumenos, redatto tra il 1075 e il 1078 (M.D. Spadaro (*ed.*), *Raccomandazioni e consigli di un galantuomo*, Alessandria, 1998).

58 Ricordiamo, almeno, V. Giuffrè, "Tracce di una tarda raccolta di 'iura' in materia militare", in: H.H. Jacobs, B. Knobbe-Keuk, E. Picker e J. Wilhelm (*eds.*), *Festschrift für W. Flume zum 70. Geburtstag*, vol. 1, Köln, 1978, p. 25-42 e V. Giuffrè, *'Iura' e 'arma'*, (= "Dal diritto romano al diritto bizantino", in: *Letture e ricerche sulla "res militaris"*, vol. 2, Napoli, 1996, p. 535-558 e 489-502), in cui la tesi che il misterioso compilatore avrebbe utilizzato materiale riunito precedentemente alla compilazione giustinianea; inoltre, a parte K.E. Zacharia von Lingenthal, "Wissenschaft und Recht für das Heer vom 6. bis zum Anfang des 10. Jahrhunderts", *BZ* 3 (1894), p. 450-453 insieme con Id., *Geschichte des griechischen-römischen Rechts*, Berlin, 1893³ (Aalen, 1955), p. 17 e C.W.E. Heimbach "Griechisch-römisches Recht im Mittelalter und in der Neuzeit", in: J.G. Gruber e J.S. Ersch (*eds.*), *Allgemeine Encyclopädie der Wissenschaften und Künste*, 86 e 87, Leipzig, 1868 e 1896, p. 191-471 e 1-106, J.A.B. Mortreuil, *Histoire du droit byzantin dans l'empir d'Orient depuis la mort de Justinien jusq'a la prose de Constantinople en 1453*, Paris, 1847, P. Pieler, "Byzantinische Rechtsliteratur", p. 343-344), N. van der Wal e J. Lokin, *Historiae iuris graeco-romani delineatio. Les sources du droit byzantin de 300 à 1453*, Groningen, 1985, p. 72-78 e 132 e S. Troïanos, *Οι πηγές του βυζαντινού δικαίου*, Atene, 2011, adesso P. Buongiorno (*ed.*), *Le fonti del diritto bizantino*, Torino 2016, p. 112-113, vogliamo citare G. Famiglietti, *Ex Ruffo leges militares. Testi per esercitazioni pubblicati dalla Facoltà di Giurisprudenza dell'Università degli Studi di Camerino*, Sez. II, N. 4, Milano, 1980, p. 1-38.

59 Senza la minima pretesa di completezza, almeno Y. La Bohec, *L'esercito romano. Le armi imperiali da Augusto alla fine del terzo secolo*, p. 255 *et seqq.*

In una maniera simile gli anonimi giuristi della drammatica stagione compresa tra il VII e l'VIII secolo, chiamati a gestire il prodotto del lavorio degli *antecessores* e degli σχολαστικοί, si volgono all'epoca precedente per trarne linfa vitale, portando inconsapevolmente a compimento il disegno di Giustiniano, assoggettando a un'unica legge tutto il diritto racchiuso nella propria compilazione; nel nostro caso, inoltre, avviene un passaggio ulteriore, poiché l'interscambio tra diritto consuetudinario, riflessione giurisprudenziale e norma imperiale produce un risultato pressoché indistinguibile.

Se vogliamo, è questa la storia del diritto bizantino, che seppe conservare le forme antiche per riempirle di nuove sostanze.[60]

60 A. KAŽDAN, "Do We Need a New History of Byzantine Law?", *JÖB* 39 (1989), p. 1-28 e A. KAŽDAN., "Che cosa chiede lo storico di Bisanzio allo storico del diritto?", *Κοινωνία* 12 (1988), p. 129-144; la risposta si trova in B.H. STOLTE, "Not New but Novel. Notes on the Historiography of Byzantine Law", *Byzantine and Modern Greek Studies* 22 (1998), p. 264-279, ma anche in ID., "Balancing Byzantine Law", in: *Fontes Minores* vol. 11, Frankfurt am Main, 2005, p. 57-75 e ID., "The Social Function of the Law", in: J. HALDON (*ed.*), *A Social History of Byzantium*, London, 2009, p. 76-91.

THE INFLUENCE OF EMPERORS ON DISPUTE SETTLEMENTS IN ECCLESIASTICAL MATTERS: THE JURISDICTIONAL STRUGGLE OVER THE DIOCESE OF AMYKLEION AND THE RELEVANT COURT BATTLE (1340 AD)

Vasileios-Alexandros KOLLIAS

1. Introduction

The Byzantine emperor's right to effect changes to the *taxis* (*τάξις*, administrative rank) of dioceses, archdioceses and metropoles and their jurisdiction (local competence)[1] sometimes caused disagreements, and even raised serious controversies, both within the Church itself and between the Church and the ruling emperor. One of the most important and controversial issues was the administrative rank of the bishoprics, an issue that (until this day) has never ceased to occupy the Church.[2] The emperors sometimes attempted to interfere with such issues by granting personal privileges to certain bishops or by effecting more permanent changes. In some cases, this interference did not always have a positive reception on the part of the Church,[3] but in effect – eventually or even simultaneously – the Church respected and ultimately acknowledged the imperial interventions.[4] These took place in a

[1] On the subject see generally H. SARADI, "Imperial jurisdiction over Ecclesiastical Provinces: The Ranking of New Cities as Seats of Bishops or Metropolitans", in: N. OIKONOMIDES (*ed.*), *Byzantium in the 12th century: Canon Law, State and Society*, Athens, 1991, p. 149-163; H.-G. BECK, *Kirche und theologische Literatur im Byzantinischen Reich*, München, 1977², p. 73-74; A. MICHEL, *Die Kaisermacht in der Ostkirche (843-1204)*, Darmstadt, 1959, p. 22-27; B. STEPHANIDES, "The promotion of Dioceses and Archdioceses into Metropoles by the Byzantine emperors" [in Greek], *Ὁ Νέος Ποιμήν* 1 (1919), p. 587-607, particularly p. 587-591.

[2] There are many patriarchal and synodical Acts that settle disputes between Metropoles and/or other Bishoprics. For example, see E. PAPAGIANNI, "Ecclesiastical administration and adverse possession. Conclusions from a dispute between Metropoles in the year 1428" [in Greek], in: *Επιστημονική Επετηρίδα Τμήματος Νομικής της Σχολής Νομικών, Οικονομικών και Πολιτικών Επιστημών* 4 (1996) [*Αφιέρωμα στον Νικόλαο Σ. Παπαντωνίου*], p. 567-580, particularly p. 571 *et seqq.*

[3] See L. BURGMANN, "Chrysobull gleich Privileg?", in: B. DÖLEMEYER and H. MOHNHAUPT (*eds.*), *Das Privileg im europäischen Vergleich*, vol. 1, Frankfurt am Main, 1997, p. 69-92, here p. 75, fn. 28-29.

[4] See B. STEPHANIDES, "The promotion of Dioceses", passim, particularly p. 592-593 and 604-605.

number of cases through the promulgation of *chrysobulls*[5] or *prostagmata* (*προστάγματα*, precepts).[6] There are many chrysobulls, amongst others, which regulate the promotion or (very rarely) degradation of bishoprics, as well as other relevant matters. A certain number of these chrysobulls moderate the issue in general terms whilst others refer to specific cases.[7] However, all these Acts possess *legislative* attributes, given that they affect – generally or specifically – the ecclesiastical administration and organisation of the Church's administrative sectors, both being inextricably linked to the administration of the Empire.[8]

A relevant and interesting case – especially for legal historians – involves a dispute settled by a patriarchal and synodical Act in November 1340 AD,[9] which was issued during the patriarchy of John XIV Kalekas (1334-1347).[10] The Act in

---

5 *Chrysobulls* are imperial documents sealed with a golden *βοῦλλα* (*bulla*, seal). They are the most acclamatory form of imperial documents, by which the Byzantine emperors, as early as the ninth century, issued different types of imperial Acts. See V.-A. Kollias, *Chrysobulls and their normative content in Byzantine Law: From their appearance to 1204 AD* [in Greek], Athens [Unpublished Dissertation, National & Kapodistrian University of Athens, Law School], 2017, passim (and with references in Part I, paragraphs 1 ff., p. 38 ff.). See also S. Troianos, *Die Quellen des byzantinischen Rechts*, translated by D. Simon and S. Neye, Berlin, 2017, par. 1.3.3., p. 34, fn. 84.

6 On the imperial Acts called *prostagmata* (singular: *πρόσταγμα, prostagma*, i.e. precept), see S. Troianos, *Die Quellen des byzantinischen Rechts*, par. 5.2.2., p. 191, fn. 84 and par. 6.2.1., p. 310.

7 For the cases, up to 1204 AD, see V.-A. Kollias, *Chrysobulls and their normative content*, par. 15, p. 218.

8 See V.-A. Kollias, *Chrysobulls and their normative content*, par. 14, p. 214-215 and H. Saradi, "Imperial jurisdiction over Ecclesiastical Provinces", p. 150 and 153-154 (with references in p. 154, fn. 21). On the issue of the relations between State and Church in Byzantium see R. Potz, E. Synek, S. Troianos, and A. Klutschewsky, *Orthodoxes Kirchenrecht. Eine Einführung* [Kirche und Recht, 28], Freistadt, 2014[2], chapter 3 (particularly 3.5), p. 70 *et seqq.*, with references. For the early stages of the meeting between the Roman Empire and Christianity – which influenced both Roman law and, subsequently, Byzantine law – see L. Waelkens, *Amne Adverso: Roman Legal Heritage in European Culture*, Leuven, 2015, p. 66-72.

9 J. Darrouzès and J. Grumel (*eds.*), *Les Regestes de 715 à 1206* [Les regestes des actes du Patriarcat de Constantinople, I/2-3], Paris, 1989[2]; V. Laurent (*ed.*), *Les Regestes de 1208 à 1309* [Les regestes des actes du Patriarcat, I/4], Paris, 1971; J. Darrouzès (*ed.*), *Les Regestes de 1310 à 1376* [Les regestes des actes du Patriarcat, I/5], Paris, 1977; J. Darrouzès (*ed.*), *Les Regestes de 1377 à 1410* [Les regestes des actes du Patriarcat, I/6], Paris, 1979, [from now on Reg.], Reg. 2202. For the text see H. Hunger, O. Kresten (*eds.*), *Das Register des Patriarchats von Konstantinopel*, vol. I-II [Corpus Fontium Historiae Byzantinae, 19/1-2], Wien, 1981 and 1995 [from now on: *PRK*], vol. 2, doc. 134, p. 253 ff. (text in p. 262-272). Generally, on the Act of 1340 and for a historical analysis of the context of the period regarding this paper see also D. T. Vachaviolos, *The history of the Metropolis of Lacedaemon in the Byzantine era* [in Greek], Ioannina [Unpublished Dissertation, University of Ioannina], 2014, p. 92-93 and 262 *et seqq.* (particularly p. 264-265 and 268) and the remarks in F. Dölger and P. Wirth (*eds.*), *Regesten von 1025-1204* [Regesten der Kaiserurkunden des oströmischen Reiches von 565-1453, 2], München, 1995[2]; F. Dölger (*ed.*), *Regesten von 1282-1341* [Regesten der Kaiserurkunden 565-1453, 4], München, 1960, [from now on Reg.], Reg. 2499. Cf. M. Gedeon, *Patriarchal Tables: Historical and Biographical Information about the Patriarchs of Constantinople* (...): *36-1884 AD* [in Greek], Constantinople, 1890, p. 421. Let us also note that this synodical Act is delivered in the so-called *Codex of the Patriarchate of Constantinople*, which has been preserved with Acts of the years 1315-1402 AD. See on that S. Troianos, *Quellen*, par. 6.4.9., p. 346-348.

10 On Patriarch John XIV Kalekas, see D.M. Nicol, *The last centuries of Byzantium, 1261-1453*, Cambridge, 1999[3], passim, particularly p. 187 and 207 *et seqq.*; M. Gedeon, *Patriarchal Tables*, p. 420-442.

question constitutes a judicial sentence that put an end to the jurisdictional battle concerning jurisdiction over the Bishopric of Amykleion (in Southern Peloponnese)[11] and solved a controversy between the Metropolitan of Lacedaemon (Sparta, in Southern Peloponnese) and the Metropolitan of Palaiai Patrai (Patras, in Northern Peloponnese). The patriarchal Act of 1340 applies the canons of the Eastern Church's canon law[12] that regulate the *taxis* of bishoprics. This Act is an important source that refers to imperial Acts and their relation to patriarchal decisions and ecclesiastical controversies in general.

We cannot be certain about the exact date the dispute started. The fact remains, however, that – at the latest – during the patriarchy of Esaias (1323-1334)[13] the Metropolitan See of Lacedaemon[14] was vacant[15] and this must have been the conjuncture upon which the Metropolitan of Palaiai Patrai managed to seize jurisdiction of the Bishopric of Amykleion. The question, however, is under whose jurisdiction did the Bishopric fall until then.

2. The Bishopric of Amykleion in the *notitiae episcopatuum*

Before examining the provisions of the synodical Act of 1340, let us first have a look at four *notitiae episcopatuum*[16] that mention the Bishopric of Amykleion. It must be emphasised that the *notitiae*, which did not always stem from official sources, were periodically modified in order to correspond to occasional changes that were effected, in particular changes with respect to the *taxis* of the bishoprics.[17]

---

11 On the Bishopric of Amykleion (or 'of Amyklon'), see D.T. VACHAVIOLOS, *The history of the Metropolis of Lacedaemon*, p. 262 *et seqq*. Let us note that in this paper the name 'Amykleion' is preferred to the name '(of) Amyklon', because the Bishopric is mentioned in the examined sources as 'of Amykleion'.

12 On Canon Law and the Holy Canons see S. TROIANOS, *Quellen*, par. 2.1.1., p. 48, fn. 4 with references.

13 On Patriarch Esaias (1323-1334), see D.M. NICOL, *The last centuries*, p. 105, fn. 20 and 160-162; M. GEDEON, *Patriarchal Tables*, p. 417-420.

14 The Metropolis of Lacedaemon was recognised as such (ceasing to be a subordinate Bishopric under the See of Palaiai Patrai: cf. *PRK*, II, doc. 134, p. 264, l. 34-36) at the end of the eleventh century by means of an imperial Act of Emperor Alexios I. See (with references) D.T. VACHAVIOLOS, *The history of the Metropolis of Lacedaemon*, passim, particularly p. 51 (and fn. 40), 53-54, 82 (and fn. 197), 89 (and fn. 203), 115 and 151 (and fn. 469). Cf. E. KISLINGER, "Nikolaos episkopos Lakedaimonias: Chronologische Präzisierungen zur Bischofsliste im Bodleianus Holkham gr. 6", *Jahrbuch der Österreichischen Byzantinistik* 57 (2007), p. 27-33, here 27, fn. 4.

15 It is not certain when exactly and for how long the Metropolis of Lacedaemon had been left vacant. See on that Reg. 2138, p. 103-104.

16 The so-called *notitiae episcopatuum* are catalogues of the administrative subdivisions of the most important ecclesiastical (administrative) provinces that list the names (titles) of the Bishoprics (Metropoles, Archdioceses and Dioceses). On the *notitiae episcopatuum*, see S. TROIANOS, *Quellen*, par. 2.1.4., p. 57-58 and J. DARROUZÈS (*ed.*), *Notitiae episcopatuum Ecclesiae Constantinopolitanae* [Geographie ecclesiastique de l'Empire byzantine, 1], Paris, 1981.

17 See S. TROIANOS, *Quellen*, par. 2.1.4., p. 57-58.

Firstly, in *notitia* 7,[18] the Bishopric of Lacedaemon is listed as a subdivision of the Metropolis of [Palaiai] Patrai. This follows from the fact that the *notitia* (its first version) is attributed to Patriarch Nicholas I Mystikos and is dated by researchers at the beginning of his first patriarchy (ca. 901-905 AD)[19] and, therefore, at a time when the Bishopric of Lacedaemon was not yet a Metropolis itself and was still under the jurisdiction of the See of Palaiai Patrai.[20] However, in one manuscript (*Cod. Vaticanus 840*)[21] that includes the text of this *notitia* and is dated in the fourteenth century, the name of the Bishopric of Amykleion figures: 'instead of that of Lacedaemon' ('*ἀντὶ Λακεδαιμονίας, Ἀμυκλείου*'). Therefore, according to the evidence, the Bishopric of Amykleion is listed as an administrative division falling under the jurisdiction of the Metropolis of Palaiai Patrai.[22]

Secondly, there is also a highly relevant note in one of the variants of the text of *notitia* 10.[23] This note is written in the section under the name of the See of [Palaiai] Patrai and specifically under the last bishopric listed there (the Bishopric of Volena, 'Βολαίνης') and states: 'and the [bishop of] Amykleion instead of the [bishop of] Lacedaemon'.[24]

It has been argued that these highly relevant notes in the revised versions of the *notitiae* 7 and 10 stating that the Bishopric of Amykleion stands (i.e. was added) '*instead of [the See of] Lacedaemon*' constitute evidence that this bishopric was given to the Metropolis of Palaiai Patrai '*in order to counterbalance for the loss of the Bishopric of Lacedaemon*'[25] that was promoted to a metropolitan See.

Thirdly, in *notitia* 13,[26] both the Bishopric of Lacedaemon and that of Amykleion are listed as a subdivision of the Metropolis of [Palaiai] Patrai.[27] Setting aside the fact that the Bishopric of Lacedaemon is also included under the throne of Palaiai Patrai,[28] let us focus on the information about Amykleion. There are two manuscripts that present Amykleion as a subdivision of the throne of Palaiai Patrai in that *notitia*: *Cod. Atheniensis B. N. 1371* and *Cod. Sinaiticus 1117*. The former is dated between the twelfth and thirteenth centuries and the latter in the thirteenth

---

18 Reg. 598 [a] (early 905 AD). Text in J. DARROUZÈS (*ed.*), *Notitiae*, p. 271 *et seqq.*

19 See the notes of GRUMEL and DARROUZÈS (*eds.*), *Reg.*, 598 [a]. Cf. J. DARROUZÈS (*ed.*), *Notitiae*, p. 55.

20 Cf. above fn. 14.

21 See J. DARROUZÈS (*ed.*), *Notitiae*, p. 58, 62 and 443.

22 See J. DARROUZÈS (*ed.*), *Notitiae*, p. 284 (not. 7, p. 284, l. 550).

23 Text in J. DARROUZÈS (*ed.*), *Notitiae*, p. 307 *et seqq.*

24 '*καὶ ὁ (ἡ) Ἀμυκλείου ἀντὶ τοῦ (τῆς) Λακεδαιμονίας*'. See J. DARROUZÈS (*ed.*), *Notitiae*, not. 10, p. 326, l. 497 (in the *apparatus criticus*). Cf. J. DARROUZÈS (*ed.*), *Notitiae*, p. 112 and D.T. VACHAVIOLOS, *The history of the Metropolis*, p. 87-88 and 347, fn. 1426.

25 See D.T. VACHAVIOLOS, *The history of the Metropolis*, p. 347, fn. 1427 (with references).

26 Text in J. DARROUZÈS (*ed.*), *Notitiae*, p. 353 *et seqq.*

27 J. DARROUZÈS (*ed.*), *Notitiae*, p. 362, l. 535 and 536.

28 This is due to the fact that this *notitia* refers to a ranking of a time before Lacedaemon was upheaved to a Metropolis. See D.T. VACHAVIOLOS, *The history of the Metropolis*, p. 153, fn. 479. The Bishopric of Lacedaemon was a Metropolitan See from the late eleventh century. See above fn. 14.

century.[29] As we will see below, there is an issue on the interpretation of these two references due to the fact that, according to the text of the synodical Act of November 1340, Amykleion was subsumed under the See of the Metropole of Lacedaemon in the late eleventh century. In any case, this was confirmed in the late thirteenth century. The only reasonable explanation for the contrary information contained in *notitia* 13 can be linked to the fact that this *notitia* is not an official document and may, therefore, constitute a simple depiction of the ambitions or claims of the Metropolitan of Palaiai Patrai.

Fourthly, Amykleion is listed as a bishopric belonging to the throne of the Metropolis of Lacedaemon solely in *notitia* 21[30].[31] This *notitia*, however, is dated after the fall of the Byzantine Empire (and probably before the end of the fifteenth century),[32] that is, at a time when it was already clear that Amykleion was under the See of Lacedaemon,[33] especially after the ruling of the Synod of November 1340.

From the above we conclude that the *notitiae* cannot be used to indisputably identify the exact administrative position of the Bishopric of Amykleion before the middle of the fourteenth century.

3. The Synodical Act under Esaias, the reaction of the Metropolitan of Lacedaemon, the involvement of Andronicus III and the court battle

Since the *notitiae* failed to provide us with clear and unequivocal evidence, the information provided by the Synodical Act of November 1340 forcibly acquires greater significance and must, therefore, be thoroughly examined. According to this Act, the Bishopric of Amykleion had been recognised as legally belonging to the jurisdiction of the Metropolis of Lacedaemon by means of both an imperial and a synodical decree. The latter placed three bishoprics (those of Amykleion, Pissa and Ezera) under the jurisdiction of the Metropole of Lacedaemon – at that time newly elevated to a metropolitan See.[34] The question has been argued as to which emperor issued that decree.[35] If it was issued by Alexios I, then the patriarch of that time

---

29 J. Darrouzès (*ed.*), *Notitiae*, p. 136, 362, l. 535-536 (in the *apparatus criticus*), 353, 425 and 442. For the dating of *notitia* 13, cf. D.T. Vachaviolos, p. 152-153 (fn. 474 and 479).

30 Text in J. Darrouzès (*ed.*), *Notitiae*, p. 419 ff.

31 J. Darrouzès (*ed.*), *Notitiae*, not. 21, p. 421, l. 169.

32 See J. Darrouzès (*ed.*), *Notitiae*, p. 197. For the dating of *notitia* 21, cf. D.T. Vachaviolos, *The history of the Metropolis*, p. 318 (fn. 1287).

33 On the matter and the dating of *notitia* 13, cf. D.T. Vachaviolos, *The history of the Metropolis*, p. 341-342.

34 See *PRK*, II, doc. 134, p. 264, l. 26-33.

35 In the opinion of H. Hunger and O. Kresten (*PRK*, II, p. 260, nr. c), it might have been Alexios I who issued it. However, according to F. Dölger, *Reg.*, 2105, it was Andronicus II (ca. in Summer 1285). On Emperor Andronicus II Palaeologus (1282-1328), see D.M. Nicol, *The last centuries*, passim, particularly p. 93 ff. (with references in p. 93, fn. 1).

(who issued – along with the patriarchal synod – the relevant patriarchal act) must have been Eustratios (Garidas, 1081-1084).[36] Later, a patriarchal and synodical act under Patriarch Gregory II Kyprios (1283-1289)[37] acknowledged the rights of the metropolitan See of Lacedaemon upon Amykleion.[38] Therefore, up to that period at the latest, Amykleion was already established under the jurisdiction of the See of Lacedaemon.

However, despite the above, at the time of the vacancy of the throne of the Metropolis of Lacedaemon and during the patriarchy of Esaias (1323-1334), the patriarchal synod decided that the Bishopric of Amykleion should fall under the jurisdiction of the See of Palaiai Patrai and proceeded with the issuance of a synodical act, thus ruling in favour of the pursuits of the Metropolitan of Palaiai Patrai.[39] The fact that this development occurred in the early fourteenth century perhaps explains the subordination of Amykleion under the throne of Palaiai Patrai in the previously mentioned note in *Cod. Vaticanus 840* (in a variant of the text of *notitia* 7).[40]

Subsequent to the patriarchal Act of Esaias, things appeared to be swaying in favour of the Metropole of Palaiai Patrai, but, later on, the new Metropolitan of Lacedaemon Neilos approached the matter differently. He reverted to the emperor Andronicus III Palaeologus[41] and requested[42] that a fair judgement be rendered on the matter. The new emperor responded by issuing a *prostagma* and requesting that the dispute between the two Metropolitans be settled by the patriarchal synod:[43]

> 'And as soon as he [i.e. the Metropolitan of Lacedaemon Neilos] submitted a report to the most powerful by God and holy emperor of mine and requested a *κρίσις* [*crisis*, i.e. judicial decision], the [chosen] from God *basileus* – that most royal, indeed, soul, which blows [wanting] nothing else and which is pleased by nothing else but [in seeing and caring that] everywhere [, everyone] lives and behaves in justice and [that] justice dominates – gives permission and assigns to us to settle the dispute

---

36 See *PRK,* II, p. 260, nr. d. Not being mentioned in the *Regestes* (J. GRUMEL and J. DARROUZÈS , *Reg*., vol. I, fasc. II-III).

37 On Patriarch Gregory II Kyprios (1283-1289), see D.M. NICOL, *The last centuries*, p. 97-100 and see also GEDEON, *Patriarchal Tables*, p. 398-402.

38 See *PRK,* II, p. 260, nr. h. On this Act of Gregory II see also Reg. 1521 and M. GEDEON, *Patriarchal Tables*, p. 402.

39 See *PRK,* II, p. 260, nr. i and Reg. 2138. It seems that the Metropolitans of Palaiai Patrai could not stop from pursuing to obtain larger jurisdictional limits after the period in which (as already mentioned above) the Diocese of Lacedaemon was upheaved to a Metropolis, thus depriving the See of Palaiai Patrai from its jurisdiction upon it. See D.T. VACHAVIOLOS, *The history of the Metropolis*, p. 265-266 with references.

40 See above fn. 21.

41 On Emperor Andronicus III Palaeologus (1328-1341), see D.M. NICOL, *The last centuries*, passim, particularly p. 167 *et seqq*. (with references in p. 167, fn. 1).

42 See *PRK,* II, p. 261, nr. l.

43 Cf. Reg. 2202, *Critique,* nr. 6.

between the two most sacred High priests, judging synodically and according to the [Holy] Canons [of the Church]'.[44]

Let us note here that Metropolitan Neilos seems to have had a sort of immediate communication with the emperor. This can also be attested by the fact that, as we learn from an epigraph, Neilos was appointed ('ὡρίσθην') by Andronicus III to ensure that no act of divestment of church property (selling, pledging or giving it as dowry) would be made by any member of the clergy of his Metropole or any peasant ('paroikos') working for it.[45] It is quite interesting that this communication is dated by researchers near the year 1340 when the patriarchal and synodical decision, as per the subject of this paper, was issued after Neilos' petition before the emperor. I think that this is another argument that enhances the plausibility of the interpretation made above, according to which Neilos, hoping to be fairly judged, turned to Andronicus III (and not Andronicus II) for the settlement of his dispute with the Metropolitan of Palaiai Patrai.[46]

Moreover, what might be the case is that the petition of the Metropolitan of Lacedaemon was essentially aiming at the issuance of a new chrysobull. This was common practice in Byzantium.[47] In other words, the Metropolitan could have wanted to obtain a solution to his problem by means of an imperial Act, which would have armed him with a decree possessing the full force and effect of an imperial law and, in addition, one that would have been issued in the most acclamatory form: that of a chrysobull.

It is important to note that Andronicus III preferred to refrain from judging the matter on his own and referred the case to the Holy Synod. I consider it quite plausible that the emperor may in fact have wanted to obtain a decision from the synod, which would be in conformity with the Holy Canons. It is also possible that, eventually, he would also want to issue an imperial Act (perhaps a *chrysobull* or a

---

44 *PRK*, II, doc. 134, p. 266, l. 51-56. All translations in English are my own.

45 Reg. 2835 (before May 1339). See K. G. Zesios, "Inscriptions of the Christian era in Greece" [in Greek], *Βυζαντὶς* 1 (1909), p. 114-145, 421-460 and 541-556, here p. 432-434 and particularly 433, l. 6-12. On the forbiddance of disadvantageous and unnecessary sales or cessions (of all kinds) of ecclesiastical property and particularly monasterial property (legislatively issued – by means of both ecclesiastical Canons and state Laws – as soon as from the fourth century AD), see E. Papagianni, "Legal institutions and practice in matters of ecclesiastical property", in: A. Laiou (*ed.*), *The economic history of Byzantium: from the seventh through the fifteenth century* [Dumbarton Oaks Studies, 39], Washington D.C., 2002, p. 1059-1069, passim, particularly p. 1060-1061.

46 Mostly in agreement with the remarks of J. Darrouzès (Reg. 2138, *Critique*), I think that H. Hunger, and O. Kresten (*PRK*, II, p. 260, nr. k.) are not absolutely accurate in arguing that the chrysobull, which confirmed the synodical Act of Esaias and the former imperial *prostagma*, was issued either by Andronicus II or by Andronicus III.

47 For the *δεήσεις* (petitions) that ended in the issuance of a chrysobull (in several cases and for multiple and various reasons), see V.-A. Kollias, *Chrysobulls and their normative content*, par. 1, p. 42-43, with references. See also I. K. Panagiotidis, *The δέησις (supplicatio) in front of the emperor in the Byzantine-Roman Law (4th-15th cent.)* [in Greek], Thessaloniki, 2011, passim.

prostagma), so as to ratify the ruling of the synod, thereby endowing it with the validity of an imperial Act.

By employing the imperial mandate, the patriarchal synod under Patriarch John XIV convened as an ecclesiastical court to settle the dispute.[48] The convention took place in the monastery of Theotokos Gorgohepykoos, upon the request of the Metropolitan of Palaiai Patrai who was ill at the time and most likely staying at the Monastery.[49] The two litigants – i.e. the Metropolitan of Palaiai Patrai and the Metropolitan of Lacedaemon – presented their argumentation accompanied by supporting documents before the synodical bishops and invoked successive imperial and patriarchal Acts.

4. Before the Synod: The imperial and synodical acts, concerning the Bishopric of Amykleion, as invoked by the litigants

a. The allegations of the Metropolitan of Palaiai Patrai and the synodical Act he did not call upon

As the text of the Act of November 1340 reveals, before the Synod of 1340 the Metropolitan of Palaiai Patrai invoked a chrysobull[50] that – only according to his claims – confirmed a *prostagma*[51] and a patriarchal letter that had been issued during the patriarchy of Esaias. As the text mentions:

> 'Because of the fact that just a little time ago – that is during the patriarchy of the, of everlasting memory, Patriarch Mr Esaias – the part [i.e. the Metropolis] of Palaiai Patrai invoked the same cause and managed to get that Bishopric [i.e. of Amykleion], whilst the [See] of Lacedaemon was vacant, and after that, it [i.e. the part of the Metropolis of Palaiai Patrai] also obtained a synodical letter and a venerable *prostagma* on that and,

---

48 On the patriarchal synodical courts see S. Troianos, *The ecclesiastical (court's) procedure until the death of Justinian* [in Greek], Athens, 2004², p. 28-30 and 45. See also the references cited in S. Troianos, *Quellen*, par. 6.4.9., p. 343, fn. 166. This Synod could be the so-called 'endimousa' (*ἐνδημοῦσα*) Synod, that is the patriarchal Synod that (from the fifth century AD and on) usually convened under the presidency of the Ecumenical Patriarch, with the participation of all the Metropolitans or Bishops gathered 'accidentally' in Constantinople. This Synod evolved into the 'par excellence' administrative institution of the Ecumenical Patriarchate. See S. Troianos, *The ecclesiastical procedure*, p. 28-29.

49 See *PRK*, II, doc. 134, p. 266, l. 57-62. For many reasons, the Patriarch could assign any place, other than in the patriarchal See, as a place for the patriarchal and synodical court to convey. See S. Troianos, *The ecclesiastical procedure*, p. 41.

50 As we will see later on, this chrysobull (Reg. 2499) had, in fact, nothing to do with the dispute.

51 See *PRK*, II, p. 260, nr. j and Reg. 2498 (after October 1323). According to H. Hunger and O. Kresten (*PRK*, II, p. 260), it is not entirely clear whether the emperor who issued that *prostagma* was Andronicus II or Andronicus III.

afterwards, on both of them, a venerable *chrysobull*, the current Metropolitan of Lacedaemon and hypertimos, [and] in Holy Ghost beloved brother and co-minister of our Mediocrity, Mr Neilos, thought that it should not at all be overseen that the Bishopric, which happened to become [to belong to the jurisdiction of] his own [Metropole], should not be misjudged'.[52]

This supposed chrysobull, said to have been issued by Andronicus II, is the same one that is mentioned subsequently in the Act of 1340 and that, according to the allegations of the Metropolitan of Palaiai Patrai, annulled all the former 'rights' ('δικαιώματα') – that is to say all pertaining *documents* – of the Metropolis of Lacedaemon, thus favouring the Metropolis of Palaiai Patrai.[53] The fact that Andronicus II was the emperor who issued that chrysobull is clearly mentioned:

> 'Because the synodical letter of Mr Esaias, which had been given to the Metropolis of Palaiai Patrai, was, on the other hand, partly abated because of this synodical diagnosis [i.e. decision], and was criticised and tumbled by itself, so far as it was giving right to the Metropolis of Palaiai Patrai in capturing that [i.e. the jurisdiction upon the Bishopric of Amykleion] – saying [i.e. the aforementioned synodical letter] that it was for reasons of *oikonomia*[54] that it [i.e. the Bishopric of Amykleion] had been given to the Metropolis of Lacedaemon and that the *δικαιώματα* [*rights*, i.e. the documents that acknowledged rights] of the latter [i.e. upon the Bishopric of Amykleion] had been annulled by means of the venerable chrysobull of the holy *basileus*, the, of everlasting memory and late, grandfather of the most powerful by God and holy emperor of mine, although it [i.e. the synodical letter of Esaias] was not based on any older *δικαίωμα* [*right*, i.e. document that acknowledged rights] (…)'.[55]

From the passage above we can only conclude that the Metropolitan of Palaiai Patrai had argued, before Patriarch Esaias and the Holy Synod, that the chrysobull of Andronicus II annulled all other previous provisions contrasting with its provisions. Consequently, he managed to achieve his goals.[56]

---

52 *PRK*, II, doc. 134, p. 264, l. 42 and p. 266, l. 51.

53 Cf. Reg. 2202, *Critique*, nr. 5; Reg. 2499

54 For the 'ecclesiastical oikonomia' ('economy'), meaning a sui generis institution (method of interpretation of the canons) of the Ecclesiastical Law, see C. PAPAGEORGIOU, *Religion and Law in Greece*, Alphen aan den Rijn, 2015, p. 42-43 and S. TROIANOS and G. POULIS, *Ecclesiastical Law* [in Greek], Athens, 2003², p. 21-24 (with references).

55 *PRK*, II, doc. 134, p. 268, l. 75-83. I do not agree with H. HUNGER and O. KRESTEN (*PRK*, II, p. 261-262), who register the same chrysobull as two separate documents: numbers k and p, with the latter also being mentioned as the one that is registered by F. DÖLGER (Reg. 2106).

56 According to D.T. VACHAVIOLOS, *The history of the Metropolis*, p. 90-93 and 344 (with references), the Metropolitan of Palaiai Patrai had reacted to both the promotion of the Bishopric of Lacedaemon (as early as in the years of the reign of Alexius I) and to the subsuming of Bishoprics to it, which had formerly been subordinates of the Metropolis of Palaiai Patrai, such as the episcopal See of Amykleion.

In addition, it is peculiar that there is a Synodical Act of August 1317/1318 from the period of the Patriarchy of a predecessor of Esaias, namely Patriarch John VIII Glykys (1315-1319),[57] which was not invoked either by the Metropolitan of Palaiai Patrai or by the Synodical Court in November 1340, even though it could have solved the issue or, at least, it could have provided the Metropolitan of Palaiai Patrai with a strong argument, given that in that text the Bishopric of Amykleion is characterised as a bishopric belonging to the jurisdiction of the See of Palaiai Patrai. More explicitly, in August 1317/1318 the patriarchal synod issued a 'synodical letter' ('συνοδικὸν γράμμα'),[58] by which it explicitly attributed the Bishopric of Amykleion 'by means of service' ('κατ' ἐπίδοσιν') to the Metropolitan of Pontoherakleia.[59] In this Act the Bishopric of Amykleion is mentioned as 'being under the subordinance of [the throne of] Palaiai Patrai' ('ὑποκειμένη ταῖς Παλαιαῖς Πάτραις'). In addition, the See of Amykleion is mentioned as having been vacant 'for quite a long time'.[60] The Metropolitan of Palaiai Patrai was not called upon, nor did he participate in the synod at the time.[61] Therefore, it could be possible that he (and his successors) did not even know about the existence of this synodical letter. In any case, it had no effect on the Synodical Act of 1340. On the contrary, the Synodical Act of 1340 presents the Diocese of Amykleion as being a subordinate bishopric under the See of Lacedaemon 'from the beginning'.[62]

b. The allegations of the Metropolitan of Lacedaemon

Before the Synod of 1340, the Metropolitan of Lacedaemon invoked, amongst other documents:[63] a) the provisions of an older synodical decision (*συνοδικὴ ἔγγραφος διάγνωσις καὶ ἀπόφασις*) that had been issued by the synod under Patriarch Gregory II Kyprios (1283-1289);[64] b) a chrysobull that had been issued 'ἐφ' ᾗ' ('upon that'),

---

57 On Patriarch John VIII Glykys, see D.M. Nicol, *The last centuries*, p. 106.

58 *PRK*, I, doc. 51, p. 336-342. See also Reg. 2081 and E. Chatzeantoniou, "The granting of ecclesiastic sees *κατ' ἐπίδοσιν* (by means of service)" [in Greek], *Byzantiaka* 27 (2008), p. 117-166, here p. 144, fn. 73, 145-146, fn. 79 and 165-166, fn. 143.

59 See E. Chatzeantoniou, "The granting of ecclesiastic sees *κατ' ἐπίδοσιν* (by means of service)", passim, particularly p. 121-125. According to this institution, a vacant episcopal See was given ('granted') to a Bishop of another See (usually in proximity to the vacant one) for it to be administered. This was always a provisional solution. The granted See kept its autonomy. In such cases the sources use the words 'κατ' ἐπίδοσιν' ('[granted] by means of service') or 'ἐδόθη' ('was given') or call the Bishop, appointed in charge of another See in the above manner, 'president' ('πρόεδρος') of that See.

60 *PRK*, I, doc. 51, p. 340, l. 59-60.

61 See also E. Chatzeantoniou, "The granting of ecclesiastic sees *κατ' ἐπίδοσιν* (by means of service)", p. 144, fn. 73, where it is also noticed that: '*in reality, the Bishopric belonged to the Metropolis of Lacedaemon*'.

62 See below, fn. 100.

63 See *PRK*, II, doc. 134, p. 266, l. 64 and p. 268, l. 75.

64 Reg. 1521. See also *PRK*, II, doc. 134, p. 260 (number h) and M. Gedeon, *Patriarchal Tables*, p. 398-402 (and fn. 577).

meaning, most probably, that it validated the above synodical decision;[65] c) an even older royal and synodical *ἔνδοσις* (*endosis*, in other words, an Act), which had subsumed the Bishopric of Amykleion (along with two other Bishoprics) under the jurisdiction of the See of Lacedaemon;[66] and, finally, d) vaguely mentioned *venerable chrysobulls*, which – according to his claims – supported the arguments of the Metropole of Lacedaemon on the matter of the jurisdiction over the Bishopric of Amykleion. All these documents are characterised in the synodical act as documents, which proved that the Metropole of Lacedaemon had the Bishopric of Amykleion under its jurisdiction.[67]

After having said all the above, the Metropolitan of Lacedaemon claimed that, although all these imperial and synodical acts had been issued, the Bishopric of Amykleion ended up 'ἐκ περιπετείας' ('because of [an] adventure') belonging to the Metropolis' of Palaiai Patrai jurisdiction, during the Patriarchy of Esaias and the reign of Andronicus II and whilst the See of the Metropolis of Lacedaemon was vacant.[68]

5. Laying out the facts

a. The involvement of Emperor Andronicus II Palaeologus

Andronicus II Palaeologus was an emperor who showed great concern for ecclesiastical issues, both on a theoretical and practical level. He was known as 'a pious emperor' and 'a devout Christian with a deep interest in theology'.[69] What is more, he was actively involved in matters relating to the administrative organisation of the Church. For example, recognising *inter alia* a need for the reorganisation of the bishoprics,[70] Andronicus II prepared a revised list of bishoprics, elevating several of them – which were just dioceses or archdioceses – to the status of metropolitan sees. This is known as the *notitia* 17.[71]

---

65 Reg. 2106 (ca. summer 1285 AD).

66 See *PRK*, II, doc. 134, p. 264, l. 26-34 and p. 266, l. 68-71. This imperial and patriarchal Act is registered twice in both Reg. 1086a (ca. 1082/1083) and Reg. 2105 (ca. Summer 1285 AD). This is something already noticed by J. Darrouzès (Reg. 2202, *Critique*).

67 See *PRK*, II, doc. 134, p. 264, l. 37-39 and p. 266, l. 72-73.

68 See *PRK*, II, doc. 134, p. 268, l. 75-87. F. Dölger (Reg. 2499) suggests as possible (with a question mark) that the 'adventure' mentioned here could be the civil war of the time. On the civil war between Andronicus II and Andronicus III and their supporters (1321-1328) see Nicol, *The last centuries*, p. 153 *et seqq.*

69 See D.M. Nicol, *The last centuries*, passim, particularly p. 95 and 100.

70 On his motivations, cf. D.M. Nicol, *The last centuries*, p. 106.

71 See J. Darrouzès (*ed.*), *Notitiae*, p. 175 ff. and (for the text of the *notitia*) 391 *et seqq.* Though this *notitia* mentions the Metropolis of Lacedaemon (See J. Darrouzès (*ed.*), *Notitiae*, not. 17, p. 397, l. 55) and upgrades it in matters of its ranking (from the 78th to the 55th position), it does not mention the Bishopric of Amykleion.

In reference to the topic of this paper, Andronicus *could* have issued a chrysobull that would have confirmed and validated the aforementioned synodical decision of Patriarch Gregory II regarding the Bishopric of Amykleion.[72] The fact that the emperor would – in this case – have aligned himself with a synodical decision, is not at all idiosyncratic. Although he involved himself with various matters of the Church (particularly in appointing patriarchs), Andronicus II is reputed as an emperor who – undoubtedly for reasons that also had to do with his intention to consolidate his position on the throne and, in turn, his political power – did not wish to 'overrule' the patriarchs.[73] After all, in the case of Gregory II, it was Andronicus that had appointed him to the patriarchal throne.[74]

b. The Emperor legislates in collaboration with the Church for regulating the *taxis* of bishoprics and matters of jurisdiction

The 'cooperation' between Andronicus II and the patriarchs (and the synods the latter presided at) during his reign is a point of interest. At times, it was the emperor that issued decrees concerning, *inter alia*, the administrative organisation of the Church, which were afterwards accepted and officially acknowledged by the Church, whilst on other occasions it was the synod that regulated matters and the emperor then *validated* the synod's decisions by means of imperial acts, usually *prostagmata* and *chrysobulls*.

In particular, apart from the previously mentioned imperial decrees concerning the Bishopric of Amykleion,[75] Andronicus II also issued a significant number of imperial Acts that regulated the ranking and/or the promotion of the following parishes (churches in a certain city or town) or bishoprics (dioceses, archdioceses and metropoles): Andrusa in Peloponnese, which he elevated to a bishopric;[76] Philadelphia in Asia Minor, Thessaloniki in Macedonia and Litvada (or Litvai) in Russia, which he elevated to a higher rank;[77] Galitza in Russia, which he raised to a

---

72 See above, fn. 65 (Reg. 2106).

73 See D.M. NICOL, *The last centuries*, p. 100, with reference (in fn. 8) to an incident during the reign of Andronicus II, reported by Pachymeres, in which '*when a bishop advised him that, as the emperor, he could very well overrule the Patriarch if he so wished, Andronicus replied that no emperor had the right to order the Patriarch about.*'

74 See above, fn. 37.

75 See Reg. 2105 and 2106 (ca. summer 1285, cf. above fn 35, 66 and 26).

76 Reg. 2141 (close to October 1289). This is a *πρόσταξις βασιλική* (an *imperial precept*), by which the emperor – with a simultaneous decision of the patriarchal Synod (*ψήφος συνοδική*) – ordered that Andrusa would become a Bishopric See (Diocese) under the Metropole of Monembasia. This Act was issued in favor of the (newly elected and enthroned) patriarch Athanasios I, who stemmed from Andrusa. The information is given by (Pseudo)-Georgios SPHRANTZES (in fact: Makarios MELISSENOS) in his *Chronicon*. See V. GRECU (*ed.*), *Georgios Sphrantzes, Τὰ καθ' ἑαυτὸν καί τινα γεγονότα ἐν τῷ χρόνῳ τῆς ζωῆς αὐτοῦ; 1401-1477; cum Pseudo-Phrantzes in appendice sive Macarii Melissenis Chronicon, 1258-1481*, Bucharest, 1966, p. 170, l. 9-12.

77 Reg. 2211 (ca. 1299/1300). The relevant information is given by the *notitia* 17 (see on that above fn. 71) of Andronicus II. See J. DARROUZÈS (*ed.*), *Notitiae*, not. 17, p. 393, l. 10 (see also the

metropolis;[78] Ioannina, which he upgraded to a metropolis[79] and Brysis, which he elevated to a metropolis with a *prostagma* confirmed later by a chrysobull.[80]

Andronicus II also issued many imperial Acts regarding the Metropolis of Monembasia in Peloponnese. Some of them regulated the ranking and/or the administrative provinces of this metropolis. These Acts are documents that have either been preserved or are referred to in other documents. In chronological order: by means of an imperial decree (*βασιλικὸν κέλευσμα*, 'imperial order') the emperor raised this metropolis to a higher rank;[81] by another he confirmed one or more older imperial acts;[82] by means of a *prostaxis* (*πρόσταξις*, 'precept') he settled the

---

remark of DARROUZÈS in the *apparatus criticus*, according to which, it is exactly this notice that raises the question of the objectivity of the entire text), p. 394, l. 11 and p. 399, l. 83, respectively. According to F. DÖLGER – who is apparently following C.E. ZACHARIAE A LINGENTHAL (*ed.*), *Jus Graeco-Romanum*, vol. 3, Lipsiae, 1856-1884, p. 608 ('novella XIX'); I. ZEPOS and P. ZEPOS (*eds.*), *Jus Graecoromanum*, vol. 1, Athens, 1931 (reprinted in Aalen, 1962), p. 516 ('novella XIX') and G. RHALLES and M. POTLES (*eds.*), *'Constitution' of the Sacred and Holy Canons* (...) [in Greek], vol. 5, Athens, 1852 (reprinted in Athens 1966, 1992 and Thessaloniki 2002), p. 491 – the emperor issued chrysobulls ('aureae bullae') for these changes, but this – though it could be the case – is not mentioned by the source.

78 Reg. 2270 (September 1304-August 1305). The relevant information is again given by the *notitia* 17, though in a note that has obviously been added after the reign of Andronicus II. See J. DARROUZÈS (*ed.*), *Notitiae*, not. 17, p. 399, l. 81. F. DÖLGER is also referring to chrysobulls ('χρυσόβουλλοι λόγοι') here (cf. above, fn. 77), but this is not necessarily the case, because the added note just states: '*this, which was from the beginning a Bishopric of Great Russia, was honored to [be a] Metropolis from the late king Mr Andronicus Palaeologus the Senior, during the patriarchy of the most holy Mr Athanasios* [...]'.

79 Reg. 2361 (before May 1315) and 2411 (ca. February 1319). The imperial *precept* is mentioned in two patriarchal and synodical Acts: one under patriarch John XIII Glykys (see Reg. 2094: November 1318-February 1319): F. MIKLOSICH and J. MÜLLER (*eds.*), *Acta et diplomata graeca medii aevi sacra et profana*, vol. I-II, Vindobonae, 1860 and 1869, vol. I, p. 93-95, here 94-95 (cf. I. ZEPOS and P. ZEPOS (*eds.*), *Jus Graecoromanum*, p. 541-542), and one under patriarch Philotheos Kokkinos (see Reg. 2488: March 1365): F. MIKLOSICH and J. MÜLLER (*eds.*), *Acta et diplomata graeca*, vol. I, 468-472, here 469. I think that F. DÖLGER mentions twice, but without significant reason, this *precept*.

80 See, respectively, Reg. 2503 (December 1323 – cf. Reg. 2120: November 1324, see below, fn. 87) and Reg. 2516 (November 1324). For the texts of the precept and the chrysobull, see I. ZEPOS and P. ZEPOS (*eds.*), *Jus Graecoromanum*, p. 543-544 and 544-545, respectively.

81 Reg. 2232 (before June 1301). This is a *αὐτοκρατορικὸν κέλευσμα* (an imperial order), by which the emperor upheaved the Metropole of Monembasia from the 34th to the 10th ranking position. The relevant information is given by (Ps.)-G. SPHRANTZES (in fact: M. MELISSENOS) in his *Chronicon*. See V. GRECU (*ed.*), *Georgios Sphrantzes*, p. 538, l. 20-22. On the case and its interpretational problems see the remarks of F. DÖLGER (Reg. 2232, with reference to the sources). F. DÖLGER does not mention that this imperial Act was issued along with a (simultaneous) decision of the patriarchal Synod (*ψῆφος συνοδική*).

82 Reg. 2233 (just before June 1301). The confirmation of the status and the administrative provisions of the Metropole of Monembasia is mentioned in a chrysobull of Andronicus II of June 1301 (Reg. 2237) as an Act that had been issued by Andronicus II ('*ἤδη πρότερον προθεσπίσασα* [i.e. ἡ βασιλεία μου]' – 'my reign had already instituted [...]'). See S. BINON, "L'histoire et la légende de deux chrysobulles d'Andronic II en faveur de Monembasie. Macaire ou Phrantzès?", *Échos d'Orient* 37 (1938), p. 274-311 (the text of the chrysobull of 1301 is being edited in p. 306-310), here 308, l. 101-105. According to F. DÖLGER, this confirmation could also be the one mentioned in another chrysobull of the same emperor for the same Metropole, issued in June 1301 (Reg. 2236). See I. ZEPOS and P. ZEPOS (*eds.*), *Jus Graecoromanum*, p. 523-527, here 525, where it is mentioned: '*there are many*

administrative provisions of the metropolis[83] and with the chrysobulls of June 1301 he confirmed many older privileges regarding the honorary title and administrative provinces of the Metropolitan of Monembasia.[84]

Let us not forget that Andronicus III also issued acts that regulated the *taxis* of bishoprics. The most important ones with respect to the subject of this paper are a *prostagma* for the upgrading of the Bishopric of Zichnai to a metropolis[85] and two *prostagmata (precepts)* concerning the administrative provinces of the Metropole of Serrai.[86]

Andronicus II, whose reign lasted longer than that of his grandson Andronicus III, issued many acts ergo exercising greater power and influence over Church matters. In relation to the topic being discussed in this paper, we are particularly interested in the acts that are pertinent to the issue of Amykleion. However, as mentioned above, one should not overlook the fact that most of the aforementioned imperial acts – especially those issued during the reign of Andronicus II – were issued after, or simultaneously with, a relevant patriarchal and synodical act.

Particularly during the patriarchy of Esaias, who appears to be responsible for the subsumption of the Bishopric of Amykleion under the jurisdiction of the See of Palaiai Patrai, the patriarchal synod *recognised* acts of both Andronicus II and Andronicus III that had to do with the administrative rank of bishoprics and especially the promotion of bishoprics to metropoles.[87]

[things] made for the sake of the most holy Metropole of Monembasia in Peloponnese by it [i.e. my reign] (…) from the one hand side, all those [that have to do with the fact that] it bears honor and [is a Bishopric of] a prominent class and a proud capacity and place [i.e. province], more than in the past, (…); and some other θεσπίσματα *[i.e. mandates] that have been made for it'.*

83 Reg. 2235 (just before June 1301). This is thought by F. DÖLGER to be mentioned in the above cited passage (fn. 82) of the chrysobull of June 1301 (Reg. 2237). A part of these administrative changes is also mentioned as a *βασιλικὸν θέσπισμα* ('imperial decree') in a later synodical Act of 1396/1397. See Reg. 3044 (March-April 1397) and for the text F. MIKLOSICH and J. MÜLLER (*eds.*), *Acta et diplomata graeca*, vol. 2, p. 287-292, here 288.

84 Reg. 2237 (June 1301). See the detailed description of its provisions made by F. DÖLGER. For the text of the chrysobull see S. BINON, "L'histoire et la légende de deux chrysobulles d'Andronic II en faveur de Monembasie. Macaire ou Phrantzès?", p. 306-310 (here particularly p. 308, l. 109 and p. 309, l. 154).

85 Reg. 2730 (slightly before January 1329). Cf. Reg. 2147 (see below, fn. 87).

86 Reg. 2740 (February 1329) and Reg. 2742 (April 1329, cf. Reg. 2419: see below, fn. 87). See, respectively, F. MIKLOSICH and J. MÜLLER (*eds.*), *Acta et diplomata graeca*, vol. I, p. 148-149 and I. ZEPOS and P. ZEPOS (*eds.*), *Jus Graecoromanum*, p. 579-580.

87 During the reign of Andronicus II, Esaias – along with the Holy Synod – recognised twice the promotion of Bishoprics to Metropoles that had been made by the emperor. During the reign of Andronicus III, Esaias and the Synod acted similarly in two other cases. See, respectively, Reg. 2120 (November 1324: for the Metropole of Brysis – cf. Reg. 2503), in the reign of Andronicus II, Reg. 2147 (June 1328-January 1329: for the promotion of the Metropole of Zichnai – cf. Reg. 2730) and Reg. 2149 (April 1329: to approve the subsuming of the Diocese of Nikopolis to the Metropole of Serrai), in the reign of Andronicus III. On the subject see M. GEDEON, *Patriarchal Tables*, p. 418.

c. A matter of persons? The possible ephemerality of the regulation.

Up to this point we have seen that both Andronicus II and Andronicus III involved themselves with ecclesiastical issues and that the patriarchs often acted in collaboration with their respective emperor or simply acknowledged the imperial decisions regarding the administrative position of bishoprics.

Nonetheless, it is also true that Andronicus II in particular was not renowned for his strong character. There is a possibility of him being influenced by a person of power within the Church when he involved himself with ecclesiastical – and especially administrative – issues.[88] Therefore, in order to come back to the question of the court's struggle, one should not exclude that the Metropolitan of Palaiai Patrai of that time – perhaps in cooperation with the Ecumenical Patriarch Esaias – could have influenced the emperor in making a decision about the small Bishopric of Amykleion, especially at a time when the Metropolis of Lacedaemon was left vacant.

The aforementioned argument may also work another way: during the reign of Andronicus II, Esaias and the synod could decide differently with respect to a matter of the Church, distancing themselves from former imperial acts of Andronicus II and – thus, inevitably – from older patriarchal and synodical acts.

In other words, the fact that Andronicus II validated a decision of Patriarch Gregory II that confirmed the subordinance of the Bishopric of Amykleion under the See of Lacedaemon, does not mean that Esaias and the synod of his time could not have made a different judgement regarding the status of that Bishopric. Could the emperor, however, have issued an imperial act contradictory to a former act of his own?[89] This is what the Metropolitan of Palaiai Patrai claimed to be the case regarding the Bishopric of Amykleion.

In general, the emperor was certainly free to annul or modify any imperial act (including chrysobulls of course), both his own and that of any of his predecessors.[90] Hence, Andronicus II could have, theoretically, changed his opinion on the matter of the Bishopric of Amykleion – a bishopric of rather minor significance, at a time when the Empire struggled for its own existence. However, for the same reason it may also be the case that the synod under Esaias acted *without* a written

---

[88] The example of the relationship between Andronicus II and the Patriarch Athanasius is quite illustrative. See roughly J.-L. BOOJAMRA, *Church reform in the late Byzantine empire – a study for the patriarchate of Athanasius of Constantinople,* Thessaloniki, 1982, passim, particularly p. 15, 20 and 68. Let us not forget that it was during the reign of Andronicus II that (as it is being strongly – but not undoubtedly – argued) the emperor validated the so-called 'Novel of the Patriarch Athanasius' (Reg. 2295). See on that Novel: S. TROIANOS, *Quellen*, par. 6.2.1., p. 310, fn. 15-16 with references.

[89] And in this case, contradicting to both a *prostagma* and a *chrysobull* he had issued. See above, 4a.

[90] See V.-A. KOLLIAS, *Chrysobulls and their normative content*, par. 21 and 22-23, p. 363 *et seqq.*, with references.

imperial approval on the matter of the Bishopric of Amykleion. After all, Esaias did end up being dethroned and imprisoned by Andronicus II.[91]

On a further note, it is of great interest that by means of an Act of 1327 AD (that is in the second to final year of the reign of Andronicus II, when the civil war was at its peak, resulting in the crowning of Andronicus III) the synod under the presidency of Esaias put five bishoprics (four metropoles and one archdiocese) in Asia Minor into the *temporary supervision* of the Metropolitan of Caesarea, because they had been left vacant for a long time and, due to the harshness of the times, it was impossible for the synod to elect and send new bishops.[92] After all, as already noted, granting episcopal Sees 'by means of service' ('κατ' ἐπίδοσιν') to other bishops was something that was quite common in Byzantium.[93]

In my opinion, by having the aforementioned case as a recent precedent, and whilst bearing in mind the existence of the synodical letter of August 1317/1318 that temporarily gave Amykleion 'by means of service' to the Metropolitan of Pontoherakleia,[94] it may also be the case that the Patriarchal Synod under Esaias did not really subsume the Bishopric of Amykleion under the permanent jurisdiction of the Metropolis of Palaiai Patrai. On the contrary, it could be that a relevant synodical act would have regulated the matter merely *provisionally*.

d. The invoked acts in a possible order

In summary, I think that the order of the imperial and synodical acts as per the subject of this paper and as invoked by the litigants, can be set as follows: The jurisdiction of the Metropolitan of Lacedaemon upon the Bishopric of Amykleion had been recognised by: a) a royal and synodical endosis (*βασιλικὴ καὶ συνοδικὴ ἔνδοσις*) of an unknown emperor – possibly Alexios I – and the patriarchal synod of his time; b) chrysobulls of one or more emperors, whose names are also not known; c) a synodical decision (*συνοδικὴ ἔγγραφος διάγνωσις καὶ ἀπόφασις*) during the patriarchy of Gregory II Kyprios and d) a chrysobull of Andronicus II that confirmed the synodical decision. However, due to a judgement made 'out of *oikonomia*' ('οἰκονομίας λόγῳ') when Esaias was the Ecumenical Patriarch and Andronicus II the emperor, the Bishopric of Amykleion was given to the Metropolis of Palaiai Patrai with the following acts: a) a synodical act; b) a *prostagma* that – according to the allegations of the Metropolitan of Palaiai Patrai – validated the aforementioned Act; and c) a chrysobull that – again, according to the allegations of the Metropolitan of Palaiai Patrai – confirmed and validated both.[95]

---

91 Esaias involved himself in political affairs which is why he was prisoned for a short period at the end of the reign of Andronicus II, but restored by his successor in the throne Andronicus III. See references above, in fn. 13.

92 See Reg. 2133 and M. GEDEON, *Patriarchal Tables*, p. 419.

93 Cf. above, 4a.

94 On that synodical letter see above, 4a.

95 Upon all that, cf. the interpretation of J. DARROUZÈS (*Reg.*, 2138, *Critique*).

6. The judgement of the synod under John XIV Kalekas

Finally, the synod decided in favour of the Metropolitan of Lacedaemon. The ruling was based on the seventeenth canon of the Ecumenical Synod of Chalcedon and the eighth canon of the Ecumenical Synod of Ephesus, as they were applied by the Synod.[96] The Act also annulled the aforementioned patriarchal and Synodical Act of Patriarch Esaias.[97]

Of particular interest is the fact that the synod took highly into consideration the claim of the Metropolitan of Palaiai Patrai, according to which a chrysobull had regulated the matter. This could possibly mean that if that chrysobull had actually existed, thus recognising the alleged rights of the See of Palaiai Patrai, it could have been taken seriously into account. Nevertheless, as the Synodical Act of November 1340 states, when the chrysobull was read, it failed to mention anything about the litigious controversy! On the contrary, it referred to a case of the monastery of St. Nikon and a matter regarding water.[98]

> 'So, the venerable chrysobull was asked and [therefore] brought in front of us [i.e. the members of the Holy Synod], by which all that [i.e. all the documents that acknowledged the jurisdiction of the Metropolis of Lacedaemon upon the Bishopric of Amykleion] were being annulled and it was read in the ears of everyone, but did not at all mention anything about that case, regarding the aforementioned Bishopric [i.e. of Amykleion], whereas it [was] about a case of the monastery of St. Nikon and [a matter] regarding water. Thus, because of the fact that it was obviously and undoubtedly proved, in the way it was just mentioned above, that, from the beginning, the Metropolis of Lacedaemon was entitled to [having as a diocese belonging to its jurisdiction] the Bishopric of Amykleion and that it [i.e. the See of Amykleion] belonged to it as a 'parishal right' of it ('*ἐνοριακὸν δίκαιον*')[99] and that it was elevated to a diocese under the Metropolis of Lacedaemon and [therefore] was under it [i.e. its jurisdiction], things that, nevertheless, correctly and according to the Canons were acknowledged by the Synodical Act of Mr Gregorios [II Kyprios]; being [the Bishopric of Amykleion] under the Metropolis of Lacedaemon, as if it [i.e. the latter] were its genuine mother (...); our Mediocrity, after having conferred,

---

96 See *PRK*, II, doc. 134, p. 270, l. 110-132. Cf. D.T. Vachaviolos, *The history of the Metropolis*, p. 343-345. On Canon 17 of the Fourth Ecumenical Council and its interpretation (mostly on behalf of the Canonists of the twelfth century), see H. Saradi, "Imperial jurisdiction over Ecclesiastical Provinces", passim, particularly p. 153-155.

97 See *PRK*, II, doc. 134, p. 272, l. 138-139.

98 See Reg. 2499 (between November 1323 and 1328). Cf. D.T. Vachaviolos, *The history of the Metropolis*, p. 350, fn. 1441 with references (but without mentioning the number of the Reg.). As seen above, this chrysobull (probably) confirmed a former *prostagma* that had been issued for regulating the same things; Reg. 2498.

99 That means here: as a province of its administrative jurisdiction (local competence).

about that, with the most holy High Priests that surround it, (…) it judged that all those 'rights' [i.e. documents that prove the rights] of the, many times aforementioned, most Holy Metropolis of Lacedaemon should be valid and secure and [both up to now and] from now on, and according to those it [i.e. our Mediocrity] judged and decided fairly that the mentioned Bishopric, that is that of Amykleion, must revert and return to the aforementioned, most Holy Metropolis of Lacedaemon and stay under it [i.e. its jurisdiction] without being taken away and without being removed [from it], forever and continuously ever, according to the provisions of the documents that it [i.e. the Metropolis of Lacedaemon] possesses, from which it is more than obviously proved that it is its Bishopric'.[100]

In the absence of any contradictory imperial act and rendering judgement according to the Holy Canons, the synod ruled in favour of the Metropolitan of Lacedaemon. A noteworthy point is that the decision of 1340 also reveals that the Holy Canons forbid one 'to override its own terms and limits' ('*τοὺς οἰκείους ὑπερβαίνειν ὅρους*'), which means that a bishop is not allowed to violate the limits of his jurisdiction – in other words, as meant in the case at hand, his local competence – as this entails a matter of ecclesiastical order (*taxis*, '*τάξεως*') that must not be disrupted.[101] Finally, it is clear that the patriarchal synod was competent to solve disputes that arose amongst bishops and regarded the promotion of bishoprics to metropolitan Sees and the jurisdiction of metropoles upon their bishoprics. At the same time, however, one can observe that for the case discussed in this paper, it was a petition originally made to the emperor, and not the synod, on behalf of a metropolitan that was eventually – after an imperial order – judged by the patriarchal synod.

7. Conclusions: the importance of imperial rule in the promotion of bishoprics

In conclusion, the subject of the promotion of dioceses and archdioceses and especially that of the subordination of a bishopric under the jurisdiction of a metropolis and the changes made to that was, of course, within the power of the emperor, but the emperors – at least during the reigns of Andronicus II and Andronicus III – seemed to respect the opinion of the patriarchal synod, at least as far as it concerned the thorough examination of disputes and their settlement according to the Holy Canons of the Church. This, however, did not restrict emperors from issuing, usually after the synod had expressed its opinion or even simultaneously, imperial acts and especially chrysobulls, in order to regulate the matter. The Patriarchal and Synodical Act of 1340 AD, being the main topic of discussion in this research

---

100 *PRK*, II, doc. 134, p. 134, p. 268, l. 88 and p. 270, l. 108.

101 See *PRK*, II, doc. 134, p. 262, l. 1 and p. 264, l. 24.

paper, was a judicial sentence that put an end to a controversial dispute between the Metropolitan of Lacedaemon and the Metropolitan of Palaiai Patrai concerning the jurisdiction over the Bishopric of Amykleion. That synodical act refers to both imperial as well as synodical acts. The succession of the throne between Andronicus II and Andronicus III was the occasion upon which the Metropolitan of Lacedaemon acted. He turned to the new emperor, claiming that he had been unfairly treated by the synod under the Patriarchy of Esaias during the reign of Andronicus II. Andronicus III brought the case before the patriarchal synod. In front of the Synodical Court, successive *chrysobulls*, *prostagmata* (precepts) and *synodical decisions* were invoked, a chain of facts revealing how complicated such an issue could prove to be. In the end, the synod acknowledged and confirmed the rights of the Metropolitan of Lacedaemon.

PART 2:

INFLUENCES OF BYZANTINE LAW OUTSIDE OF THE EMPIRE

THE RELATIONSHIP OF *ECLOGA* AND *ZAKON SUDNYJ LJUDEM* REVISITED: ON POSSIBILITIES OF RECONSTRUCTION OF ARCHAIC LAW IN GREAT MORAVIA

Tomáš GÁBRIŠ

1. Introduction – various strands of research into 'Great Moravian Law'

When using the term 'Great Moravian law', one should proceed with caution, as this denotation might be considered ambiguous – it can namely refer either to the archaic customary Slavic law used in the territory of the Princedom of Great Moravia in 833-906/7 AD (geographically situated at the intersection of today's Czech Republic, Austria, Slovakia and Hungary), or to the legal texts leaning on Byzantine models and authored by the missionaries present in Great Moravia since 863 AD – particularly two brothers known as Saint Cyril (originally Constantine) and Saint Methodius. They introduced to Great Moravia a number of legal texts, written in a language similar to the language of the local Slavic population, but heavily inspired by foreign, mostly Byzantine, law – thus actually forming a part of the *ius graeco-romanum* in the broader meaning.

It is these extant sources from Great Moravia that form a traditional object of research for Eastern European legal historians, instead of archaic Slavic customary law. This is mainly due to the fact that unlike Germanic law codes, there are virtually no preserved extant sources that would capture the archaic legal system of Slavs from the period prior to 1000 AD.[1] It is not even known whether any such sources ever existed at all. Scholars are not even sure as to the form archaic Slavic law took – that is, whether contemporary Slavic communities distinguished between 'laws' and 'customs' at all. Although Slavic emissaries to a Frankish assembly were knowledgeable of Slavic 'laws and customs' (*leges et consuetudines*),[2] according to Fulda annals dating to 849 AD, it is claimed this could have been only a simple

[1] From a later period, after 1000 AD, the Russian *Pravda* is a good example of a Slavic law-code. See e.g. S. KUTCHEROV, "Indigenous and Foreign Influences on the Early Russian Legal Heritage", *Slavic Review* 31 (1972), p. 257-282. On the oldest Polish law-book (from the thirteenth or fourteenth century) see J. MATUSZEWSKI, *Najstarszy zwód prawa polskiego*, Warszawa, 1959.

[2] Cf. further details in: P. RATKOŠ, *Pramene k dejinám Veľkej Moravy*, Bratislava, 1964, p. 94. Quoting from Annales Fuldenses ad a. 849, in *Monumenta Germaniae Historica*, SS I.

insertion by the contemporary Frankish scribe, not reflecting the actual situation in Slavic communities.[3] Therefore, most authors suggest that, in practice, archaic Slavic law only took the form of customs, a form of an archaic customary normative system that did not even discern between legal and extra-legal rules.

It was this customary normative system that the Church and local Christianised rulers of the ninth century attempted to amend or outright disrupt by introducing the new 'law of God' (Christian religion), also reflected in a new secular law – including the normative texts authored by the Byzantine missionaries Constantine (Cyril) and Methodius. The extant Great Moravian legal texts forming a part of *ius graeco-romanum* are thus to be considered precisely such Christianising 'experiments', amending and replacing the Slavic customary normative system previously applied in Great Moravia, even if their actual use in practice remains doubtful – there is no evidence of any actual practical application of these texts.

However, even if it were to be that the Byzantine-inspired texts were never applied in practice, knowing that the original Byzantine models were accommodated to the needs of the local Slavic community opens up a vast field of research for legal historians – especially through the 'deconstruction' of the extant texts to identify what exactly was changed or omitted in comparison with the original Byzantine models. That is exactly what we shall do here when looking for differences between the most famous extant text *Zakon sudnyj ljudem* and its Byzantine model – *Ecloga*. We believe that upon identification of differences and omissions in the *Zakon* as compared to the *Ecloga*, we may be able to not only deepen our knowledge of the *ius graeco-romanum* to be applied amongst Slavs, but also uncover and reconstruct bits and pieces of the normative system originally applied in the archaic Slavic community of Great Moravia, to be amended by the new Christian law – *Zakon*. Some comparisons in this vein have been attempted recently by, for example, Marek Meško,[4] Zofia Brzozowska,[5] or Adam Mesiarkin,[6] however, we believe that these authors have insufficiently examined the differences in cyrilo-methodian texts compared to the models used, and the reasons for these differences.

Finally, it is important to note that there is also another option when it comes to using the extant Byzantine-inspired legal texts authored by Cyril and Methodius to uncover the archaic Slavic law of Great Moravia – and that is performing a linguistic analysis rather than content analysis. Namely, it is highly probable that the missionaries translating the Byzantine texts into the Slavic language did replace the

---

[3] The Latin notion of *lex* did not mean an Act of a Parliament, however, but rather 'law' in general. See M. Lupoi, *The Origins of the European Legal Order*, Cambridge, 2007, p. 416.

[4] M. Meško, "Právny systém v Byzantskej ríši v 8. a v 9. Storočí", in: J. Michalov, P. Ivanič, M. Hetényi and Z. Taneski (*eds.*), *Duchovné, intelektuálne a politické pozadie cyrilometodskej misie pred jej príchodom na Veľkú Moravu*, Nitra, 2007, p. 223-231.

[5] Z. Brzozowska, "Recepcia byzantského práva na území Slavia Orthodoxa v 10. až 13. Storočí", *Štúdie o dejinách. Historia nova* 6 (2013), p. 137-143.

[6] A. Mesiarkin, "Prvky byzantského práva v právnych pamiatkach Veľkej Moravy", *Štúdie o minulosti. Historia nova* 7 (2014), p. 59-66.

original archaic Slavic legal terminology with new legal notions completely; most probably, they used legal terminology close to the local terminology in order to make the texts intelligible to their addressees.[7] Drawing on the lexical aspect of the extant sources, historical linguistics could thus be a promising way to at least partially reconstruct the archaic Slavic legal terminology of Great Moravia from before the arrival of Saint Cyril (Constantine) and Saint Methodius.

A similar examination of historical legal language and phrases[8] with the aim of identifying relics of historical customs and legal institutions was especially popular in Germany throughout the whole of the twentieth century – linguistic analysis of historical monuments of ancient Germanic law was undertaken for example by K. von See,[9] H.-D. Kahl,[10] G. Köbler,[11] R. Schmidt-Wiegand,[12] or G. von Olberg.[13] This approach to historical law is alive even today, in the twenty-first century[14] – take for example the analysis of Danish legislation and its terminology in the works of historians A. Tamm and H. Vogt.[15]

A similar approach to Great Moravian texts has only recently been applied by the author of this text for the first time in a complex manner,[16] although already in the first half of the twentieth century German authors had pointed to the possibility of linguistic analysis of Slavic legal terminology in the translations of Byzantine texts,[17] where allegedly a large number of local Slavic legal terms had been preserved.[18] Similarly, the importance of Slavic legal terminology in the translations from Byzantine texts was emphasised as early as in 1885 by F. Zigel[19] – he even noticed a link between the cyrilo-methodian terminology and later legal texts from East-Central and Eastern Europe.[20]

---

7 Cf. J. L. AUSTIN, *How to do Things with Words*, Oxford, 1975.

8 R. SCHMIDT-WIEGAND, and U. SCHOWE, *Deutsche Rechtsregeln und Rechtssprichwörter*, München, 1996, p. 15.

9 K. VON SEE, *Altnördische Rechtswörter*, Tübingen, 1964.

10 H.-D. KAHL, "Europäische Wortschatzbewegungen im Bereich der Verfassungsgeschichte", *Zeitschrift der Savigny-Stiftung für Rechtsgeschichte* 77 (1960), p. 154 *et seqq.*

11 G. KÖBLER, "Richten – Richter – Gericht", *Zeitschrift der Savigny-Stiftung für Rechtsgeschichte* 87 (1970), p. 57-113; G. KÖBLER, "Klage, klagen, Kläger", *Zeitschrift der Savigny-Stiftung für Rechtsgeschichte* 92 (1975), p. 1-20.

12 D. HÜPPER and C. SCHOTT (*eds.*), *Stammesrecht und Volkssprache. Ausgewählte Aufsätze zu den Leges barbarorum. Festschrift für Ruth Schmidt-Wiegand zum 1. 1.1991*, Weinheim, 1991.

13 G. VON OLBERG, *Die Bezeichnungen für soziale Stände, Schichten und Gruppen in den leges Barbarorum*, Berlin, 1991.

14 See D. FRUSCIONE, "Zur Frage eines germanischen Rechtswortschatzes", *Zeitschrift der Savigny-Stiftung für Rechtsgeschichte* 122 (2005), p. 1-41.

15 D. TAMM and H. VOGT, "Creating a Danish Legal Language: Legal Terminology in the Medieval Law of Scania", *Historical Research* 86/233 (2013), p. 394-407.

16 T. GÁBRIŠ and R. JÁGER, *Najstaršie právo na Slovensku?*, Bratislava, 2016.

17 *Magnae Moraviae Fontes Historici I. – V. Prameny k dějinám Velké Moravy*, Praha, 1966-1971 (hereinafter referred to as MMFH).

18 H. F. SCHMID, *Die Nomokanon. Übersetzung des Methodius*, Leipzig, 1922, p. 120.

19 MMFH IV, cit., p. 227.

20 *Ibidem*, 153.

The pioneers of the use of historical linguistics methodology in relation to Slavic legal texts were R. Nahtigal[21] and R. Katičić,[22] although they mainly analysed texts connected to modern-day Slovenia and Croatia rather than Great Moravian texts. Similarly, attempts at linguistic analysis of ancient Slavic legal terminology by I. Wiehl[23] and the Slovenian author K. Škrubej[24] also omitted the Great Moravian texts.

The use of historical linguistics thus presents another highly topical and promising strand of research on Great Moravian legal texts authored by St. Cyril and Methodius. In the following pages, we shall attempt to provide examples from both the deconstructive and linguistic approach to the extant cyrilo-methodian legal texts, indicating new ways of analysing the largely neglected texts of *ius graeco-romanum*.

2. The deconstructive approach: *Ecloga* versus *Zakon sudnyj ljudem*

The extant Great Moravian sources of legal nature and content are the following three normative texts: the secular *Zakon sudnyj ljudem* (*Court Law for the People*),[25] the *Nomokanon*, a large source of ecclesiastical as well as secular law, and finally the *Provisions of Holy Fathers*, a text of ecclesiastical law.[26] Due to the limitations of this contribution, we shall only concentrate on the *Court Law for the People*, i.e. the code of secular law, which closely follows the model of the Byzantine *Ecloga*.

The *Court Law for the People* (*Zakon sudnyj ljudem*, hereinafter referred to also as the *Court Law*)[27] is traditionally considered the most important cyrilo-methodian legal text. Its earliest extant transcriptions date back to the end of the thirteenth century (four hundred years after its origin) and were found in the territory of Russia, in somewhat corrupted language versions.[28] Great Moravian origins

---

21 R. NAHTIGAL, *Uvod v slovansko filologijo*, Ljubljana, 1949.

22 R. KATIČIĆ, "Die Verfassungsterminologie der frühmittelalterlichen Slawenherrschaften", *Slavica Slovaca* 31/1 (1996), p. 3-26; R. KATIČIĆ, "Praslavenski pravni termini i formule u Vinodolskom zakonu", *Slovo* 39-40 (1989-1990), p. 73-85.

23 I. WIEHL, *Untersuchungen zum Wortschatz Freisinger Denkmäler: Christliche Terminologie*, München, 1974; I. WIEHL, "Die Rechtswörter in den Freisinger Denkmälern", in: V. LEHMANN (*ed.*), *Theoretische und praktische Linguistik des Russischen: Beiträge zum VIII. Internationalen Slawistenkongreß in Zagreb 1978* [Studia Slavica. Marburger Abhandlungen zur Geschichte und Kultur Osteuropas, 21/2], Gießen, 1981, p. 59-80.

24 K. ŠKRUBEJ, "The old vernacular legal lexis and institutions of the Early Middle Age Alpine Slavs (The reconstruction model)", in: A. BAUER and K.H.L. WELKER (*eds.*), *Europa und seine Regionen*, Wien, 2007, p. 81-105.

25 H. W. DEWEY, and A. M. KLEIMOLA, *Zakon sudnyj ljudem (Court Law for the People)* [Michigan Slavic Materials, 14] Ann Arbor, 1977.

26 All published in MMFH IV.

27 *Court Law for the People* is published also in: MMFH IV, p. 147 *et seqq.*

28 Cf. J. VAŠICA, *Literární památky epochy velkomoravské*. Praha, 1966, p. 74 *et seqq.*

of the *Court Law* were advocated shortly after its discovery by one of the first Slavic linguists, Šafárik (1795-1861), pointing to the Western Slavic language elements found in the texts,[29] but soon several other hypotheses were presented on the origin of this textual source – starting from Macedonian, going through Serbian, Bulgarian and Pannonian, up to a Russian theory. Three of these hypotheses were considered as most probable – Bulgarian, Macedonian and Great Moravian: the Bulgarian theory argued that *Court Law* was a text associated with the Bulgarian Prince Boris, who accepted Christianity approximately at the same time that Cyril and Methodius' mission took place in Great Moravia. The Macedonian theory, in turn, claimed that the *Court Law* was authored by Methodius in his capacity as an administrator of a Slavic principality in Macedonia in the years 830-840 AD (prior to his mission to Great Moravia), and that it was to be designated primarily for regulating the behaviour of Macedonian soldiers – in this way explaining its peculiar contents, which disregard numerous important aspects of a civilian life. Finally, however, based on the linguistic analysis of the terms used in the *Court Law*, containing mostly elements of the Western Slavic language, a Czech scholar, Vašica, convincingly argued for the Great Moravian origin of this legal monument, which most authors agree with nowadays.[30]

From the point of view of its contents, the *Court Law* is admittedly neither a completely original work, nor a work capturing the pre-cyrilo-methodian customary law valid in Great Moravia. The content basis, model and starting point of this text is clearly the Byzantine *Ecloga* (dating to 726 or 740/741)[31], especially its Title 17. Only a few articles of the *Court Law* are based on other titles of the *Ecloga*.[32]

The greatest attention has been paid to this text primarily because some authors[33] have claimed that it is the legal collection requested by the Great Moravian Prince Rastislav, when he had sent for 'teachers' from Byzantium – it was namely claimed that Rastislav asked from the Byzantine Emperor a law-code, the *Ecloga*: '*...posъli takъ*

---

29 Šafárik pointed out that the earliest glagolitic texts contain 'Slovak' elements, e.g. in using the word 'hej' as meaning 'yes', being a specific Slovak feature. Similarly, later Croatian texts are said to contain Slovak elements, e.g. in using the word 'godina' to mean 'hour' instead of 'year' as all the southern Slavic languages do. Cf. M. SLANINKA, *Assemanov evanjeliár a kalendár. Kódex 3. Vatikánsky slovanský*, Martin, 2013, p. 14-16.

30 Cf. H.W. DEWEY and A.M. KLEIMOLA, *Zakon sudnyj ljudem*, p. x-xii. This theory is accepted by some Russian scholars. Cf. A. MESIARKIN, *Prvky byzantského práva*, p. 59-66. In spite of that, there is still a theory claiming that the text was prepared for the need of Prince Kocelj of Pannonia. The theory is proposed and defended by Slovenian historians: P. ŠTIH, V. SIMONITI and P. VODOPIVEC, *A Slovene history: society – politics – cultures*, Ljubljana, 2008, p. 51.

31 MMFH IV, p. 174. Cf. M. MEŠKO, "Právny systém v Byzantskej ríši v 8. a v 9. storočí", p. 223; A. MESIARKIN, "Prvky byzantského práva", p. 60.

32 The *Ecloga* was supposed to contain some Slavic elements; the same was claimed about the *Nomos Georgikos*. However, no proof of this was ever offered. Cf. L. WALDMÜLLER: *Die ersten Begegnungen der Slawen mit dem Christentum und den christlichen Völkern vom VI. bis VIII. Jahrhundert*. Amsterdam, 1976, p. 422.

33 M. MEŠKO, "Právny systém v Byzantskej ríši v 8. a v 9. storočí", p. 223 *et seqq.*

možь, iže ny ispravitъ vьsjako pravьdo'[34] (*'send us such men who will equip us with manifold law'*); where the term '*pravьdo*' was interpreted by the authors as meaning 'the law' – *Ecloga*, or the *Court Law*, respectively. However, Dagmar Marečková[35] convincingly demonstrated that this was only a rhetorical figure commonly found in Byzantine letters and documents, and that the Byzantines themselves claimed that 'the good law for the whole worlds originates in them'. Rastislav's message, therefore, did not necessarily mean words of Rastislav's admiration for any particular collection of law that he would have asked for from the Byzantine Emperor;[36] his messengers (or those who wrote the story down later on) rather only used the rhetorical *topoi* known in the Byzantium of the period.

The independence of the *Court Law* from Rastislav's request could be confirmed also by a later source (probably from the eleventh or mid-twelfth century[37]), the chronicle of Dukljanin, who states that the Ruler Svätopluk (successor to Rastislav) issued several laws and introduced good customs, which can be read in the book called *Method*.[38] These new laws and customs issued by Svätopluk, respectively the very book *Method*, might possibly be identified with the *Court Law*, but this is only a hypothesis.

The *Court Law* itself consists of thirty-three articles, counting in absolute numbers (various shorter versions are numbered differently – they count from thirty to forty-one articles) and regulates in particular criminal law issues (offences against faith, morals, property offences, asylum, witnesses) and private law (damages, monogamy, marriage impediments, separation of spouses).

It is thereby a well-known fact that in archaic societies, in general, regulation of criminal law matters prevailed, which may have been the reason why the *Court Law* is based specifically on the seventeenth title of *Ecloga*, which deals with criminal law (and mostly sexual offences). Private law, especially contract law, is on the contrary much more limited in scope and regulation in archaic societies, allegedly due to the absence of corresponding social and economic relations.[39] This may also be evidenced by the content of the *Court Law*, which seems to have faithfully taken into account the actual needs of the local society at its lower stage of development. All this shows that *Ecloga* was indeed a good choice as a model for the *Court Law* – moreover, according to a Czech legal scholar, Kizlink, *Ecloga* was deliberately chosen instead of Justinian's codification also because unlike the 'sec-

---

34 Cf. E. PAULINY, P. ŽIGO, L. FELDEK, and M. KUČERA, *Na písme zostalo: Dokumenty Veľkej Moravy*, Bratislava, 2012, p. 104.

35 D. MAREČKOVÁ, "Rostislavovo poselství v Životech Konstantinově a Metodějově ve světle středověkých řeckých listů a listin", *Listy filologické* 91/4 (1968), p. 401-414. For more details: D. MAREČKOVÁ, "Moravské poselství do Cařihradu jako řecký document", *Slovo* 18-19 (1969), p. 109-140; D. MAREČKOVÁ, "Rastislavovo posolstvo po grécky?", *Matičné čítanie* 3 (1970), p. 1.

36 J. STANISLAV, *Starosloviensky jazyk*, vol. 1, Bratislava, 1978, p. 159.

37 M. HOMZA, *Svätopluk v európskom písomníctve*, Bratislava, 2013, p. 126-136.

38 P. RATKOŠ, *Pramene k dejinám Veľkej Moravy*, p. 360.

39 W. SEAGLE, *The History of Law*, New York, 1946, p. 57.

ular' Justinian law, *Ecloga* placed a relatively strong emphasis on God's action and on the Christian religion.[40] This could have indeed better reflected the values of the two missionaries, Constantine (Cyril) and Methodius – namely, their normative work was most certainly to play a role as a Christianisation tool as well.

Although it is generally assumed that it was Methodius who authored the *Court Law*, there were several doubts voiced in this regard. In the 1960s, for example, Kizlink pointed out that the author had to be less educated than Methodius, because he allegedly did not understand some of the Roman law institutes and incorrectly translated some *Ecloga* articles. For example, the punishment for self-help and its classification as a crime was interpreted by Kizlink as a misunderstanding of the Roman legal institute of self-help.[41] He insisted that the respective rule in the *Court Law* was not an attempt to ban self-help (by considering it to be an act of unlawful conduct, specifically the crime of theft) and an attempt to take over the dispute resolution into the state's hands, but rather claimed that it was a misunderstanding of the original Byzantine text. On the contrary, he claimed that other articles were translated in an elegant way; thus probably really coming from Methodius.[42] Hence, Kizlink suggested that the work had at least two layers from two different authors.

Whilst we do not agree with Kizlink on the above issue of authorship, one may accept his other suggestion: Kizlink, and some other authors as well, have sketched a skeptical idea that this 'Law', if at all officially promulgated,[43] was probably never used in practice, and in fact, it was never a legally binding normative text. This conclusion was drawn by Kizlink from the fact that the content of the *Court Law* did not show any significant impact on later legal developments,[44] but also from the fact that Methodius himself (in the so-called *Anonymous homily*) had to appeal to Great Moravian leaders to obey the *Court Law*.[45] However, on the contrary, some other authors drew a completely opposite conclusion from the very appeal by Methodius to obey the *Court Law* – it can namely be seen as proof that the *Court Law* was in fact to be used in practice and that it was supposed to be binding.[46] Skeptical authors, however, additionally point out that the text lacks provisions on such important criminal offences as murder, bodily harm, etc., which must not be omitted in any actual law code.[47] Still, there is a counter-argument to this at hand again – namely that those

---

40 K. KIZLINK, "Právo Veľkej Moravy", *Právnické štúdie* 17/3 (1969), p. 476.

41 *Ibidem*, p. 471.

42 *Ibidem*, p. 471-473.

43 Doubts as to its official character are due to the fact that the introductory formula does not ascribe the text to any ruler, but rather to a Constantine, considered by some authors (Vašica, Ratkoš) to be the Emperor Constantine the Great (cf. P. RATKOŠ, *Pramene k dejinám Veľkej Moravy*, p. 267), while others believe that Saint Constantine (Cyril) is meant instead – cf. H.W. DEWEY and A.M. KLEIMOLA, *Zakon sudnyj ljudem*, p. xiv.

44 Cf. K. KIZLINK, "Právo Veľkej Moravy", p. 432-486.

45 Cf. M. KUČERA, *Kráľ Svätopluk*, Martin, 2010, p. 102.

46 MMFH IV, p. 204.

47 K. KIZLINK, "Právo Veľkej Moravy", p. 443. The structure of the work is considered to be influenced by the Mosaic decalogue. Cf. MMFH IV, p. 154.

crimes were sufficiently regulated by the customary law, such that the authors of the *Court Law* did not wish to make any changes.

In any case, in view of the primary objective of this paper, we shall not look into the question of the actual use of the *Court Law* in practice; rather, we shall concentrate on the relationship between the *Court Law* and *Ecloga*,[48] to try to uncover their differences and to identify potential aims the author pursued in relation to the customary Slavic law.

A detailed analysis and comparison of the differences between *Ecloga* and the *Court Law* was partially offered already in 1922 by a Czech legal historian, Theodor Saturník. He was the one to note that *Ecloga* deals in particular with criminal law and shows a considerable simplification of private law as compared to Justinian's codification; there is even no mention of property rights (ownership) in the *Ecloga* at all. This only proves that *Ecloga* could really have better matched the developmental stage of the Great Moravian society (where private ownership of land is being questioned[49]).

Within the framework of criminal law, it was additionally often emphasised that while the mutilation provisions of the *Ecloga* are in fact a lighter version of the death sentences originally contained in the Byzantine (Roman) legislation, the translators of the *Court Law* have gone even further – in the *Court Law*, capital punishments and mutilations are replaced by penance (fasting), according to Western European models, distinguishing between different degrees of penance. In addition, interestingly, unlike in *Ecloga*, the punishments in the *Court Law* do not make any mention of the social status of perpetrators and their victims (their belonging to different social classes), which could also better fit the social reality of Great Moravia in contrast to a more stratified society in Byzantium.[50]

All these specificities of the *Court Law* – the lack of regulation of ownership of land, the absence of mutilating punishments, and the non-differentiation between social classes – could alone provide some insights into the pre-cyrilo-methodian law in Great Moravia. The deconstructive approach – identifying the *lacunae* in the *Court Law* – thus might look like a promising enterprise.

With this in mind, moving from the general comparisons to a more detailed textual analysis and comparison of the *Court Law* with the *Ecloga*, we can again start with an older analysis by Pavlov,[51] who proved earlier that out of the thirty-two articles of the *Court Law* (he used a version divided into thirty-two articles only), thirty were based on the *Ecloga*. Out of these, ten articles (in the version used by Pavlov these were Articles 12, 15, 18, 21, 24-26, 31 and 32) represented a literal translation of the *Ecloga* (Titles 17.32, 17.40, 17.5, 14.9, 17.6, 17.7, 17.8, 17.12,

48 For a comparison of the texts see: J. Vašica, *Literární památky*, p. 149 *et seqq.*

49 J. Macháček, "Disputes over Great Moravia: chiefdom or state? The Morava or the Tisza River?", *Early Medieval Europe* 17/3 (2009), p. 267.

50 T. Saturník, *Příspěvky k šíření byzantského práva u Slovanů*, Praha, 1922, p. 11.

51 A. S. Pavlov, *Pervonačal'nyj slavjano-russkij nomokanon*, Kazan, 1869.

17.17 and 2.12). The remaining twenty articles contained an adapted text of the *Ecloga* – amended mostly by adding ecclesiastical punishments (Articles 4-9, 11, 14 and 16 in Pavlov's version) or by replacing severe penalties by fine and fasting (Article 25, 27-29 in Pavlov's version). Only seven of the articles based on the *Ecloga* were, according to Pavlov, modified to a greater extent – Art. 3 on witnesses (today mostly numbered as Article 7a) admits testimony of a freedman against his former lord, which the *Ecloga* did not allow for.[52] Finally, according to Pavlov (and also according to Saturník), the two articles of the *Court Law* that do not originate in the *Ecloga*, have their source in the laws of Justinian, in the canons of Basil the Great, and in the Apostolic constitutions.[53]

Similarly, according to a later analysis by Vašica, most of the articles of the *Court Law* were actually taken from the seventeenth title of the *Ecloga*,[54] with only five of them originating in other titles – namely, an article on the war booty was taken from title 18, the article on the testimony of parents and children from title 14.2-3, the article on redeeming a war prisoner from title 8.6, the article on a special type of witnesses from title 14.9, and the article on disputes between spouses from title 2.12-13.[55] Furthermore, Vašica identified which changes introduced in the articles taken from the *Ecloga* were of Western origin – these were especially the gradual penance, the formulation of 'bread and water', the spiritual relationship as an impediment to marriage, and the modification of the article on witnesses and evidence.[56] Even the Slavic denotation of coinage – by the word *stljaz* – was derived from the Western 'skilling', Vašica claimed.[57] Finally, Vašica agreed with Saturník that Article 1 on the punishment of paganism, which did not have its model in the *Ecloga*, was a modification of Justinian's Codex 1, I, tit. XI, 7-8, and in addition he claimed that Article 2 on witnesses was inspired by the Mosaic law on witnesses from the Old Testament (Dt 19.15, 18, 19).

To add something new to the above comparisons, and in order to really use a deconstructive approach, let us now – instead of reassessing the outcomes reached by Pavlov, Saturník, and Vašica – rather compare the two sources in a different way – concentrating on differences rather than similarities, in order to identify those elements of the Byzantine model that the author decided to omit. For this purpose, we shall first provide a brief overview of the contents of the *Court Law* and, subsequently, the contents of the *Ecloga*.

52 For a detailed comparison, cf. H. OROSCHAKOFF, "Ein Denkmal des bulgarischen Rechtes (Zakon Sudni Ljudem)", *Zeitschrift für vergleichende Rechtswissenschaft* 33 (1916), p. 141-282.

53 T. SATURNÍK, *Příspěvky k šíření byzantského práva*, p. 35.

54 Title 17 of the *Ecloga* represents one fifth of the *Ecloga*, and if counting the number of articles, it amounts to one third of the *Ecloga*. Cf. S. TROIANOS: "Bemerkungen zum Strafrecht der Ecloga", in: V. KREMMUDAS, C.A. MALTEDZOU and N.M. PANAGIOTAKIS (*eds.*), *Αφιέρωμα στον Νίκο Σβορώνο*, vol. 1, Rethimno, 1986, p. 100.

55 J. VAŠICA, *Literární památky*, p. 157.

56 *Ibidem*, p. 74-75.

57 A. AVENARIUS, *Die byzantinische Kultur und die Slawen*, Wien, 2000, p. 105.

The content of the individual provisions of the *Court Law* (thirty-three articles in total) can be summarised here as follows:

1. introductory provision
2. on prohibition of filing legal action without witnesses
3. on war booty
4. on adultery with a female slave
5. on fornication with a female slave
6. on fornication committed by a monk
7. on marrying a child's godmother

7a. on witnesses (in some editions of the short version this article is a part of Article 2)

8. on seducing a virgin
9. on raping a virgin
10. on seducing a teenage girl
11. on seducing a betrothed woman
12. on incest
13. on bigamy
14. on arson in the woods
15. on arson of buildings
16. on church asylum
17. on the prohibition of self-help
18. on the testimony of children against parents and slaves against masters
19. on redemption of prisoners
20. on witnesses
21. on soldiers who have denied their faith
22. on the rental of horses
23. on the slaughter of cattle
24. on theft in the war
25. on the Lord's responsibility for a slave-thief
26. on handling a foreign herd
27. on stealing from the dead
28. on theft in a temple
29. on the enslavement of a free person
30. on the appropriation of a foreign slave

30a. on the indissolubility of marriage

final provision

The contents of the seventeenth title of the *Ecloga* can be offered here as follows:[58]

1. asylum
2. oath on the Scripture in litigation

---

[58] L. BURGMANN, *Ecloga : Das Gesetzbuch Leons III. und Konstantinos' V.*, Frankfurt am Main, 1983, p. 227 *et seqq.*

3. conspiracy against the emperor
4. attack on a priest in the church
5. unauthorised self-help instead of turning to a court
6. denouncing the faith in captivity
7. responsibility for a borrowed horse
8. capture and killing of foreign animals
9. responsibility of an animal owner
10. theft of weapons in a military camp
11. theft elsewhere than in a camp
12. responsibility of a master for his slave-thief
13. handling of a foreign herd
14. robbing the dead
15. theft from the altar
16. abduction or sale of a free person
17. abduction or concealment of a slave
18. counterfeiting of coins
19. adultery
20. fornication
21. fornication with one's own female slave
22. fornication with a female slave
23. fornication with a nun
24. abduction and fornication with a nun or a virgin against her will
25. marrying one's goddaughter
26. marrying a former spouse's godmother
27. adultery with a married woman, and on taking evidence in this case
28. forgiving the infidelity of one's wife
29. fornication with a virgin
30. rape
31. sexual abuse before the age of 13
32. seducing a betrothed woman
33. incest
34. sexual intercourse with a woman and her daughter
35. bigamy
36. abortion committed by a woman pregnant outside of wedlock
37. marital impediment of being a brother-in-law
38. sexual intercourse between persons of the same sex
39. sodomy with animals
40. arson in the woods
41. arson in the city or in the countryside
42. serving a drink from which a person gets ill
43. wizards and poisonous lotion producers who enchant demons
44. amulet manufacturers
45. murder

46. wounding with a sword
47. killing in a quarrel
48. killing by a strike in a quarrel
49. deprivation of a slave's life is not a murder, except if he was cruelly tortured
50. penalty of crucifixion for a robber
51. false accusation
52. Manicheans
53. deserters

From a comparison with the *Court Law*, it follows that the *Court Law* omitted articles 2-4, 9, 11, 18, 19, 24, 34, 36-39 and 42-53 of the seventeenth title of the *Ecloga*. This means that the following have not been taken over by the *Court Law*:

2. oath on the Scripture in litigation
3. conspiracy against the emperor
4. attack on a priest in the church
9. responsibility of an animal owner
11. theft elsewhere than in a camp
18. counterfeiting of coins
19. adultery
24. abduction and fornication with a nun or a virgin against her will
34. sexual intercourse with a woman and her daughter
36. abortion committed by a woman pregnant outside the wedlock
37. marital impediment of being a brother-in-law
38. sexual intercourse between persons of the same sex
39. sodomy with animals
42. serving a drink from which a person gets ill
43. wizards and poisonous lotions producers who enchant demons
44. amulet manufacturers
45. murder
46. wounding with a sword
47. killing in a quarrel
48. killing by a strike in a quarrel
49. deprivation of a slave's life is not a murder, except if he was cruelly tortured
50. penalty of crucifixion for a robber
51. false accusation
52. Manicheans
53. deserters

From the contents of the above articles, it seems that, basically, those parts of the *Ecloga* were not taken over, which in the Great Moravia might not have been relevant taking into account the Great Moravian level of development – most specifically the coin counterfeiting (owing to the underdeveloped pecuniary economy in Great

Moravia[59]), or conspiracy against the Emperor (of course, this article could have been adapted to a conspiracy against the Prince) or an article on the Manicheans.

On the other hand, several of the offences regulated in title 17 of the *Ecloga* are very specific, and the translator might have considered it unnecessary to include them in the *Court Law*, precisely because they were only specific situations in relation to offences dealt with elsewhere – this might be the case of crucifixion of a robber (here the method of execution might also have not suited the Christian translator well), rules on wizards and amulet producers (which fell under the general prohibition of paganism in Art. 1 of the *Court Law*), theft elsewhere than in the camp, sexual intercourse with a woman and her daughter, other sexual offences, and so on. The prohibitions might have thereby been included either in the *Court Law* proper, but also in other Great Moravian legal texts of cyrilo-methodian origin (e.g. punishment of amulet producers can be found in the *Nomokanon*, punishment of adultery in the *Provisions of Holy Fathers*, etc.), which could actually indicate the chronological order in which the individual texts were produced in Great Moravia.

Still, somewhat striking is a complete absence of those rules of the *Ecloga* that one would naturally expect in any medieval law code – particularly crimes against life and limb, killing, or specifically poisoning (but also, for example, the mentioned provision on betrayal of the ruler). This absence can only be explained by an already existing sufficient adjustment in the local customary law, not requiring any Christianising intervention. This explanation would at the same time mean that the author of the *Court Law* did not intend to replace the pre-cyrilo-methodian customary law altogether, but merely intended to adapt some parts of it to fit the new needs of a Christianised society.

Still, in addition to the comparison of the seventeenth title of the *Ecloga* with the *Court Law*, it is also important to point out that the *Ecloga* had a total of eighteen titles, from which the author of the *Court Law* used the seventeenth title mostly, and only partly used the second title on marriage, the eighth title on the release and enslavement, the fourteenth title on witnesses and the eighteenth title on war booty. The author of the *Court Law* hence did not use the following titles of the *Ecloga* at all:

1. engagement
3. dowry
4. gift
5. testaments
6. inheritance and legates
7. orphans and guardianship
9. purchase and advance payment
10. pledge
11. deposit

---

59 J. Macháček, "Disputes over Great Moravia", p. 248-267.

12. hereditary lease
13. lease
15. settlement
16. military possession (*peculium*)

Apart from the fact that some of the mentioned private law institutes could have been unknown to the Great Moravian society, which would have been the reason for their omission (legates, lease, *peculium*, etc.), or that these might have been again considered specific issues covered elsewhere, one can also see here institutes that apparently should and could have had their place in Great Moravia – dowry, gift, purchase, inheritance, pledge, deposit, status of an orphan, etc. Here, again, the most relevant explanation of why these adjustments were not taken over from the *Ecloga* into the *Court Law* might be that these issues simply did not require a new, Christianised legal regulation. It is namely highly probable that these issues were sufficiently regulated by the pre-cyrilo-methodian customary law.

However, we must honestly admit our ignorance as to which of the institutes that the *Court Law* did not take over from the *Ecloga* were really known and sufficiently regulated in the Great Moravian customary law, and therefore it was not necessary to regulate them anew, or, on the contrary, which of these did not exist in the Great Moravian society at all and therefore did not need any specific regulation (such as distinguishing various social classes, counterfeiting coins, imposing mutilating punishments,[60] etc.). We can only infer – with regard to the assumed developmental stage of the Great Moravian society – that the more complex private law institutes were those that the Great Moravian society did not know and did not need to have regulated in the *Court Law*. The simpler ones, on the other hand, did not obviously pose such an essential question in terms of the Christianisation aims of the author as to have them included in the *Court Law* or in other related normative texts.[61] Still, this leaves us with the unfortunate conclusion of having only scarce information on the actual archaic customary treatment of many legal issues in Great Moravia.

3. A sketch of historical linguistics methodology in researching Great Moravian legal texts

It is clear from the preceding chapter that the content of the written sources (of Byzantine origin) from Great Moravia can help us only partially, if at all, to

60 However, the omission of mutilating punishments could have only reflected the viewpoint of the author of the *Court Law*, not necessarily reflecting the actual situation in the customary sanctioning practice in Great Moravia.

61 Other authors, proponents of the Macedonian theory, suggested that the *Court Law* was to serve the needs of regulating the life of young Macedonian soldiers, that is why all the other (civilian) issues were absent. Cf. H.W. DEWEY and A.M. KLEIMOLA, *Zakon sudnyj ljudem*, p. x.

reconstruct the archaic legal system of the contemporary society. In addition, in most cases, our conclusions are hypothetical in nature only.

Still, there is another possibility of how to attempt to reconstruct the archaic customary law applied in Great Moravia, while still using the extant – Byzantine-modelled – written sources: namely through the linguistic analysis of Slavic terms used in their translation by the original missionaries. Given the limited scope of this paper, we can offer here only a glimpse of some basic Slavic terms used in the translation of the *Ecloga* into the Old Church Slavonic language – choosing here those terms that might have had a legal meaning even before their use in the ninth-century translation, and that – surprisingly – mostly have a specific legal meaning in Slavic languages to the current day (specifically in the Czech and Slovak language). For this purpose, the following list of legal terms, drawn from several cyrilo-methodian sources and some temporally and geographically related sources preserved in the Old Church Slavonic language can be offered here:[62]

a) Terms indicating approved and forbidden behaviour

vola – consent, permit (*Nomokanon*, Article 1, Article 3)
bez volě – without permission (*Nomokanon*, Article 20)
be poveleni – without permission[63] (*Glossae Emmeram.*, ninth century)
bezakonьnujǫšt – illegality, iniquity (*Sinai Psalter*, eleventh century)
chranitъ zakonъ – obey the law (*Anonymous homily*, paragraph 12)
črecъ zakonъ – against the law (*Nomokanon*, Article 23)
prěstǫpajǫšte zakonъ – trespassing the law (*Court Law*, Article 2)
ne ukarejuštichъ sę zakonomь – disobedient to laws (*Nomokanon*, Article 48)
zapovědi prěstǫplenьjemь – transgressing a ban (*Court Law*, Article 31)
pokoriti sje po sichъ ustavěchъ sborьnychъ – to be subjected to the regulations (*Nomokanon*, Article 23)
prestupajušago...naša ustavy – transgressing these provisions (*Nomokanon*, Article 33)
razaręti kogo ustava – infringing the regulation (*Nomokanon*, Article 50)
ne dostoitь – not allow (*Nomokanon*, Article 30)
ne poslušajetь i ne račitь povinuti sje jemu – not obey and not submit (*Nomokanon*, Article 22)

In this set of concepts one can identify especially four very important legal terms, respectively verbal roots, that are directly related to law, even to the current day – *poveleni*, *zapovědi*, *ustavy* and *zakonъ*, basically meaning: permits, prohibitions, laws and provisions. On the contrary, the terms 'to transgress', 'to obey', 'to submit'

[62] All sources are published in the edition of Great Moravian and related Old Church Slavonic sources in the MMFH series, unless indicated otherwise in the following footnotes.
[63] In Latin: '*praeter eius conscientiam*'. MMFH IV, p. 234.

and similar are only general descriptive terms, which do not necessarily carry any legal significance, albeit they are often used in connection to legal terms even in modern Slavic languages.

b) Terms denoting the values protected by law

istina – the truth, the subject matter of a dispute (*Court Law*, Article 17; *Nomokanon*, Article 46)
istnin – true (*Assemani's Gospel*, beginning of the eleventh century)
narok – claim (*Nomokanon*, Article 42)
nepravdnych – incorrect (Confession formula from the *Freising Monuments*, ninth century)
nezlobivi i pravi – innocent and righteous (*Sinai Psalter*, eleventh century)
odpustъk – forgiveness (Confession formula from the *Freising Monuments*)
pravъda – justice (*Court Law*, Article 1)
pravьdьnyichъ – righteous (A word on translation of remains of the glorious Clemens[64])
pravo – right (*Life of St. Constantine*, chapter 14)

From amongst these terms, the legally most important are primarily the roots '*prav-*' and '*istin-*', as well as '*narok-*', meaning true/truth, just/true, and claim – again, to the current day, specifically in the Czech and Slovak languages.

c) Terms indicating the form of legal acts

obyčaj poganьska – heathen custom (*Nomokanon*, Article 39)
božьju zakonu, zakonu ljudьskujemu, crьkъvьnujemu zakonu – the divine, secular, church law (*Court Law*, Article 4 and Article 6)
zakona kъnjižьna i duchovьna – written and unwritten laws (*Proglas*, introduction to gospels)
pravilo – rule, canon (*Life of St. Methodius*, Chapter 15)
zavět – law (*Sinai Psalter*, eleventh century)
zapovědi – orders, prohibitions (*Constantine's prayer*[65])
zaprěštati – order (*Anonymous homily*, sec. 4)
ustavъ i rokъ – regulation and provision[66] (*Nomokanon*, Article 19)
sъlagajuštemъ sje pisanijemь – by written consent (*Nomokanon*, Article 7)
nevlastьno budi ustrojenije – the provision will be null and void (*Nomokanon*, Article 6)
nevlastьno i netvьrdo – ineffective and invalid (*Nomokanon*, Article 19)

---

64 Cf. E. Pauliny, P. Žigo, L. Feldek, and M. Kučera, *Na písme zostalo*, p. 76.
65 *Ibidem*, p. 96.
66 Cf. MMFH IV, p. 226.

Roots with archaic legal significance here include foremost the concepts of '*zakon*', '*zavět*' (other form, derived from the same root basis is '*zapovědi*'), '*zaprěštati*', '*ustrojenije*', '*ustavъ*' and finally '*rokъ*', meaning law, order, regulation, provision, etc. – i.e. notions that still carry a similar legal meaning today and thus might have carried a legal significance already in the pre-cyrillo-methodian era.

This all clearly shows that besides the deconstructive approach to the Great Moravian legal texts, a linguistic analysis of the translations of Byzantine normative texts forming a part of *ius graeco-romanum* can also serve as an important tool of reconstructing the archaic Slavic law used in Great Moravia – notwithstanding the actual use of the *graeco-roman* texts in legal practice.

4. Conclusions

Historians, including legal historians, have been researching the extant normative texts of Great Moravian law for almost two centuries now. However, the basic methodological problem in previous analyses lay in the fact that the normative content of preserved sources was usually overrated. In fact, the extant sources represented 'only' translations of foreign (especially Byzantine) legal models. Instead of analysing the normative content of the sources, a different, deconstructive approach was proposed here – identifying which standards were omitted in comparison with the original Byzantine models. Our research has thus shown that generally those rules were not taken over from the Byzantine model – the *Ecloga* – that were not relevant in the Great Moravia. Examples include counterfeiting of coins (due to the underdeveloped monetary economy in Great Moravia), conspiracy against the emperor, or punishment of Manicheans. On the other hand, many offences that were regulated in great detail in the Byzantine models were not taken over by the translator in cases where the offences were only a specific situation falling under a more general offence regulated elsewhere (in particular, in other Great Moravian legal sources, such as *Nomokanon*, or the *Provisions of Holy Fathers*). Still, the absence of some provisions that one would naturally expect in a law-code – in particular on murder, injury, killing or poisoning – can only be explained by a sufficient treatment in the contemporary customary law that the missionaries did not consider necessary to change.

This may also be the reason why some other (private law) institutes, probably known even in Great Moravia, were not regulated in the Great Moravian sources, although they were regulated in the *Ecloga* – e.g. dowry, gift, purchase, inheritance, pledge, deposit, status of orphans, etc. These issues obviously did not require a new legal arrangement and might have been sufficiently regulated in the pre-cyrilo-methodian customary law.

Some of the other Byzantine legal institutes, on the other hand, could have been completely unknown to the Great Moravian society, and also unnecessary – due to the backward economy of this formation (this concerns institutes such as legates, lease, *peculium*, etc.). However, we must honestly admit our ignorance as to which of the institutes were not regulated because they were already sufficiently regulated in customary law, and which were not regulated simply because they were unknown and unnecessary in the Great Moravia. We can only suggest, with regard to the assumed developmental stage of the Great Moravian society, that the more complex private law institutes were those that the Great Moravian society did not know and did not need to regulate.

On the other hand, taking a different – linguistic – approach, there is reason to believe that the extant sources of *ius graeco-romanum* are useful for an Eastern European legal historian in another respect – due to the fact that the terms used in the translations mostly followed the traditional Slavic legal terminology, since otherwise their role of supplementing and amending local customary law would not be possible. In this sense, it might be possible to use the translations of the Byzantine *ius graeco-romanum* to identify some of the archaic Slavic legal terms used in the translations – and those could then help further uncover and reconstruct some customary Slavic legal institutes. An important source of such terminology with respect to Great Moravia is again foremost the *Court Law for the People*, that we have dealt with in this contribution. However, there is also another, in terms of closer analysis so far neglected source, *Nomokanon*, again drawing on Byzantine models. Although this text might not have been in use in secular practice (since it is primarily a source of ecclesiastical law), due to its very large scope it contains a great number of Slavic legal terms that do not appear in any other sources. The significance of the *Court Law for the People* could thus easily be surpassed in the future by the *Nomokanon* with respect to the linguistic method of reconstructing archaic Slavic law. Revisiting Great Moravian legal texts drawing on Byzantine models, as a part of *ius commune graeco-romanum*, thus still remains highly topical.

LES DONATIONS PIEUSES DANS L'ITALIE MÉRIDIONALE NORMANDE: *QUID* DU DON/CONTRE-DON DANS UNE TERRE INFLUENCÉE PAR L'HÉRITAGE CULTUREL ET JURIDIQUE BYZANTIN?

Annick PETERS-CUSTOT

1. Introduction

Il faudrait des volumes entiers pour dénombrer les études que l'historiographie a consacrées, depuis les années 70 et 80 du XXe siècle, à l'application des thèses que Marcel Mauss a formulées sur le don et le contre-don, au cas spécifique des donations médiévales, et notamment des donations pieuses, dites aussi donations *pro anima*. Rappelons que la conception de Marcel Mauss, exprimée dans son célébrissime *Essai sur le don*,[1] faisait du don/contre-don une 'prestation sociale totale' sous une triple contrainte: l'obligation de donner, celle de recevoir et celle de rendre. Les théories de Marcel Mauss provenaient d'une double ascendance: d'une part des études ethnographiques réalisées sur certains peuples dits, à l'époque, 'primitifs', et dont Marcel Mauss, 'ethnographe en fauteuil',[2] avait repris les conclusions; d'autre part, les travaux réalisés par des spécialistes du droit germanique, et en particulier du droit lombard (notamment du *Launegild*), tels que Jacob Grimm, Richard Meyer ou Karl von Amira. Je me permets de m'arrêter brièvement sur ces travaux d'histoire du droit et leur importance, pour plusieurs raisons – outre l'hommage que le professeur Waelkens voudra bien lire dans le crédit – justifié – que je porte aux historiens du droit, dont il est un magistral représentant.[3]

---

1 M. MAUSS, "Essai sur le don. Forme et raison de l'échange dans les sociétés archaïques", *Année sociologique n.s.* 1 (1923-1924), p. 30-186, repris dans IDEM, *Sociologie et anthropologie*, Paris, 1950, p. 145-279. On trouvera les œuvres de Marcel Mauss sur internet, en accès libre: http://classiques.uqac.ca/classiques/mauss_marcel/mauss_marcel.html.

2 L'expression est de P. J. GEARY, dans "Gifts Exchange and Social Science Modeling. The Limitations of a Construct", dans G. ALGAZI, V. GROEBNER et B. JUSSEN (éd.), *Negotiating the Gift. Pre-Modern Figurations of Exchange* [Veröffentlichungen des Max-Planck-Instituts für Geschichte, 188], Göttingen, 2003, p. 129-140, ici p. 131: '*Mauss was an armchair ethnographer: with the exception of a brief stay in Africa he never did any fieldwork and was satisfied to rely on the written reports of others.*'

3 Ma connaissance des antécédents de Marcel Mauss et de ses influences, notamment celle de la réciprocité du don en droit germanique médiéval, mise en évidence par les historiens allemands du droit au XIXe siècle, est tributaire de la remarquable présentation qu'en a faite Eliana Magnani: E. MAGNANI, "Les médiévistes et le don. Avant et après la théorie maussienne", dans EADEM (*éd.*),

La première, c'est que leur influence réelle sur les théories de Marcel Mauss ont été négligées par les historiens français responsables de l'introduction et du succès des théories de Mauss dans l'historiographie médiévale francophone: ces historiens ont prétendu faire œuvre d'importation en histoire de concepts anthropologiques, négligeant la part énorme du juridique, et du droit germanique médiéval en particulier, dans la théorie de Mauss, ce qui n'est pas sans ironie, car ce que les historiens français présentent comme un concept anthropologique neuf (à leur époque) est largement la reprise d'analyses juridiques datant du XIXe siècle. C'est donc sans surprise qu'une des critiques actuelles de l'application des théories de Marcel Mauss en histoire médiévale procède d'un retour au droit, par-delà l'anthropologie.

La seconde raison, c'est que les travaux des spécialistes allemands du droit germanique, au XIXe siècle, incluaient dans la catégorie du don, défini comme juridiquement valide seulement s'il était accompagné du contre-don légal, différents types de dons bien connus des historiens de l'Italie méridionale médiévale, longobarde[4] et byzantine: le *Launegilt* (*Lohngeld*, contre-don d'une donation), le *Morgengabe* ('don du matin', fait par l'époux à l'épouse, le lendemain de la nuit de noce); mais aussi le don pour le salut de l'âme (*Seelengabe*), modèle typique du don suivi d'une rétribution (*Gegengabe*). Ce qui évidemment pose une question: la donation pieuse (de biens, de revenus, de dîmes, d'hommes) suivie de son contre-don spirituel (les prières des moines) est-elle une pratique d'origine germanique, liée au contre-don légal, obligatoire, qu'ignore le droit romain, pour lequel le don est une norme juridique sans contrepartie? Cette question est assez peu abordée, dans la mesure où, précisément, comme on l'a rappelé, le don et son éventuel contre-don étaient analysés jusqu'à peu presque exclusivement en termes anthropologiques, du fait de la fascination récurrente des historiens médiévistes pour Marcel Mauss.[5]

Don et sciences sociales. Théories et pratiques croisées, Dijon, 2007, p. 15-28, repris dans le *Bulletin du Centre d'études médiévales d'Auxerre* en ligne, Hors-série n° 2, 2008 accessible ici: URL: http://cem.revues.org/8842.

4 Je me permets de suivre la manière italienne et de parler de 'Longobard' afin d'éviter la confusion généralement générée par l'usage du terme de 'Lombard' pour l'Italie médiévale, entre la partie septentrionale de la Péninsule et les constructions socio-politiques et juridiques représentées par les 'Longobards' de l'Italie méridionale au haut Moyen Âge.

5 Au bout du compte, cet état de fait amène à se poser la question de l'anthropologie en histoire, et notamment en histoire économique: Marcel Mauss invitait à voir dans le trinôme contraignant donner/recevoir/rendre une prestation totale pas forcément universelle, mais générale, attestant la force de types d'échanges de biens (donc d'échanges économiques) non monétarisés, et surtout non soumis aux principes généraux de la loi du marché. Il n'est pas étonnant que ses thèses, d'ailleurs, aient été reprises par les contestataires de l'universalisme libéral qui prônent la reconnaissance d'échanges non marchands dans les relations économiques, humaines, sociales, voire qui en tirent la démonstration de l'existence d'une générosité humaine qui va à l'encontre du 'moindre mal' et de l'individualisme égoïste à la base de la logique libérale: c'est dans ces termes que Marcel Mauss est intégré dans les essais philosophiques de Jean-Claude MICHÉA: voir, de cet auteur, *L'Empire du moindre mal. Essai sur la civilisation libérale*, Paris, 2007 (réimpr. Paris, 2010); et du même, *Les mystères de la gauche; De l'idéal des Lumières au triomphe du capitalisme absolu*, Paris, 2013. Ainsi, depuis Georges Duby et ses célèbres pages sur les 'générosités nécessaires' (G. DUBY, *Guerriers et paysans, VIIe-XIIe siècle. Premier essor de l'économie européenne*, Paris, 1973, p. 63, réimpr. dans IDEM, *Féodalité*, Paris, 1996,

Ainsi, les déploiements les plus récents de la critique historiographique autour de Mauss et des donations pieuses au Moyen Âge portent sur plusieurs axes d'interprétation qui excluent peu à peu l'anthropologie: le retour au juridique et aux modes d'approches descriptives;[6] la primeur à l'analyse sociologique, à savoir l'exploration des liens entre la donation pieuse et les réseaux sociaux de l'aristocratie féodale (*memoria* et parentèle aristocratiques) et entre aristocratie et clergé;[7] l'intégration de la logique de la donation pieuse dans le circuit de la *caritas* qui infuse toute la société médiévale[8] et la prise en compte des systèmes complexes de médiation qui entrent en jeu dans la donation pieuse: laïcs, moines, vivants, morts, saints.[9]

---

p. 53 *et seqq.*), le système du don/contre-don caractériserait un système d'échanges primitif affaibli vers le milieu du XIe siècle par le passage d'une économie du don, 'primitive', à une économie de marché; chronologie et ruptures que refusent catégoriquement et de manière fort étayée bien des historiens actuels du haut Moyen Âge occidental, tels que Chris Wickham: voir Ch. WICKHAM, "Compulsory gift exchange in Lombard Italy, 650-1160", dans: W. DAVIES et P. FOURACRE (*éd.*), *The Languages of Gift in the Early Middle Ages*, Cambridge, 2010, p. 193-216, ici p. 207; ainsi que, du même, dans ses conclusions de l'ouvrage, notamment p. 259-260, où Chris Wickham critique ce qu'il appelle le 'label de l'économie du don', très populaire auprès des historiens spécialistes du XIe siècle, qui voient après 1050 une rupture nette qu'ils attribuent à l'importance prétendument nouvelle du commerce, des contrats, de l'économie monétaire, une rupture que Wickham conteste avec raison.

6 F. BOUGARD, L. FELLER, C. LA ROCCA et R. LE JAN (*éd.*), *Sauver son âme et perpétuer la famille. Patrimoine et mémoire au haut Moyen Âge* [Collection de l'École française de Rome, 351], Rome, 2005.

7 Voir: D. IOGNA-PRAT, *Ordonner et exclure. Cluny et la société chrétienne face à l'hérésie, au judaïsme et à l'islam (1000-1150)*, Paris, 1998; E. MAGNANI, *Monastères et aristocratie en Provence, milieu Xe-début XIIe siècle* [Vita regularis, 10], Münster, 1999; enfin, la mise au point de F. MAZEL, "Pouvoir aristocratique et Église aux Xe-XIe siècles. Retour sur la "révolution féodale" dans l'œuvre de Georges Duby", *Bulletin du Centre d'études médiévales d'Auxerre* en ligne, Hors-série n° 1, 2008, URL: http://cem.revues.org/4173. L'analyse des livres de confraternité, des 'livres de vie' et des réseaux aristocratiques dont ces sources témoignent à l'âge féodal constitue une approche renouvelée des mécanismes d'interpénétration entre aristocratie et société monastique, et des mécanismes de structuration des élites comme en témoigne, pour l'Italie du Sud, l'ouvrage de C. HILKEN, *Memory and Community in Medieval Southern Italy. The History, Chapter Book, and Necrology of Santa Maria del Guado Mazzocca* [Pontifical Institute of Medieval Studies. Studies and Texts, 157], Toronto, 2008. Ce type d'approche ne fonctionne guère pour l'Italie méridionale grecque: à l'époque byzantine, l'aristocratie gréco-calabraise est de faible dimension (A. PETERS-CUSTOT, *Les Grecs de l'Italie méridionale post-byzantine (IXe-XIVe siècle). Une acculturation en douceur* [Collection de l'École française de Rome, 420], Rome, 2009, p. 402-420) et la donation pieuse n'est pas un monopole des élites les plus élevées, loin de là; et à l'époque normande, les Hauteville et leurs affiliés accaparent largement les monastères et leur destin, mais les seigneurs locaux importés n'obtiennent pas les prérogatives dont jouissent les seigneurs occidentaux (droits publics, ban, etc.). Toutefois, ils ont eu tendance à accaparer, selon des bases forcément nouvelles, les donations pieuses.

8 A. GUERREAU-JALABERT, "Caritas y don en la sociedad medieval occidental", *Hispania, Revista Española de Historia* 60/1 (2000), p. 27-62; et E. MAGNANI, "Du don aux églises au don pour le salut de l'âme en Occident (IVe-XIe siècle): le paradigme eucharistique", *Bulletin du Centre d'études médiévales d'Auxerre* en ligne, Hors-série n° 2, 2008, URL: http://cem.revues.org/9932.

9 E. MAGNANI, "Transforming Things and persons: the Gift *pro anima* in the Eleventh and Twelfth centuries", dans: G. ALGAZI, V. GROEBNER and B. JUSSEN (*éd.*), *Negotiating the Gift*, p. 269-284; M. LAUWERS, *La mémoire des ancêtres. Le souci des morts. Morts, rites et société au Moyen Âge (diocèse de Liège, XIe-XIIe siècle)*, Paris, 1997.

Or, même si Eliana Magnani a produit des études sur la donation pieuse occidentale aux XIe-XIIe siècles, et si Florian Mazel a esquissé un lien entre donations pieuses et féodalité,[10] rares sont les travaux faisant clairement état d'une relation entre l'objective explosion des donations pieuses dans le monde chrétien occidental aux Xe-XIIe siècles, et la réforme de l'Église, d'abord menée par les monastères eux-mêmes, au premier rang desquels on retrouve l'abbaye de Cluny, puis assumée par la papauté. Pourtant, un certain nombre d'éléments invitent à creuser la perspective d'une telle relation: en particulier, la réforme s'appuie largement sur le monopole sans cesse affirmé des clercs et des moines sur la relation aux choses sacrées et la mutation des choses terrestres en choses célestes (on se réfère aux études réalisées sur le sujet tant par Eliana Magnani, que par Michel Lauwers[11]); dans ce contexte, la donation pieuse des laïcs aux moines, en échange de leurs prières, confirme la médiation désormais nécessaire des professionnels du sacré chrétien ainsi dument instaurée. Il en est de même lorsqu'on considère, avec Eliana Magnani, la relation étroite entre donation pieuse et sacrifice eucharistique (comme monopole du clergé), ou lorsqu'on envisage le lien entre des donations pieuses qui sont en fait des restitutions de dîmes autrefois accaparées, et justement la place de la revendication pontificale et épiscopale des dîmes comme un élément majeur de la reconquête de la *libertas Ecclesiae* – en échange de l'inscription des donateurs dans les 'livres de vie' ou 'de confraternité' et la prière pour les morts, spécialité de Cluny, associée au développement de la conscience généalogique et de la *memoria* familiale au sein de l'aristocratie.

Ce bref tableau de la situation historiographique invite tout naturellement à s'intéresser aux donations pieuses dans l'Italie méridionale hellénisée, aux époques byzantine et normande: la région constitue une zone de transition qui entretient un rapport finalement éloigné avec la réforme pontificale contemporaine de la conquête normande. En effet, d'un côté, l'Italie méridionale normande, et surtout ses zones hellénophones, marquées par l'héritage byzantin, constituent un espace fort original dans l'environnement occidental: même si l'Église normande est soumise à la juridiction du pape, en théorie dès 1059 avec le contrat liant Nicolas II et Robert Guiscard,[12] et en pratique au fur et à mesure de l'avancée de la conquête de l'Italie

---

10 Cf. *supra* note 7.

11 Parmi tous les travaux de Michel Lauwers, je relèverai: *Naissance du cimetière. Lieux sacrés et terre des morts dans l'Occident médiéval*, Paris, 2005; Id., "Consécration d'églises, réforme et ecclésiologie monastique. Recherches sur les chartes de consécration provençales du XIe siècle", dans D. Méhu *(éd.)*, *Mises en scène et mémoires de la consécration de l'église dans l'Occident médiéval* [Collection d'Études Médiévales de Nice, 7], Turnhout, 2007, p. 93-142. Voir également l'étude consacrée par Michel Lauwers au lien entre vases sacrés et espaces sacrés: Id., "Des vases et des lieux. *Res ecclesie;* hiérarchie et spatialisation du sacré dans l'Occident médiéval", dans: M. de Souza, A. Peters-Custot et F.-X. Romanacce *(éd.)*, *Le sacré dans tous ses états. Catégories du vocabulaire religieux et sociétés de l'Antiquité à nos jours* [Travaux du CERHI, 10], Saint-Étienne, 2012, p. 259-279.

12 L'acte scellant cet accord de 1059 est édité dans L.-R. Ménager, *Recueil des actes des ducs normands d'Italie (1046-1127). I. Les premiers ducs (1046-1087)* [Società di Storia patria per la Puglia. Documenti e monografie, 45], Bari, 1980, n° 6, p. 30-32.

méridionale et de la Sicile, la tradition spirituelle et institutionnelle du monachisme oriental y perdure librement,[13] tandis que le souverain (comte, puis roi de Sicile) se considère comme le chef de l'Église et agit comme tel à l'égard des charges ecclésiastiques[14]: la conquête de la *libertas Ecclesiae* devra attendre la mort de Frédéric II, en 1250[15]. En outre, les dîmes sur les revenus privés, objets de bien des échanges et contre-dons plus ou moins pieux, ne pénètrent pas sur les terres normandes d'Italie[16], et les seigneurs ne disposent pas de droits banaux ni de la privatisation de l'autorité publique[17]. Une des réclamations les plus fortes de la *libertas Ecclesiae*, celle qui consiste dans la récupération des dîmes, n'a pas lieu de se déployer sur une terre qui en ignore l'existence.

---

13 Annick PETERS-CUSTOT, *Les Grecs de l'Italie méridionale post-byzantine (IXe-XIVe siècle). Une acculturation en douceur* [Collection de l'École française de Rome, 420], Rome, 2009, p. 197-218 et p. 275-306.

14 *Ibidem*, p. 240-253; EADEM, "Les remaniements de la carte diocésaine de l'Italie grecque lors de la conquête normande: une politique de latinisation forcée de l'espace? (1059-1130)", dans: Philippe RODRIQUEZ *(éd.) Pouvoir et territoire, Colloque du CERHI, Saint-Etienne, 7-8 novembre 2005* [Travaux du CERHI, 6], Saint-Etienne, 2007, p. 57-77 et Salvatore FODALE, Comes et legatus Siciliae. *Sul privilegio di Urbano II e la pretesa Apostolica Legazia die Normanni di Sicilia* [Università di Palermo. Istituto di storia medioevale. Studi, 2], Palerme, 1970, rééd. dans IDEM, *L'Apostolica Legazia e altri studi su Stato e Chiesa*, Messine, 1991. Cette position d'autonomie ecclésiastique du souverain a son versant, encore plus marqué, en Sicile, où tout le réseau épiscopal et diocésain était à reconstruire à l'arrivée des Normands, ce dont s'est occupé le comte Roger Ier: voir A. NEF, *Conquérir et gouverner la Sicile islamique aux XIe et XIIe siècles* [Bibliothèque des Écoles françaises d'Athènes et de Rome, 346], Rome, 2011. La position du roi comme chef de l'Église est sans aucun doute le corollaire d'une vision impériale de l'autorité royale normande, qu'évoque Annliese Nef sous le terme d''œcuménisme': EADEM, "Imaginaire impérial, empire et œcuménisme religieux: quelques réflexions depuis la Sicile des Hauteville", *Cahiers de Recherches Médiévales et Humanistes* 24 (2012), p. 227-249. Voir également A. PETERS-CUSTOT, "Clairvaux et l'ordre cistercien dans un espace aux marges de la chrétienté romaine : le royaume de Sicile aux époques normande et souabe", dans: A. BAUDIN et A. GRÉLOIS *(éd.), Le Temps long de Clairvaux. Nouvelles recherches, nouvelles perspectives (XIIe-XXe siècle). Actes du Colloque international Troyes-Clairvaux, 16-18 juin 2015*, Paris, 2016, p. 63-76.

15 On en voit les effets dans l'intrusion systématique, après 1250, du pape dans la nomination des évêques du royaume de Sicile: voir Annick PETERS-CUSTOT, *Les Grecs*, p. 505 *et seqq.*

16 Sur l'absence des dîmes sur les revenus privés, et leur substitution par les dîmes sur les revenus publics exclusivement accordées aux Églises par le souverain Hauteville, voir K. TOOMASPOEG, *Decimae. Il sostegno economico dei sovrani alla Chiesa del Mezzogiorno nel XIII secolo. Dai lasciti di Eduard Sthamer e Norbert Kamp* [Ricerche dell'Istituto Storico Germanico di Roma, 4], Roma, 2009, et le compte rendu critique que j'ai réalisé pour *Francia-Recensio*, revue de comptes rendus historiques de l'Institut historique allemand de Paris, 2011-11: http://www.perspectivia.net/content/publikationen/francia/francia-recensio/2011-1/MA/toomaspoeg_peters-custot.

17 J.-M. MARTIN, "Centri fortificati, potere feudale e organizzazione dello spazio", dans: Augusto PLACANICA *(éd.)*, *La Calabria medievale. I quadri generali*, Rome, 2001, p. 487-522, ici p. 504-505; ID., "Les seigneuries monastiques", dans: R. LICINIO et F. VIOLANTE *(éd.)*, *Nascita di un regno. Poteri signorili, istituzioni feudali e strutture sociali nel Mezzogiorno normanno (1130-1194). Atti delle diciassettesime giornate normanno-sveve (Bari, 10-13 ottobre 2006)*, Bari, 2008, p. 177-206; ID., "Aristocraties et seigneuries en Italie méridionale aux XIe et XIIe siècles: essai de typologie", *Journal des Savants* 1999, p. 227-259; et A. PETERS-CUSTOT, "La politique royale normande et les comtés calabrais dans la seconde moitié du XIIe siècle: l'apport du fonds de S. Stefano del Bosco", *Mélanges de l'École française de Rome. Moyen Âge* 124-1 (2012), URL: http://mefrm.revues.org/165.

Ainsi justifiée par les traits propres d'une région byzantine insérée dans l'Occident d'abord géographique, puis ecclésiastique et romain, notre étude prétend relever d'un comparatisme destiné à nuancer celui qui apparaît de manière récurrente entre histoire médiévale et anthropologie: la comparaison entre christianisme occidental et christianisme oriental – de droit byzantin – sous juridiction romaine. J'insiste sur l'aspect juridique, car les populations grecques de l'Italie byzantine *et* normande (la conquête n'ayant pas modifié les pratiques juridiques privées) vivent sous le droit byzantin, issu du droit justinien:[18] si on considère l'opposition entre don pur et gratuit du droit romain, et don validé par le contre-don du droit germanique, que dire des donations pieuses réalisées par les Italo-Grecs (qui vivent sous le droit byzantin) aux époques byzantines et normandes? Relèvent-elles du don 'romain' sans contrepartie, ou du don assorti forcément d'un contre-don obligatoirement dû par les bénéficiaires? Constituent-elles une branche des actes juridiques d'aliénation de biens (comme les ventes, les permutations, les legs) ou un acte d'un autre ordre?

On s'attachera donc à replacer le débat sur les donations *pro anima* médiévales dans un relativisme de bon aloi, invitant à considérer le monde occidental chrétien de la réforme pontificale comme une partie du christianisme médiéval, et non sa totalité; et à considérer des branches distinctes qui, même sous la juridiction de Rome, n'en préservent pas moins une conception anti-grégorienne de la relation entre les laïcs, les clercs, les moines et le sacré.

2. Les donations pieuses italo-grecques: retour au droit

Comme l'a bien montré Rosamund Morris,[19] il existe une spécificité de la chrétienté byzantine, à savoir que les monastères et établissements ecclésiastiques sont assujettis, depuis Justinien, simultanément au droit civil, le *nomos,* et au droit canon, *kanôn* (sachant que, depuis Justinien, tous les canons conciliaires ont le statut de *nomos*). Il n'est qu'à voir les novelles des empereurs Nicéphore II ou Basile II, au Xe siècle, pour appréhender la pesanteur du *nomos* impérial sur le droit des monastères et de leurs propriétés privées – en période d'inquiétante boulimie foncière des monastères.[20] Les monastères sont d'autant plus régis par des règles de droit privé

---

18 A. Peters-Custot, "Qu'est-ce qu'être « grec » dans l'Italie méridionale médiévale? À propos d'une « identité » polysémique et en perpétuel mouvement", dans: F. Brizay (*éd.*), *Identité religieuse et minorités de l'Antiquité au XVIIIe siècle. Actes du colloque d'Angers, 12-13 juin 2014*, Rennes, 2018, p. 215-233.

19 R. Morris, "Reciprocal gifts on Mount Athos in the Tenth and Eleventh Centuries", dans: W. Davies et P.Fouracre (*éd.*), *The language of gift in the Early Middle Ages*, Cambridge, 2010, p. 171-192.

20 Sur ces novelles impériales défendant les faibles contre les puissants (grands propriétaires monastiques en particulier), on renverra au désormais classique M. Kaplan, *Les hommes et la terre à Byzance du VIe au XIe siècle. Propriété et exploitation du sol* [Byzantina Sorbonensia, 10], Paris, 1992.

(sur la propriété des moines, les donations, l'inaliénabilité des biens d'Église) que les monastères sont, en droit byzantin, et sauf dispositions contraires, des biens privés. On ne s'étonnera donc nullement de constater que, dans les actes de donation pieuse rédigés au profit d'établissements monastiques italo-grecs par des individus vivant eux-mêmes sous le droit byzantin, les formulaires, et de manière générale l'ensemble des modes rédactionnels adoptés par les scribes, soient aussi ceux des actes de vente ou de tout autre type de transaction de droit civil:[21] il n'y a pas de caractéristique propre du langage de la donation, il n'existe donc pas un 'language of gift' spécifique pour les donations pieuses italo-grecques.

On s'aperçoit donc que toute la rhétorique employée autour des justifications spirituelles des donations pieuses est extrêmement effacée, secondaire voire quasi inexistante.[22] Ce qui compte, c'est la qualité du discours juridique qui encadre cette

---

[21] On comparera par exemple les expressions et formulaires d'un acte de vente de biens à Lanvin, le successeur de saint Bruno à la tête de l'ermitage calabrais fondé par ce dernier en Calabre (F. TRINCHERA, *Syllabus graecarum Membranarum*, Napoli, 1865, n° 73, 1110) et la donation spirituelle réalisée par Alexandre et Hugues de Chiaromonte au profit du monastère grec de Basilicate, Sainte-Marie de Cersosimo (*ibidem*, n° 80, 1116). Les mêmes similitudes de formulaire apparaissent entre la donation spirituelle réalisée en septembre 1126 par une veuve italo-grecque au profit de Saint-Jean de Calveto (*ibidem*, n° 99) et une série de ventes réalisées à la même époque (*ibid.*, n° 100 et 101). Ces similarités sont parfois liées à l'identité du scribe, qui ne varie pas la rédaction qu'il s'agisse d'une vente ou d'une donation (voir *ibidem*, n° 118, 1138, donation et 119, même date, vente; ou la donation 207, 1181 et les actes de vente n° 208 et 210, rédigés par le même scribe à la même époque). Voir aussi, d'époque byzantine, les actes suivants rédigés dans la Calabre méridionale et édités par Cristina ROGNONI: *Les actes privés grecs de l'Archive Ducal de Medinaceli (Tolède). I. Les monastères de Saint-Pancrace de Briatico, de Saint-Philippe-de-Bojôannès et de Saint-Nicolas-des-Drosi (Calabre, XIe-XIIe siècles)*, Paris, 2004, n° 2 (donation, 1039-1040) et n° 3 (vente, 1043-1044). Par ailleurs, les monastères, dont les biens sont inaliénables, sont toutefois des biens privés dont la propriété peut être transférée au gré de la volonté des propriétaires privés: voir par exemple la donation d'un monastère grec à l'abbaye de la Sainte-Trinité de Cava par une famille de notables italo-grecs (F. TRINCHERA, *Syllabus graecarum membranarum*, n° 40, 1053). En aucun cas cette situation ne peut être comparée aux donations de monastères par l'autorité publique: il s'agit de biens privés. Remarquons que cet état de fait engendre bien des conséquences à la mort de l'higoumène, lorsqu'il est propriétaire du bien: testament spirituel et testament temporel sont bien souvent confondus, y compris dans l'écriture hagiographique des derniers instants du saint moine ou higoumène.

[22] Je citerai les actes suivants, dans lesquels la rhétorique spirituelle est plus qu'effacée, bien qu'il s'agisse de donations *pro anima* en faveur de divers monastères (dont j'indique le nom entre parenthèses): F. TRINCHERA, *Syllabus graecarum membranarum*, n° 8, 981 (Tarente), n° 77, 1114 (Sainte-Marie de Pertosa), 81, 1116 (Saint-Nicolas de Peratico), 91, 1122 (Sainte-Marie de Pertosa), 116, 1135 (Saint-Nicolas de Cofina), etc. Un exemple éclairant, celui d'un acte de donation billingue, nous permet exceptionnellement de comparer la rhétorique 'latine' et la rhétorique 'grecque' pour un même acte de donation, les deux parties, grecque et latine, de la donation n'ayant pas été rédigées simultanément, mais à une faible distance chronologique. Il s'agit de l'inventaire (*katonoma*) des hommes que le duc de Pouille Roger Borsa a donnés à Bruno (le fondateur de la Grande Chartreuse, venu s'installer dans la Calabre méridionale depuis peu sous contrôle Hauteville): F. TRINCHERA, *Syllabus graecarum membranarum*, n° 68, février 1099 pour l'acte grec, après le 6 octobre 1101 pour la partie latine. Tandis que le préambule de l'acte grec est très sobre, celui de la partie latine a été l'objet d'une réécriture qui emprunte beaucoup et explicitement à la *Vie de saint Martin* par Sulpice Sévère. On renverra donc à l'analyse du document dans A. PETERS-CUSTOT, *Bruno en Calabre. Histoire d'une fondation monastique dans l'Italie normande: S. Maria de Turri et S. Stefano del Bosco* [Collection de l'École française de Rome, 489], Rome, 2014, p. 377-380.

rhétorique, car c'est elle qui assure la validité de la transaction. Certes le verbe d'action souvent diffère, ainsi que le terme désignant l'action, mais les précautions juridiques, les garanties, les modes de transmission du bien, les clauses pénales et amendes sont similaires dans les actes grecs de donation pieuse et les actes grecs d'aliénation issus de l'Italie médiévale. Certes, les actes de donation pieuse comprennent systématiquement – ou presque – dans les clauses pénales, des malédictions sévères contre tout individu qui contesterait la donation ou y contreviendrait, ce qui est normal, car si la donation pieuse est mise en cause, l'effet spirituel – indéniable, incontestable, mais pas irrévocable – de cette donation serait également détruit. Mais de semblables malédictions se rencontrent aussi dans des actes de vente, et la punition spirituelle n'apparaît donc pas comme le caractère exclusif d'une donation spirituelle.[23]

Ici, il convient d'introduire un élément clef de la compréhension des types rédactionnels des actes de la pratique italo-grecs: la rédaction des actes dépend largement des choix opérés par les scribes italo-grecs, lesquels sont pour la plupart des prêtres, dans la tradition byzantine.[24] Leur niveau de formation et d'expression est loin d'être homogène, mais on constate toutefois une qualité assez constante dans leur maîtrise des formulaires et des formes juridiques byzantines. Au début du siècle dernier Ferrari dalle Spade a comparé les formes des actes italo-grecs avec celle des actes qu'il connaissait de l'Empire byzantin, et en a conclu à une remarquable identité formelle[25] – ce qu'a confirmé depuis l'étude des *sigilla* italo-grecs, en tout point semblables aux *sigillia* byzantins.[26] La formation juridique des scribes italo-grecs, tout comme celle des moines et notaires byzantins qui rédigeaient les actes athonites,[27] même lorsqu'elle est de médiocre niveau, permettait de faire en sorte que l'expression des justifications spirituelles, quand elle existait, soit sévèrement encadrée par des formes juridiques qui garantissent les transactions quelles

---

23 On touche là à ce qui constitue un franc décalage entre les monastères italo-grecs, à l'époque byzantine et normande, et les monastères occidentaux sous juridiction pontificale à la même époque: du moins la réforme de l'Église en Occident, depuis le XIe siècle, voire le Xe siècle, tend-elle à réserver les monastères à la juridiction publique de l'Église (évêques et papauté), donc à 'déprivatiser' les monastères. Le passage souhaité et, dans les faits, lent et progressif, de l'ensemble des monastères d'Occident au 'domaine public' épiscopal ou pontifical, mouvement qui va de pair avec la constitution des ordres religieux internationaux au cours des XIe-XIIe siècle, tend à exclure, à éjecter les monastères de la sphère juridique civile pour les placer sous l'ordre exclusif du droit canon. Pour ce faire, il faut que les aristocrates 'rendent' à l'Église leurs monastères privés, d'où les donations pieuses de monastères aux évêques, qui se multiplient à partir du Xe siècle.

24 A. Peters-Custot, *Les Grecs*, p. 164-173 et p. 375-384.

25 G. Ferrari Dalle Spade, *I documenti greci medioevali di diritto privato dell'Italia meridionale e loro attinenze con quelli bizantini d'Oriente e coi papiri greco-egizii* [Byzantinisches Archiv, 4], Leipzig, 1910.

26 G. Breccia, "Il *sigillion* della prima età normanna. Documento pubblico e semipubblico del Mezzogiorno ellenofono", *Quellen und Forschungen aus Italienischen Archiven und Bibliotheken* 79 (1999), p. 1-27.

27 R. Morris, "Reciprocal gifts on Mount Athos".

qu'elles soient. Les instruments d'analyse anthropologique ne sauraient masquer ici la force structurante du droit.

Ceci dit, le fait que les monastères soient considérés comme des biens de propriété privée, soumis aux règles juridiques qui régissent les biens de propriété privée, ne doit pas faire oublier qu'ils ont une dimension religieuse, spirituelle, un statut à part dans l'ordre du salut et de l'eschatologie. Cette dimension est reconnue, bien souvent, dans les préambules des actes de donation italo-grecs, qui évoquent le nécessaire soutien que les chrétiens doivent apporter à ceux qui ont tout donné pour Dieu.[28] Retrouve-t-on, dès lors, dans les monastères italo-grecs, l'exclusivité dans la médiation que les moines opèrent à l'égard des choses sacrées, et qui se construit en occident à partir du Xe siècle?

3. La question du monopole ecclésiastique sur le sacré

Georges Duby a rédigé de belles pages sur le transfert, avec la christianisation de l'Occident, des générosités nécessaires à l'égard des morts, envers les monastères: les moines, devenus des professionnels du sacré, monopolisent la relation d'intercession et donc provoquent à leur bénéfice le transfert des biens autrefois stérilisés parce qu'enterrés avec le défunt, en échange de leurs prières pour les morts.[29] Même en dehors des donations pieuses en échange de prières pour les défunts, il est évident que, dès le VIIe siècle, se multiplient les actes de donation de laïcs à l'égard des monastères, où vivent des individus que le style de vie, la pauvreté choisie, rendent plus agréables à Dieu. Ce qui apparaît au Xe siècle dans la chrétienté occidentale, c'est l'affirmation d'un monopole du clergé et des moines sur le sacré. Ce monopole se déploie en plusieurs manifestations: d'une part la sacralisation des objets, des biens, des espaces de l'Église,[30] qui permet de rendre les biens d'Église intouchables et de réclamer le retour des biens usurpés (dont les dîmes[31]); d'autre part, la distinction nette entre clergé (prêtres et moines) et laïcs et la distance infranchissable qui tend à les séparer. Les prêtres accaparent le monopole sacramentel, tandis que les moines gagnent un statut de médiateurs nécessaires et incontournables dans l'intercession – avec les saints et, dans une moindre mesure, les pauvres auxquels les moines se sont substitués. Ainsi, se dégagent, par le biais des monopoles de

---

[28] F. TRINCHERA, *Syllabus graecarum membranarum*, n° 29, 1034, donation faite par la moniale Hélène, fille de Léandre, au monastère de Cersosimo et n° 43, 1058, donation au même monastère, par les membres d'une même famille italo-grecque (voir *infra* n. 33).

[29] G. DUBY, *Guerriers et paysans, VIIe-XIIe siècle. Premier essor de l'économie européenne*, Paris, 1973, p. 63, réimpr. dans ID., *Féodalité*, Paris, 1996, p. 53 *et seqq.*

[30] On citera les études devenues classiques sur la construction de la sacralité des espaces chrétiens de D. IOGNA-PRAT (*La Maison Dieu. Une histoire monumentale de l'Église au Moyen Âge*, Paris, 2006) et, de M. LAUWERS, les études citées *supra* notes 9 et 11.

[31] Sur les dîmes, voir en dernier lieu: M. LAUWERS (*éd.*), *La dîme, l'Église et la société féodale* [Collection d'Études Médiévales de Nice, 12], Turnhout, 2012.

l'organisation ecclésiastique, deux faits essentiels: les biens d'Église sont intouchables, et les donations pieuses pour se gagner les prières des moines constituent le meilleur passeport pour le Ciel – même si, pour Pierre Damien, ce passeport ne suffit pas à lui seul.[32] Les mécanismes de médiation sont complexes et incluent d'autres intervenants que les moines: il n'en reste pas moins que l'explosion quantitative des actes de donation *pro anima* relève aussi de la monopolisation monastique – et plus largement ecclésiastique – de l'intercession entre les vivants et les morts, entre les pécheurs et Dieu.

L'appréhension du monde byzantin et 'para-byzantin' témoigne donc de l'existence d'une réalité alternative qui échappe aux dynamiques de la réforme ecclésiastique occidentale: ce n'est pas le monopole à l'égard du sacré qui fonde le caractère intouchable des biens d'Église, c'est le droit romain qui, depuis Justinien, en garantit l'inaliénabilité. Ainsi, certains préambules de donations pieuses italo-grecques attestent que la protection des biens des monastères est une obligation des lois spirituelles, du droit, et que c'est aux chrétiens d'en garantir l'intégrité.[33] Par ailleurs, la relation entre la donation spirituelle et le monachisme est nettement moins systématique et exclusive: un document italo-grec datant de juillet 1032[34] fait état d'une donation spirituelle (ὑπὲρ ψυχηκῆς μου σωτηρίας, '*en vue du salut de mon âme*') réalisée non au bénéfice d'un monastère, mais d'une esclave que le donateur vient d'affranchir: l'acte de donation en soi est salvateur, ce qui ne nécessite nulle médiation (et encore moins de contre-don) de la part d'un monastère intercesseur, ici inexistant : l'affranchissement d'un(e) esclave et la donation à l'affranchi(e) valent pour action spirituelle porteuse de salut. D'autres donations se font

---

32 Voir ce qu'en dit E. MAGNANI dans "Du don aux églises au don pour le salut de l'âme": '*La donation pro anima serait, selon lui, inutile au pécheur qui ne s'est pas repenti et elle risquerait par surcroît de contaminer ceux qui l'ont reçue. En portant plus de nuance à cette assertion, qui met en cause l'efficacité des suffrages pour les morts, Pierre Damien précise ensuite que le salut s'obtient par la combinaison de la préparation personnelle et de l'aide aux défunts, les deux moyens nécessaires, mais qui isolément sont insuffisants. Du point de vue des représentations, l'écho de ces préoccupations dans les documents de la pratique marque un tournant en associant la transformation 'traditionnelle' des choses données à celle de l'homme.*'

33 F. TRINCHERA, *Syllabus graecarum membranarum*, n° 29, 1034 (on respecte ici l'accentuation fantaisiste du scribe du document): '*εποιδι καὶ οἱ πενυματικη νομοι ακολουθοντας στασιν αταραχον καὶ ανεπερεαστον διαφυλαγτειν οφιλομεν καὶ πασιν τα αυτης συντηρησιν ω σηνκρατουσαν, καὶ περιεπουσαντα ημετερα, καὶ πόλλη επισπωμενη την ἀπο του Θεῖου ροπην τε καὶ ευμενταν ἧς ἥμας...*' ('*Puisque, nous soumettant aux lois spirituelles, nous devons faire en sorte que la stasis (de l'église) reste intacte de toute violence et vexation et permettre la conservation de tous les biens…*'). Dans le même goût : *Ibidem*, n° 43, 1058, donation au même monastère, par les membres d'une même famille italo-grecque: '*Επειδεὶ καὶ πνευματικοῖς νόμοις ακολουθουντες προτο μὲν τὴν ἐκκλησιαστικὴν κατάστασιν ἀτάραχον καὶ ἀνεπερέαστον διαφυλαττειν ὡφίλωμεν συγκρωτοῦσαν καὶ περίεπουσαν τα ημέτερα καὶ πολλὰ επισκομενη την ἀπο τοῦ Θειοῦ ρωπὴν καὶ ἐννοιαν ης ἡμὰς, δέων ηλικρινοί τη καρδία τοὺς δια τον Θεὸν εὐαρεστησάσιν καὶ γνησίως λατρεύουσιν το αυτο κινδυνων ἐχέτω διὄτι ταῦτα…*' (nous reproduisons ici aussi les textes tels qu'ils furent publiés par Francesco Trinchera, bien que les documents soient encore visibles à l'abbaye de Cava, car nous n'avons pas eu le temps de vérifier les lectures in situ).; *ibid.*, n° 46, 1063 (même préambule, et même scribe que l'acte 43, le prêtre Chrysaphios, tabellion).

34 F. TRINCHERA, *Syllabus graecarum membranarum*, n° 24.

au bénéfice non d'un monastère, mais d'une église tenue par un *chorépiskopos* (un chorévêque) qui en gère les biens.[35] À l'inverse, si toutes les donations pieuses ne sont pas au profit des moines, toutes les donations à un monastère ne sont pas pieuses: certaines constituent la contribution légale liée à l'entrée au monastère d'un individu, telle que spécifié par le droit justinien,[36] d'autres sont des donations de gratitude à l'égard d'un moine, d'un higoumène qui a aidé le donateur ou sa famille;[37] d'autres enfin sont des donations contraintes (telle la donation que fait, sur ordre du comte Roger Ier, l'évêque grec de Squillace Théodore Mésimérios, à Bruno de Cologne et ses compagnons, venus s'installer dans son diocèse[38]); d'autres enfin ne manifestent aucune justification d'aucun ordre, pas même le salut de l'âme, et on peut se demander quelle est la raison de ces donations.[39]

En bref, le monde italo-grec, tout comme le reste du monde byzantin, admet bien des formes de *psychika* et bien des instruments de salut – le plus efficace étant la conversion à la vie ascétique.[40] Les relations entre les monastères et les laïcs ne sont pas structurées par le lien des donations pieuses, mais par l'obligation légale de garantir l'inaliénabilité des biens d'Église: la spécificité des moines ne tient pas dans leur monopole d'accès au salut, et d'intercession efficace, mais dans le devoir des laïcs à leur égard et à l'égard de leurs moyens de subsistance.[41] Clercs, moines et laïcs ne sont pas séparés par une hiérarchie dans la proximité au sacré, mais plutôt, au quotidien, par une échelle de valeur liée à leurs choix de vie, plus ou

35 *Ibidem*, n° 32, avril 1040 et 34, avril 1045. Sur *Kinnamos*, chorévêque grec à l'église de Saint-Memnon, voir J.-M. MARTIN, "Κίνναμος Ἐπίσκοπος-*Cennamus episcopus*. Aux avant-postes de l'hellénisme sud-italien vers l'an Mil", *Rivista di Studi Bizantini e Neoellenici* 27 (1990), Rome, 1991, p. 89-99.

36 F. TRINCHERA, *Syllabus graecarum membranarum*, n° 15, 1014. Le document certifie également que le moine Niphon *Typhlos* et son fils devront bénéficier du fait que les moines psalmodient et officient pour eux.

37 Voir C. ROGNONI (*éd.*), *Les actes privés grecs*, n° 2, 1039-1040: la donation, au profit de l'higoumène de Saint-Pancrace de Briatico, vise à remercier ce dernier; *Ibidem*, n° 9, 1059: donation réalisée par trois individus qui ont été hébergés pendant trois ans au même monastère, grâce à l'higoumène Théodule, cousin des donateurs. Toutefois, l'acte de donation spécifie que l'un des donateurs, Agathon, agit pour le salut de son âme et pour que son nom soit inscrit dans les diptyques. Il y a là le reflet d'une demande spécifique faite par ce donateur, et qui combine donation de gratitude à une personne, et donation pieuse.

38 F. TRINCHERA, *Syllabus graecarum membranarum*, n° 53, 7 décembre 1091. On sent là toute la pesanteur du chef de l'Église, le Grand Comte, sur le clergé obéissant. Pour une analyse de ce document et de ses implications sur l'histoire de Bruno de Cologne, fondateur de la Grande Chartreuse et bénéficiaire de cette donation, en Calabre, voir A. PETERS-CUSTOT, *Bruno en Calabre*.

39 Voir en particulier ces actes de donation de laïcs à un monastère, sans aucune justification, pas même la mention du salut de l'âme: F. TRINCHERA, *Syllabus graecarum membranarum*, n° 141, décembre 1145, en faveur du monastère grec de Cersosimo; ou *ibid.*, n° 202, 1180, pour Saint-Phantin de Cerchiara.

40 *Ibidem*, n° 27, novembre 1033.

41 On retrouve cette idée dans le préambule de la donation, par le duc de Pouille Roger Borsa, fils du conquérant Robrt Guiscard, du monastère de Saint-Adrien de Rossano à l'abbaye de Cava (F. TRINCHERA, *Syllabus graecarum membranarum*, n° 52, août 1091).

moins proche de l'imitation du Christ, la *Christomimèsis*, qui en est l'échelle d'évaluation absolue.

4. Les mécanismes de la donation pieuse italo-grecque

Dans leur ensemble les donations pieuses italo-grecques obéissent à des formulaires proches qui reflètent un processus homogène. Dans la justification de leurs actes, quand elle existe, les donateurs avancent des arguments qui relèvent soit des devoirs des laïcs à l'égard des moines, comme on l'a vu, soit de la théologie de l'aumône[42] ou de l'imitation des sacrifices du Christ, ou enfin de la reconnaissance à l'égard d'une dette absolue: celle due à l'Incarnation – auquel cas tout don pieux exprime un remerciement.[43] Un exemple normand atteste aussi la valeur d'*exemplum* de la charité des grands saints.[44] Quoi qu'il en soit, cette théologie bien comprise de la donation pieuse suggère une constatation évidente et récurrente: c'est l'acte de donner qui, en soi, porte l'espérance du salut. La donation, comme sacrifice de biens matériels pour Dieu et ses serviteurs, est en soi *psychika*, elle porte en elle l'imitation du Christ et la charité, elle vaut par elle-même action de salut: en bref, elle justifie. Cette vision paulinienne de la donation, comme œuvre de salut, n'est pas explicitée par le biais, par exemple, d'une citation de Paul, mais implicite et rendue évidente par l'absence de toute exigence contractuelle à l'égard des moines bénéficiaires de la donation. L'acte porte l'espoir de la rédemption et de l'effacement des péchés: c'est un don pur[45] et sans exigence de retour, mais avec l'espoir de la rédemption. C'est ce qui explique qu'une donation au bénéfice d'une esclave

---

42 Voir les exemples *cités* supra n. 30. Illustration de la présence de la théologie de l'aumône dans les préambules, l'acte de donation-fondation en faveur de Jean-Théristès, par une famille italo-grecque aisée, en janvier 1162: Silvio Giuseppe MERCATI, Ciro GIANNELLI, André GUILLOU, *Saint-Jean-Théristès (1054-1264)* [Corpus des Actes grecs d'Italie du Sud et de Sicile. Recherches d'histoire et de géographie, 5], Cité du Vatican, 1980, doc. n° 31, p. 169-172.

43 Voir dans le cas athonite Ch. GIROS, "Le statut de la donation à Byzance: rhétorique et actes de la pratique (X^e-XVe siècle)", dans: J.-M. SPIESER et E. YOTA (éd.), *Donation et donateurs dans le monde byzantin. Actes du colloque internaitonal de l'Université de Fribourg, 13-15 mars 2008* [Réalités byzantines, 14], Paris, 2012, p. 97-106, ici p. 99, avec l'exemple d'un chrysobulle de Jean VII Paléologue, bien postérieur au cadre chronologique de notre étude (1407).

44 La donation du duc normand de Pouille, Roger Borsa, à Bruno en 1099, se présente comme un acte grec très sobre auquel on a adossé plus tard (après la mort de Bruno, datée du 6 octobre 1101) une version latine dont le préambule est enrichi de l'exemple de la charité de saint Martin et de la citation évangélique fort commune, *Quod uni ex minimis meis fecistis michi fecistis*. L'appel à la *Vie de saint Martin* par Sulpice-Sévère, qui est ici copié presque mot à mot (voir A. PETERS-CUSTOT, *Bruno en Calabre*, p. 377-380), permet d'intégrer la donation ducale dans un schéma théologique de l'aumône, dans lequel le Christ se cache derrière chaque pauvre à qui on fait l'aumône – même si, en l'occurrence, dans la donation, le 'pauvre' est figuré par les moines bénéficiaires de la générosité ducale, lesquels, en imitant le Christ, revêtent sa stature de pauvre caché.

45 Sur le don 'pur' et son expression dans les actes de donation athonites, voir R. MORRIS, "Reciprocal gifts on Mount Athos".

affranchie puisse elle aussi porter l'espoir d'une rédemption spirituelle du donateur (ancien propriétaire de ladite esclave).[46]

Le mécanisme des donations 'pneumatiques' ou 'psychiques' italo-grecques, donc, ne rend nullement nécessaires les processus touchant les biens donnés, la complexe circulation des biens terrestres, leur mutation en choses célestes à l'image de la commutation eucharistique, ni la nécessaire médiation des moines, toutes choses qu'Eliana Magnani décrit pour les donations pieuses occidentales.[47] Certes, les moines sont nécessaires en ce qu'ils ont accaparé depuis des siècles la mission de charité, et sont les intermédiaires quasi obligatoires de l'aumône – même si les évêques, voire des laïcs peuvent en faire autant. Pour autant, ils ne constituent pas le prisme de mutation des biens donnés en biens spirituels; et ils ne sont pas plus tenus d'un contre-don spirituel sous forme de prière: le don en soit étant salvateur, il n'y a pas de contrat de contre-don – ou alors celui-ci sera reçu dans l'au-delà, et ne dépend pas de la prière des moines.[48] Il convient de souligner que Jean-Marie Sansterre a fait la même constatation concernant un autre genre de sources documentaires italo-grecques, les textes hagiographiques,[49] ce qui tend à montrer que les actes de donation *pro anima* et le discours hagiographique italo-grecs baignaient dans un même *habitus* d'écriture de la donation spirituelle, celle du don pur, qui justifie par lui-même.

Du moins est-ce le cas général, le plus fréquent. On notera toutefois quelques aménagements à la règle, dans des situations bien précises qui ne la contredisent pas, et qui sont conformes à ce qu'on constate dans l'Empire byzantin: ainsi, le contre-don peut apparaître sous la forme de l'inscription dans les diptyques et de la commémoration des noms des fondateurs (*ktitores*) dans les *typika*, ou des propriétaires

---

46 Voir l'exemple *supra* note 34.

47 C'est en particulier l'objet de son étude sur le rapport entre donation *pro anima* et sacrifice eucharistique: E. MAGNANI, "Du don aux églises au don pour le salut de l'âme". Soulignons que les diptyques liturgiques byzantins, qui ne sont pas des instruments de commémoration monastique mais ecclésiastiques, se rapprochent toutefois de la vision occidentale d'une commémoration associée au sacrifice eucharistique, en ce que les noms doivent être récités et proclamés par le diacre au moment de l'eucharistie, ce qui en fait rapidement des instruments politiques et diplomatiques, la suppression ou l'introduction du nom devenant un enjeu politique, en particulier pour les diptyques de la Grande Église de Constantinople. Voir: A KAZHDAN (*éd.*), *The Oxford Dictionary of Byzantium*, New York, 1991, vol. 1, p. 637, s.v. "diptychs, liturgical".

48 S. G. MERCATI, C. GIANNELLI, André GUILLOU, *Saint-Jean-Théristès (1054-1264)*, doc. n° 23, p. 140-143, donation d'Arkadios et de son parent Léon au monastère de Saint-Jean-Théristès (1154). Le préambule précise: '*les dons faits aux monastères ne sont pas détruits et les donateurs recevront leur salaire dans le Ciel*' (trad. des éditeurs). Un autre document du même fond, de peu postérieur (*Ibidem*, doc. n° 36, 1168-1169) établit dans le préambule que les dons faits aux monastères concèdent '*le droit d'hériter dans l'au-delà*', reflétant un transfert juridique du spirituel tout à fait byzantin.

49 J.-M. SANSTERRE, "Remarques sur les miracles de saints récents dans l'hagiographie du Mont-Cassin et celle du monastère grec de Grottaferrata au XIe siècle", dans : D. AIGLE (*éd.*), *Miracles et karâma. Hagiographies médiévales comparées*, Turnhout, 2000, p. 525-542, ici p. 535-537: l'auteur relève l'absence de don conditionnel dans les hagiographies italo-grecques du XIe siècle, contrairement à ce qu'on trouve dans bien des hagiographies latines de la même époque. L'auteur y voit l'application d'une spécificité théologique mais également, en arrière-plan, juridique: les orientaux ne supporteraient pas de fixer les termes d'un marché avec le saint ou Dieu, à qui ce droit revient exclusivement.

des monastères (qui sont, rappelons-le encore, des biens privés).[50] Autre cas de donation pieuse en échange d'un contre-don dûment mentionné, celui qui vise à acheter une inhumation *ad sanctos* – qui suggère que le bénéfice *post-mortem* est similaire à celui de qui entre au monastère juste avant sa mort: à savoir la communion à la vie liturgique d'une communauté de moines.[51] L'acte de donation/testament d'une veuve de l'aristocratie gréco-calabraise, Zoè Moschatos, en 1154, associe du reste, dans un geste assez rare, une donation pieuse au monastère italo-grec de Saint-Jean Thérístès, l'exigence d'une inhumation dans l'église monastique, et l'entrée de la veuve comme moniale dans ce monastère, pourtant masculin.[52] Précieux témoignage des glissements rhétoriques mais surtout pratiques de la donation pieuse dans la Calabre méridionale hellénisée mais depuis un siècle sous domination latine, le document, qui est plus un testament qu'une donation pieuse, exprime dans le préambule l'idée que le don pur reçoit une récompense directe de Dieu – sans médiation

---

50 C'est ce qu'on constate en effet dans les premières mentions italo-grecques de l'inscription de donateurs sur les diptyques d'un monastère: F. Trinchera, *Syllabus graecarum membranarum*, n° 40, 1053: la famille du tourmarque Luc donne son monastère déserté (en raison des troubles que subit la région) à l'abbaye de Cava; en tant que propriétaires – et probablement descendants du fondateur – ils exigent l'insertion de leurs noms dans les diptyques sacrés. On ne saurait écarter l'hypothèse d'une influence latine en cette région de la Basilicate, surtout sur une famille italo-grecque qui donne son monastère à l'abbaye de Cava, elle-même sous forte influence clunisienne. On a d'autres exemples dans la Calabre byzantine: A. Guillou, *Saint-Nicolas de Donnoso (1031-1060/1061)* [Corpus des actes grecs d'Italie du Sud et de Sicile. Recherches d'histoire et de géographie, 1], Cité du Vatican, 1967, doc. n° 1 (3 janvier 1031) et 4 (1060-1061). Il est à souligner que le premier de ces deux documents est une vente, et non une donation: sur les neuf tarins du prix du bien, acheté par le kathigoumène de Saint-Nicolas, les vendeurs en laissent deux au monastère, en échange de l'inscription de leurs noms dans les diptyques. Le second de ces exemples est une donation qui assure au donateur, âgé, d'être entretenu par le monastère bénéficiaire. Côté byzantin, on pense également aux *typika* de fondation, dans lesquels le fondateur désire bénéficier des prières des moines: comme le *typikon* de fondation du monastère de Bačkovo par Grégoire Pakourianos à la fin du XIe siècle (P. Gautier, "Le typikon du sébaste Grégoire Pakourianos", *Revue des Études byzantines*, 42, 1984, p. 5-145) et les *typika* de fondation de monastères impériaux du XIIe siècle par Jean II Comnène et Irène Doukaina Comnène (voir J. Thomas et A. Constantinides Hero [*éd.*], *Byzantine Monastic Foundation Documents* [Dumbarton Oaks Studies, 35], Washington DC, 2000, II, n° 28). Un exemple byzantin fait penser aux livres de confraternités occidentaux: le *Synodikon* d'Iviron, qui dresse la liste des donateurs géorgiens laïcs dont il faut commémorer les noms (J. Lefort, N. Oikonomides et D. Papachryssanthou (*éd.*), *Actes d'Iviron*, I. *Des origines au milieu du XIe siècle* [Archives de l'Athos, 14], Paris, 1985, introduction p. 6-8 et II, introduction p. 3-11). Christophe Giros a particulièrement mis en lumière le rôle de la commémoration des donateurs dans la pratique byzantine du don, à partir des actes athonites: Ch. Giros, "Le statut de la donation à Byzance", particulièrement p. 101-103.

51 F. Trinchera, *Syllabus graecarum membranarum*, n° 32, avril 1040 (donation à l'église – et non au monastère – de Saint-Memnon, tenue par le *chôrépiskopos Kinnamos*, contre le droit d'être inhumé à proximité de saint Memnon; *ibidem*, n° 34, avril 1045 – même bénéficiaire, même raison; *ibidem*, n° 39, 1052 (monastère des Saints-Apôtres), etc.. Liée à cette volonté de participation aux offices, la donation pieuse qui demande en échange la commémoration du nom des bienfaiteurs spécifiquement au moment de l'eucharistie – exemple de copie sur la commutation eucharistique chère à Eliana Magnani – apparaît (rarement) dans les milieux italo-grecs à compter du second tiers du XIIe siècle, au moment où l'inscription des noms des donateurs dans les diptyques commence à se répandre.

52 S. G. Mercati, C. Giannelli, A. Guillou, *Saint-Jean-Théristès (1054-1264)*, doc. n° 21 p. 130-133.

monastique, et sans contre-don exigé – qui adhère à une rhétorique italo-byzantine;[53] tandis qu'un passage du texte concerne une donation spécifique d'un métoque à Saint-Jean-Théristès, afin que les moines prient pour l'âme du roi – Roger II, mort cette même année – et pour celles de la donatrice et de son défunt époux.[54]

Un dernier cas doit être envisagé. Il est rare mais a suscité quantité de débats autour de la nature réelle de la transaction qu'il mettait en action: il s'agit des donations assorties du versement, par le bénéficiaire, d'une somme d'argent au titre de l''eulogie' ou *charis*, à l'égard du donateur. Si on se limitait aux cas italo-grecs, on y verrait l'influence du droit germanique importé en Italie méridionale *via* les Normands – et c'est l'interprétation qu'en donna Ménager, penchant non pas tant pour l'influence du *Launegilt* lombard, que pour celle d'anciennes coutumes franques[55] tant il est vrai que les cas sont tous postérieurs à la conquête normande de l'Italie méridionale.[56] Toutefois, deux faits semblent contredire cette hypothèse: le *Lohngeld* (ou *Launegilt*) germanique est toujours en nature;[57] d'autre part, l'eulogie apparaît dans les actes athonites,[58] dont on peut dire qu'ils sont, pour le moins,

53 *Ibid.*, p. 132, l. 4 *et seq.*: '*χρὶσος γὰρ πολλάκεις οἷου τε καὶ κτίσεις πολυτελεῖς διαφθήρωνται, τὰ δὲ τῷ Θεῷ ἀφιερούμενα ἀδιάφθαρτα καὶ ἀτελεύτιτα εἰς ἀπεράντους αἰῶνας διαμένουσιν καὶ τὴν αὐτῶν ἀντάμιψην ἑκατονταπλασίονα παρὰ τοῦ μησθαπαδώτου Θεοῦ λήψωνται…*' ('*L'or de quiconque et les propriétés de valeur souvent se perdent, les dons faits à Dieu au contraire restent incorruptibles et éternels et la récompense remise par Dieu en échange sera cent fois plus importante*').

54 *Ibidem*, p. 133 l. 25-26.

55 Pour Léon-Robert Ménager, en particulier, la donation contre eulogie réalisée au profit du monastère grec du Patire de Rossano par Foulque de Bassenger en 1111 atteste l'importation d'un primitivisme juridique venu de France avec les Normands, et dont il rapporte les formes à certains exemples de donation-vente pour Cluny, ou certaines chartes du Rouergue au XIIe siècle: L.-R. MÉNAGER, *Amiratus-Ἀμηρᾶς, l'émirat et les origines de l'amirauté (XIe-XIIe siècles)* [Bibliothèque de l'École Pratique des hautes Études, VIe section], Paris, 1960, Appendice II, n° 8 p. 177-178.

56 André Guillou et Cristina Rognoni ont dressé une liste des exemples italo-grecs (assez nombreux) et des exemples athonites dans A. GUILLOU et C. ROGNONI, "Eulogia: un gesto di riconoscenza?", dans: G. ANDENNA et H. HOUBEN (*éd.*), *Mediterraneo, Mezzogiorno, Europa. Studi in onore di Cosimo Damiano Fonseca*, Bari, 2004, vol. 2, p. 573-579; et Christophe Giros évoque également cette pratique dans "Le statut de la donation à Byzance", ici p. 103-104. Les actes italo-grecs de se type s'étendent entre 1124 et 1210, soit un large XIIe siècle. Un seul exemple d'eulogie date du XIe siècle, le testament de *Genesios*, Grec de Tarente, qui donne à sa fille *Purpura* un bien à titre d'eulogie: mais il s'agit là du sens premier du terme, correspondant au français 'reconnaissance': *Genesios* manifeste sa gratitude à l'égard de sa fille. Il ne s'agit donc aucunement d'une donation contre eulogie. L'acte est publié dans une édition ancienne mais encore non remplacée: G. ROBINSON, *History and Cartulary of the Greek Monastery of S. Anastasius and S. Elias of Carbone. II. Cartulary*, Rome, 1929-1930, 2 vol. (*Orientalia Christiana* 15/2 (1929), n° 53, p. 121-276 et *Orientalia Christiana* 19/1 (1930), n° 62, p. 5-200), doc. n° X, septembre 1075). Ce testament très anticipé (*Genesios* en rédige un second en 1086: *ibidem*, n° XII) est lié à l'entrée de son auteur dans un monastère. Le futur moine règle donc par avance sa succession, quitte à la retoucher lorsqu'un de ses ayant-droits, en l'occurrence son frère, décède.

57 Ch. WICKHAM, "Compulsory gift exchange in Lombard Italy, 650-1160".

58 A. GUILLOU et C. ROGNONI, "Eulogia: un gesto di riconoscenza?", p. 575-576: en particulier un acte de garantie fort précoce, de Constantin Phasoulos, daté de 1056 et publié dans N. OIKONOMIDES (*éd.*), *Actes de Dionysiou* [Archives de l'Athos, 4], Paris, 1968, n° 1 p. 35-42. Ce document émis en faveur de Métrophane, higoumène de Saint-Pantéléïmon des Thessaloniciens, consacre le règlement amiable d'un litige de propriété entre les deux parties.

peu susceptibles d'être soumis à des influences lombardes ou normandes. Éclairée par l'étude de Rosamund Morris sur les actes athonites, j'ai pu constater que, dans la plupart des cas italo-grecs, l'eulogie caractérise une transaction dénommée donation (*aphiérôsis*) mais concernant un bien inaliénable: bien d'un moine (donc normalement bien d'un monastère) ou bien ecclésiastique:[59] l'eulogie est donc une vente déguisée, et non une donation, malgré les termes pieux qui parsèment le document.[60]

Bien entendu, tout ce qui vient d'être développé au sujet des donations pieuses italo-grecques ne concerne que les actes commandés par des individus vivant sous le droit byzantin. Car, plus que la nature du monastère ou de l'individu qui reçoit la donation, c'est le droit sous lequel vit le donateur qui importe: là encore, on retrouve la force structurante et déterminante du droit. En effet, les 'Normands', lorsqu'ils accomplissent des donations au bénéfice de monastères, grecs ou latins, peuvent suivre le mode italo-grec (c'est-à-dire byzantin) ou le mode 'latin' (c'est-à-dire que la donation spirituelle s'accompagne d'un contrat de contre-don en vertu duquel les moines doivent prier pour les donateurs, leurs parents, etc.). Cette alternative signifie que le choix de tel ou tel mode juridique dépend de la volonté de l'auteur, de la négociation avec le scribe, latin ou grec, et des capacités de ce dernier à traduire la volonté de l'auteur, tout un ensemble de critères dont on ne maîtrise pas forcément les rapports mutuels. Toujours est-il que ces choix ne dépendent pas, en revanche, de l'institution bénéficiaire de la donation.

On ne saurait donc s'étonner de voir que la circulation des formulaires, tout comme celle des habitudes, modes et coutumes d'écriture, y compris au sein des monastères italo-grecs, aient pu provoquer des phénomènes d'acculturation. Ceux-ci sont visibles dans les actes grecs à partir du dernier quart du XIIe siècle: c'est à ce moment que des donateurs italo-grecs, de droit byzantin, exigent des contreparties

---

59 L'exemple athonite le plus précoce, la garantie de Constantin Phasoulos en faveur du monastère de Saint-Pantéléïmon (cf note précédente) règle, en 1056, un conflit de propriété entre les deux parties. Les terrains contestés étant stratiotiques (le terme désigne des terres sur lesquelles pèse la *stratéia*, taxe issue de la fiscalisation – *adaeratio* – d'une obligation militaire spécifique), donc inaliénables, même par l'État, Phasoulos ne pouvait les vendre. On en passe donc par l'eulogie, qui définit ici une vente déguisée, désignée comme une donation pour contourner les interdits juridiques. Cette stratégie de la vente déguisée explique sans doute que l'eulogie soit forcément définie comme une somme d'argent, puisqu'elle ne vise qu'à contourner des statuts d'inaliénabilité juridique. Et comme Phasoulos continue de verser la *stratéia* sur les terres pourtant 'cédées' par ce dispositif, ce qui explique le prix élevé de la transaction, le statut de cette terre ne change pas et le fisc n'est pas lésé, ce qui rend l'accord valable et légal. Les autres donations contre eulogie qu'on a relevées correspondent à des biens de moines ou de monastères probablement touchés par l'inaliénabilité des biens monastiques.

60 Curieusement, les évolutions juridiques simultanées entre l'espace athonite et l'Italie méridionale se multiplient à l'époque normande. Outre l'eulogie ici évoquée, mentionnons l'apparition concomitante, dans les actes grecs d'Italie du Sud et de l'Athos, de l'invocation du sénatus consulte velléien à la fin du XIIe et au XIIIe siècle. À ce propos voir A. PETERS-CUSTOT, "La mention du sénatus-consulte velléien dans les actes grecs de l'Italie du Sud et de Sicile", dans: J.-M. MARTIN, A. PETERS-CUSTOT, et V. PRIGENT (*éd.*), *L'héritage byzantine en Italie. Les cadres juridiques et sociaux et les institutions publiques* [Collection de l'École française de Rome, 461], Rome, 2012, p. 51-72.

spirituelles aux donations pieuses qu'ils accomplissent: inscription de leurs noms dans les diptyques[61] (et pas seulement ceux des propriétaires ou des fondateurs du monastère), prières, particulièrement pendant le sacrifice eucharistique,[62] commémoration des aïeux.[63] Ces phénomènes apparaissent d'abord dans les zones dans lesquelles la présence grecque est au contact constant, depuis l'époque byzantine, d'une population latine, de droit lombard et de rite romain (la Basilicate méridionale, la Pouille, en particulier). Ce n'est que plus tardivement que ces influences se manifestent dans les zones mieux enracinées dans l'héritage byzantin (la Calabre méridionale essentiellement). Aucune contrainte n'est imposée, ces pratiques sont librement importées par les Italo-Grecs, avec la probable influence des notaires eux-mêmes, qui travaillent pour les seigneurs 'normands' et diffusent leurs pratiques et modes dans les populations de rite grec.

Même si l'influence des pratiques des seigneurs occidentaux introduites avec la conquête normande est probable, cette influence ne s'inscrit pas dans une logique féodale: non seulement parce que la féodalité normande de Calabre est, on l'a dit, privée de droits banaux et que les dîmes sur les revenus privés n'existent pas; mais aussi parce que les élites italo-grecques ne sont qu'exceptionnellement intégrées, par mariages, aux familles seigneuriales occidentales.[64] Cette acculturation n'est pas non plus le produit d'une active promotion pontificale de la réforme, la papauté n'agissant que très indirectement dans les affaires de l'Église du Royaume de Sicile;[65] le glissement des pratiques dans les donations *pro anima* résulte également moins de l'introduction de monastères bénédictins et cisterciens, que de l'existence de donations pieuses 'normandes' aux monastères italo-grecs. Toujours est-il que cette fin du XIIe siècle atteste la perfusion d'une conception 'latine' de la donation pieuse qui avait résisté jusqu'alors, et qui fait passer d'une conception de l'œuvre justificatrice en soi, à une vision plus contractuelle du don spirituel, assorti d'un contre-don sous formes de prières. Le monachisme italo-grec épouse donc, au XIIIe siècle – seulement au XIIIe siècle, peut-on suggérer - une conception contractuelle de la donation *pro anima* qui ne peut que renforcer le poids du monachisme dans la société, et affaiblir la société de droit dans laquelle étaient intégrés les monastères.

---

61 Mentionnons quelques cas, italo-grecs exclusivement: F. TRINCHERA, *Syllabus graecarum membranarum*, n° 99, 1126: *Théognô*, veuve de Grégoire Trasimundos, donne une partie de son *théorêtron* (dotation matrimoniale reçue de l'époux, en droit byzantin) au monastère de Saint-Jean de Calveto; *ibidem*, n° 112, juillet 1132 (donation par la famille du prêtre Léon, en faveur du monastère de Saint-Nicolas de Cofina); *ibidem*, n° 169, juillet 1166, etc.

62 *Ibidem*, n° 211, juillet 1181: la donation, réalisée par Basile fils du défunt *Consta* surnommé *Eptapocamillos*, sa sœur et Léon 'Grande Dio', pour le monastère de Saint-Phantin de Cerchiara et son économe Guillaume est faite pour la rédemption et rémission de leurs nombreux péchés et ceux de leur mère '*pour que tu fasses mémoire de notre médiocrité au non-sanglant et divin service, et dans les sacrés diptyques, ainsi que de notre mère, et que nous trouvions la miséricorde au jour du jugement*'.

63 Les exemples sont très nombreux à partir des années 1130, pour les donations pieuses italo-grecques, à commencer par celles qui se déroulent dans la zone fort latine de la Basilicate.

64 A. PETERS-CUSTOT, *Les Grecs de l'Italie méridionale post-byzantine*, p. 313.

65 *Ibidem*, p. 240-246.

5. Conclusions

Les actes de donation spirituelle que les Italo-Grecs font rédiger en grec par les scribes au profit d'établissements monastiques grecs attestent, dans la rhétorique comme dans la pratique de la donation spirituelle, deux principales différences avec leurs équivalents latins: d'une part, la conception de la donation spirituelle est profondément enracinée dans une vision paulienne de la donation, comme œuvre en soi justificatrice, et donc porteuse en elle-même de l'espoir du salut et de la rémission des péchés. Cette conception dépend donc de celle de l'aumône au pauvre comme représentant du Christ sur terre, telle que Cyprien l'avait définie.[66] Si les monastères se font les principaux intermédiaires entre les pécheurs et les pauvres, ils ne constituent pas, contrairement à l'Occident à l'heure de la réforme, l'unique biais de l'œuvre, qui peut se manifester sans eux et donc sauver sans eux. Seconde différence, de taille, la donation pieuse s'inscrit dans le monde italo-grec non dans la coutume mais dans le droit: la donation pieuse est une catégorie juridique, incluse dans celle des donations mais proche, dans le langage et les modes de validation, de la vente. Donations, ventes, échanges de biens ne sont jamais confondus, même dans le cas des donations contre eulogies: la donation pieuse, comme donation, obéit à des catégories juridiques bien précises, qui reflètent la conception toute juridique de ce type d'acte d'aliénation au profit de monastères qui sont, eux aussi, des biens privés soumis à des catégories de droit civil.

Les donations pieuses italo-grecques sont donc, en général, des donations pures, sans contre-don. Le point crucial, que nous n'avons pas réussi à établir avec fermeté, consiste à savoir si cette vision du don spirituel est issue de la théologie paulinienne des œuvres salvatrices, ou de l'enracinement de la donation dans le cadre juridique romain du don, don gratuit, pur et sans retour. Les deux facteurs ont pu jouer, mais on retiendra tout de même par hypothèse que la force de l'État de droit est un facteur décisif de la société dite 'byzantine'. Or, et c'est ici que se manifeste l'apport le plus dérangeant de la comparaison avec les donations pieuses issues des archives de l'Athos, les actes athonites semblent connaître, au moins partiellement, une esquisse de la pratique du contre-don. Toutefois, les exemples donnés par Christophe Giros concernent soit des documents tardifs, soit des actes pour lesquels la logique du contre-don n'est pas si claire: vente déguisée, comme on l'a vu, reconnaissance à l'égard des bienfaits venus de Dieu,[67] voire de l'Incarnation elle-même...[68] Le sujet mériterait d'être creusé. Car s'il s'avère que les actes de donation des archives athonites montrent, pour une période antérieure au XIIIe siècle, une réelle et franche

---

66 E. Magnani, "Du don aux églises au don pour le salut de l'âme": '*Chez Cyprien, on retrouve la doctrine de l'aumône déployée avec tous les thèmes et les références scripturaires qui constituent le fonds commun des siècles suivants et du Moyen Âge. Il pose ainsi plusieurs jalons importants, étant le premier à développer l'idée, déjà présente dans les Écritures et dans les auteurs grecs antérieurs, que l'aumône efface le péché, comme une doctrine distinctement formulée de la rémission des fautes commises après le baptême, en la reliant à la doctrine générale du salut.*'

67 Christophe Giros, "Le statut de la donation à Byzance", p. 98 et note 11.

68 *Ibidem*, p. 99 et note 13.

pratique du contre-don semblable à celle en cours dans l'Occident de la même époque, le particularisme italo-grec viendrait à poser des questions supplémentaires, et notamment son origine. Peut-on imaginer que la périphérie occidentale de l'Empire ait maintenu une forme archaïsante sinon rétrograde de la donation pieuse, qui puisse être attachée plus fermement, soit à une vision paulinienne de la rédemption qu'on pourrait qualifier de pré-iconodoule, comme y invitent les analyses de Marie-France Auzépy sur les modèles opposés de sainteté iconoclaste et iconodoule,[69] soit à la logique juridique romaine du don pur, sans contrepartie? La proximité de l'Italie méridionale hellénophone, aux époques byzantine et normande, avec les duchés tyrrhéniens, qui prétendent maintenir l'application du droit romano-justinien – et où des individus italo-grecs se rendent et s'installent fréquemment à partir des années 970-980[70] – aurait-elle favorisé la conservation d'un tel *habitus* juridique chez les scribes, alors que les zones plus centrales de l'Empire auraient connu une évolution dans la rhétorique du contre-don, l'éloignement d'une justification juridique?

Pour vérifier la validité de cette seconde hypothèse, il conviendrait de compléter cette étude par celle, approfondie, des actes athonites antérieurs au XIIIe siècle, ainsi que par l'analyse des documents qui attestent, dans l'Italie, de l'usage du droit romain et qui pourraient suggérer une continuité juridique dans la Péninsule – on pense aux actes napolitains ou amalfitains, ainsi qu'aux *papyri* ravennates. Pour ce qui est de la première hypothèse, qui n'exclut pas la seconde, un retour sur l'histoire de l'iconoclasme en Italie et en Sicile (en incluant Rome, sous influence carolingienne) pourrait apporter un regard neuf sur les transferts des conceptions hagiographiques de la sainteté dans les pratiques juridiques privées de la donation *pro anima*.

Quoi qu'il en soit, il est certain que la donation pieuse n'a rien à voir, dans l'Italie de droit byzantin et de langue grecque, avec l'échange. Privée de contre-don, elle ne saurait se confondre avec des phénomènes, commerciaux ou non, d'échanges de bien. Les moines bénéficiaires ne doivent rien aux généreux donateurs, sauf cas exceptionnels connus dans le monde byzantin. Que les donateurs italo-grecs intègrent la conception occidentale de la donation pieuse au XIIe siècle, c'est-à-dire

---

69 On se réfère en particulier à M.-F. AUZÉPY, "L'analyse littéraire et l'historien: l'exemple des vies de saints iconoclastes", *Byzantinoslavica* 53 (1992), p. 57-67, repris dans EADEM, *L'histoire des iconoclastes* [ACHCByz. Bilans de recherche 2], Paris, 2007, p. 329-340. L'auteur y développe une description convaincante des modèles hagiographiques iconoclastes transmis par quelques rares témoignages, qui concourent à définir une sainteté privée de miracles, mais riche en œuvres de miséricorde. Peut-on considérer que les actes de la pratique soient eux-mêmes influencés par un *habitus* moins juridique, au départ, qu'hagiographique, et puissent transférer dans l'espace du droit privé une conception paulinienne de la donation pieuse, qui justifie en elle-même?

70 Sur les Grecs de Naples notamment, voir Th. GRANIER, "Les moines "grecs" de Saints-Serge-et-Bacchus et Saints-Théodore-et-Sébastien dans la société napolitaine des VIIe-XIIe siècles", dans: C. CAROZZI, D.LE BLÉVEC et H. TAVIANI-CAROZZI (éd.), *Vivre en société au Moyen Âge, Occident chrétien VIe-XVe siècle*, Aix-en-Provence, 2008, p. 197-218; et sur le renouveau de la présence grecque à Naples dans les années 970-980, A. PETERS-CUSTOT, "Le monachisme byzantin de l'Italie méridionale. Réalité et perception, du IXe au XIe siècle", dans: *Monachesimo d'Oriente, monachesimo d'Occidente. Settimane di Studi del Centro Italiano di Studi sull'Alto Medio Evo, Spoleto, 31 marzo-6 aprile 2016*, Spolète, 2017, p. 359-396.

au moment de l'intensification des échanges commerciaux, connue aussi dans l'Italie méridionale, en dit long sur le manque de validité historique de la prétendue succession entre économie du don 'primitive' et économie des échanges 'moderne' au milieu du XIe siècle.

En revanche, on peut se demander s'il n'y a pas un lien à établir entre le fait que les donations pieuses ne sont jamais vues comme des contrats impliquant un contre-don, et l'absence, dans l'Italie méridionale byzantine et normande, de cette 'panique contre la simonie' que Chris Wickham relie, pour l'Italie centro-septentrionale, et en particulier le mouvement des patarins, à la dynamique du don/contre-don entre laïcs et moines.[71] Il faut par conséquent faire une place à la conception, d'abord byzantine, puis normande du pouvoir souverain: dans une Église dans laquelle le souverain tient fermement les rênes du personnel ecclésiastique et choisit et nomme les évêques, l'accusation de simonie a peu de valeur[72]. Les souverains Hauteville font des donations pieuses aux monastères du royaume comme récompenses des prières des moines pour le salut de leur État et non en échange de ces prières.[73] Ce faisant, ils poursuivent une conception impériale de leur pouvoir, dont on peut soupçonner que les origines furent au moins partiellement byzantines.[74] Leurs donations pieuses relèvent donc de la conception de l'œuvre justificatrice comme de la vision impériale de leur *basiléia*. Elles constituent une barricade contre la simonie (ou plutôt, contre la panique contre la simonie), de la même manière que l'absence de dîme, l'absence de droits banaux des seigneurs, et le don gratuit des donations pieuses, c'est-à-dire l'absence de liens contractuels entre les laïcs et les moines et évêques. Ainsi, avant le XIIIe siècle, les moines ne s'affirment pas encore comme les médiateurs nécessaires de la relation avec Dieu.

Voilà en tout cas qui nuance l'universalité anthropologique des dynamiques du don et du contre-don: ou, pour le dire plus simplement, l'historien doit souvent, malgré la rareté des sources, mesurer la force de la structuration sociale du droit, y compris à l'échelle modeste des scribes et notaires de province, pour lesquels on ne saurait renoncer à l'hypothèse d'une innutrition juridique ou hagiographique, dont les principes ont pu produire un *habitus* rédactionnel, visible dans l'écriture des actes de donation *pro anima*.

---

71 Ch. Wickham, "Compulsory gift exchange in Lombard Italy, 650-1150", p. 213.

72 On renvoie à A. Peters-Custot, "Clairvaux et l'ordre cistercien dans un espace aux marges de la chrétienté romaine".

73 Voir par exemple le préambule de la confirmation de donation par Roger II, en faveur du monastère du Patire de Rossano, en mai 1130 (F. Trinchera, *Syllabus graecarum membranarum*, n° 106: '*Il est bon que ceux qui prient continument jour et nuit pour le peuple chrétien et pour notre pouvoir placé sous la tutelle de Dieu, jouissent sereinement sous notre domination…*' En revanche, les seigneurs latins donnent à des monastères italo-grecs des richesses, afin de prier pour l'âme des souverains défunts ou vivants (S. G. Mercati, C. Giannelli, A. Guillou, *Saint-Jean-Théristès [1054-1264]*, doc. n° 40, 1186, p. 201-207).

74 A. Peters-Custot, "'Byzantine' versus 'Imperial' Kingdom: How 'Byzantine' was the Hauteville King of Sicily", dans: F. Daim, Ch. Gastgeber, D. Heher, et C. Rapp (*éd.*), *Menschen, Bilder, Sprache, Dinge. Wege der Kommunikation zwischen Byzanz und dem Westen. Menschen und Worte. Studien zur Ausstellung 'Byzanz und der Westen, 1000 vergessene Jahre'* [Byzanz zwischen Orient und Okzident. Veröffentlichungen des Leibniz-WissenschaftsCampus-Mainz, 9, 2], Mayence, 2018, p. 235-248.

BEQUEATHING IN MEDIEVAL SERBIAN LAW**

Tamara MATOVIĆ

The sources on Serbian medieval law show a lack of contracts of sale[1] as well as wills. Some information on testamentary inheriting is found in the *Nomocanon* of St. Sava, which systematically replicates the legal provisions of the *Procheiros nomos* from the Middle Byzantine period. Two unusual features are noteworthy. The first concerns the fact that Dušan's Code fails to regulate the institution of testament, while the accompanying sources give it no more than a passing mention.[2] On the other hand, the few surviving testaments written in the Cyrillic script and the Serbian recension of Old Church Slavonic date precisely from the period of Emperor Dušan, i.e. from the first half of the fourteenth century.

Although inheritance law ranked among the favourite topics from the field of legal history in Serbian scholarship – both in comparative overviews of legal

** The paper was written as part of the project *Tradition, Innovation and Identity in the Byzantine World* (cat. no. 177032) supported by the Ministry of Education, Science and Technological Development of the Republic of Serbia. This article represents an augmented version of the Serbian text, published as: T. MATOVIĆ, "Zaveštavanje u srpskom srednjovekovnom pravu", *Pravni zapisi* 8/1 (2017), p. 20-33.

1 See A. SOLOVJEV, "Ugovor o kupovini i prodaji u srednjovekovnoj Srbiji", *Arhiv za pravne i društvene nauke*, 15 (1927), p. 431.

2 See B. MARKOVIĆ (ed.), *Justinijanov zakon. Srednjovekovna vizantijsko-srpska pravna kompilacija*, Beograd, 2007, §2, §3 (the Athonite manuscript); §2, §3, §4, §5 (the Borđoški manuscript). The older manuscripts follow the structure of one of these two manuscripts. In the recensions of younger manuscripts, testamentary provisions are §2–§5, see *Justinijanov zakon*, p. 30. In addition to Dušan's Code, the abridged recension of the *Syntagma* of Matthew Blastares (AS), the Serbian translation of the late Byzantine compilation of ecclesiastical and secular rules, is another source. There is a widely accepted view in scholarship on the testamentary rules in AS, S. NOVAKOVIĆ (ed.), *Matije Vlastara Sintagmat*, Beograd, 1907, and related institutions (K 12) and the reasons for the omission of some articles present in the unabridged version of the *Syntagma*, (D 4, K 38, F 1): see A. SOLOVJEV, *Zakonodavstvo Stefana Dušana*, Skoplje, 1928, p. 138.

inheritance systems among the Slavs and South Slavs[3] or *per se*[4] – approaches to this subject rarely included a survey of other legal affairs *mortis causa* – an aspect that may well be justified.[5] Serbian medieval law was shaped under the strong influence of the Byzantine legal system, which often featured various template contracts written in a subjective form to be concluded as mortis causa contracts. These were usually contracts of sale or bequests given for the salvation of the testator's soul – charitable and pious offerings known as *zadužbina* or *zadušje*.[6] Greek

---

3 The comparative approach has often been applied in the study of institutions of inheritance law. Comparative legal syntheses include: V. BOGIŠIĆ, *Pravni običaj u Slovena*, Zagreb, 1867, p. 161–165; K. KADLEC, *Prvobitno slovensko pravo pre X veka* (translated and amended by TARANOVSKI, T.), Zemun, 1923, pp. 83–84; A. SOLOVJEV, *Predavanja iz istorije slovenskih prava*, Belgrade 1939. The study by J. GERASIMOVIĆ, *Staro srpsko pravo*, Belgrade 1925, does not offer a separate section in inheritance law; on wills in Dušan's legislation, see A. SOLOVJEV, *Zakonodavstvo Stefana Dušana*, cit., p. 133 sqq; L. UROŠEVIĆ, *Pravosuđe i pisano pravo u srednjovekovnoj Srbiji*, Belgrade, 1939, clarifies the provisions on wills in the *Syntagma* of Matthew Blastares on pp. 142–143; K. JIRIČEK, J. RADONIĆ, *Istorija Srba II. Kulturna istorija*, Belgrade, 1978, p. 128 sqq; T. TARANOVSKI, *Istorija srpskog prava u nemanjićkoj državi*, Belgrade 2002, p. 512 sqq; S. ŠARKIĆ, *Srednjovekovno srpsko pravo*, Novi Sad, 1995, p. 92 sqq. Analyses of inheritance laws in other Slavic legal systems were also used in this paper: S. BOBČEV', *Istorija na starob'lgarskoto pravo*, Sofia, 1910, p. 527 sqq; D. NIKOLIĆ, *Drevnorusko slovensko pravo*, Belgrade 2000, p. 178 sqq.

4 See B. PETRANOVIĆ, "O pravu nasljedstva kod Srba", *Rad JAZU* 23 (1873), p. 24–42; M. MILOVANOVIĆ, "Nasledno pravo u starom srpskom pravu", *Godišnjica Nikole Čupića* 5 (1883), p. 188–211; A. JOVANOVIĆ, "Nasledno pravo u starih Srba: prilog čl. 100 i 101 Dušanova zakonika", *Otadžbina* (1888) 74, pp. 1–33 (reprint). More recent studies include: the essay in legal anthropology by N. PAVKOVIĆ , "Običajno-pravne radnje u vezi sa smrću", in: N. PAVKOVIĆ (ed.), *Studije i ogledi iz pravne antropologije*, Belgrade 2014 (= N. PAVKOVIĆ, "Običajno-pravne radnje u vezi sa smrću", *Glasnik Etnografskog instituta* 40 (1991), pp. 75–89; originally published in N. PAVKOVIĆ, "Actes à cause de mort chez les slaves du Sud", in: L. Waelkens (ed.), *Acts à cause de mort – Acts of last will III: Europe médiévale et moderne – Medieval and modern Europe*, Bruxelles, 1993; S. ŠARKIĆ, "Pojam testamenta u rimskom, vizantijskom i srednjovekovnom srpskom pravu", in: LJ. MAKSIMOVIĆ, N. RADOŠEVIĆ, E. RADULOVIĆ (eds.), *Treća nacionalna konferencija vizantologa*, Belgrade–Kruševac, 2002, pp. 85–90 (= S. Šarkić, "The concept of will in Roman, Byzantine and Serbian mediaeval law", in: L. BURGMANN (ed.), *Forschungen zur byzantinischen Rechtsgeschichte* 26 – *FM* 11, Frankfurt am Main, 2005, p. 427–433); B. MARKOVIĆ, "Nasledno pravo u Dušanovom zakoniku i u Zakonu cara Justinijana", in: S. ĆIRKOVIĆ, K. ČAVOŠKI (eds.), *Zakonik cara Stefana Dušana: Zbornik radova*, Belgrade, 2005, p. 67–79; N. KRŠLJANIN, "Izuzimanje (isključivanje) iz nasleđa i pitanje namene Dušanove kodifikacije", *Anali Pravnog fakulteta u Beogradu*, 58/2 (2010), p. 281–301; N. STOJANOVIĆ, O nasleđivanju u Zakonopravilu Svetoga Save, *Zbornik Pravnog fakulteta u Novom Sadu*, 48–1 (2014), p. 25–45.

5 Cf. S.ĆIRKOVIĆ, R. MIHALJČIĆ (eds.), *Leksikon srpskog srednjeg veka*, Belgrade, 1999 (henceforth: LSSV), „Testament", (S. ŠARKIĆ,); D. JANKOVIĆ, *Istorija države i prava feudalne Srbije (XII–XV vek)*, Beograd, 1956, p. 100–101. There are separate studies that treat the institution of bequest in medieval Serbian law: S. ŠARKIĆ, "Poklon u srednjovekovnom srpskom pravu", *Istraživanja*, 17 (2006), p. 7–15; Z. MIRKOVIĆ, D. ĐURĐEVIĆ, "Pravila o poklonu u srpskom srednjovekovnom pravu", *Anali Pravnog fakulteta u Beogradu*, 59/2 (2011), p. 63–90; on dispositions mortis causa, see the monograph by D. PANTIĆ, *Poklon za slučaj smrti*, Belgrade, 2015, p. 237 sqq.

6 See PAVKOVIĆ, "Običajno-pravne radnje u vezi sa smrću", cit., pp. 299–300. In the Serbian medieval tradition these gifts were made 'for the soul' and 'the salvation of the soul', identically to the Byzantine practice of '*hyper tēs psyhēs*', or '*psyhēkēs sōtērias*,' see T. MATOVIĆ, *Zaveštanja u arhivama svetogorskih manastira (XIII–XV vek)*, doctoral thesis, Belgrade, 2017, p. 109 sqq. The Byzantine *psihikon* was derived from this phrase and, analogously, the Serbian term *zadušnina*. However, a few formulas contain phrases not found in Byzantine diplomatics: 'for one's tomb' ('za grob svoi'), see

documents that inform us about these legal transactions are difficult to differentiate from wills, which usually do not name a universal inheritor. Other formal and diplomatic similarities correspond to the legal framework defined under Justinian I and unaltered thereafter,[7] suggesting that these peculiar medieval legal institutions ought to be seen as wills. The analogies between the Serbian and Byzantine legal and documentary sources were the key reason for the application of this approach in this paper.

In addition to the very rare wills, legal affairs arranged in the event of death include dispositions and other so-called 'mixed legal affairs.'[8] Unlike the *Nomocanon*, i.e. the set of provisions called the 'Zakon gradski' that contains translations into the Serbian recension of Church Slavonic Byzantine legal provisions on inheriting by will, dispositions *mortis causa* and miscellaneous legal affairs, Dušan's Code seems to provide current information[9]. Legal documents relevant for this analysis include the few surviving wills in the Serbian recension of Church

S. Šarkić, "Pojam testamenta u rimskom, vizantijskom i srednjovekovnom srpskom pravu", cit., p. 89. The third variant appears in bequests given 'in memory' [of the testator] (see S. Šarkić, S., "Pojam testamenta u rimskom, vizantijskom i srednjovekovnom srpskom pravu", cit.), which also appears in Byzantine diplomatic formulas (see T. Matović, *Zaveštanja u arhivama svetogorskih manastira (XIII–XV vek)*, cit., p. 111). On the other hand, phrases such as 'for the soul' (*pro anima*), 'for the redemption of the soul' (*pro redempcione animae*), 'for the healing of the soul' (*pro remedio animae*), 'for pious purposes' (*ad pias causas*) etc. appear in Latin diplomatics, for more details see Z. Ladić, *Last will: Passport to heaven. Urban last wills from late medieval Dalmatia with special attention to the legacies pro remedio animae and ad pias causas*, Zagreb 2012; Z. Ladić, "Oporučni legati pro anima i ad pias causas u europskoj historiografiji. Usporedba s oporukama dalmatinskih komuna", *Zbornik odsjeka za povijesne i društvene znanosti HAZU* 17 (2002), p. 17-29.

7 Drawing on C. 6, 43, 2 i N.J. 1,1, the view that the approximation of the institutions of legacy, codicil and trust as well as donations in the event of death was completed under Justinian I has become widely accepted in scholarship.

8 The terminology used here follows L. Bénou, *Pour une nouvelle histoire du droit byzantin*, Paris, 2011, p. 263 sqq.

9 Several provisions inform us about endowing churches. An article elaborating the rights of the 'farmhands' (*zemljodelci*) to dispose of their landholdings (*baština*) is particularly noteworthy. One option was to 'endow the Church' (*crkvi podlože*) – to donate their property (DZ, Athonite MS, §174). On the other hand, this Serbian phrase warrants some caution, as noted by A. Solovjev, *Zakonodavstvo Stefana Dušana*, cit., p. 116, n. 2, as the Serbian verb 'podložiti' also appears in another sense, usually meaning to 'subjugate' rather than 'endow.' Thus in the translations of the manuscripts of Baranja, Prizren, Šišatovac, Rakovac i Ravanica (M. Pešikan, I. Grickat-Radulović, M. Jovičić (eds.), Beograd, 1997 *Zakonik Stefana Dušana knj. III*, p. 47, 113, 185, 239, 309) the phrases 'crkvi podložiti' or 'podložiti pod crkvu' have been incorrectly rendered as 'to subjugate'; cf. Đ. Bubalo, *Dušanov zakonik*, Belgrade, 2010, §47, p. 166. A few changes in the interpretation of the articles containing this phrase were made in the posthumously published study by A. Solovjev, *Zakonik cara Stefana Dušana 1349. i 1354. godine*, Belgrade, 1980, p. 212, 213. The formula 'pod crkvu potpisati,' which can be loosely translated as to 'assign to the Church' and usually denotes donation, is a different matter. Phrases denoting donation can be found in the formulas of many medieval Serbian charters listing the characteristics of the benefactor's property rights (when the benefactor can, among other things, choose to 'assign to the Church for his soul' ('za dušu pod crkvu zapisati'); 'donate for the soul' ('za dušu otdati'), 'bequeath to one of his kin' ('nekome od svojih ostaviti'), or 'to bestow favor' ('harisati'), see A. Solovjev, *Zakonodavstvo Stefana Dušana*, cit., p. 115–116; S. Šarkić, "Pojam testamenta u rimskom, vizantijskom i srednjovekovnom srpskom pravu", cit., p. 88.

Slavonic,[10] dispositions *mortis causa*,[11] and mixed documents containing (or including) someone's last will.[12] Finally, this group also includes a few documents of a different nature, such as acts on will execution and related documents.[13]

Serbian medieval diplomatics is also characterised by documents of public law used by high-ranking members of the nobility (including rulers) to endow monasteries. Some of these acts contain specific stipulations in the form of guidelines or instructions to be followed after the testator's death and concerning the donation of a particular village, place or church. Having noticed this shared characteristic, in editing a collection of sources Ljubomir Stojanović grouped these documents in the same category and described them as bequests.[14]

---

10 They are the following Cyrillic documents: the 1392 will of Medoje Nikulin of the Žrnovnik *župa* (A. Solovjev, *Odabrani spomenici srpskog prava od XII veka do kraja XV veka*, Belgrade 1926, № 88); the will of Jelena Balšić dated 5 April 1443 (copy) (M. Pucić, *Spomenici srpski od godine 1395. do 1423*, II, Belgrade, 1862, № 137; F. Miklosich F., *Monumenta serbica spectantia historiam Serbiae Bosnae Ragusii*, Viennae, 1858, № 341); the will of 'guest' Radin dated 5 January 1466 in Novi (Ć. Truhelka, "Testamenat gosta Radina", *Glasnik Zemaljskog muzeja u Sarajevu* 23 (1911), also described by A. Solovjev, Gost Radin i njegov testament, *Pregled,* 2, Sarajevo, 1947, pp. 311–318); the will of Stefan Kosača dated Tuesday, 20 May 1486 (M. Pucić, *Spomenici srpski od godine 1395. do 1423*, № 138; A. Solovjev, *Odabrani spomenici srpskog prava od XII veka do kraja XV veka*, cit., № 133); the will of Vlahna Radišević Stonjanin dated 8 January 1486 (A. Solovjev, *Odabrani spomenici srpskog prava od XII veka do kraja XV veka*, cit., № 138); the will of Vlahuša Kuljašić written in Janina on Ston in 1491 (A. Solovjev, *Odabrani spomenici srpskog prava od XII veka do kraja XV veka*, cit., № 141). Information in several Ragusan wills written in Latin and Italian suggests that these were in fact translations of wills originally written in 'the Slavic language' ('in lingua sclava'). The testators of these wills are Ragusan citizens who lived in the territory of medieval Bosnia. Their surviving Latin versions were shaped later on, when they were officially registered at the archives of the Ragusan chancellery. See D. Kovačević Kojić, Fojnica u srednjem vijeku, *Gradski život u Srbiji i Bosni (XIV–XV vijek),* Belgrade 2007, p. 137.

11 The bequest of Nikola Utoličić and his mother from 1348 (S. Novaković, *Zakonski spomenici srpskih država srednjeg veka*, Belgrade 1911, № 691) – with a variation; information on pious bequeathal is also found in a 1346 document listing the estates of the Monastery of the Virgin in Tetovo (A. Solovjev, *Odabrani spomenici srpskog prava od XII veka do kraja XV veka*, cit., № 65), see S. Šarkić, "Pojam testamenta u rimskom, vizantijskom i srednjovekovnom srpskom pravu", cit., p. 89.

12 The document dated 4 September 1434 about the adoption of priest Bogdan by monk Savatije [A. Solovjev, *Odabrani spomenici srpskog prava od XII veka do kraja XV veka*, cit., № 118; Lj. Stojanović (ed.), *Spomenik SKA* III, Beograd, 1890, VIII № 6]; the bill of sale and last will and testament of Radosava, the wife of Radonja Miraković dated 19 January 1438 [A. Solovjev, *Odabrani spomenici srpskog prava od XII veka do kraja XV veka*, cit., № 121, Lj. Stojanović (ed.), *Spomenik*, cit., № 52; also described by Đ. Bubalo, *Srpski nomici*, Belgrade, 2004, p. 186 sqq].

13 Such as the documents certifying the reception of the legacy of Mrs. Jelača by her nephew Vlatko Popović, see S. Rudić, "Tri potvrde kneza Vlatka Popovića o primanju dohotka od zaostavštine kneza Braila Tezalovića u Dubrovniku", *Građa o prošlosti Bosne* 3 (2010), p. 153–162.

14 These include: the documents by which Roman, Grgur and Vuk Branković endow the Monastery of Hilandar with some villages (1365?); the document on the donation of the village Kuzmino on the Sitnica River by Đurđe Branković with his mother Mara and brother Lazar, to St. Paul's Monastery (14 October 1410, Peć); the document on the donation of two villages by Đurđe Branković and his wife Jerina (Irina) to St. Paul's Monastery (15 November 1419, Vučitrn); the document on the donation of a village by kesar (caesar) Uglješa to the Hilandar Monastery (10 July 1423); the document wherein the 'čelnik' Radič becomes the ktetor of the Kastamonitou Monastery and pledges to provide an annual allowance in silver during his lifetime and after his death (1 September 1430); the document

It should be noted, however, that the above-mentioned documentary evidence has a more general character and does not necessarily belong to the acts of the Serbian medieval chancellery. The closely tied nobility in the territory of Serbia, Bosnia and Montenegro continued to leave evidence of their life and business affairs even after the Ottoman conquest of Smederevo in 1459. However, the peculiar source material of this period – usually preserved in the archives of Dubrovnik (Ragusa)[15] – is usually considered a valuable contribution to the study of medieval Serbia.[16]

* * *

The work *De administrando imperio* written by the Byzantine Emperor Constantine VII Porphyrogenitus, which offers information on the Serbian settlement in the territory of the Byzantine Empire, informs us about the oldest ruling authorities in the Sclaviniae – the first independent Slavic regions in the Balkan Peninsula. These were the 'the old *župans*'[17] who are commonly believed to have been the representatives of tribal aristocracy, i.e. the chieftains of socio-territorial, familial-tribal communities.[18] The land they inhabited, which was, according to Porphyrogenitus, governed by the 'the old *župans*', was probably from the outset seen as the property of these tribal communities. In fact, the leading opinion in scholarship argues that the first narrower familial landholdings (*baština*) – as notable exceptions to the main customary rules – appeared as early as the *župcnija* period, as a result of the disintegration of initial tribal communities into kinship-based clans (or families[19]).[20]

wherein the 'čelnik' Radič restores the Kastamonitou Monastery and, together with Metropolitan Marko of Arilje, arranges the monastery's typicon (22 May 1433); finally, the document which informs us about the donation of the Church of St. Nicholas in Čičavica in Strelac by nun Makrina to St. Paul's Monastery (c. 1419). See LJ. STOJANOVIĆ (ed.), *Spomenik*, cit., p. 31–36 (V № 1–7). Some of these documents were published by Solovyev in his edition of selected manuscripts, but there is no need to list their numeration here.

15 On the importance of the Ragusan archives for the reconstruction of medieval Serbian law, see A. SOLOVJEV, "Značaj Dubrovnika u istoriji jugoslovenskog prava", *Arhiv za pravne i društvene nauke* 25 (1932), p. 241–248. See also R. MIHALJČIĆ, *Srpski spomenici Dubrovačkog arhiva, O starom srpskom pravu*, Belgrade, 2015, p. 89–94.

16 On the other hand, documents in the Latin script that had originated in the coastal cities of medieval Serbia or Ragusan colonies, which do include some wills, were not taken into consideration.

17 B. FERJANČIĆ (ed.), *Vizantijski izvori za istoriju naroda Jugoslavije*, tom II, Belgrade, 1959 (henceforth: VINJ II).

18 LSSV, „Župan" (G. TOMOVIĆ); M. BLAGOJEVIC, *Državna uprava u srpskim srednjovekovnim zemljama,* Belgrade, 2001, p. 38 sqq. Cf. S. ŠARKIĆ, "Vladarske titule u srednjovekovnoj Srbiji", *Zbornik radova PF u NS*, 46/2 (2012), p. 23–35, 24.

19 A. JOVANOVIĆ, "Nasledno pravo u starih Srba: prilog čl. 100 i 101 Dušanova zakonika", cit., p. 2. Cf. B. PETRANOVIĆ, "O pravu nasljedstva kod Srba", cit., p. 28.

20 Also quoted in A. MAJKOV, "Baština u starih Srba", *Glasnik Srpskog učenog društva* 6 (1868), p. 1–48, 20–21; A. JOVANOVIĆ, "Nasledno pravo u starih Srba: prilog čl. 100 i 101 Dušanova zakonika", cit., p. 2.

The first references to the tribe of the Serbs include the report that this South Slavic ethnic group established a stratified patrimonial state in the territory of Dioclеia (Duklja). This is mentioned in the so-called *Gesta Regum Sclavorum,* which is considered a rather unreliable source for the reconstruction of political history. However, A. Solovyev nonetheless chose to take this manuscript into consideration in his studies on the legal practices of the first Serbian kingdom.[21] The chronicle reports that King Prelimir divided his state among his four sons in his lifetime and afterwards went on to live to a very old age.[22] This piece of information indicates the nature of succession of power as well as the possibility of dividing up the state as the individual property of the father-testator.[23]

On the other hand, having compared this to other tribes at the same level of development but of different characteristics, scholars have hypothesised that in the oldest days various Slavic tribes saw property as an indivisible unit, which was certainly the case in regard to immovable property.[24] The situation could have been different with the small group of movable, personally owned property, but these personal items were probably buried with their owner and hence could not become an object of bequeathal.[25] This family and property situation suggests that property was kept within the extended family or *zadruga* and passed on as a whole onto the next generation.[26] Hence composing a will would have been redundant, as the property remained undivided even in the following generation. Notably, the chieftain of the *zadruga* was not authorised to independently dispose of joint property unless the remaining adult members had given him their consent.[27]

Drawing on the experience accumulated in the research of Slavic customs, scholars have concluded that different scenarios appeared in practice. If the *zadruga* happened to be reduced to a single member, even a woman, he or she held testamentary rights to dispose of the property.[28] Another noteworthy feature was the alienation of property earned personally by a member (known as *peculium* in Roman jurisprudence) – after his death, this property was passed on to the

---

21 A. Solovjev, *Predavanja iz istorije slovenskih prava*, cit., pp. 102–103.

22 T. Živković (ed.), *Gesta Regum Sclavorum*, Beograd, 2009, XXX, p. 119.

23 See N. Radojčić , "Društveno i državno uređenje kod Srba u ranom srednjem veku – prema Barskom rodoslovu", *Glasnik Skopskog naučnog društva* 15 (1935), p. 12. It was the same among other Slavic tribes. According to Solovyev, this piece of information suggests that the *zadruga* community did not survive and was instead replaced by the tendency of each chieftain (*knez*) to own personal property: Solovjev, A., 1939, p. 116.

24 Kadlec, K., *Prvobitno slovensko pravo*, cit., p. 84.

25 Ivi, p. 84; Cf. A. Jovanović, "Nasledno pravo u starih Srba: prilog čl. 100 i 101 Dušanova zakonika", cit., A. Jovanović, "Nasledno pravo u starih Srba: prilog čl. 100 i 101 Dušanova zakonika", cit., A. Jovanović, "Nasledno pravo u starih Srba: prilog čl. 100 i 101 Dušanova zakonika", cit., A. Jovanović, "Nasledno pravo u starih Srba: prilog čl. 100 i 101 Dušanova zakonika", cit., p. 2.

26 On these matters see the introductory chapters in A. Jovanović, *Istorijski razvitak srpske zadruge: prinosi za istoriju starog srpskog prava*, Belgrade 1896..

27 See V. Bogišić, "De la forme dite Inokosna de la famille rurale chez les Serbes et les Croates", *Revue de Droit international et de législation compare,* 16 (1884), p. 17.

28 See V. Bogišić, *Pravni običaj u Slovena*, cit., p. 162.

community rather than his closest relatives.[29] At some point in time, the strengthening of kinship ties among blood relatives in the families that made up the *zadruga*, as well as the rise of individual ownership, gave rise to the desire to bequeath this property to one's relatives – first from a husband to his wife, and then to other relatives as well, facilitating the bequeathal of a *peculium* to an individual relative.[30]

Later sources from the Nemanjić period reveal the parallel existence of both the *zadruga* as a form of collective ownership and some forms of private, personal property. Again, it should be noted that medieval Serbia was a stratified state with hereditary legal statuses (and related property rights over landholdings) and hereditary titles.[31] Hence any analysis of legal provisions on bequeathal must bear in mind that it was not only unusual but impossible to transcend the constraints of one's class in compiling a will or appointing inheritors – if it was at all possible to appoint inheritors with no kinship ties to the testator.[32]

According to an observation by T. Taranovski based on a charter issued by King Stefan Vladislav Nemanjić, leaving the *zadruga* was mandatory in some cases, as seen in the first half of the thirteenth century.[33] Later sources indicate that the *zadruga* was present among lower and upper classes;[34] however, there are also numerous examples of independent and individual disposal of property in the same period. In some of these cases it was noted that the sellers or donors had no children ('were bereft of offspring'); in other cases, it was underlined that the children would not be able to contest their parents' legal decision.[35] These examples support the hypothesis about the widespread and deep-rooted existence of individual property disposal, especially in the case of ordering relatives and heirs not to contest the legal act undertaken by their kinsman. According to Božidar Petranović, in medieval Serbia, if a person did decide to leave a will, s/he did so not to appoint a universal inheritor (since this did not need to be specified and was simply assumed based on customary practice), but rather to divide his/her property among relatives, which suggests a gradual transition from the *zadruga* to a single family unit.

Some Slavic tribes have left very old evidence on bequeathal. The agreement between the Russian princes and Byzantium dating from 911 suggests that the

---

29 B. Petranović, "O pravu nasljedstva kod Srba", cit., p. 29; M. Milovanović, "Nasledno pravo u starom srpskom pravu", cit., conversely, cf. p. 194–195.

30 See V. Bogišić, *Pravni običaj u Slovena*, cit., p.162; cf. M. Milovanović, "Nasledno pravo u starom srpskom pravu", cit., p. 192.

31 T. Taranovski, *Istorija srpskog prava u nemanjićkoj državi*, cit., p. 11–12; S. Bojanin, S., B. Krsmanović, "Byzantine Administration in the Time of the Nemanjić Dynasty", in: Bikić, V. (ed.), *Byzantine Heritage and Serbian Art* I, Belgrade 2016, p. 45–51, 46.

32 See B. Petranović, "O pravu nasljedstva kod Srba", cit., p. 38.

33 Taranovski assumed that this rule illustrated a long-standing custom rather than a novelty; see T. Taranovski, *Istorija srpskog prava u nemanjićkoj državi*, cit., p. 450.

34 Ivi, p. 450.

35 Ibidem.

Russians used wills to bequeath their property.[36] Identically, wills of the members of patrician families of Zadar,[37] of Croatian-Slavic ethnicity, have survived from the tenth century.[38] Older medieval wills are also found in Great Moravia,[39] Poland[40] and Bohemia.[41] The only exception is the legal tradition of medieval Bulgaria, which has not preserved any wills dating from this early period. Like in the case of medieval Serbia, this is usually interpreted as a result of the *zadruga* system and communal way of life.[42]

'Zavet' is the oldest term reliably confirmed to have denoted bequeathal in Serbian law and is found in the Old Serbian translation of Byzantine regulations concerning wills.[43] This expression might indicate an orally declared last will (nuncupative will), a practice akin to a testament also found in other early Slavic legal systems.[44] It follows that this form of bequeathal corresponds to Petranović's theory of property division, because it suggests the 'distribution' or 'arrangement'[45]

---

36 See D. Nikolić, *Drevnorusko slovensko pravo*, cit., p. 78. There is also a surviving Russian testament from the 12th century (V. L.Yanin, *Novgorodskie akt'i XII-XV vv.*, Moskva, 1991, № 122) cf. T. Taranovski, *Istorija srpskog prava u nemanjićkoj državi*, cit., p. 450; A. Solovjev, *Zakonodavstvo Stefana Dušana*, cit., p. 133.

37 This is the will of prior Andrija (918) – M. Kostrenčić (ed.), *Codex Diplomaticus Regni Croatiae, Dalmatiae et Slavoniae* I, Zagreb, 1967, № 21 (henceforth: CD) and nun Agata (969?) – CD, № 33; as well as a few others dating from the first half or the middle of the 11th century.

38 Their Slavic ethnicity is indirectly attested by the names mentioned in these wills. Despite attempts to describe the patricians of Zadar as Roman aristocracy, in this case the members of the Madi family, they were probably of Slavic origin, see I. Strohal, *Pravna povijest dalmatinskih gradova* I, Zagreb, 1913, p. 325 sqq; cf. N. Klaić, I. Petricioli, *Zadar u srednjem vijeku*, Zadar, 1976, p. 89. See also N. Klaić, "Tribuni i consules zadarskih isprava X i XI stoljeća", *Zbornik radova Vizantološkog instituta* 11 (1968), p. 97–92, especially n. 10 on the form of Dalmatian wills.

39 Porphyrogenitus mentions that Svatopluk I of Moravia divided his country among his sons in the second half of the 9th century (G. Moravcsik (ed.), *Constantine Porphyrogenitus – De Administrando Imperio*, Washington, 1967, p. 41); this information was also discussed by S. Bobčev', *Istorija na starob'lgarskoto pravo*, cit., 1910, p. 534 and dated to c. 870. Moravian sources also include donations *in remedio animae*, see, for example, A. Boczek (ed.), *Codex Diplomaticus et Epistolaris Moraviae* I, Olomucii, 1836, № 225.

40 Duke Bolesław III of Poland also left a will in the 12th century, see A. Solovjev, *Predavanja iz istorije slovenskih prava*, cit., p. 129. For other 12th-century Polish wills, see I. Zakrzewski (ed.), *Kodeks dyplomatyczny Wielkopolski* I, Poznań, 1877.

41 Bretislav of Bohemia, who divided his realm among his sons in his lifetime, left his will in 1055 (*Codex Diplomaticus et Epistolaris Moraviae* I, № 147), see G. Friedrich (ed.), *Codex Diplomaticus et Epistolaris regni Bohemiae* I, 1904–1907, № 358, № 364.

42 Vid. S. Bobčev', *Istorija na starob'lgarskoto pravo*, cit., p. 527 sqq.

43 *Nomocanon* of St. Sava, Urban Code, §21 (in: M. Petrović (ed.), *Zakonopravilo ili Nomokanon Svetog Save. Ilovički prepis*, Gornji Milanovac, 1991). On other terms used in Serbian medieval charters to denote disposal of property in wills, see A. Solovjev, *Zakonodavstvo Stefana Dušana*, cit., p. 138; Đ. Bubalo, *Pisana reč u srpskom srednjem veku*, Beograd, 2009, p. 37–38; S. Šarkić, "Pojam testamenta u rimskom, vizantijskom i srednjovekovnom srpskom pravu", cit., pp. 86–87.

44 Šira Pravda (XII vek), in V. L., Yanin (ed.), *Roskiijskoe zakonodatel'stvo X-XX vekov* I, Moskva, 1984, p. 64–73 (§92); cf. the translation provided in D. Nikolić, *Drevnorusko slovensko pravo*, cit., p. 221.

45 Again derived from the Greek verb *diatithēmi* – to dispose (of), to arrange (translation: O. Gorski, N. Majnarić, *Grčko-hrvatski rječnik*, Zagreb, 2005).

indicated by the testator in assigning his possessions to individual inheritors, which more or less follows the usual customary rules and hence includes only the testator's relatives who are thereby ranked according to his preference.[46]

From the end of the twelfth century the influence of Byzantine written law began to spread in medieval Serbia, supplementing and transforming the previous system of customary law.[47] The legal regulations that the old Serbs inherited from the Byzantines reveal that they were sometimes outdated and dichotomous. In medieval Serbia, law was often practised with the mediation of the Church, which enjoyed special competences in some sub-branches of civil law. Old Serbian laws on testamentary bequeathal of property were shaped in the interplay of current Slavic customary law and largely obsolete Byzantine written law.

---

[46] See K. KADLEC, *Prvobitno slovensko pravo pre X veka*, cit., p. 84. Unlike the Germanic institution of *affatomia*, which appeared already in the Frankish Salic code and which allowed the testator to arrange the transfer of his property to a person he was not related to. In the Ripuarian code *affatomia* became tantamount to adoption for inheritance purposes, like the corresponding Lombard institution of *thinx*: see A. AVRAMOVIĆ, S. STANIMIROVIĆ, *Uporedna pravna tradicija*, Beograd, 2007, p. 208; M. STANKOVIĆ, "Pravna priroda afatomije", *Anali Pravnog fakulteta u Beogradu*, 63/1 (2015), p. 169–185.

[47] K. JIRIČEK, J. RADONIĆ, *Istorija Srba*, cit., p. 122. This was particularly evident in the institution of testament, which was in itself seen as a deviation of customary rules, see B. PETRANOVIĆ, *O pravu nasljedstva kod Srba*, cit., 1873, p. 38.

FORTLEBEN DER TRADITION DES RÖMISCHEN RECHTS (*IUS GRAECO-ROMANUM*) IN DER ENTWICKLUNG DES PRIVATRECHTS UND IN DER NEUKODIFIKATION DES ZIVILRECHTS IN GEORGIEN (SAKARTWELO)

Gábor HAMZA

1. Rechtsquellen im Mittelalter

Der georgische Herrscher (König bzw. Kaiser) Wachtang VI. (1707–1737) ließ einen Kodex bzw. eine Kompilation in georgischer Sprache verfassen, der neben dem georgischen Gewohnheitsrecht *(ius consuetudinarium* bzw. *consuetudines)* bzw. den Gesetzen *(leges* bzw. *constitutiones* oder *edicta)* auch das aus dem Armenischen übersetzte Syrisch-römische Rechtsbuch *(Liber Romanus Syriacus* oder *Liber Syro-Romanus)*[1] enthielt. Es umfasst daneben auch die aus 60 Büchern bestehende monumentale Gesetzessammlung (Kompilation) des byzantinischen Kaisers Leo VI. (des Weisen, 886–911), die Basiliken *(Basilika)*. Das sechsbändige Werk zeugt vom starken Einfluss des byzantinisch-römischen Rechts *(ius Graeco-Romanum* oder *ius Byzantinum)*.

Als Grundlage dienten das *Syntagma kata stoicheion* des Matthaios Blastarés und die *Hexabiblos* des Konstantinos Harmenopoulos, des Stadtrichters von Thessaloniki. Außerdem sind die Gesetze (*nomoi* bzw. *leges*) des georgischen Herrschers Georg V. (†1346), die das Gewohnheitsrecht der Bergbewohner Georgiens zusammenfassen, enthalten. Ferner wurden aus dem vierzehnten-fünfzehnten Jahrhundert stammende strafrechtliche Bestimmungen mitaufgenommen. Im

[1] Das auf Lateinisch verfasste und später in mehrere Sprachen (ins Syrische, Arabische, Armenische und Georgische) übersetzte *Syrisch-römische Rechtsbuch* stammt wahrscheinlich aus dem fünften nachchristlichen Jahrhundert. Es hat vorwiegend römisches Recht (nach neueren Forschung vor allem *Reichsrecht*) zum Inhalt. Die Gattung dieser Rechtsquelle (z. B. Kodex, Kodifikation oder Rechtsspiegel) ist umstritten. Siehe aus der umfangreichen Sekundärliteratur: G. K. BRUNS und E. SACHAU, *Syrisch-römisches Rechtsbuch aus dem fünften Jahrhundert*, Leipzig, 1880; C. A. NALLINO, "Sul libro Siro-romano e sul presunto diritto siriaco", in: X., *Studi in onore di P. Bonfante*, Bd. 1, Milano, 1929, S. 201 ff.; W. SELB, "Le livre Syro-romain et l'idée d'un coutumier de droit séculier orientalo-chrétien", in: X., *L'oriente christiano nella storia delle civiltà*, Roma, 1964, S. 330 ff.; W. SELB, *Zur Bedeutung des syrisch-römischen Rechtsbuches*, München, 1964; G. HAMZA, *Comparative Law and Antiquity*, Budapest, 1991, S. 53 f.; G. HAMZA, *Jogösszehasonlítás és az antik jogrendszerek* [Rechtsvergleichung und die Rechtsordnungen der Antike], Budapest, 1998, S. 55 f. und W. SELB und H. KAUFHOLD, *Das Syrisch-römische Rechtsbuch*, Wien, 2002.

Kodex wurden auch die Bestimmungen aufgenommen, die die georgische autokephale (orthodoxe) Kirche betreffen *(ius ecclesiasticum)*. Die aus 267 Artikeln bestehenden Gesetze bzw. Dekrete des Herrschers Wachtang VI., die ebenfalls Bestandteil des Kodex sind, enthalten hauptsächlich strafrechtliche Vorschriften *(ius criminale)*.[2]

Das Gesetzbuch des Herrschers Wachtang VI. beinhaltet Mosaisches Recht, griechisches Recht, armenisches Recht, Kirchenrecht und das einheimische georgische Recht des Königs Georg V. Im Gesetzbuch von Wachtang VI. sind auch einige dem Gesetzbuch von Agbuga (1295-1304), das seinerseits auf das verlorene Gesetzbuch von Bagrat Kurapalat (826-876) basiert, entnommene Regeln (Rechtsvorschriften).

Bezüglich des armenischen Rechts soll darauf hingewiesen werden, dass dieses Recht aus der georgischen Version des Syrisch-Römischen Rechtsbuchs und dem Rechtsbuch von Mchitar Gosch, der ein bekannter armenischer Theologe und Priester war, besteht. Das Rechtsbuch von Mchitar Gosch widerspiegelt den Einfluss des *ius Graeco-Romanum (ius Byzantinum).*

Hervorzuheben ist, dass der Begriff und der Inhalt des Eigentums bereits in den früheren georgischen Rechtsbüchern zu finden sind. Das Gesetzbuch von Agbuga regelt die Eigentumsbeziehungen und kennt den Begriff des vollen Eigentums *(plena potestas in re* im römischen Recht*)*.

Mit diesem Gesetzeswerk beabsichtigte Wachtang VI., die Rechtsordnung seines Staates grundlegend zu reformieren. Es hatte in Georgien bis in das Jahr 1870 Gültigkeit.[3] Ab dem Jahre 1870 wurde auch auf georgischem Gebiet der *Svod Zakonov Rossijskoj Imperii (Sammlung der Gesetze des Russischen Reiches)* eingeführt.

2. Rechtsentwicklung in der Neuzeit

Das zwischen Erekle II., dem Herrscher von Ostgeorgien, und der russischen Zarin Katharina II. (1762–1796) im Jahre 1783 zustande gekommene Abkommen unterstellte die östlichen Teile Georgiens unter das Protektorat des russischen Reichs. Dieses Abkommen bedeutete folglich den Anfang der Auflösung des georgischen Staates.[4] Die russische Annexion Ostgeorgiens erfolgte während der letzten Herrscherjahre des Zaren Paul I. in den Jahren 1800–1801. Sein Nachfolger,

---

[2] Das Gesetzeswerk (Kodex) von Wachtang VI. enthält auch Bestimmungen bzw. Regeln, die das Privatrecht *(ius privatum)* regeln.

[3] Hervorzuheben ist, dass das Rechtsbuch Wachtangs VI. auch ins Russische, Deutsche und Französische übersetzt worden ist. Siehe KLUTMANN, *Analyse des nationalgrusinischen Obligationrechtes im Kodex Wachtangs VI*, 1908.

[4] Bezüglich des Abkommens mit Zarin Katarina II. und der Eingliederung der georgischen feudalen Institutionen ins russische Reich siehe: http://www.libertas-institut.com/de/EUFAJ/eufaj_2_2014.pdf, S. 33-55.

Zar Alexander I. (1801–1825), weitete in seinem am 12. September 1801 herausgegebenen Manifest '*Die Last der Verwaltung des georgischen Zarenreichs*' auf sich nehmend das Russische Reich auf Ostgeorgien aus.

Die bis dahin unter muslimischer Herrschaft stehenden westgeorgischen Fürstentümer gerieten zwischen den Jahren 1803 und 1811 stufenweise unter russisches Protektorat. Allerdings schloß dies nicht eine jahrzehntelang währende weitgehende Autonomie des Landes aus. Die Souveränität des russischen Reiches in Westgeorgien wurde im Jahre 1812 im Friedensvertrag von Bukarest auch völkerrechtlich anerkannt.

Das erst im Jahre 1918 erneut unabhängig gewordene Georgien[5] wurde bereits im Jahre 1922 Teil Sowjetrusslands und zwei Jahre später Teil der Sowjetunion.[6]

Das sozialistische Regime unter den Menschewiki (Menschewisten) etablierte sich in Georgien nicht unter dem Schutz von Großbritannien. Das neue Regime kam eigentlich durch die Politik des Zarenreichs zustande, mit Rücksicht darauf, dass die georgischen Menschewiki (Menschewisten) Anhänger der Sozialdemokratischen Arbeiterpartei Russlands (SDAPR) waren.[7]

Die Eigenständigkeit Georgiens wurde erst im Jahre 1991 zurückgewonnen. Durch die im Jahre 1995 angenommene Verfassung wurde Georgien eine Präsidialrepublik. Diese Verfassung wurde mehrere Male, zuletzt im Jahre 2005, geändert. Diese Novellierungen haben jedoch Georgiens Verfassungsstruktur nicht grundlegend geändert.

Nach der Erlangung der Unabhängigkeit (auf Georgisch: *Sakartwelo*) bzw. der Republik Georgien (auf Georgisch: *Sakartwelos Respublika*) setzten ziemlich bald Kodifikationsbestrebungen im Bereich des Zivilrechts ein. Als Ergebnis dieser Bestrebungen entstand das am 26. Juni 1997 verabschiedete und im November desselben Jahres in Kraft getretene georgische Zivilgesetzbuch (ZGB).

---

5 Im November 1917 bildete sich im Kaukasusgebiet eine Transkaukasische Föderation, die aus Georgien, Armenien und Aserbaidschan bestand. Der georgische Nationalrat erklärte am 26. Mai 1918 die Eigenständigkeit Georgiens. Georgien stand bis November 1918 unter deutscher Schutzherrschaft. Nach der Niederlage des Deutschen Reiches übernahmen die britischen Truppen den Schutz Georgiens während des Bürgerkrieges. Es ist zu erwähnen, dass unter dem Schutz der britischen Militärmacht in Georgien ein sozialistisches Regime unter der Führung der Menschewiki (Menschewisten) etabliert wurde. Sowjetrussland erkannte am 7. Mai 1920 die Unabhängigkeit Georgiens vertraglich an. Die Aufnahme des unabhängigen Georgien in den Völkerbund *(Société des Nations, League of Nations, Società delle Nazioni)* gelang aber nicht. Nach dem Einmarsch der Roten Armee in Georgien im Februar 1921 ging die menschewistische Regierung von Tbilisi (Tiflis) im März des gleichen Jahres nach Paris ins Exil.

6 Georgien wurde zunächst ein weiteres Mal Teil einer Transkaukasischen Föderation. Erst im Jahre 1936 erlangte Georgien den Status einer Sozialistischen Sowjetrepublik.

7 Nähere Informationen zu dieser Periode siehe: https://www.scribd.com/doc/46043064/General-Der-Artillerie-a-D-Friedrich-Freiherr-Kress-von-Kressenstein-MEINE-MISSION-IM-KAUKASUS.

3. Das Zivilgesetzbuch von 1997

Das Zivilgesetzbuch von 1997 besteht aus sechs Büchern. Ihre Anordnung folgt dem Pandektensystem, mit dem Sachenrecht vor dem Schuldrecht (abweichend nur das deutsche Bürgerliche Gesetzbuch). Das Erste Buch (Artt. 1–146) enthält den Allgemeinen Teil, das Zweite Buch behandelt das Eigentum (Artt. 147–315), das Dritte Buch das Schuldrecht (Artt. 316–1016), das Vierte Buch das geistige Eigentum (Artt. 1017–1105), das Fünfte Buch das Familienrecht (Artt. 1106–1305) und das Sechste Buch das Erbrecht (Artt. 1306–1503). Am Ende des Gesetzes befinden sich Provisorische Bestimmungen (Artt. 1504–1520).

Das Erste Buch (Allgemeiner Teil) spiegelt stark den Einfluss der deutschen Pandektistik und des deutschen BGB wider. Dieser Einfluss kommt besonders im Falle der Rechtsgeschäfte zur Geltung, obwohl die Redaktoren des Kodex bei der Regelung der Ungültigkeit der Rechtsgeschäfte *(negotia iuridica)* auch die Bestimmungen des französischen *Code civil* und des revidierten (zweiten) schweizerischen Obligationenrechts (OR) vom Jahre 1911 berücksichtigt haben.

Das Zweite Buch (Eigentumsrecht) basiert ebenfalls weitgehend auf den Regelungen des deutschen BGB. Bei der Übereignung beweglicher Sachen wurde das ziemlich einzigartige deutsche Abstraktionsprinzip allerdings nicht übernommen. Das Konzept des uneingeschränkten Eigentums *(plena potestas)* im ZGB wie auch in den georgischen Rechtbüchern ist eindeutig auf den Einfluss des römischen Rechts zurückzuführen. Art. 186 des georgischen ZGB erfordert zur Übereignung einer *res mobilis* deren Übergabe „aufgrund eines wirksamen Anspruchs". Bei der Regelung des Besitzrechts *(possessio)* ist die Nachwirkung des römischen Rechtes hingegen deutlich erkennbar (Art. 158 Abs. 1). Der Einfluss des römischen Rechts ist auch im Bereich der Ersitzung *(usucapio)* offensichtlich. Erwähnung verdient die Berücksichtigung der einheimischen, in den Gewohnheiten (*consuetudines* oder *ius consuetudinarium*) wurzelnden Rechtstradition bei den nachbarrechtlichen Regelungen *(iura vicinitatis),* wobei auch hier der unmittelbare Einfluss des römischen Rechts klar erkennbar ist. Über das Eigentum an landwirtschaftlich nutzbarem Boden erging dagegen im Jahre 1996 ein eigenständiges Gesetz.

Das Dritte Buch (Schuldrecht) des ZGB ist das umfangreichste. Die Redaktoren schöpften bei der Verfertigung dieses Teils vor allem aus dem deutschen Bürgerlichen Gesetzbuch (BGB), aus dem französischen *Code civil* und aus dem schweizerischen Obligationenrecht (OR). Aber auch der italienische *Codice civile* vom Jahre 1942 und das neue niederländische *Burgerlijk Wetboek* wurden weitgehend berücksichtigt. Wie im deutschen BGB wird der Gläubiger-Verzug *(mora creditoris)* bei der mangelhaften Erfüllung, der Verzug des Schuldners dagegen im Zusammenhang mit dem Vertragsbruch geregelt.

Die im Besonderen Teil des Schuldrechts befindlichen Bestimmungen über die einzelnen Verträge spiegeln das Bestreben des Gesetzgebers wider, das georgische Privatrecht weitgehend an die neuesten Reformen der westeuropäischen privatrechtlichen Gesetzbücher anzunähern.

Der Besondere Teil des Schuldrechts regelt auch den Versicherungsvertrag, einschließlich der Haftpflichtversicherung, die bis dahin in Georgien nicht geregelt war. Im Kodex sind auch die Bestimmungen über finanzielle Dienstleistungen enthalten; in diesem Bereich ist der verstärkte Einfluss des angelsächsischen Rechts *(Common law)* zu erkennen. Beachtung verdient die Regelung des *trust*.

Der *trust* basiert auf dem *Common law*, wurzelt aber auch in der römischrechtlichen (von Kaiser Justinian I. (527-565) allerdings abgeschafften) *fiducia*. Nach georgischem Recht ist der *trust* eine Mischung aus Kommission und Nutzungsrecht *(usus)*.

Das Vierte Buch (geistiges Eigentum) spiegelt den Einfluss mehrerer ausländischer Rechtsordnungen wider. Der größte Teil dieses Buches beschäftigt sich mit dem Copyright (Urheberrecht).

Das im Fünften Buch geregelte Familienrecht ist verständlicherweise am wenigsten von ausländischen Einflüssen geprägt. Hier haben die Redaktoren die Tradition des byzantinisch-römischen Rechts in erhöhtem Maße berücksichtigt. Der georgische Gesetzgeber hat sich für ein säkularisiertes Familienrecht entschieden. Der römischrechtliche Einfluss macht sich im familienrechtlichen Teil in Gestalt des byzantinisch-römischen Rechts *(ius Graeco-Romanum* oder *ius Byzantinum)* bemerkbar. Das Institut des Ehevertrags spiegelt die Traditionen des georgischen Rechts stark wider.

Das Sechste Buch (Erbrecht) weicht stark vom entsprechenden Teil des früheren, sozialistisch geprägten georgischen Zivilgesetzbuches ab. Im älteren Kodex wurde nämlich das Erbrecht lediglich in 40 Artikeln behandelt. Demgegenüber ist das Erbrecht im neuen Kodex detailliert geregelt. Der testamentarischen Erbfolge kommt im Vergleich mit der früheren Regelung eine überaus bedeutende Rolle zu. Dies hängt mit dem Erstarken der Rolle des Testatorwillens *(voluntas testatoris)* zusammen.

Insgesamt lässt sich feststellen, dass den Redaktoren des georgischen Zivilgesetzbuchs aus dem Jahre 1997 eine originelle Synthese der auf dem römischen Recht *(ius Graeco-Romanum* oder *ius Byzantinum)* basierenden westeuropäischen Vorbilder und der heimischen Rechtstraditionen gelungen ist. Bei dieser jüngsten Rechtsrezeption *(receptio iuris)* vornehmlich deutschen Rechts haben deutsche Juristen maßgeblich Pate gestanden, gefördert durch die Deutsche Gesellschaft für Technische Zusammenarbeit (GTZ).

Das georgische Zivilgesetzbuch verzichtet mit seinen 1520 Artikeln oft auf nicht besonders wichtige Detailregelungen und Nebensächlichkeiten. Nicht selten werden mehrere Paragraphen (etwa des deutschen BGB) vereinfachend zu einem einzigen Artikel zusammengefasst. Wegen dieses Charakterzuges enthält das georgische Zivilgesetzbuch seinem Inhalt nach mehr an substantiellen Regelungen als das wesentlich umfangreichere deutsche Bürgerliche Gesetzbuch (mit seinen 2385 Paragraphen), als es seinem bescheideneren Umfang nach den Anschein hat.

Der Verzicht auf die Kodifizierung allzu ausgefallner Einzelheiten erscheint für ein relativ kleines Land mit noch nicht 5 Millionen Einwohnern (weniger z. B.

als die Schweiz) vertretbar, weil komplizierte Streitfälle dort einfach seltener vorkommen. Außerdem ist *simplicitas legum amica.*[8] Die wichtigsten Grundregeln könnten im Normengewirr vieler Detailfragen an Bedeutung verlieren. Die Details lassen sich, falls erforderlich, in einem Kommentar nachschlagen (im Kommentar lässt sich demnach die Rezeption des Ursprungsrechts vervollständigen).

4. Gesetze in der Sphäre des Privatrechts

Das internationale Privatrecht (IPR) wird – im Gegensatz z. B. zu Armenien – in einem eigenständigen Gesetz vom Jahre 1998 geregelt.

Die privatrechtliche Gesetzgebung folgt nicht dem monistischen Konzept *(concept moniste)*. Dementsprechend regelt das georgische Zivilgesetzbuch die herkömmliche Materie des Zivilrechts. Das georgische Zivilgesetzbuch ist folglich kein *code unique* – im Gegensatz z.B. zum neuen niederländischen Bürgerlichen Gesetzbuch *(Nieuw Burgerlijk Wetboek)*. In Georgien gibt es jedoch derzeit kein eigenständiges (autonomes) Handelsgesetzbuch (HGB). Die Regelung bezüglich der Handelsgesellschaften befindet sich in Einzelgesetzen.

Weitere Gesetze aus dem Bereich des Handelsrechts sind: das Gesetz über die gewerbliche Miete vom Jahre 1994 (die Miete von Ackerboden wird in einem Gesetz aus dem Jahre 1996 geregelt) und das Gesetz über das Pfandrecht aus dem Jahre 1994. Das im Jahre 1994 promulgierte Gesetz über die Rechtsverhältnisse der Unternehmer und das aus dem Jahre 1996 stammende Gesetz über die Tätigkeit der Banken gehören ebenfalls zu diesem Regelungskreis.

Zu Georgien gehören zwei autonome Republiken (Abchasien und Adscharien) und ein autonomes Gebiet (Süd-Ossetien). Die autonome Republik Abchasien (*Apsny* bzw. *Abhazija*) erklärte seine Unabhängigkeit am 21. Juli 1992. Diese völkerrechtlich nicht anerkannte Entität hat im Jahre 1999 auch eine eigene Verfassung verabschiedet. Die Volksversammlung Abchasiens wurde im Jahre 1994 durch Georgien für aufgelöst erklärt. Das autonome Gebiet Süd-Ossetien *(Jugo Osetija)* erklärte seine Unabhängigkeit am 21. Dezember 1991.

In Süd-Ossetien fand am 12. November 2006 ein Volksentscheid (Referendum) über dessen Unabhängigkeit statt. Parallel zum Referendum d.h. Volksentscheid über die Unabhängigkeit wurde auch eine Präsidentenwahl abgehalten. Die Unabhängigkeit Süd-Ossetiens wurde aber international nicht anerkannt. Die Unabhängigkeitsbestrebung in beiden Entitäten hat – bis jetzt – keinen Einfluss auf die Privatrechtsordnung.

---

[8] C.-D. Schott, "Einfachheit als Leitbild des Rechts und der Gesetzgebung", *Zeitschrift für Neuere Rechtsgeschichte [ZNR]* 5 (1983), 121 ff.; A. Wacke, "Quod raro fit, non observant legislatores: A classical maxim of legislation", in: J. Cairns und O. Robinson (*Hrg.*), *Ancient Law, Comparative Law & Legal History, Essays in Honour of A. Watson*, Oxford, 2001, S. 393-398; A. Trombetta, *La semplicità della legge tra codice e sistema*, Bari, 2003.

5. Blick auf den Unterricht des römischen Rechts

Römisches Recht wird an der Universität Tbilisi (auf Deutsch: Tiflis) seit dem Jahre 1920 ununterbrochen gelehrt. Das römische Recht wurde an der (staatlichen) Universität Tbilisi im Jahre 1920 von dem Begründer der Universität, dem bekannten, auch international anerkannten Historiker Ivane Javachishvili eingeführt. Zu erwähnen ist, dass er im Jahre 1929 zwei Bände über die Entwicklung des georgischen Rechts veröffentlicht hat. In diesem Werk stellt Ivane Javachishvili detailliert den Einfluss des *ius Graeco-Romanum* auf die Entwicklung des Privatrechts Georgiens dar.

Die Bedeutung dieses Lehrfachs, d. h. des Unterrichts der Geschichte und der Institutionen des römischen Rechts ist seit der Unabhängigkeit Georgiens in erheblichem Maße gewachsen. Dieser Umstand hat auch dazu beigetragen, dass im georgischen Zivilgesetzbuch (BGB) von 1997 den Instituten und der Terminologie des römischen Rechts eine bedeutende Rolle zukommt.

BYZANTINE ROMAN LAW STUDIES IN RUSSIA WITHIN THE FRAMEWORK OF POLITICAL IDEOLOGIES

Dmitry POLDNIKOV

Hardly any historical or legal knowledge is possible without ideologies or the 'politics of interpretation'. In the West, 'the politicization of historical thinking was a virtual precondition of its own professionalization, the basis of its promotion to the status of a discipline worthy of being taught in the universities...'[1] This claim of Hayden White seems to be very true for a country which did so much to oppose all Western 'bourgeois' ways. In contrast to the West, social sciences in Russia since 1917 were politicised openly, uniformly and rigidly.

The toll of the official ideology is believed to be weaker on those who study ancient and medieval general history and legal history. The Soviet community of medievalists, which includes Byzantinists, has recently been praised by the Russian academy fellow Pavel Uvarov for its high professional standards and apolitical ethos.[2] Such an assessment provoked a prompt criticism on the part of specialists in modern history, and brought about a critical review by Dmitry Bovykin.[3] Obviously, this academic duel hit a nerve, that of understanding the ideology(ies) of Russian and Soviet legal science, which has been a topic of debates for quite some time.[4]

---

1 See H. WHITE, "The Politics of Historical Interpretation: Discipline and De-Sublimation", *Critical Inquiry* 9, 1 (1982), p. 118. Nikolay KOPOSOV is ready to extend this claim to all social sciences. See N. KOPOSOV "От социальных наук к свободным искусствам" ["From social sciences to liberal arts"], in: N. KOPOSOV, *Хватит убивать кошек! Критика социальных наук* [*Stop slaughtering cats! Critique of social sciences*], Moscow, 2005, p. 220-239.

2 P. UVAROV, *Между 'ежами' и 'лисами': Заметки об историках* [*Between hedgehogs and foxes: Some notes about historians*], Moscow, 2015, p. 63.

3 D. BOVYKIN, "Обратной дороги может и не быть..." ["There could be no way back..."], *Средние века* [*Middle ages*] 77, 1-2 (2016), p. 357-370.

4 For Soviet historical science generally, see N. KOPOSOV, "The Armored Train of Memory: The Politics of History in Post-Soviet Russia", *Perspectives on History* 49 (January 2011), available at https://www.historians.org/publications-and-directories/perspectives-on-history/january-2011/the-armored-train-of-memory-the-politics-of-history-in-post-soviet-russia. On the Soviet historical science specifically see: N. KOPOSOV, "Sovjetische Historiographie. Marxismus und Totalitarismus. Zur Analyse der mentalen Grundlagen der Historiographie", *Österreichische Zeitschrift für Geschichtswissenschaften* 2, 1 (1991) (cited after Russian translation in N. KOPOSOV, *Stop slaughtering cats!*, p. 172-192). For Soviet and post-Soviet legal science Russian (and some other post-USSR republics) jurists hold a series of conferences. To name but few: 'Twelve (annual) Readings on legal philosophy in memoriam of academy fellow V. NERSESYANTS' (since 2005; with the following collected papers);

Against this backdrop, the re-evaluation of Byzantine legal studies in the USSR and its lasting impact on today's Russia has not yet been made. What role did the official ideology play in Soviet Byzantine studies? How did it change the pre-1917 academic tradition? Does it still exercise its influence on contemporary historiography? The reason for addressing these questions is not only the occasion of celebrating Professor Laurent Waelkens' achievements in studying the influence of Byzantine Roman law on Western Europe; it is also the revival of interest in the legal legacy of Byzantium and its pre-Soviet studies in contemporary Russia. Some voices praise this medieval Empire as the first state of law in the world, one that was heavily underestimated in the Soviet historiography due to ideological constraints.

To investigate the ideological matrix of Soviet Byzantine legal studies, I build on Nikolay Koposov's narrative of a cumulative evolution of historiography.[5] The multiplicity of publications, subjects, and issues is put into the context of the social sciences and reduced to a structure resembling an extended abstract of his or her potential dissertation highlighting the main authors, the presumed relevance and the range of topics, the goals and methods, the primary sources, and the novelty of the results.

1. How the Steel of Marxist Byzantine Studies was Tempered

The Russian legal school of Byzantine studies originated in the nineteenth century simultaneously with other leading centres of Byzantine studies in Europe and flourished in the aftermath of the great reforms of Alexander II. Enthusiastic research on various aspects of general history of Byzantium by Vasily Vasilievsky (d. 1899), Nikodim Kondakov (d. 1925), Vasily Bolotov (d. 1900), Fyodor Uspensky (d. 1928) and other 'founding fathers' of a new discipline led to the formation of a close academic community around the journal *Byzantina xponika* (1894 to 1927).[6]

The reason for these studies rested on the perception of Russia as the third Rome, or 'Byzantium after Byzantium'[7]. In the words of Fyodor Uspensky, '... *for*

"Hard Issues of Post-Soviet legal theory and philosophy", in [The Collected Papers], Moscow [at Moscow High School of Social and Economic Sciences], 2016, and most recently, the International conference "Our Way to Law: Rethinking the Soviet Legacy" at Moscow, Higher School of Economics, on 12 October 2017.

5 N. Koposov, *Stop slaughtering cats!*, p. 172-192.

6 Available at http://www.vremennik.biz (last visited 4.12.2017).

7 The concept of Moscow as the successor of Byzantium was probably authored by the monk Filofey in the Moscow Principality as early as 1524, but its true popularity is due to the Great Eastern Crisis in 1875-1878. See: N. Ulyanov, "The Complex of Filofey", *The new journal* 45 (1956), at http://www.ukrhistory.narod.ru/texts/ulianov-1.htm (last visited 3.11.2017); D. Ostrowski, "Moscow the Third Rome as Historical Ghost", in: S. T. Brooks (*ed.*), *Byzantium: Faith and Power (1261-1557). Perspectives on Late Byzantine Art and Culture*, New Haven, 2006. p. 170-179. The phrase "Byzantium after Byzantium" was coined by Nicolae Iorga in 1935.

us, Byzantium is not an archaeological site or an abstract concept but the real object which is very relevant for understanding our own history. Our age-old relations with Byzantium left many deep imprints in people's consciousness and shaped the organisation of the [Russian] state, as well as marked our ecclesiastical, civil and everyday life.'[8]

Following the lead of general historians, legal studies were initiated by the authors who received their language training at schools called gymnasia, along with a solid legal background in the history and dogma of Roman and Orthodox canon law. As a consequence, by 1917 the Russian list of publications on Byzantine legal history included introductory courses on canon and secular law, bibliographical surveys, critical editions of primary sources, as well as investigations into specific topics.[9] A good knowledge of primary sources and modern standards of legal and historical research ensured the academic compatibility of Russian and international Byzantine academic circles. '*From the very beginning Russian scholars were integrated into the international Byzantine studies and kept in touch with European science*.'[10]

Byzantine studies in the late Imperial Russia were not entirely impartial. The words of Uspenski (quoted above) are tinted with the 'special relationship' between two Orthodox powers which provided a lasting model of state and church symphony, justified Russian pan-Slavic ambitions and cemented its spiritual identity as opposed to the Latin (Catholic) West.[11] Yet, this ideology was balanced with the 'noble dream' of objectivity in historical and legal science shared by academics across the Continent.[12]

---

8 This text was published shortly after 1917 but distilled the motives for Byzantine studies of that time. Cited after: O. Barynina, "Отечественное византиноведение на рубеже эпох: Русско-византийская Комиссия (1918-1930 гг.)" ["National Byzantinistics at the turn of the epoch: Russian-Byzantine commission (1918-1930)"], *Труды Исторического факультета Санкт-Петербургского университета* [*Proceedings of the Faculty of History of the Saint-Petersburg University*] 4 (2010), p. 180-182.

9 Including the status and privileges of the Church, canon law of marriage and its influence on the southern Slavs, jurisdiction of canon courts, private property of peasants, general conditions of Byzantine influence on Slavic laws, on nomocanons, on Serbian laws etc. For references see I. Popov and I. Chichurov, "Византиноведение в России" ["Byzantinistics in Russia"], in: *Православная энциклопедия* [*The Orthodox Encyclopedia*], vol. 8, p. 388-401, at http://www.pravenc.ru/text/158430.html#part_15 (last visited 5.12.2017).

10 F. Von Lilienfeld "On the perception of Russian Byzantinistic by German scholars in the end of the 19th – early 20th centuries", in: *Материалы XVIII Международного конгресса византинистов* [*Proceedings of the 18th International Congress of Byzantinists*], Moscow, 1991, p. 83. For transmission of European legal culture into Russia in the nineteenth century, see: S. Dauchy, G. Martyn, A. Musson, H. Pihlajamäki and A. Wijffels (*eds.*), *The Formation and Transmission of Western Legal Culture. 150 Books that Made the Law in the Age of Printing*, Cham, 2016.

11 A remarkable book on the relation of the West and Russia see: N. Danilevski , *Россия и Европа* [*Russia and Europe*], St. Petersburg, 1869. For the debate between Slavophils and Westerners see "Slavophile (Russian history)", at https://www.britannica.com/topic/Slavophile (last visited 6.12.2017).

12 P. Novick , *That noble dream. The 'Objectivity Question' and the American Historical Profession*, Cambridge, 1988.

The course of Byzantine studies dramatically changed after the Bolsheviks rose to power in November 1917 and gradually imposed their ideology (Marxism or Marxism-Leninism) as the only creed for all humanities. Against this backdrop, the drama of the Byzantine studies played out in three acts:

a. Repression of the old and establishment of the new canon in the 1920-30s.
b. Revival of Soviet Byzantine studies under the aegis of Marxism after 1945.
c. Their 'professionalisation' since the late 1960s.

a. Act one

As the Bolshevik regime withstood the civil war and intervention, it opened the front against the inner enemies including academics and intelligentsia branded as 'bourgeois', 'bourgeois and noble', 'reactionary', 'conservative'. Byzantinists came under suspicion. Some of them emigrated.[13] Those who stayed but persisted in studying Church history, canon law, state-church relationships, were censored and fired from the academic institutions or even imprisoned. The last academic institution on Byzantine studies in Russia (the Russo-Byzantine commission) was dissolved following the deaths of Fyodor Uspensky (d. 1928) and Vasily Regel (d. 1932).

Pre-revolutionary Byzantine studies seemed incompatible with the new canon. The course of history in the new Soviet vision was determined by universal 'laws' (regularities), above all by the means of production and class struggle. This claim was a curious amalgam of the humanistic belief in man's rationality and ability to construct an ideal society with the revolutionary vision of history as a series of violent clashes between the rulers and the oppressed.[14] This vision of history allocated quite a modest role to law as a tool of governance of the powers that be. In the 1930s, the relevant narrow normative definition of law – a system of the rules of conduct created and sanctioned by the state in the interest of the ruling class – was soon coined by the prominent Soviet jurist and Procurator General of the USSR Andrey Vyshinsky (d. 1954) to strengthen the governance with the principle of 'revolutionary legalism'.[15] The development of this 'only correct line' led to the emergence of the legal science marked by Marxism, sociological approach and concepts, extreme dogmatism, reference to the authorities as the ultimate argument and self-sufficiency (isolationism).[16]

---

[13] George OSTROGORSKY and Alexander SOLOVIEV moved to Serbia, Dimitri OBOLENSKY to England, Alexander VASILIEV to the USA, Nikodim KONDAKOV to Czechoslovakia.

[14] N. BERDYAEV, *Истоки и смысл русского коммунизма* [*Origins and meaning of Russian Communism*], Moscow, 1990 (first published in English in 1937), p. 80-84.

[15] A. VYSHINSKY, *Революционная законность и задачи советской защиты* [*Revolutionary legalism and the tasks of Soviet advocates*], Moscow, 1934. The politicians of the 1930s reasoned that the state and law were indispensable as the class struggle was expected to exacerbate on the way to communism.

[16] A. IVANOV, "Советская юридическая наука: путь к праву" ["Soviet legal science: a path to law"], in: *International conference 'Our Way to Law: Rethinking the Soviet Legacy'*, at Moscow, Higher School of Economics, 12 October 2017.

The 'let's make a clean slate of the past' approach (to quote from *L'Internationale*) meant the death sentence to the pre-revolutionary Byzantine studies which invoked too many religious, national (or pan-Slavic) and other marginal connotations. As the deputy minister of education of the Soviet Russia in 1918-1932 Mikhail Pokrovsky used to say, 'in our science a non-Marxist scholar is not worth a button'.[17] The rebuilt discipline was supposed to be oriented towards the material, international and western-European 'highway' of history of class struggle taught by the graduates of the Institute of the revolutionary professorship[18], the Institute of Soviet formation (the new name of some law faculties) and their pupils.

b. Act two

Marxist canon was applied to the teaching and studying of foreign legal history shortly after World War II when the USSR was preparing for its role as the superpower of the emerging Socialist block. The revival of Byzantine studies coincided with the consolidation of Soviet influence in Eastern and Southern Europe and could be intended as a kind of historical justification for the political unity of this region.

However, the 'slate' of legal academia was cleaned too well. In the first and, probably, best post-WWII textbook for law students 'The Universal History of State and Law' (in four parts, Moscow, 1944-1947) a 10-page long overview of Byzantine law up to the tenth century by Joseph Martysevich (a specialist in feudal land property in Moscovia in the sixteenth and seventeenth centuries) was quite basic: secular legislation, civil law (property relations, serfdom, spread feudal property-*pronia*), law of obligations (simplified and equated with the *Corpus Juris Civilis*), family law (mentioning divorce *cum damno* and *sine damno* (?)), inheritance, criminal law (branded as 'openly class-oriented'), and legal procedure (evolved towards inquisition due to the class struggle). All that without precise references to sources ('according to the Byzantine codes'), cultural context, or canon law, and with the emphasis on framing the legal development within the framework of the Marxist canon – progressive transition from slavery-based society to feudalism.[19]

In the following years, Soviet legal historians did next to nothing to investigate Byzantine legal heritage. *Graeca sunt, non leguntur*. Thus, general historians had no rivals in organising Byzantine research and applying the Marxist canon to

---

17 See M. POKROVSKY, *Историческая наука и борьба классов* [*Historical Science and Class Struggle*], Moscow, 1933, p. 33.

18 The institute was founded by the Soviet government in 1921 to prepare Bolshevik party insiders and lecturers in the domain of domestic and foreign history and law.

19 See on Byzantine law, cited after the reprinted edition: *Всеобщая история государства и права* [*The universal history of state and law*], Moscow, 2011, p. 434-444. Even this openly Marxist textbook as a whole, deserved criticism for 'forgetting the partisan principle of Marxism', for being 'inexcusably' 'objective' and 'apolitical', for 'slavishly copying bourgeois legal concepts'. See Pyotr GALANZA's review in: *Советское государство и право* [*Soviet State and Law*] 9 (1948), p. 91-98.

it. The series of All-Union conferences of Byzantine studies began in 1945. Academy fellows sponsored the continuation of *Byzantina xponika* (in 1947) and the founding of the department of Byzantine Studies at the Institute of Universal History of the Academy of Sciences (in 1955). Little by little, groups of Soviet Byzantinists were established in Moscow, Leningrad, Sverdlovsk (now Yekaterinburg), Tbilisi, Yerevan. And their leading members were allowed to participate at the international congresses of Byzantine studies.

The development of *pax Byzantina* was incorporated into the Marxist master narrative in the monumental *History of Byzantium* (3 vols., Moscow, Leningrad, 1967): slavery-based social formation in the early Byzantium; feudalism in the middle period, subdivided into the early (fifth to mid-ninth century), and high (mid-ninth to the twelfth century) middle period; and finally, elements of the capitalist mode of production in the late feudal period (thirteenth century to 1453). Priority was given to economic and political history and international relations with the Slavs. Legal issues deserved a special mentioning only in connection with the reforms of Justinian. Thus, Byzantine law was marginalised as secondary to the economy and class struggle.[20]

c. Act three

Khrushchev's Thaw and the early Brezhnev Era somewhat loosened the iron grip of the official ideology on legal and historical studies. Since the late 1960s one can discern a tendency to establish and follow the 'professional' style of historical studies, a 'more balanced approach' without the revolutionary pathos and clichés of the 1930s and 1940s.[21]

This period saw some debates with the international academic community. Soviet historians began to read certain western literature on social history. Although all public debates ended with the foregone conclusion of the correctness of Marxism, elaborating arguments in support helped, and some advances in Soviet scholarship expanded the field of research. Such was the discovery of legal culture within the new, fourth (cultural) sphere of Soviet social sciences.

The shift is best illustrated with the *opus ultimum* of the Soviet Byzantine studies – *The Byzantine Culture* (Moscow, 1984-1991). Each of its three volumes included chapters on jurisprudence, which was presented as part of the general culture connected with the real needs of society and ultimately, dependent on economic and political trends.[22]

---

20 There was not even a keyword 'law' in the index. Specific legal collections (e.g. *Pira*) are mentioned among other sources on the history of Byzantium. See *History of Byzantium*, vol. 2, Moscow-Leningrad, 1967, p. 106.

21 N. Koposov, *Stop slaughtering cats!*, p. 186.

22 Z. Udaltsova, "Введение" ["Introduction"], in: *Культура Византии* [*Byzantine Culture*], vol. 1, Moscow, 1984, p. 6. Culture was opposed to an even broader and somewhat vague concept of 'civilisation', as well as to the non-creative 'production'. It was understood as a (creative)

Yet, such a development did not challenge the Marxist canon until 1991, which profoundly shaped all aspects of Byzantine legal studies (the background of the researchers, the presumed relevance and the range of topics, the goals and methods, the primary sources, and the novelty of the results).

c.1 The authors

All notable authors of Soviet Byzantine studies came to this field with a general historical background. The curriculum of law faculties in the USSR provided poor language training (no classes in Greek or Latin). Shortly after 1945 the course on Roman private law was reintroduced but only as an introduction to 'bourgeois' civil law. Old professors Ivan Novitsky and Iosif Peretersky prepared the standard Soviet textbook on Roman private law (1948) which examined the *Corpus Juris* of Justinian mostly to have a look into the law of the classical period.

With such a curriculum and few incentives for lawyers to delve into the casuistry of an ancient legal order, one should not wonder at the lack of monographs on Roman law[23] and Byzantine law between 1917 and 1991. The textbooks for law students allowed only a chapter in the vast course of 'Universal / Foreign History of State and Law' built upon the research of Soviet general historians after 1945.[24] This precarious situation in 1976 led Professor Oleg Zhidkov (the leading specialist in the history of modern 'bourgeois' law) to draw the harsh conclusion that medieval foreign legal history remained an 'unbroken soil for Soviet legal scholarship'.[25]

On the contrary, general historians were quite active in grouping together to study various aspects of the Byzantine legacy. Legal topics were also of some interest in Moscow (Kazhdan, Udaltsova, Litavrin, Milov, Schapov), Leningrad (Lipshits, Medvedev, Muryanov), Sverdlovsk (Suzumov, Khvostova).

---

combination of spiritual and material and interrelated with social development (Z. UDALTSOVA, "Введение", p. 6).

23 Regarding the lack of studies in Roman law see E. SUCHANOV and L. KOFANOV, "Sul ruolo del diritto romano nella Russia contemporanea", in: *Ivs Antiqvvm* 1 (1996), p. 14-16 (Italian resume to Russian article), at http://elar.uniyar.ac.ru/jspui/handle/123456789/3479, accessed 6 December 2017.

24 This was the case of an authoritative textbook of the late Soviet period, namely: Z. CHERNILOVSKY, *Всеобщая история государства и права. Учебное пособие* [*The universal history of state and law. A textbook*], Moscow, 1973. The textbook allocated Byzantium in the section on feudalism in Eastern Europe (in connection with the Slavs), limited the scope to Byzantine public order and legislation (mostly the *Corpus Juris Civilis*) and reasoned with reference to Soviet historians (UDALTSOVA, KAZHDAN, LIPSHITS).

25 O. ZHIDKOV, "О состоянии и задачах научных исследований в области всеобщей истории государства и права" ["On the state and goals of academic research in universal history of state and law"], in: O. ZHIDKOV, [Selected Works], Moscow, 2006, p. 29.

c.2 The relevance

Historians perceived the Byzantine legacy as part of a national (including other peoples of the USSR) and universal history offering just more evidence of the 'laws' (regularities) of progress in world history. The significance of a legal 'superstructure' was downplayed. Until the late 1960s Soviet historians first had to look into class struggle. Moreover, in the *History of Byzantium* (1967) Alexander Kazhdan warned the reader that the Byzantine legislation of the middle and late period was outdated and did not reflect the actual state of affairs in the economy and politics.[26] Given the scarcity of our information about legal practice, it was hard to justify investigations into legal sources in a predominantly social history.

Only the promotion of culture to a semi-autonomous sphere of Soviet historical studies allowed several authors to make the Byzantine legal heritage one of their primary fields of research. It was easy to show the unmatched level of influence that Byzantine legal culture had had on Southern and Eastern Europe throughout the Middle Ages.[27]

c.3 The objects of research

In the 1940s and 1950s, the strictly imposed Marxist canon limited Byzantine studies to three main spheres: economic, social, ideological and political developments. In accordance with Marxist legal science, law was understood as a tool of governance and repression in the interest of the ruling class. Consequently, historians began to pay attention to translations and commentaries on legislation as a source of information on economic and political history.[28]

In addition to source studies, Soviet Byzantinists paid considerable attention to the legal organisation of the Empire (Kazhdan) and the administration of justice (Lipshits). But by far the most researched topic was the feudalisation process of Byzantium. The authors discussed features and types of 'feudal' property with particular reference to *pronia* (Kazhdan), various ways of its formation (Lipshits), feudal privileges, comparing public and feudal property (Kazhdan, Litavrin), the influence of *pronia* on Slavs (Naumov), and farmers' relations in the late Byzantium (Khvostova). Other topics included the legal status of village communities and the oppressed population groups (peasants, colons, day labourers, slaves), labour disputes and other forms of social struggle, and the influence of Byzantium on the Slavs and Kievan Rus in particular.

---

26 *History of Byzantium*, vol. 2, p. 106.

27 *Byzantine Culture*, vol. 1, p. 7.

28 Lipshits translated the *Tax Law of the 10th century* (1951), she and SUZUMOV commented on the social background of the *Basilika* (1953, 1958). Other publications of this kind followed in the late 1960s till the 1980s.

In contrast, private law was of marginal significance. In the periodical publications I found, there were only two articles regarding insurance contracts in Constantinople and medieval Italian cities (Shitkov, 1969) and the sale of goods under *Pira* 2.2 (Lipshits, 1973).

c.4 The goals

According to the Marxist canon, historical studies were supposed to reveal the laws (regularities) in the progress of humankind through the social formations. The case of Byzantium was intended to provide evidence for the rise and demise of the feudal formation mostly through the analysis of the economic relations and class struggle as the primary drivers in history.

This schematic framework set a series of tasks with regard to Byzantine legal legacy:

- to analyse the 'social essence and political motives of [legal] reforms';
- to evaluate the legal development in terms of 'progressive' or 'conservative' trends (i.e. complying or not with the transition to the next social formation);
- to determine the general and the particular in comparison with the 'universal' typologies and schemes of development (in fact, based on European experience);
- to criticise the biases of the 'bourgeois' European and old Russian historiography and to prove the superiority of the Marxist approach.

Soviet historians treated imperial legislation as the result of social pressure (Udaltsova) and understood legal provisions as a source of information on social history (Kazhdan).[29] The key problem in most research was the typology, and differentiation of the general and the specific.[30]

c.5 The methodology

Soviet Marxism presented itself as the only comprehensive and universally applicable scientific theory. It rose to the status of the master narrative to be applied in all disciplines and branches of social studies. This irrefutable presumption produced much literature on the general methodology of history[31] and shifted the focus of research to doctrinal and deductive proof of the progress from one social formation

29 See Z. UDALTSOVA, "Законодательные реформы Юстиниана" ["On the legislative reforms of Justinian"], in: *Byzantina xponika* 26, 51 (1965), p. 3-45.

30 *Byzantine Culture*, p. 7.

31 Most notably see M. BARG, *Категории и методы исторической науки* [*Major concepts and methods of the historical science*], Moscow, 1984, p. 238-315; I. KOVALCHENKO, *Методы исторического исследования* [*Methods of historical research*], Moscow, 1987. Also a series of collective monographs on basic theoretical issues of the laws of history.

to another with foregone conclusions.[32] Historical evidence was forcefully arranged according to these universal schemes and typologies.

This teleological view of history, of the unity of 'historical progress' in Eurasia, was maintained until the final *opus magnum* of Soviet Byzantine studies. In the 'Culture of Byzantine' the editors state that the constant progress from one formation to another was the main theoretical principle of historical materialism.[33] The work also professes 'the general laws (regularities)' in history and the primacy of economic and political development (i.e. the mode of production and class struggle). Not surprisingly, the inaugural chapter in each volume of 'Culture of Byzantine' is dedicated to the general economic, social and political conditions of Byzantium. The dialectical materialism commanded the acceptance of 'constant conflicts' between old and new as the primary driver of all development, even in the cultural sphere.[34] The only significant concession to the plurality of historical experience was that progress in history was not linear, but 'resembled a zigzag'.[35] This 'outside'-perspective on legal development made redundant any discussion and application of specifically legal methods for researching and understanding the 'inner' logic of Byzantine law. Soviet historians marked some institutions of later legislation as outdated and anachronistic only to discard their examination for the purpose of understanding the social realities of the Empire.

c.6 The sources

Thanks to the efforts of Soviet historians, the range of primary sources in the professional discourse steadily expanded. All major acts of secular legislation (except the *Basilika*) were translated into Russian between 1951 and 1988, including the Book of the *Eparch* and the Rhodian Sea Law (by Suzumov in 1962, 1969), the *Ecloge* (by Lipshits in 1965), the Farmer's Law (by Medvedev, 1984), and a considerable number of late Byzantine legal documents in the archives of the USSR (by Medvedev and others), secular law (adaptation of Byzantine *Ecloge* in Bulgaria and Rus' by Tikhomirov and Milov, 1961), reception of the Byzantine legacy in Russian *Sobornoje Ulozhenie* of 1649 (by Tikhomirov and Epifanov, 1961).

Additionally, Byzantinists commented on major legislation with an emphasis on the social (class) struggle behind the legislative reforms (e.g. Udaltsova on the *Corpus Juris Civilis*, 1965, 1967; Lipshits on the Farmer's Law in 1969, she and

---

32 For the Soviet historiography generally see N. Koposov, *Stop slaughtering cats!*, p. 190-192. For the quasi-scientific debates in Soviet Byzantine studies see: I. Medvedev, "Несколько слов о советском византиноведении" [*A few words about Soviet Byzantinistics*], in: I. Medvedev, *Петербургское византиноведение. Страницы истории* [*Byzantinistics in St. Petersbourg: pages of history*], St. Petersburg, 2008 (first published in 2000), p. 313-319.

33 *Culture of Byzantine*, vol. 1, p. 10.

34 *Culture of Byzantine*, vol. 1, p. 10.

35 *Culture of Byzantine*, vol. 1, p. 7.

her pupil Medvedev on formulas of various legal acts in 1973; essays on diplomatics in 1988).

The almost total absence of canon sources in such a religious society as Byzantium is remarkable and can be explained only with reference to the general atheistic bias of Soviet social sciences.

It should also be noted that for general historians, legal sources had no additional value as compared with other primary sources on the history of Byzantium. They were relevant inasmuch as they preserved information on the social development and reflected social struggle. Hence, attention to the legislation decreased proportionally to its increasingly anachronistic and symbolic character in the later period of Byzantium (see Kazhdan above in the *History of Byzantium*).

c.7 The novelty of the results

The efforts of general historians to investigate Byzantine legal heritage within the framework of the Marxist canon yielded a peculiar image of this legacy. The main novelty was the analytical approach used with respect to the socio-economic and political motives of legal reforms in Byzantium (most notably, the *Corpus Juris Civilis* by Udaltsova, the Farmer's Law by Suzumov, *Ecloge* by Lipshits, but also notarial acts by Medvedev) 'with the language of sociological categories'.[36] It helped historians fit legal development into the general course of social and political history, to lift the veil of dogmatic language and to present legal history in a more comprehensible way.

It is this very approach that Alexander Kazhdan advocated as 'a new history of Byzantine law' after being exiled from the USSR in 1978.[37] A decade later Bernard Stolte contested this proposal[38], but after another ten years (in 2009) he seemed to reverse his negative opinion on understanding society through the practice of law: '*Writing that [social history of Byzantine law] would be a difficult task [due to the one-sidedness of the sources... and a different understanding of the role of law and legislation], but someone who would try his hand at that task would be applauded by more colleagues than just the late Alexander Kazhdan.*'[39]

At the same time European legal historians would hardly applaud the downside of the same approach. When Soviet historians without due legal training presented Byzantine law as part of general culture, its concepts and inner logic became watered down without a proper dogmatic examination. Rare exceptions were

36 See Z. UDALTSOVA, *On the legislative reforms of Justinian*, p. 9-24.

37 A. KAZHDAN, "Do we need a new history of Byzantine law?", *Jahrbuch der österreichischen Byzantinistik* 39 (1989), p. 1-28.

38 B. STOLTE, "Not new but novel: notes on the historiography of Byzantine law", *Byzantine and Modern Greek Studies* 22 (1998), p. 264-279.

39 B. STOLTE, "The Social Function of the Law", in: *The Social History of Byzantium*, Blackwell, 2009, p. 89.

Udaltsova's analysis of Justinian's reforms in family law and inheritance,[40] Kazhdan and Lipshits' interpretation of *pronia* as a close match of European fief, and Lipshits' commentaries on the Byzantine judicial system and legislation of the middle period which let her qualify Byzantium as the 'commonwealth based upon the law', ἔννομος πολιτεία.[41]

c.8 The ideology in the end

The assessment of the results of the Soviet historiography on Byzantine legal legacy brings us back to the curbing role of the Marxist canon. Repressions against pre-revolutionary legal historians, expulsion of classical studies from the curriculum of law faculties, harsh criticism of all 'bourgeois' historiography, and a forward-looking (progressive) orientation turned Soviet lawyers away from studying the medieval ἔννομος πολιτεία. The majority of general historians able to read primary sources in Greek were neither well versed nor interested in law *per se* as a 'supporting actor' according to the Marxist master narrative of social evolution. Not surprisingly, even the head of Soviet Byzantinists had to acknowledge in 1969 that the Byzantine legal legacy, despite some remarkable results, belonged to the 'least researched fields of Soviet Byzantine studies'.[42] The assessment would not be that different by 1991, for, in the words of Nikolay Koposov, '*Soviet legal and general historians were not prepared for any profound change in the Marxist canon and to an open dialogue with the international academic community*'.[43]

2. A slow revival with a blend of ideologies: *quo vadis*?

After the collapse of the Soviet Union in 1991, Russian academia rushed through another 'clean slate' period. The Constitution of the Russian Federation of 1993 prohibited any state ideology and stipulated the right to ideological pluralism (art. 13) and freedom of speech (art. 29) as well as of academic and artistic work (art. 44). The State fostered programmes to renovate the humanities and social sciences in Russia with the financial and consultative help of the international and foreign institutes. Not

---

40 *Polychronion Festschrift für G. Dölger zum 75. Geburtstag*, Heidelberg, 1966, p. 505-520. But her conclusions about the significance of the Digest seem quite trivial for jurists: 1) it shows the evolution of Roman law and jurisprudence by the sixth century (historic significance), 2) it preserved the legacy of Roman law (academic significance), 3) provided data for the reception of Roman law in Western Europe in modern times (practical significance) (Z. Udaltsova, *On the legislative reforms of Justinian*, p. 9-24).

41 Lipshits claimed to prove the inconsistency of declaring 'progressive' claims of the legislator in the *Ecloge* and their implementation. Novelty was due to the customary law of eastern provinces, nothing more than a step-by-step evolution.

42 Z. Udaltsova, *Советское византиноведение за 50 лет* [*Russian Byzantine studies during the 50 years*], Moscow, 1969, p. 224 and 228.

43 N. Koposov, *Stop slaughtering cats!*, p. 191.

surprisingly, the majority of social scientists hastened to cast off the shackles of the Marxist master narrative. Many general and legal historians engaged actively in the search for Russian national identity in the pre-revolutionary 'golden age'.[44]

During the 2000s, economic and social stability in Russia helped to identify gaps in the research and understanding of legal history, not least the lack of a coherent theory of legal history. It animated methodological debate and discussion (mentioned in the introduction, above) and stimulated the publication of updated literature on world history and the history of Byzantium.[45]

The revival trend gave a new impulse to Byzantine legal studies, not least because of the revival of the pre-1917 ideological rationale. A remarkable factor was again the Orthodox vision of the significance of Byzantine legacy for shaping the Russian 'symphonic' model of state and church relationships, and imbuing legal rules with moral values of mercifulness, clemency, good faith, and collectivism. This interpretation is also shared by secular historians of moral and political thought in Russia (by Milov, Schapov, Vin) and legal theorists and comparatists (Maltsev, Lafitski, Gagen).[46]

Some contemporary scholars also raise new claims to draw the attention of legal academia to Byzantine law and order. One of them is the perception of the universal validity of Byzantine law and legal order. Byzantine jurisprudence is believed to carry an embryo of the doctrine of natural rights and humanism ages before these ideas were developed during the Renaissance and Modernity (Medvedev, Vin). Sergey Gagen builds on the thesis of Elena Lipshits on Byzantium as ἔννομος πολιτεία and claims it to be the first 'state of law' (*Rechtsstaat*) in world history, providing an inspiration for today.[47] Gennady Maltsev credits Justinian with 'shaping Roman law as the first universal legal order and a unique cultural phenomenon'.[48] Igor Medvedev stresses the exemplary legal pluralism and tolerance in Byzantine society where old and new law, statutes, customs and precedents, courts and mediation coexisted for a long time.[49]

---

44 Remarkably many textbooks and monographs on legal history and theory of civil law were reprinted in the series of 'classics of Russian jurisprudence'.

45 See A. CHUBARYAN (*ed.*), *Всемирная история* в 6-ти томах, под ред [*World History*, in 6 vols.], Moscow, 2011-2015, prepared by the members of the Institute of Universal History of the Russian Academy of Sciences. See also A. CHUBARYAN (*ed.*), *Теория и методология исторической науки. Терминологический словарь* [*Theory and methodology of the historical science, the terminological dictionary*], Moscow, 2014. The perception of history sponsored and approved by the Orthodox Church is unfolded in: *Православная энциклопедия* [*the Orthodox encyclopedia*], Moscow, 2000, 46 vols. [till now], available at http://www.pravenc.ru/index.html (last visited 6.12.2017).

46 See G. MALTSEV, *Культурные традиции права* [*Cultural traditions of law*], Moscow, 2016, p. 348; V. LAFITSKY, *Сравнительное правоведение в образах права* [*Comparative jurisprudence in the images of law*]. Moscow, 2010, vol. 1, p. 162.

47 S. GAGEN, *Византийское правосознание в IV-XV вв* [*Byzantine legal consciousness in the fourth through fifteenth centuries*], Moscow, 2012.

48 G. MALTSEV, *Cultural traditions of law*, p. 357.

49 I. MEDVEDEV, *Правовая культура Византийской империи* [*The legal culture of Byzantine Empire*], St. Petersburg, 2001, p. 6.

Such claims look very different from what legal historians were allowed to profess about Byzantium in the USSR. The Soviet ideology in Byzantine studies seems all but forgotten as few historians still adhere to a Marxist vision of history openly. Paradoxically, Soviet legacy survives in contemporary Russian historiography of Byzantine law, having its impact in various ways and ultimately preventing this branch of studies from flourishing.

a. The authors

The community of Byzantinists had been reorganised on the basis of the National Committee of Russian Byzantinists and the All-Russia Academic Sessions of Byzantinists[50]. But the leading role in this community is in the hands of general historians, most notably Sergey Karpov (chairman) and Igor Medvedev (vice-chairman) who are professionally interested in Byzantine legal culture. Among other academics sharing the same interest are social historians (Galina Lebedeva, Ksenia Khvostova, Yury Vin), philologist Kirill Maksimovich, specialists in medieval Russian history (Leonid Milov, Yaroslav Schapov), and theologian Vladislav Tsypin. Authors with a secular legal background here are as rare as a white raven and they tend to dwell on Byzantine experience in connection with other topics (Sergey Gagen, Gennady Maltsev).

As in the USSR, Byzantine legal history still misses lawyers. Legal academia is oriented towards today's practice and the future, not the past. The place of legal history in the curriculum of the law faculties is shrinking. The textbooks on foreign legal history present a chapter on Byzantine state and law with references to the late Soviet publications and similar conclusions as to the progress and stagnation of Byzantine law.[51] Roman private law is often taught on the basis of the reprinted textbook by Novitsky and Peretersky (1948). All that drives law students further from understanding and appreciating Byzantine legal legacy.

b. The relevance

Despite the growing estrangement between the Russian legal community and Byzantinists, the latter appear to have succeeded in reaffirming the relevance of this subject thanks to Byzantium's strong and lasting influence on Russia, Eastern

---

50 For details see: http://www.vremennik.biz/en/content/ncom (last visited 3 December 2017).

51 Z. CHERNILOVSKY, *Всеобщая история государства и права, Учебное пособие* [*The universal history of state and law. A textbook*], Moscow, 1995. Also see: O. ZHIDKOV and N. KRASHENINNIKOVA (*eds.*), *История государства и права зарубежных стран* [*The History of the State and Law of Foreign Countries*], Moscow, 1996, p. 274-282 and 359-369 (e.g. '*at the turn of the 12th century the centralised state became an objective impediment to a progressive development of the peoples in Byzantium*', p. 282). Some textbooks skipped the topic altogether. See K. BATYR, *Всеобщая история государства и права* [*The universal history of state and law*], Moscow, 1995. This textbook sponsored by the Open Society Institute, compresses all foreign history of state and law into 357 pages.

Europe and the world.[52] It inspires awe in the state officials and the Orthodox Church. Remarkably, the concluding meeting of the 20th All-Russia Academic Session of Byzantinists in 2013 took place in the Kremlin Armoury. The next Session of Byzantinists in 2016 in Belgorod was opened by the local metropolitan Ioann and attended by several clerics. Byzantine legal studies (especially canon law) are fostered at the academies of the Russian Orthodox Church (e.g. Saint Tikhon's Orthodox University, Moscow Theological Academy, Sretensky Theological Seminary). Claims of the universal validity of Byzantine law and its special role in shaping Russian legal and political thought provide a solid ground for such studies.

c. The objects of research

As the Marxist canon was removed, the sphere of Byzantine legal studies gradually expanded to include canon law, church and state relations, and the cultural dimension of the Byzantine legal mentality. Canon law studies quickly rose to prominence with support from the Russian Orthodox Church. By the end of the 1990s, they had already covered reprinted works of the pre-1917 period, new academic courses, as well as articles and dissertations focusing on Byzantine canons, their place in church history, and their influence on nomocanons in the Slavic lands, as well as church and state relations.[53] Studies of the Byzantine legal mentality by Gennady Maltsev and Sergey Gagen aim at examining the impact of religion on positive law (censored and neglected in the USSR).

The study of primary sources shifted its focus from legislation to the application of the law, especially in the late Byzantine period (Medvedev, Khvostova)[54] and in relation to the Byzantine influence on Russian and Slavic legal cultures.[55] On the contrary, social conflicts and economic changes behind the legal reforms became unpopular.

---

[52] Cf. the title of the 20th All-Russia Academic Sessions of Byzantinists: 'Byzantium and the Byzantine legacy in Russia and the world'. See the review of the 2013-conference at http://expertmus.livejournal.com/100741.html (last visited 3 December 2017).

[53] V. Tsypin, *Каноническое право* [*Canon law*], Moscow, 2009; M. Varjas, *Краткий курс церковного права. Учебное пособие* [*A concise guide to canon law. A textbook*], Moscow, 2001.

[54] K. Khvostova, "Роль и значение права прецедентов в системе византийского правопорядка" ["The role and significance of the law of precedents in the system of Byzantine legal order"], in: K. Khvostova, *Византийская цивилизация как историческая парадигма* [*Byzantine civilisation as a historical paradigm*], St. Petersburg, 2009.

[55] K. Maksimovich, "Aufbau und Quellen des altrussischen Ustjuger Nomokanons", in: L. Burgmann (ed.), *Fontes Minores X* [Forschungen zur Byzantinischen Rechtsgeschichte, 22], Frankfurt am Main, 1998, p. 477-508; K. Maksimovich, "Byzantinische Rechtsbücher und ihre Bedeutung für die Rechtsgeschichte Osteuropas", in: Tomasz Giaro *(ed.)*, *Modernisierung durch Transfer im 19. und frühen 20. Jahrhundert*, Frankfurt am Main, 2006, vol. 1, p. 1-32.

d. The goals

There is a notable trend in the recent historiography to 'refurbish' the Byzantine legacy for today's world. Russian legal and general historians seem to put an emphasis on proving the universal value of the Byzantine legal legacy, its relevance for Eastern Europe and beyond. It is popular to search for an 'embryo' of such cornerstones of 'any civilised modern society' as natural rights, legal humanism, equal protection before the law, a state of justice, legal diversity and tolerance.

Reading the Byzantine legacy through the lens of contemporary theoretical concepts coexists with efforts to better understand the sources using interdisciplinary coordination and modern methodology.

e. The methodology

Emancipation from the Marxist dogma produced a methodological vacuum in legal history in the 1990s. By the 2000s it had been gradually filled with the paradigm of various civilisations, their flexible pluralistic investigation, and the relevance of the law's cultural background.[56] For Byzantine studies it means an emphasis on the features of this civilisation, its complexity and the need to research its legal legacy with the combined efforts of legal theoreticians, general historians, philologists, cultural study scholars, etc. The research toolbox, thus, must include dogmatic, hermeneutical, sociological, comparative methods, and even computer algorithms for a deeper understanding of intertextual links within the Byzantine legislation and other sources.[57] In the legal literature one can definitely see a tendency to use the concepts of contemporary jurisprudence (such as the state of justice, legal consciousness) to conceptualise the Byzantine legal heritage and its relevance for our world.

f. The sources

The range of sources studied in connection with Byzantine legal studies has been expanded primarily with the Church canons and religious literature (both Byzantine and Slavic), the usage of which was restricted in the Soviet period. It has paved the

---

56 See the collected papers of the methodological conference of legal historians at Moscow State University in 2007, *Вестник Московского университета* [*Herald of Moscow University*] [Серия 11 Право [Series 11: Law], No. 6], Moscow, 2007.

57 In 2004 the Centre of Development of Historical Knowledge at the Institute of Universal History with collaboration with the Bauman Moscow State Technical University created the digital database 'Byzantine law and acts' on the basis of the books of the *Basilika* (*Libri Basilicorum*) and its cross-references to the *Corpus Juris Civilis, Novellae* of Leo the Wise, *Procheiros nomos*, the Rhodian Sea Law (the Church canons and Slavic laws to be added later). The database is meant to build a thesaurus of legal terms. See A. VIN JU and A. GRIDNEVA, "Правовое наследие Византии и новые перспективы его информационного исследования: База данных Византийское право" ["The legal legacy of Byzantium and new prospects of its IT investigation: the Database of Byzantine law"], in: *Byzantina xponika* 63, 88 (2004), p. 206-225 (available at http://www.vremennik.biz/node/53280).

way to a fuller understanding and evaluation of the Byzantine legal heritage steeped in religious ideas. It has also provoked general historians and philologists to work on new commented editions of the primary sources connected with Russian history.

g. The novelty of the results

All these changes in Byzantine studies lead scholars, first of all, to re-evaluate the legacy of Soviet historiography as generally biased and limited to the secular black-letter law in Byzantium. Soviet academics are reproached for neglecting the 'law in action', primary non-statutory sources (especially in the late Empire), canon law and its implications for secular legal order.[58]

In addition to this necessary critical assessment, the main novelty of today's Byzantine studies seems to be the claim of the universal validity of the Byzantine legal order which can be conceptualised in terms of contemporary jurisprudence as the bedrock of the state of justice (ἔννομος πολιτεία), human (natural) rights, and humanitarian law as a far-reaching linkage between all people within the public community. These ambitious claims beg for more justification from primary sources, which is likely to follow as it resonates with the semi-official perception of today's Russia as the true spiritual heir of Byzantium. For the same reason, one can also expect more discoveries in the field of the Byzantine influence on Russian legal history (both secular and clerical). Secular studies are fostered with the State Fund of Academic Research. Canon law and church history are backed up by the institutions of the Orthodox Church. On the contrary, the novelty of Soviet academia, the social history of Byzantine law and its analysis using the language of sociological categories, seems to be short of sponsors within contemporary Russia.

3. Conclusions

The case of Byzantine Roman law studies in the USSR shows how profound the impact of official ideology could be even on medievalists. Soviet Byzantinists were severed from all pre-revolutionary and foreign 'bourgeois' literature, blocked from studying canon law, and substantially limited in the range of secular topics, sources, methods of interpretation by the Marxist master narrative which fixed any legal order in the past and present to be a mere reflection of class struggle. Within the rigid boundaries of partisan historiography, Soviet academics managed to lay the foundation for a new social history of Byzantine law 'with the language of sociological categories'. The forfeiture for this novelty being the neglect of the religious dimension of Byzantine legal culture and a strictly legal (dogmatical) analysis of

---

58 I. MEDVEDEV, *A few words about Soviet Byzantinistics*, p. 314; K. KHVOSTOVA, *The role and significance of the law of precedents*, p. 124-140.

law which led to the growing estrangement of Byzantine studies from the legal community.

Following the restoration of academic liberty in Russia after 1991, Byzantinists engaged in the search for a new national identity and eventually fell back on the staples of the pre-revolutionary perception of Byzantium as a great Orthodox commonwealth of nations and Russia as its true heir. Research on the Byzantine legal legacy focuses on the universal value of its law, profoundly Christian, humanitarian, and pregnant with human rights, laying the foundation for a state of justice. Such an interpretation finds support with the Orthodox Church and the State but definitely calls for more justification from primary sources. Yet, this task seems particularly difficult since the community of Byzantinists include academics from various disciplines while lawyers lack the necessary linguistic and historical training. For this reason, to paraphrase the rhetorical question of the late Alexander Kazhdan, in today's Russia we need not so much a new ideology or vision of Byzantine law as an interdisciplinary team of Byzantinists, which includes lawyers.

Part 3:

ROMAN LAW AND *IUS COMMUNE* IN CENTRAL AND EASTERN EUROPE

THE EARLY RECEPTION AND INFLUENCE OF CANON AND ROMAN LAW IN THE MEDIEVAL CZECH LANDS[1]

Dalibor JANIŠ

The reception of canon and Roman law represents a remarkable element in the formation of the medieval legal system in individual European countries. Despite a number of common elements, this process had a considerably individual course with a range of local differences. In the Middle Ages, canon law constituted a significant circle of law, which was important not only for the institutional church, its organisation and function, but also had an influence on the development of other circles of secular law, particularly provincial law and town law.[2] Just as monastic scriptoria mediated classical literature and education in the Middle Ages, so canon law carried traditions of Roman law, elements of which it had absorbed, into medieval times. The significance of Roman law for canon law was eloquently expressed by the principle of *ecclesia vivit lege Romana*. A second path to the discovery of Roman law was the process of the so-called reception of Roman law, the beginnings of which are associated with the Italian university of Bologna and law schools.[3] Medieval lawyers soon coined the term *ius commune*. However, it must be emphasised that in southern and western Europe in the early Middle Ages, Roman law was known in the form of so-called vulgar law, i.e., Theodosian Roman law, which was adopted into early medieval legal codes (*leges barbarorum*), as well as into early canon law.

Central Europe, including the Bohemian Lands, is therefore an area where it is possible to speak about the genuine reception of both scholarly laws, since older traditions were, of course, lacking there. For the early medieval Bohemian Lands,

---

1 The study was developed within the project *The Norms and Values in the Medieval Society* (University of Ostrava, The Czech Republic, Reg. nr. SGS 08/FF/2018-2019).

2 Clearly V. VANĚČEK, "Pronikání římského a kanonického práva na území dnešního Československa od 2. pol. 9. století do 1. pol. 14. století", *Právněhistorické studie* 12 (1966), p. 27-40; J. KEJŘ, "Pronikání kanonického práva do středověkého českého státu", *Revue církevního práva* 3, 8 (1997), p. 137-155; P. KRAFL, "Církevní právo v Čechách a na Moravě ve 13.-15. století", in: P. KRAFL (*ed.*), *Sacri canones servandi sunt. Ius canonicum et status ecclesiae saeculis XIII-XV*, Praha, 2008, p. 81-123. See also other works quoted below.

3 On reception P. STEIN, *The character and influence of the Roman civil law. Historical Essays*, London, 1988; P. STEIN, *Roman law in European history*, Cambridge, 1999; M. RAINER, *Das Römische Recht in Europa. Von Justinian zum BGB*, Wien, 2012; L. WAELKENS, *Amne Adverso. Roman Legal Heritage in European Culture*, Leuven, 2015; H. LANGE, *Die Glossatoren* [Römisches Recht im Mittelalter, 1], München, 1997; H. LANGE and M. KRIECHBAUM, *Die Kommentatoren* [Römisches Recht im Mittelalter, 2], München, 2007.

the process of infiltration of canon law is also documented in connection with Christianisation and the establishment of an ecclesiastical administration, and was therefore bound to a specific institution. But the surviving sources for the period from the ninth to the twelfth centuries are, of course, considerably fragmented. After that, the influences of Roman law can only be traced from the period of the High Middle Ages, that is, the thirteenth and fourteenth centuries. The influences of canon and Roman law, however, are not easy to distinguish in certain cases, due to common legal sources. Moreover, in Bohemian proportions, it is not possible to talk about a more extensive reception of Roman law in the true sense of the term, but rather about a partial influence (Romanisation) of the institutes of domestic customary law.[4] In a number of cases, such influences were merely mediated through literature in that period (typically in the form of various procedural law manuals)[5] and did not originate from deeper studies of original Roman law sources.

A separate chapter on the influence of canon law and, consequently, Roman law comprises a set of sources linked to Great Moravia and its ecclesiastical administration. It was created by brothers Constantine (Cyril) and Methodius after their arrival in Moravia between the years 863 and 864. For the needs of the church in Moravia, the two brothers also translated and created a number of liturgical texts, including a part of the New Testament.[6] For Moravian needs, Cyril created a kind of auxiliary legal code with the (apparently original) title *Vьsjakaja pravьda* ('General Code of Law'), later titled the 'Judicial Code for the People' (*Zakonъ sudnyj ljudemъ*), which is based on Byzantine legal regulations (particularly the legal code *Ekloge ton nomon*), which were also, of course, based on Roman law. Adopted provisions in the Judicial Code were, in addition, adapted according to West Roman law.[7] Similarly, based on Byzantine canonical regulations, Methodius created a collection called *Nomokánon*, containing both ecclesiastical and civil legislation.[8] In Great Moravia, the Old Slavonic Penitential (*Zapovědi svętychъ otьcь*) was also created through the translation of a further unspecified Latin original.[9] The specified collections clearly show the areas on which church regulations focused. In addition to a large number of provisions regarding the functioning of the ecclesiastical administration itself (powers and duties of bishops and priests), standards regulating the issue of marriage, as well as legislation concerning serious offences and their punishments (penitential punishments and punishments according to secular law) also primarily appear. From surviving documents, it is apparent that their processing was largely original and that they

[4] M. Boháček, *Einflüsse des römischen Rechts in Böhmen und Mähren* [Ius Romanum Medii Aevi, V, 11], Mediolani, 1975.

[5] Recently D. Budský, *Mikuláš Puchník. Život a právnické dílo*, Praha, 2016.

[6] Clearly J. Vašica, *Literární památky epochy velkomoravské 863-885*, Praha, 1996; Z. Měřínský, *Morava na úsvitě dějin*, Brno, 2011, p. 267-274 and 310-311.

[7] Edition with detailed commentary and links to relevant literature D. Bartoňková and R. Večerka (*eds.*), *Leges, textus iuridici* [Magnae Moraviae fontes historici, IV], Praha, 2013, p. 128-176.

[8] D. Bartoňková and R. Večerka (*eds.*), *Leges, textus iuridici*, p. 182-324.

[9] D. Bartoňková and R. Večerka (*eds.*), *Leges, textus iuridici*, p. 118-127.

were not simply translations of source materials, so, in the case of Great Moravian legal texts, legal historian V. Vaněček has even speculated about the beginnings of 'scholarly jurisprudence' in the Slavic environment.[10]

Apparently, however, Great Moravian legal texts did not later have a major influence on the legal development in the Bohemian Lands, but instead found an application in the southern and eastern Slavic environment. Older authors had already pointed out consistencies or close relationships between the legal terminology in Great Moravian and later (High Middle-Age) Old-Bohemian legal texts (particularly in the so-called Rosenberg Law Book from the early fourteenth century). Later use of matching terminology was not, however, the result of the direct influence of legal texts of Cyril and Methodius, but was undoubtedly a reflection of older Slavonic customary law, whose legal terms had made their way into both Great Moravian collections and later law books of provincial law (*Landrecht*).[11]

The tradition of Old-Slavonic literature in Bohemia in the tenth and eleventh centuries relates only to literary sources, except for the penitential text *Někotoraja zapovědь*, which did apparently not appear until the eleventh century.[12] Its text came into existence as a compilation, based partially on Methodius' *Nomokánon*. The penitential text contains penance for a total of 42 sins, amongst which, the life of priests and relationships between men and women.[13] The process of Christianising society, which was far from complete in the Bohemian Lands in the eleventh century, also corresponds to the classification of sins regarding paganism (performing magic, idolatry and sacrifices).

The adoption of Christianity stood behind the beginnings of early medieval states in western Europe, and also played a key role in the formation of a Bohemian state under the rule of the Přemyslid dynasty.[14] The Přemyslid princes had already accepted baptism in the second half of the ninth century. For the early Přemyslid state, there are documented attempts to enforce the provisions of early canon law and, in general, the rules of Christian life in practice. However, the repetition of a series of regulations deep into the High Middle Ages indicates a certain resistance of the laic world towards ecclesiastic legislation.[15]

---

10 V. Vaněček, "Pronikání", p. 28.

11 D. Bartoňková and R. Večerka (*eds.*), *Leges, textus iuridici*, p. 202-203.

12 Cf. recently D. Kalhous, "Slovanské písemnictví a liturgie 10. a 11. věku", *Český časopis historický* 108 (2010), p. 1-33; R. Večerka, *Staroslověrská etapa českého písemnictví*, Praha, 2010. On the penitential J. Vašica, "Církevněslovanský penitenciál českého původu", *Slavia* 29 (1960), p. 31-48; Recently Š. Bukovská, *Církevněslovanský penitenciál českého původu*, Olomouc, 2015 [Bachelor's thesis at the Faculty of Arts of the Palacký University, published on www.theses.cz]. Edition of text: С. И. Смирнов, *Материалы для истсрии древнерусской покаянной дисциплины*, Moscow, 1912, p. 28-31.

13 Š. Bukovská, *Církevněslovanský penitenciál*, p. 21-22 and 29-31.

14 Cf. V. Drška, "Le baptême de Clovis: imitatio imperii? La stratégie politique des élites ecclésiastiques gauloises au tournant de l'Antiquité et du Moyen Âge", *Prague papers on History of International Relations* (2009), p. 9-27.

15 Recently M. Nodl, "Pronikání kanonického práva do českého prostředí, jeho recepce nařízeními církve a rezistence laického prostředí vůči kanonickým předpisům", in: P. Krafl (*ed.*), *Sacri canones servandi sunt. Ius canonicum et status ecclesiae saeculis XIII-XV*, Praha, 2008, p. 651-659.

In the early Middle Ages, therefore, the enforcement of canonical regulations was a part of the Christianisation process, which cannot, however, be reduced to a simple question of baptism itself, but primarily represented the long-term process of promoting the rules of Christian life.[16] Written sources, however, do not offer any more detailed testimony to this process. An important role in the process of Christianisation was played by the second Bishop of Prague (Saint) Adalbert (Vojtěch, d. 997) of the Slavník dynasty. His influence on the cathedra is described by legends, which mention problems he repeatedly struggled with. In his efforts to deepen the principles of Christian life in Bohemia, he even sought support from the Bohemian prince Boleslav II. (d. 999). Together with the Primates, the prince granted Aldabert the right to annul invalid marriages, in accordance with the regulations of Canon law (*secundum statuta canonum*) to establish new churches and to collect church tithes. The text has been preserved in a remarkable manuscript kept at the Cistercian monastery in Heiligenkreuz. It originates from the tenth to the eleventh century and contains other texts, which were probably used by Bavarian missionaries while operating on Bohemian territory.[17]

The Christianisation of the Bohemian lands was primarily connected with the efforts of the prince and the bishop to introduce at least basic rules of Christian life and to suppress old pagan customs and ceremonies. Even by the first half of the eleventh century the Christianisation of the Bohemian lands was far from advanced, as evidenced by the set of decrees (*decreta*) of Prince Břetislav I., which were to be proclaimed in 1039. The set of decrees has only been preserved in the text of Kosmas' Chronicles.[18] By way of the law, the Bohemian prince attempted to ban pagan rites and customs and to consolidate the position of Christianity within the country. Certain practices which contradicted Christian principles were prohibited under severe penalties. With reference to the regulations of Canon law, the decrees established conditions for marriage, punished adultery and abortion, and further forbade drunkenness, burials outside Christian cemeteries, and Sunday markets or work on Sundays. The matter of proper marriage played an important role. Couples could only be married in accordance with ecclesiastical legislation (*iuxta canonum*) and marriages should therefore be 'legal, private and inseparable'. The text also

16 Recently J. SLÁMA, "Nejstarší kontakty Čech s křesťanským světem", in: E. DOLEŽALOVÁ and P. MEDUNA (*eds.*), *Co můj kostel dnes má, nemůže kníže odníti. Věnováno Petru Sommerovi k životnímu jubileu*, Praha, 2011, p. 13-20; P. SOMMER, *Začátky křesťanství v Čechách. Kapitoly z dějin raně středověké duchovní kultury*, Praha, 2001; P. CHARVÁT, "Ideologická funkce kultury v přemyslovských Čechách", in: J. ŽEMLIČKA (*ed.*), *Typologie raně feudálních slovanských států*, Praha, 1987, p. 229-237.

17 G. FRIEDRICH (*ed.*), *Codex diplomaticus et epistolaris regni Bohemiae* [hereafter: *CDB*], Tomus I, Pragae, 1904-1907, p. 43, nr. 37. Cf. J. ZACHOVÁ and D. TŘEŠTÍK, "Adhortace De ammonicione ad presbiteros a biskup Vojtěch", *Český časopis historický* 99 (2001), p. 279-293.

18 *Chronica Boemorum*: the oldest Czech chronicle, written in Latin by Cosmas († 1125), a prebendary of Prague.

mentions provisions regarding serious offences (murder). An important role in enforcing the specified regulations belonged to priests.[19]

Enforcing Christian standards in society was a long-term process. In 1092, Prince Břetislav II. proclaimed a further similar set of decrees, the content of which we only know in brief form from Kosmas' Chronicles.[20] The prince reportedly had all sorcerers and soothsayers driven out of the country and had all sacred trees and groves which were worshipped by the people cut down and burnt. Kosmas states that villagers were 'still half-pagan' and had preserved a number of pagan customs. These facts are evidenced by the so-called Homiliarium of Opatovice from the twelfth century, which contains sermons against pagan practices of the 'simple people'.[21]

These reports prove that the rules of Christian life were enforced based on sovereign rulings and not the authority of the church (the Bishop of Prague), which was, however, as indicated by the decrees of 1039, their originator and creator. The issue of enforcing the principles of Canon law in a laic environment, however, is scarcely recorded in source materials, because the majority of documents particularly focus on the problem of power relationships between the church and the secular power. For individual spiritual institutions, namely monasteries, chapters and dioceses, so-called immunity in the form of special privileges issued by the monarch were of great significance. In the Bohemian lands, these first appeared in the 1140s following the western-European model of immunity (a privilege for the Diocese of Olomouc), and further privileges appeared in the second half of the twelfth century and during the thirteenth century. These privileges, however, did not directly concern matters connected with the enforcement of Canon law. One type of immunity concerned the economic interests of the particular ecclesiastical institutions, while the second was connected to the exercise of justice over their own subjects. In both cases, the ecclesiastical institutions were protected from interventions of royal officials.[22]

---

19 B. BRETHOLZ (*ed.*), *Die Chronik der Böhmen des Cosmas von Prag*, [Monumenta Germaniae Historica. Scriptores rerum Germanicarum. Nova series, Tomus II], Berlin, 1923, p. 85-90. Cf. B. KRZEMIEŃSKA, *Břetislav I. Čechy a střední Evropa v prvé polovině XI. století*, Praha, 1999, p. 188-229; P. SOMMER, *Začátky*, p. 14-34. Recently M. R. PAUK, "Ergo meum maximum et primum sit decretum. Prawo kanoniczne i sądownictwo kościelne w tzw. Dekretach księcia Brzetysława I.", in: M. NODL and P. WĘCOWSKI (*eds.*), *Právní kultura středověku*, Praha, 2016, p. 27-44.

20 B. BRETHOLZ (*ed.*), *Die Chronik der Böhmen*, p. 160-161; P. SOMMER, *Svatý Prokop. Z počátků českého státu a církve*, Praha, 2007, p. 26-27.

21 F. HECHT (*ed.*), *Das Homiliar des Bischofs von Prag*, Prag, 1863; J. DYNDA, "Mezi „pohanstvím" a křesťanstvím: Homiliář opatovický jako pramen pro studium archaického slovanského náboženství?", in: M. GIGER, H. KOSÁKOVÁ and M. PŘIHODA (*eds.*), *Křižovatky Slovanů*, Červený Kostelec, 2015, p. 185-206; P. SOMMER, *Svatý Prokop*, p. 51-53; P. SOMMER, *Začátky*, p. 35-36.

22 V. VANĚČEK, *Základy právního postavení klášterů a klášterního velkostatku ve starém českém státě (12.-15. stol.)*, vols. 1-3, Praha, 1933-1939. Recently J. ŽEMLIČKA, *Počátky Čech královských 1198-1253. Proměna státu a společnosti*, Praha, 2002, p. 204-210; D. JANIŠ, *Zemské soudnictví na Moravě vrcholného středověku*, Brno, 2013, p. 156-170. Cf. H. HIRSCH, *Die Klosterimmunität seit dem Investiturstreit. Untersuchungen zur Verfassungsgeschichte des deutschen Reiches und der deutschen Kirche*, Weimar, 1913.

It should be emphasised that, in the Bohemian lands in the early thirteenth century, the church was not perceived as an organisationally centralised institution. The monarch intervened significantly in ecclesiastical matters (among other things, in the election of bishops), while in the case of churches, the holders of patronage rights of the founders of individual monasteries would intervene. The dependence of ecclesiastical institutions on secular founders and patrons gradually began to contradict general developments in the Catholic Church, which aimed towards legal and economic independence.[23] This new ecclesiastical programme, building on older church reforms, was clearly worded in the decrees of the Fourth Council of the Lateran in 1215.[24] The Council was also attended by Bishop Ondřej of Prague, who soon got into a dispute with King Přemysl Ottokar I. of Bohemia and the nobility. The dispute particularly revolved around the issue of the extent of the bishop's power over individual monasteries. Representatives of chapters, Bishop Robert of Olomouc and significant Bohemian monasteries who respected ties to their secular founders, however, remained loyal to the monarch. One of the reasons for this was the fact that a number of high-ranking ecclesiastical positions were held by members of aristocratic dynasties. Only several years later, would the king agree to allow the bishop to appoint priests to churches and acknowledge exclusive jurisdiction over the clergy in ecclesiastical matters.[25]

In 1221, Přemysl Ottokar I. issued a privilege to the Diocese of Prague, in which he only acknowledged judicial power over subjects in episcopal estates. Disputed issues concerning the collection of tithes or patronage rights, however, were not adjusted. Many of these controversial matters were included in the Lateran decrees, but their complete fulfilment was nowhere in sight. A year later, the Bohemian king issued the so-called Great Privilege for monasteries, chapters and churches in the Diocese of Prague. The content once again primarily concerned the matter of justice. If a serious offence was committed, monastic subjects were exempted from the jurisdiction of royal (provincial) officials and became subject to the direct jurisdiction of the king or a provincial court. Monasteries therefore, in fact, became even more bound to the monarch. In 1207 and 1234, the Bishopric of Olomouc also received similar immunity privileges.[26]

Documents from the first half of the thirteenth century (particularly those of the bishops of Prague and Olomouc) clearly document the application of canon law

---

23 R. ANTONÍN, "S kým se přel biskup Ondřej? K meandrům v právní krajině Čech na počátku 13. století na základě „známého" příběhu", in: M. NODL and P. WĘCOWSKI (*eds.*), *Právní kultura středověku*, Praha, 2016, p. 45-63; J. ŽEMLIČKA, *Počátky*, p. 111-119.

24 J. WOHLMUTH (*ed.*), *Konzilien des Mittelalters vom Ersten Laterankonzil (1123) bis zum Fünften Laterankonzil (1512-1517)* [Dekrete der ökumenischen Konzilien, Bd. 2], Paderborn, 2000, p. 230-271.

25 R. ANTONÍN, "S kým se přel", p. 46-47; J. ŽEMLIČKA, *Počátky*, p. 112-113.

26 G. FRIEDRICH (*ed.*), *CDB*, Tomus II, Pragae, 1912, p. 200-202, nr. 216; p. 210-213, nr. 227 and p. 52-55, nr. 59; G. FRIEDRICH (*ed.*), *CDB*, Tomus III/1, Pragae, 1942, p. 100-104, nr. 89; D. JANIŠ, *Zemské soudnictví*, p. 167-168.

in various matters of ecclesiastical administration. Canon law apparently gradually gained authority and became a respected circle of law in the Bohemian Lands. This is clearly documented by the so-called Statutes of Conrad Otto, which contain a set of decrees of provincial customary law (particularly procedural law). The text is contained in the royal charters of 1222, 1228 and 1237. The final article stipulated that the privileges of the clergy (*privilegia virorum religiosorum a principibus eis concessa*), i.e., immunity, as well as all rights of clerics regarding church property which was governed by canon law (*secundum ius canonicum*), were exempted from all provisions of the Statutes.[27]

A separate chapter on the study of early canon law is formed by legal collections. The study of these for the environment of the Bohemian Lands follows two basic lines of research. The first concerns manuscripts that, in the Middle Ages, were demonstrably in the possession of individuals or institutions and do not exist today (or are located outside the Czech Republic). The second direction of research works with manuscripts that have been preserved in Czech libraries, but which did not find their way there until later. This concerns the libraries of monasteries, chapters, university colleges (Prague) or individuals – clerics with the appropriate education. For the study of early reception of canon law in the Bohemian Lands, manuscripts from the first group bear understandable significance. In the second quarter of the twelfth century, a scriptorium in Olomouc operated on behalf of the episcopate of Bishop Henry Zdík of Olomouc.[28] Amongst other things, it produced copies of the works of Burchard of Worms (*Collecta Purcardi XIII librorum*) and Ivo of Chartres (*Collectio trium partium*); these manuscripts have been preserved to this day. The manuscript with Burchard's work contains procedural regulations regarding synodal courts (*Ordo de celebrando concilio*). It is very improbable, however, that these courts existed in the Diocese of Olomouc (Bishop Zdík may have considered introducing them). Both authors were also represented in the Prague Metropolitan Chapter Library.[29]

For the period in question, knowledge of the basic collection *Decretum Magistri Gratiani* is also documented. The means of its entry into the Bohemian Lands are documented in an exceptional report, according to which, in 1159, the educated Bishop Daniel of Prague had the Decree and other books purchased in Bologna.

---

27 G. FRIEDRICH (*ed.*), *CDB* II, p. 222-225, nr. 234 and p. 329-332, nr. 325; G. FRIEDRICH (*ed.*), *CDB* III/1, p. 202-205, nr. 164; D. JANIŠ, *Zemské soudnictví*, p. 151-156 and 170-172; P. HORÁK, "K statutům Konráda Oty", *Sborník Matice moravské* 80 (1961), p. 267-280; V. VANĚČEK, "Glossy k tzv. Statutům Konrádovým", *Sborník věd právních a státních* 41 (1941), p. 105-159; L. JAN, "Statuta Konráda Oty a problémy jejich historické a právněhistorické interpretace", *Časopis Matice moravské* 136 (2017), p. 3-34.

28 M. FLODR, *Skriptorium olomoucké. K počátkům písařské tvorby v českých zemích*, Brno, 1960, p. 120-130.

29 On canon and legistic manuscripts in Olomouc: M. BOHÁČEK, *Literatura středověkých právních škol v rukopisech kapitulní knihovny olomoucké*, Praha, 1960; J. KEJŘ, "K rozšíření kanonistických rukopisů v českých zemích", in: P. KRAFL (*ed.*), *Sacri canones servandi sunt. Ius canonicum et status ecclesiae saeculis XIII-XV*, Praha, 2008, p. 363-370.

Similarly, in 1269, Prague canonist Budislav bought the Decree and some civil law manuscripts in Bologna. Later practice from the fourteenth and fifteenth centuries also shows that students from the Bohemian Lands acquired most legal literature (both canonical and civilian) in Italy. Most sources, whether manuscripts preserved today or various medieval library inventories, testaments and estate inventories, are connected to the fourteenth and fifteenth centuries. Older medieval inventories of chapters, monasteries and other libraries in the Bohemian Lands document the existence of around 25 manuscripts containing the text of the *Decretum Gratiani*. Today, 11 of these are located in the Czech Republic, but according to the findings of legal historian Jiří Kejř, paradoxically not one of them can be identified with specimens from medieval inventories; they did not find their way into Bohemian libraries until later.[30]

Collections of papal decrees were distributed more in libraries in the Bohemian Lands. Older collections, the so-called *Compilationes antiquae* (collection of Bernardus of Pavia) are well-known from library inventories. In the National Library, a decretal collection of Pope Innocent III, known today under the name *Collectio Pragensis,* has been preserved.[31] More widely distributed were the official decretal collections *Liber Extra*, *Liber Sextus* and *Clementinae*. The greatest distribution of all in church libraries in the Bohemian Lands was achieved by the decretal collection of Pope Gregory IX, *Liber Extra*. The precious manuscript is preserved in the Olomouc Metropolitan Chapter Library in the form of decretal collections of Pope Innocent IV and Pope Gregory X.[32]

A separate chapter consists of the matter of preserving regulations of ecumenical councils. These have not been preserved in Czech libraries and archive collections. It is only from older library catalogues (for example, the Library of the Olomouc Metropolitan Chapter) that we know such manuscripts existed, but it is not possible to determine their content today. An exception is a manuscript from the Prague National Library, the first part of which is made up of a copy of decrees of the Fourth Lateran Council with rubrics. The manuscript was created between 1215 and 1250, but it originates from southern Germany (apparently from Weissenau Abbey), so its role in domestic ecclesiastical affairs is not under discussion. It found its way to Prague at an unspecified time and became a part of the Lobkowicz Library.[33]

The decrees of the Fourth Lateran Council brought fundamental legal adjustments to many fields of canon law. Bishop Ondřej of Prague strived to have certain decrees regarding relations between secular and clerical powers enforced, as has

30 J. Kejř, "Studium legistických a kanonistických rukopisů", *Studie o rukopisech* 23 (1984), p. 85-96; J. Kejř, "Prameny a literatura kanonického práva ve středověkých soupisech knihoven v českých zemích", *Studie o rukopisech* 24 (1985), p. 7-68; V. Vaněček, "Pronikání", p. 31-32; M. Boháček, *Einflüsse*, p. 13; P. Krafl, "Církevní právo", p. 98-99.

31 National Library of the Czech Republic, sg. XXIII.E.59, fol. 23v-45r.

32 J. Kejř, "Prameny", p. 24-48; M. Boháček, *Literatura*, p. 45-46; P. Krafl, "Církevní právo", p. 99-102.

33 [Decrees of the Fourth Lateran Council], National Library of the Czech Republic, sg. XXIII.E.59, fol. 2r-23v. Cf. P. Krafl, "Církevní právo", p. 99.

already been specified. In the second half of the thirteenth century, a significant personality who strived for canonical regulations to be consistently enforced in practice was Bishop of Olomouc Bruno von Schauenburg, a diplomat and advisor of King Přemysl Ottokar II of Bohemia. In 1256, he exacted confirmation from the monarch of older immunity privileges for the Bishopric of Olomouc.[34] A new privilege included, amongst other things, an extensive paragraph in which the Diocese of Olomouc was granted a *privilegium fori* for the clergy. According to the provisions of canon law (*secundum iura canonum*) they would no longer be summoned before secular courts, but instead be subject to ecclesiastical courts only. At the same time, ecclesiastical courts were awarded full jurisdiction in marital matters. A succession of documents from the thirteenth century then clearly demonstrates the use of the regulations of the Roman-canonical procedure. The first such document is a charter of Bishop Robert of Olomouc from 1228 containing a ruling in a dispute over tithes and parochial rights.[35]

While regulations of canon law directed to the 'inside' of the church were easily applicable, regulations concerning laymen met with resistance. From a range of provisions concerning a laic environment, we can mention articles concerning the issue of marriage. During the twelfth century, a consensual theory on marriage (the principle of *concensus facit nuptias*) emerged in canon law. This concept of valid marriage was also confirmed by the decrees of the Fourth Lateran Council and the somewhat later decretals of Pope Gregory IX. The Fourth Lateran Council also laid down further conditions for marriage, amongst other things, the obligation of banns, and concurrently prohibited secret (private – clandestine) marriages. As synodal statutes issued repeatedly by the bishops of Prague and Olomouc demonstrate, in the fourteenth century, a number of such regulations were only introduced into practice at great length and with difficulty.[36]

While the distribution of canon law, which was closely linked to the institutional court, can easily be traced to source materials, influences of the other scholarly law – Roman law – are more difficult to trace. In the twelfth and thirteenth centuries, the main document with legal relevance was a charter (for example, the Bohemian

---

34 J. Šebánek and S. Dušková (*eds.*), *CDB*, Tomus V/1, Prague, 1974, p. 153-158, nr. 84.

35 G. Friedrich (*ed.*), *CDB* II, p. 309-310, nr. 313; M. Boháček, "Das römische Recht in der Praxis der Kirchengerichte der böhmischen Länder im XIII. Jahrhundert", *Studia Gratiana* 11 (1967), p. 273-304; M. Boháček, *Einflüsse*, p. 15-18 and 105-114. On the effects of canon law on the development of procedural law, cf. E. Ott, "Působení práva církevního na rozvoj řízení soudního vůbec a v zemích českých zvlášť", *Právník* 16 (1877), p. 1-16, 73-85, 109-121, 145-154, 185-188, 217-229, 253-263, 289-297, 325-331, 361-371, 397-412, 433-439, 469-476, 511-515, 541-545, 577-582, 613-620, 653-660 and 685-689; E. Ott, *Beiträge zur Receptions-Geschichte des römisch-canonischen Processes in den böhmischen Ländern*, Leipzig, 1879.

36 J. V. Polc and Z. Hledíková (*eds.*), *Pražské synody a koncily předhusitské doby*, Praha, 2002; P. Krafl, *Synody a statuta olomoucké diecéze období středověku*, Praha, 2014, p. 247-313; M. Nodl, "In facie ecclesiae", in: P. Kras and M Nodl (*eds.*), *Manželství v pozdním středověku: rituály a obyčeje* [Colloquia mediaevalia Pragensia, 14], Praha, 2014, p. 53-61; M. Nodl, "Pronikání", p. 652-658. Cf. J. A. Brundage, *Law, Sex, and Christian Society in Medieval Europe*, Chicago, 1987; C. Donahue, *Law, Marriage, and Society in the Later Middle Ages. Arguments About Marriage in Five Courts*, Cambridge, 2007.

Lands in this period lacked judicial records). It is precisely documents that have been preserved to a greater extent since the final third of the twelfth century that document the infiltration of Roman law elements into documentary practice in the Bohemian Lands. In no case, however, is it possible to speak about reception of Roman law (we point out that some researchers completely reject the term 'reception' as inappropriate). Roman law terminology was generally used in documents in connection with legal relationships to property, during transfers (sales) of estate, and in connection with obligations (contracts) and testaments. Many such documents concerned estates of secular persons and therefore formally fell under provincial law (*Landrecht*).

It can therefore be stated that, at the level of Latin terminology (in the thirteenth century, Latin was the exclusive language of documents), domestic customary provincial law had been influenced by Roman law (and partially by canon law). It should be pointed out, however, that provincial law, as the law of the nobility, was based solely on the Czech language (legal books of Bohemian provincial law from the fourteenth century are written in Czech) and had its own terminology. The influence of Roman and canon law, however, was not only restricted to a passive role at the level of terminology, but genuinely manifested itself in certain legal institutes, particularly those associated with obligations and testaments. The regulations of Roman law, therefore, entered into legal practice during the thirteenth century, as convincingly documented by Romanist Miroslav Boháček, whose works, however, have remained alone in Czech historiography.[37]

Knowledge of Roman law, therefore, made its way into the Bohemian Lands at the turn of the twelfth and thirteenth centuries, particularly through clerics' notaries, who worked mainly in royal and grand monastic offices.[38] The influence of legists in the Bohemian Lands is primarily confined by the silence of sources. The science of Roman law only appears in clearer contours after the foundation of the University of Prague, including the foundation of a Faculty of Law, which was transformed into a University of Law in the early 1370s (still forming a whole). The foundations of Roman law were taught there in connection with the education of canonists, for whom it provided essential basic training. The majority of Prague lawyers had graduated in canon law, whilst some, exceptionally, were lecturers who held the rank *in legibus* or *in utroque iure*, i.e., in Roman law (*leges*) or even in both scholarly laws. There was never any independent scientific work in the field of Roman law (as opposed to canonics) at the University of Prague, or there is no evidence of any.[39]

---

37 M. Boháček, "Římské právo v listinné praxi českých zemí 12.-15. století", *Sborník archivních prací* 24 (1974), p. 461-486; M. Boháček, *Einflüsse*, p. 115-145.

38 Cf. M. Boháček, *Einflüsse*, p. 42-48.

39 J. Kejř, *Dějiny pražské právnické univerzity*, Praha, 1995, p. 64-67; R. Zelený and J. Kadlec, "Učitelé právnické fakulty a právnické univerzity pražské v době předhusitské (1349-1419)", in: *Acta Universitatis Carolinae. Historia Universitatis Carolinae Pragensis* 18/1 (1978), p. 61-106; M. Boháček, "K rozšíření legistických rukopisů v českých zemích", *Studie o rukopisech* 10 (1971), p. 1-63; M. Boháček, *Einflüsse*, p. 24-28.

Sources from the Bohemian environment do not document the activity of legists in the royal court until the late thirteenth century under the reign of Wenceslaus II, in connection with the monarch's law-making attempts. The testimony of sources on the legislative activities of Bohemian monarchs in the early and high Middle Ages is considerably fragmented. There are a few mentions, somewhat poor in content, in source materials indicating that the last of the Přemyslid kings proceeded to compose a separate codification. A late chronicle by Beneš Minorita, reports that, in 1272, Přemysl Ottokar II and his *faithful* attempted to modify (and perhaps even codify) domestic (probably provincial) law based on the Magdeburg Rights and laws of other countries.[40] The composition of laws is also attributed to this monarch by the *Chronicon Aulae Regiae*.[41] A somewhat clearer report is provided on the legislative efforts of his son, King Wenceslaus II of Bohemia, who, according to the chronicler's narration, wanted *all the laws of his kingdom* to be written into a unified code. By way of a written law, the king apparently wished to prevent the abuse of the freedom to find (i.e., to create) law by the nobility. The chronicler further states that Wenceslaus II did not want to turn to the *doctors of his court* with this task, but rather addressed himself to an Italian professor of both laws, Gozzius of Orvieto, who also appeared at the royal court. However, the king's intention to compile a code of law met with the resistance of the nobility, and Wenceslaus II ultimately withdrew his plan.[42]

If we ignore a certain tendency of the chronicler to side with the king to the detriment of the nobility, it can be assumed that Wenceslaus II wanted to attempt to codify domestic provincial customary law, which was intended to be converted into the form of written law with the help of forms and institutions of Roman law. The failure to codify provincial law probably led, somewhere around 1300, to the creation of the Upper Code of Law, also traditionally referred to as *Ius regale montanorum*.[43] The introduction of the Code consists of a longer, stylistically refined preface, the wording of which was influenced by foreign models. In addition to general moralistic and theological considerations, the monarch's authority primarily comes to the fore. In several passages of the Upper Code, the king's privileged legislative right is emphasised: the king was the 'law incarnate' (*lex animata*) and only he could publish and interpret laws.[44]

---

40 V. Novotný, *Rozmach české moci za Přemysla II. Otakara. České dějiny I/4*, Praha, 1937, p. 276-278; J. Janišová and D. Janiš, *Moravská zemská zřízení a kodifikace zemského práva ve střední Evropě v 16. a na začátku 17. století*, Praha, 2016, p. 44.

41 *Chronicon Aulae Regiae*: a chronicle written in Latin in 1305-1339. Authors are Otto and Peter, Cistercian abbots of Zbraslav (near Prague).

42 J. Emler (*ed.*), *Fontes rerum bohemicarum*, Tomus IV, Pragae, 1884, p. 61-62 and 359; V. Vaněček, "Pronikání", p. 34-35; E. Ott, *Beiträge*, p. 162-164. Recently J. Janišová and D. Janiš, *Moravská zemská zřízení*, p. 44-45; L. Jan, *Václav II. Král na stříbrném trůnu 1283-1305*, Praha, 2015, p. 522 and 534-535.

43 Edition: H. Jireček (*ed.*), *Codex juris bohemici. Tomus I. Aetatem Přemyslidarum continens*, Pragae, 1867, p. 265-435.

44 J. Šusta, *Soumrak Přemyslovců a jejich dědictví. České dějiny II/1*, Praha, 1935, p. 501-506 and 519-524; J. Nechutová, *Latinská literatura českého středověku do roku 1400*, Praha, 2000, p. 231-232; H. Jireček (*ed.*), *Codex*, I, p. 266-269.

The Upper Code has recently been investigated by Guido Christian Pfeifer, who found that, in the course of its compilation, a relatively large number of provisions of Roman and Canon law were used.[45] While a part of these dedicated to the Upper Code essentially corresponded to similar upper codes which originated in Europe in the high and late Middle Ages (the code particularly drew upon the upper law of the royal town of Jihlava),[46] an entirely new structure was conceived for the whole code. The code was systematically divided according to a model of Roman law institutions. Partially devoted to the law of obligations and partially substantive law, sources of Roman law were adopted, but these were then creatively adapted to meet the needs of the Upper Code. The code, divided into four books (*libri*), contains detailed procedural regulations in its fourth part that differ from other upper legal codes. The procedural code has taken the form of *ordo iudiciarius* and was greatly influenced by the principles of the Roman-canonical procedure in the form that it is known from twelfth and thirteenth-century procedural manuals.[47]

The publication of the Upper Code somewhere between 1300 and 1305 was undoubtedly intended to consolidate the monarch's authority in the area of his special rights and was primarily intended for the needs of his chamber (the original code was also supposedly stored here under the protection of the sub-chamberlain, i. e., royal officer). The code was not intended to be 'public' and binding for the whole country. It was particularly intended for the royal town of Kutná Hora as a silver-mining centre, since other upper cities, with Jihlava at the fore, used other, older upper law.[48]

An overview of the development of the early reception of canon and Roman law in the Czech lands by the end of the thirteenth century shows that this process was significantly associated with written legal culture. The early influence of both laws focused primarily on ecclesiastical institutions, but they soon infiltrated the sphere of lay law. However, enforcing the rules of canon law in the lay world has been a long process (typical are the decrees of the Fourth Lateran Council on marriage). Both laws have significantly influenced (with the support of the King) the codification of the upper law; this was an exception in many respects. Another chapter of the influence of Roman law in the Czech lands is connected with municipal (town) law; this is the history of the fourteenth century.

---

[45] G.C. Pfeifer, *Ius Regale Montanorum. Ein Beitrag zur spätmittelalterlichen Rezeptionsgeschichte des römischen Rechts in Mitteleuropa*, Ebelsbach, 2002. Cf. M. Boháček, *Einflüsse*, p. 120-127.

[46] Cf. A. Zycha, *Das böhmische Bergrecht des Mittelalters auf Grundlage des Bergrechts von Iglau*, 2 vols., Berlin, 1900; J. Čelakovský, *Povšechné české dějiny právní*, Praha, 1900, p. 264-292.

[47] G.C. Pfeifer, *Ius*, p. 114-186; M. Boháček, *Einflüsse*, p. 124-127.

[48] Cf. L. Jan, *Václav II*, p. 520-521.

PROFESSORS OF THE LAW FACULTY OF THE UNIVERSITY OF CRACOW AND THEIR LEGAL WRITINGS (16TH AND EARLY 17TH CENTURIES)

Maciej MIKUŁA

1. Introduction

This is an introduction to the themes of the legal treatises written by professors at the Law Faculty of the Academy (University) of Cracow in the sixteenth and early seventeenth centuries. The temporal border lines of this study depend on choices that to some degree remain open to debate. Thus the *terminus a quo* is set at 1491, the year when the first auxiliary Chair of *Regulae* was endowed by Bishop Jakub of Szadek (d. 1487) and entrusted to Mikołaj of Koprzywnica.[1] At that time the main lecture course covered both canon and Roman law.[2] The initial cut-off point of 1491 can also be justified on pragmatic grounds. The works of the scholars at the Cracow Faculty of Law in the Middle Ages has been researched more systematically than the writings of their successors. The setting of the other terminus at the eve of the Swedish-Polish War (1655-1660, 'the Deluge') is also a pragmatic decision. Any further study of this subject will certainly be bound by two important

1 W.M. BARTEL, "Dzieje Wydziału Prawa Uniwersytetu Jagiellońskiego przed reformą Kołłątajowską (Próba zarysu)" [A history of the Faculty of Law of the Jagiellonian University prior to the Kołłątaj reforms (An outline)], *Krakowskie Studia Prawnicze* 3 (1970), p. 167; M. MIKUŁA, "Mikołaj z Koprzywnicy", in: K. OŻÓG, K. FOKT, M. MIKUŁA, D. WÓJCIK-ZEGA, M. ZDANEK and K. KURAS, *Profesorowie Wydziału Prawa Uniwersytetu Jagiellońskiego* [*Professors of the Law Faculty of the University of Cracow*], vol. I: 1364-1780, ed. W. URUSZCZAK, Kraków, 2015, p. 303-305.

2 In 1553 another chair, a meagerly endowed Chair of Roman Law, was added to those already in existence – Chair of Gratian's *Decretum*, Chair of Old Law (*Iura antiqua*, i.e. the *Decretals* of Gregory IX), and Chair of New Law (*Liber Sextus* and *Clementinae*). The reform of 1580 finally established the division of the Faculty of Law into seven chairs: 1/ Chair of the Rules of Law (*Regulae iuris*), 2/ Chair of the Institutions of Canon Law; 3/ Chair *Casuum conscientiae* (lectures on penitence), 4/ Chair of the Holy Canons (Gratian's *Decretum*), 5/ Chair of Canonical Procedure, 6/ Chair of Old Law, and 7/ Chair of Roman Law. Cf. H. BARYCZ, *Historya Uniwersytetu Krakowskiego w okresie humanizmu* [*A History of the Jagiellonian University in the Age of Humanism*], Kraków, 1935, p. 580; W.M. BARTEL, "Dzieje Wydziału Prawa" [A history of the Faculty of Law], p. 173 and 176; and W. URUSZCZAK, "Wydział Prawa Uniwersytetu Krakowskiego i jego Profesorowie w latach 1364-1780" [The Faculty of Law of the University of Cracow and its Professors in 1364-1780], in: K. OŻÓG e.a., *Profesorowie Wydziału Prawa* [*Professors of the Law Faculty*], p. X-XII.

dates. They are 1719, when a great fire destroyed the buildings of the College with its precious manuscripts,[3] and 1780, the beginning of Hugo Kołłątaj's reform of the Polish educational system. At any rate, the rapid evolution of the syllabus and research methods in the late seventeenth and eighteenth centuries (the rise of the Enlightenment) qualify that period for a separate study.

The choice of treatises written by professors of law means that this study is focused on the legacy of the lecturers of the Faculty of Law. Until the Kołłątaj reforms (1780), the structure of the University of Cracow was based on a system of Colleges whose members (chair holders) were endowed with ecclesiastical benefices. However, lecturers of the Faculty of Law were recruited not only from members of the College of Law. So the revenues of the altar of St John *ante portam latinam* in Cracow Cathedral constituted an endowment of the Prefect of the Lawyers' Hall, a senior student who was obliged to hold auxiliary lectures known as *regulae iuris*. That course was principally a commentary on the rulings and decisions (*iura nova*) of Boniface VIII's *Liber sextus*, but in practice it made frequent excursions into Roman and local law.

Although the legal scholarship of that period has been the object of various researches, for obvious reasons it is given only marginal attention in historical outlines and general works.[4] Of the specialist analyses in this field special mention must be made of Tomasz Fijałkowski's comprehensive monograph of *Decisiones Lithuanicae* by Piotr Roizjusz (Petrus Royzius Maureus Hispanus).[5] As Roizjusz wrote that book (a series of analyses of the judgments of the Lithuanian Assessors' Court) fifteen years after quitting his academic post at Cracow, it has hardly any connection to the University. This is not the case of Garsias Quadros's *De crimine laesae maiestatis*, a treatise whose significance was brought back to our attention by Wacław Uruszczak.[6] Uruszczak also corrected the negative opinions about the

---

3 A. PRZYBOŚ, *Akademia krakowska w II połowie w. XVI*, in: K. LEPSZY (*ed.*), *Dzieje Uniwersytetu Jagiellońskiego* [*A history of the Jagiellonian University*], Kraków, 1964, p. 309.

4 K. MORAWSKI, *Historia Uniwersytetu Jagiellońskiego. Średnie wieki i odrodzenie*, [*A History of the Jagiellonian University: The Middle Ages and the Renaissance*], vol. I-II, Kraków, 1900; H. BARYCZ, *Historya Uniwersytetu Krakowskiego* [*A History of the Jagiellonian University*]; K. LEPSZY (*ed.*), *Dzieje Uniwersytetu Jagiellońskiego* [*A History of the Jagiellonian University*], Kraków, 1964 (esp. the following chapters: J. GARBARCIK, "Ognisko nauki i kultury renesansowej (1470-1520)" [A fount of Renaissance scholarship and culture (1470-1520)]; A. WYCZAŃSKI, "Uniwersytet w czasach złotego wieku" [The University in [Poland's] Golden Age']; and W. URBAN, "Akademia Krakowska w dobie reformacji i kontrreformacji (1549-1632)" [Cracow Academy in the Age of Reformation and Counterreformation (1549-1632)]).

5 T. FIJAŁKOWSKI, "Piotr Roizjusz – polski romanista XVI wieku" [Piotr Roizjusz: A Sixteenth-Century Polish Scholar of Roman Law], in: W. VOISE (*ed.*), *Z dziejów polskiej kultury umysłowej w XVI i XVII wieku* [*Poland's Intellectual Culture in the 16th and 17th Century*], Wrocław, 1976, p. 7-75.

6 W. URUSZCZAK, "Un jurista español olvidado: García Quadros de Sevilla. Sobre la historia de la sciencia juridica en Polonia en la epoca del rinacimento", *Annuario de Historia del Derecho Español* 46 (1976), p. 469-502.

legal scholarship of Grzegorz of Szamotuły.[7] While a long article on the history of the Faculty of Law by Lesław Pauli remains a source of all kinds of insights, the basic information, for the most part extracted from the data of the Estreichers' *Polish Bibliography*, can be found in biograms of the *Polish Biographical Dictionary* and occasionally in other lexicographic publications, i.e., the *Catholic Encyclopedia*, *Dictionary of Polish Catholic Theologians*, Zbigniew Pietrzyk's *Portraits of Rectors of the Jagiellonian University*,[8] and Janusz Sondel's *Lexicon of the Jagiellonian University*.[9] The latest study of the history of the Faculty of Law is the first volume (covering the period 1364-1780) in a projected series entitled *Professors of the Law Faculty of the University of Cracow*.[10] It is a collection of lives which add up to a rich and colourful history of the Cracow Law Faculty.

This latest study of the legacy of the professors of the Cracow Law Faculty in the early modern period has to work with a database that was decimated by the fire that gutted the building of the Law College in 1719. It means that the records of the work of many sixteenth-century legal scholars have been destroyed. As in 1576 it became mandatory to print the baccalaureate, licentiate, doctoral theses as well as responses *pro loco* (i.e. applications for the post of Prefect of the Lawyers' Hall or membership of the Lawyers' College) most of them have survived. Even then, however, there is no certainty that our list of legal works published since that date is complete. Of those works we have been able to attribute some to twenty-five (out of over sixty) lecturers of the Cracow Law Faculty in the sixteenth and early seventeenth century.[11]

---

7 W. Uruszczak, "*Grzegorz z Szamotuł*", in: J. Stelmach and W. Uruszczak (*eds.*), *Uniwersytet Jagielloński. Złota Księga Wydziału Prawa i Administracji* [*The Jagiellonian University: A Golden Book of the Faculty of Law and Administration*], Kraków, 2000, p. 73-78 [reprinted in: W. Uruszczak, *Opera historico-iuridica selecta. Prawo kanoniczne – nauka prawa – prawo wyznaniowe*, [*Opera historico-iuridica selecta: Canon law – Legal scholarship – Law on religion*], ed. M. Mikuła et al., Kraków, 2017, p. 263-267.

8 Z. Pietrzyk, *Poczet rektorów Uniwersytetu Jagiellońskiego 1400-2000* [*Rectors of the Jagiellonian University: A Series of Portraits, 1400-2000*], Kraków, 2000.

9 J. Sondel, *Słownik historii i tradycji Uniwersytetu Jagiellońskiego* [*A Dictionary of History and Traditions of the Jagiellonian University*], Kraków 2012.

10 K. Ożóg e.a., *Profesorowie Wydziału Prawa* [*Professors of the Law Faculty*]. Cf. also K. Fokt, "Obsada funkcji prepozyta i radców Kolegium Prawniczego Uniwersytetu Krakowskiego w latach 1628-1657 (według rachunków Kolegium z lat 1628-1694)" [Provosts and Councilors of the Law College in the University of Cracow in the Years 1628-1657 (According to College Records from the Years 1628-1694)], *Krakowskie Studia z Historii Państwa i Prawa* [Cracow Studies of Constitutional and Legal History] 7/1 (2014), p. 181-192.

11 The group does not include authors who flourished in the late seventeenth century even if they joined the Faculty of Law before 1650, e.g. Samuel Formankowic (1626 – 6 October 1672), Andrzej Grabianowski (died prior to 24 November 1683), Wojciech Łańcucki (c. 1610 – 25 July 1686), Stanisław Ossędowski (died after 5 March 1669), Jan Dionizy Politowic (c. 1609 – 11 March 1671), Adam Rosczewicz (died 12 February 1666).
The biograms with extensive references can be found in K. Ożóg e.a., *Profesorowie Wydziału Prawa* [*Professors of the Law Faculty*], vol. I (biograms compiled by M. Mikuła): Maciej Bielawski (p. 29-30), Maciej Burszowic (p. 35-36), Stanisław Czaplic (p. 40-41), Mikołaj Dobrocieski (p. 44-46),

2. The authors of the treatises

We are able to draw up more or less detailed character sketches of each of the twenty-five scholars in that group. The basic prosopographic information about them is presented in Appendix No. 1. Only three of them were foreigners: Petrus Royzius was born in Alcañiz in Spain, Pietro Illicino in Italy (Siena) and Garsias Quadros in Spain (Seville). The remaining twenty-two came from burgher families, including quite wealthy ones like the Piotrkowczyks, a family of respectable Cracow printers. Only seven of them had not studied abroad before entering upon their lecturing career in Cracow, which means that 72% gained some of their qualifications at foreign universities (a small number completed all of their studies abroad). Italy was by far the most popular destination (Rome – in ten cases, Padua – eight, Bologna – four), followed by Paris (three) and the Jesuit University in Ingolstadt (two). In the seventeenth century graduate students would as a rule acquire their grade of *doctor utriusque juris* at the Sapienza University of Rome and then have it nostrified in Cracow. Before joining the Law College they would usually take up private tutorship (four persons) or teaching – in parochial schools (two persons), cathedral and collegiate schools (five persons), the private Academy of Zamość (one person), the Nowodworski Collegium in Cracow (three persons) and the Lubrański Academy in Poznań (ten persons). Some even held the post of headmaster at the Collegium Lubranscianum of Poznań.[12] So in all, fifteen out of twenty-five professorial biographies (60%) included a period of teaching outside the university.

For almost 50% of the members of that group of authors the road to membership in the Law College led through the prefecture of the Lawyers' Hall. The admission was combined with the appointment to one of the Chairs of Canon or Roman Law. A *professor ordinarius*[13] lectured on the *Decretum Gratiani* or the *Decretales* of Gregory IX.[14] While eight authors are known to have held that post, fifteen were holders of chairs attached to the lecture on new law, i.e. originally *Liber Sextus*, and also – from the beginning of the seventeenth century, following

---

Dominik of Secemin (p. 47-48), Garsias Quadros (p. 63-65), Hieronim Górecki (p. 68-69); Jakub Górski Jr. (p. 70-71), Grzegorz of Szamotuły (p. 83-85); Pietro Illicino (p. 91-93); Jan of Turobin (p. 155-157); Jakub Janidło (p. 166-168), Jan Krosner (p. 207), Jakub Najmanowic (p. 318-320), Andrzej Piotrkowczyk (p. 335-336), Stanisław Pudłowski (p. 352-354), Piotr Roizjusz (p. 355-357); Stanisław Różycki (p. 360-361); Piotr Skotnicki (p. 368-370); Jakub Skrobiszewski (p. 371-372), Tomasz Eustachy Świnarski (p. 404-405), Jan Oktawian Wacławowicz (p. 422-423); (biograms compiled by K. Fokt): Bartłomiej Januszowic (p. 171-172); Wawrzyniec Alfons Karyński (p. 185-187).

12 The school had institutional links with the University of Cracow. Cf. M. Nowicki, *Akademia Lubrańskiego: organizacja szkoły i działalność wychowawcza* [*The Lubrański Academy: Its Structure and Educational Activities*], Warszawa, 2015.

13 The *professor ordinarius* was sometimes called *Magdalenisticus* because of the stipend (prebend) he received from the Church of St Mary Magdalene (which no longer exists).

14 W. Uruszczak, "Wydział Prawa" [The Faculty of Law] in: K. Ożóg e.a., *Profesorowie Wydziału Prawa* [*Professors of the Law Faculty*], p. X.

a teaching reform at the Faculty – canonical procedure. The latter chairs were well-endowed with the revenues of the parish church at Luborzyca. Before being appointed to any of the more lucrative chairs of canon law, a member of the Law College would usually have to take up lectures on Justinian's *Institutiones*, endowed with the meagre revenues of the Altar of the Angels in Cracow Cathedral (we know of seven authors who did it, plus Tomasz Eustachy Świnarski, who lectured on Roman law before receiving his chair and endowment). Petrus Royzius said sarcastically that in Poland Roman law was held in as high esteem as a 'furrier by an Ethiopian'.[15] It is indeed true that the reception of Roman law in Polish land law was negligible.[16] Nevertheless another char of Roman law was established in the eighteenth century. It was the Chair of the Institutions of Civil (Roman) and Canon Law, endowed by Gabriel Prewancjusz Władysławski; its first occupant was Stanisław Pudłowski.

Nine authors of our group held the post of rector. As the term of office was short (half-year) some of them were appointed to that function time and time again. Not all of the twenty-five scholars remained in their University posts for the rest of their lives. The three foreigners mentioned earlier did not stay long; others were drawn into diocesan work (e.g. Jakub Skrobiszewski). After all, with the exception of Andrzej Piotrkowczyk, a Cracow alderman, they were clergymen eligible for all kinds of ecclesiastical and public offices. That could mean joining the curia (nine persons), in particular in the diocesan court. Moreover, their knowledge and skills were in demand at the royal court (five persons); they became members of parliament, and participated in commissions set up to codify some points of canon or public law. As only nine members of our group are not known to have been involved in work (other than teaching) outside the University, the majority, i.e. sixteen (64%), did take up various functions either permanently or temporarily.

On the basis of the data collected for this study it is possible to construct a portrait of the professor of law in Cracow in the sixteenth and early seventeenth centuries. He began his studies locally, at the University of Cracow, and after graduation went abroad (usually to Italy) to get his doctoral degree. Before entering a university career he would teach in a school; and after becoming a member of the

---

15 J. TAZBIR, "Roizjusz Piotr", in: *Polski słownik biograficzny* [*Polish Biographical Dictionary*], vol. XXXI, 1988-1989, p. 499.

16 The reception of Roman law in Poland is discussed by J. SONDEL, *Ze studiów nad prawem rzymskim w Polsce piastowskiej* [*A Study of Roman Law in Poland under the Rule of the Piasts*], Warszawa-Kraków, 1978; Id., *Ze studiów nad prawem rzymskim w Polsce w okresie oświecenia* [*A Study of Roman Law in Poland in the Age of Enlightenment*], Warszawa-Kraków, 1988. From the sixteenth century onwards the indirect influence of Roman law on legal procedure concerning real property became more palpable with the spreading of a Romanizing gloss to the *Sachsenspiegel* and the Magdeburg Weichbild town on Polish towns. Cf. K. BUKOWSKA, *Orzecznictwo krakowskich sądów wyższych w sporach o nieruchomości miejskie (XVI-XVIII w.). Studium z historii prawa rzymskiego w Polsce* [*The Case Law of Cracow Higher Courts in Disputes over Urban Real Property (16th-18th Century): A Study in the History of Roman Law in Poland*], Warszawa, 1967.

Law Faculty he would take up additional functions and offices in the royal court or in the church (usually the curia). He was as a rule a beneficed clergyman. He lectured primarily on canon law, and treated lectures in Roman law as a staging post (the Chair of Justinian's *Institutiones* could offer him only a scanty stipend) to more satisfactory benefices.

3. Legal writings

a. Types of legal writings

Before looking at the legal writings by this group of scholars, it has to be noted that they produced other works, both learned (e.g. connected with their *Magister artium* degree, theological polemics, textbooks of grammar, almanacs, etc.) and poetic (including occasional verse). A total of fifty-five items in the category legal writings are listed in Appendix II. They are divided into the following types:[17] 1/ theses (*questiones*) that were printed as part of the process of obtaining a degree, nostrifications of a doctorate from a foreign university or responses *pro loco* for the Lawyers' Hall prefecture (thirty-four); 2/ dissertations (nine); 3/ textbooks (four); 4/ published and handwritten lecture notes (four); 5/ redactions of other people's works (three); 6/ editions of legislative acts (one). As indicated above, only a small portion of the works produced at the Faculty has survived the great fire of 1719. With that caveat being made, our count shows that Grzegorz of Szamotuły is the author with the largest number of bibliographic attributions, including redactions (seven). The legal works we know of can be divided further according to their subject. Those that are general in scope and cover a variety of themes, especially textbooks and commentaries to the *Regulae*, form the largest group (24%).[18] Next come treatises and commentaries on judicial procedure and the courts (22%).[19] By far the largest group of writings (38%) is concerned with private law.[20] The remaining two thematic concerns are criminal law[21] and ecclesiastic problems[22] (8% each).

---

17 The relatively small number of extant legal works makes it virtually impossible to introduce a more complex classification like the one used in the catalogue of the monumental collection of sixteenth-eighteenth century legal dissertations from the territory of the Old German Reich (there the abundance of data, i.e. 73,000 records, made it possible and even necessary). Cf. *Juristische Dissertationen des 16.-18. Jahrhunderts aus Universitäten des Alten Reichs*, online database in Max-Planck-Institut für europäische Rechtsgeschichte, http://dlib-diss.mpier.mpg.de, accessed 5 January 2018.

18 Appendix II: 16, 17, 20, 21, 22, 24, 43, 44, 48, 51, 52, 53, and 55.

19 Appendix II: 2, 5, 11, 14, 18, 23, 30, 32, 37, 40, 47, and 49.

20 Appendix II: 3, 8, 9, 10, 12, 13, 19, 25, 26, 27, 28, 29, 31, 33, 36, 39, 42, 45, 46, 50, and 53.

21 Appendix II: 1, 4, 34, 42, and 46.

22 Appendix II: 6, 7, 15, 35, and 38.

b. The structure of the theses

The legal theses submitted at the Cracow Faculty of Law were no different from similar theses written in other European universities. They were quite short and few would fill sixteen pages (leaves) of print. As a rule, each thesis began with an invocation in praise of the writer's preceptor, often complemented with a short occasional verse. A typical thesis with a dedication, main part and an occasional verse at the end is Maciej Burszowic's *Quaestio de natura appellationis*. Printed in 1636, it begins with a dedication to the canons of the Chapter of Chełmża Cathedral, followed by the discussion of the *questio* announced in the title, and a short poem composed by the author. An example of a two-part construction is Piotr Skotnicki's *Politicae vitae recte instituendi secundum quam vivere unumquemque et conversari deceat via et ratio*. In the first part he addresses the problem of the education of kings and princes, and in the second part lectures on the duties of their tutors and mentors. His is a thesis notable for its elaborate structure: it contains five conclusions, each with its own appendix. In Appendix III the main point is buttressed by another shorter thesis, reproduced in a condensed form. The main *questio*, treated as a subject of public debate, is answered in a series of steps (*conclusiones*) which constitute links of a logical argument. Moving on to the next stage of the argument the author recaps and enumerates the corollaries.

Textbooks and works not bound by procedures connected with getting a degree allowed the writer to take a more individualistic approach. Perhaps the most strikingly unconventional book of this type is *Jureconsulti Carmina et praefationes aliquot* by the Italian humanist Pietro Illicino. It opens with a dedication to Samuel Maciejowski, Bishop of Cracow, followed by a short treatise on human nature and a critical analysis of the functioning of the University. Illicino, who had come to Cracow at the invitation of Bishop Maciejowski, found the University's scholastic model of education hopelessly outdated and recommended a thorough revision of the core curriculum in favour of the Classics and modern Humanists. In the subsequent sections of the first part of his book he sets out a project of an ideal state and a depiction of the character of an ideal prince, garnished with some desultory remarks about civil law. The second part contains Greek and Latin dedicated to various persons, amongst them King Zygmunt August and Queen Bona.

c. Medieval *auctoritates*

One of the salient features of the legal writings of that period was a strong dependence on earlier masters or their work. At this stage of our research we may cite just a few examples. So Grzegorz of Szamotuły in his textbook of canon law procedure relied heavily on Johannes Andreae; a fact he admits unabashedly in the title of his treatise *Processus iuris brevior Joannis Andreae pro tirunculis resolutus*. Andreae's treatises on consanguinity and kinship (*Declaratio arboris consanguinitatis*) is also a foundation text of Garsias Quadros's *Lectura super arboribus consanguineitatis et affinitatis nec non cognitionis spiritualis et legalis* (1513) and Jana Oktawian

Wacławowicz's dissertation *Assertiones iuris pontifici ex multiplici materia de nuptiis*. For his part, Grzegorz of Szamotuły had a high regard for Dinus de Rossonis (the editor and commentator of *Liber Sextus*, Pope Boniface VIII's third volume of the Canon Code) and published fragments of Konrad Summenhart's *De contractibus* (*Repetitio capituli de emptione et venditione...*, 1541).

d. New ideas

The legal writings produced at the University of Cracow in the sixteenth and early seventeenth centuries were on the whole fairly traditional in form and content. However, even at this early stage of research it is possible to identify a few authors who were not only open to new ideas but also began to challenge the established conventions. So in the field of politics Garsias Quadros advocated the strengthening of the power of the king by expanding the subjective and objective range of the lèse-majesté law. In Poland, however, the winds were blowing in the opposite direction. In 1539 the Sejm narrowed the scope of *crimen laesae maiestatis*, and this law was upheld in the constitution of 1588. Piotr Skotnicki, another proponent of strengthening royal powers, argued in his baccalaureate thesis that princes were duty bound to ensure civil peace and religious toleration. He caught the eye of King Stefan Batory and even became his close advisor (possibly because of his views). However, he was prevented from extending his stay at the court by the university authorities. Invoking the autonomy of their institution, they rejected the King's request to grant Skotnicki a leave of absence. Finally, in a short disquisition *Questio de purgatione canonica* (1637) Stanisław Czaplic called for the cessation of the use of dunking and torture in prosecutions for witchcraft.

e. References to local law

All the evidence indicates that in the sixteenth and early seventeenth centuries the University of Cracow was an institution administered by the Church. The general supervision, the appointments and the salaries were controlled by the Bishop of Cracow. Although the graduates of the Law Faculty found their place in life in various communities, most of them made use of their qualifications as specialists in canon law. This was a natural consequence of the fact that canon law was the prime subject taught in the Cracow Law Faculty. The attempts to refocus the Faculty's curriculum onto Roman law in the sixteenth century were driven by concern for prestige and a desire to establish links with the classical legacy. That unfulfilled desire, though never absent in the medieval phase, was given new strength by the Renaissance enthusiasm for classical antiquity. Meanwhile, the need to include elements of local law in the curriculum was formally acknowledged in 1580.[23] In the

23 W. Urban, "Akademia Krakowska" [Cracow Academy], in: K. Lepszy (*ed.*), *Dzieje Uniwersytetu Jagiellońskiego* [*A History of the Jagiellonian University*], Kraków, 1964, p. 299-300.

legal literature of the period references to local and urban law feature prominently in Stanisław Czaplic's *Questio de purgatione canonica* and *De foro competenti et processu iuris* by Tomasz Eustachy Świnarski of Piątek. The latter textbook is in fact a revised text of his lectures in which he cites the *Statutes of Kazimierz the Great*, Poland's first major law code (1346-47) and the *Statuta Regni Poloniae* compiled by Jan Herburt (1563).

f. Practical use of the theses and other legal writings

In their choice of themes, the authors in this group seem to have been guided either by the demands of their academic job (textbooks) or the need to address practical legal issues driven by heated public debate. Their exposure to the latter had two reasons, one closely connected with the other. Firstly, the study of canon law at a university conferred on them a high professional status. Consequently, most of them at various stages of their academic career officiated in the bishop's curia as notaries, surrogates and auditors. Secondly, their taking up various official functions and activities outside the university must have acted as a spur to address in writing those problems they encountered directly.

As far as teaching is concerned, by far the most popular were textbooks on canonical procedure. Grzegorz of Szamotuły's textbook (No. 14) was reprinted twice and so was Jakub Janidło's (No. 23). The latter featured numerous references to legal practice; moreover, it included model court forms (pleadings, calling a witness, etc.) and the tariff of fees collected by the Cracow Bishop's Court. The process of including elements of local law into the lecture course can be traced in a number of textbooks, especially those written by Tomasz Eustachy Świnarski (No. 52).

Theses and treatises on specific topics also had a distinct practical bent. In the period under discussion the theses submitted for a degree addressed the following procedural issues: ecclesiastical courts (Nos. 5 and 11), arbitration tribunals (No. 30), proxies (No. 40), evidence (Nos. 4, 32 and 37), presumptions (No. 47), verdicts in absentia (No. 49), and appeals (No. 2). The topics addressed in the field of civil law are also of practical importance, i.e. the validity of marriage (Nos. 13 and 54), statutes of limitation (Nos. 9, 26, 29 and 39), alienation of emphyteutic property (No. 10), wills (No. 28), limitations with respect to the alienation of church property (No. 27), principles of valorization of obligations (No. 31), the principle of duration of contracts (Nos. 33 and 36), and powers of attorney in the case of title defect of alienated property (No. 3).[24]

Current public debates and polemics found their echo in the writings of quite number of Cracow jurists, among them Grzegorz of Szamotuły, Garsias Quadros, Pietro Illicino, Mikołaj Dobrocieski and Piotr Skotnicki. The topics ranged from university reform (No. 20), through tithes (No. 6), indulgences and usury (No. 15),

24 The problem of statutes of limitation recurs in a number of theses.

property of the clergy (No. 6), strong royal power (No. 20, 42 and 48) and religious freedom (No. 48).

3. Conclusions

The legal writings of the professors of the Cracow Faculty of Law in the sixteenth and the early seventeenth centuries did not have as much impact as some works of their fifteenth-century predecessors, first and foremost Paweł Włodkowic (Lat. Paul Vladimiri) with his doctrine of just and unjust war.[25] In the early modern period the Cracow jurists were mostly concerned with work that would enable them to advance their academic career and with teaching, i.e. writing of textbooks. The latter were also dominated by practical concerns, especially the use of canon law in ecclesiastical courts. After all, the University of Cracow was supervised by the Church and the introduction of lectures on Justinian's *Institutiones* and some elements of local law (from the turn of the sixteenth century) did little to change the dominance of canon law in teaching and scholarship.[26] At the same time, legal works not connected directly with the authors' academic career dealt with urgent contemporary problems – faced not only by the Kingdom of Poland – like religious freedom, church property, tithes, the scope of royal power and, more broadly, the constitution of the state. It would seem, therefore, that the legal writings of the Professors of the Cracow Law Faculty were complementary to their careers, which were in most cases double-track, that is teaching (at university and school level) combined with officiating in the bishop's curia, serving in the royal court or as diplomats on behalf of the state or the Church.

25 K. Ożóg, *The Role of Poland in the Intellectual Development of Europe in the Middle Ages*, Kraków, 2009, p. 115-119; Id., "Paweł Włodkowic", in: K. Ożóg e.a., *Profesorowie Wydziału Prawa* [*Professors of the Law Faculty*], p. 326-329.
26 W.M. Bartel, "Dzieje Wydziału Prawa" [A History of the Faculty of Law], p. 174-175.

Appendix I

PROFESSORS OF THE LAW FACULTY OF THE UNIVERSITY OF CRACOW – AUTHORS OF LEGAL WORKS: PROSOPOGRAPHIC DATA[27]

Professor	Post at the Faculty of Law	Graduated from	Functions and offices outside the University	Other teaching jobs
Maciej Bielawski, d. after 1616	– Prefect of the Lawyers' Hall – Professor the Chair of Justinian's *Institutiones*	Cracow	–	–
Maciej Burszowic, d. before 1 6 August 1653	– Prefect of the Lawyers' Hall – Professor *Novorum iurium*	Cracow	–	– private tutor
Stanisław Czaplic, 1590 – 9 April 1648	– Prefect of the Lawyers' Hall – Professor the Chair of Justinian's *Institutiones* – Professor *ordinarius*	Cracow, doctorate in Rome (Sapienza)	–	– teacher at the Nowodworski College in Cracow – lecturer and rector of the Collegium Lubranscianum in Poznań – private tutor

27 The sources for the lives of these writers can be found in their biograms in: K. Ożóg e.a., *Profesorowie Wydziału Prawa* [*Professors of the Law Faculty*]. Cf. also Note 11.

Professor	Post at the Faculty of Law	Graduated from	Functions and offices outside the University	Other teaching jobs
Mikołaj Dobrocieski, 27 December 1559 – 28 January 1608	– rector of the University of Cracow for seven terms – Prefect of the Lawyers' Hall – Professor *ordinarius*	Cracow	– chancellor of the Bishop of Cracow Jerzy Radziwiłł – archivist of the Cracow episcopal curia – representative of the Chapter of Cracow Cathedral at synods and state convocations	–
Dominik of Secemin, d. 20 March 1519	– Professor *Novorum iurium*	Rome (studies and doctorate)	– chancellor and auditor of the Bishop of Cracow Jan Konarski – official of the royal chancellery – chancellor of the Chapter of Gniezno Cathedral	–
Hieronim Górecki, d. 1612/1613	– Prefect of the Lawyers' Hall – Professor *Novorum iurium*	Cracow, Rome (doctorate), Padua	–	–
Jakub Górski, Jn., 1585 – 4 March 1652	– rector of the University of Cracow for three terms – Prefect of the Lawyers' Hall – Professor the Chair of Justinian's *Institutiones* – Professor *Novorum iurium*	Cracow	– notary of the Cracow episcopal curia – judicial vicar of the Cracow episcopal curia – protonotary apostolic	lecturer at the Collegium Lubranscianum in Poznań

Professor	Post at the Faculty of Law	Graduated from	Functions and offices outside the University	Other teaching jobs
Grzegorz of Szamotuły, c. 1480 – 11/12 July 1541	– rector of the University of Cracow – Prefect of the Lawyers' Hall – Professor *ordinarius* – Professor *Novorum iurium*	Probably Bologna	– deputy vicar-general of the Cracow curia – auditor of the vicar-general – auditor at the Bishop of Cracow – vicar-general and judicial vicar in Poznań	– scholaster and rector of the Gniezno Cathedral School – rector of the Wawel Cathedral School – provost of the Collegium Lubranscianum in Poznań
Pietro Illicino, c. 1504 (Siena) – 23 March 1582	– lecturer on Justinian's *Institutiones*	Padua	– after leaving Poland works for the Catholic cause in Moravia and Hungary	– after leaving Poland lectured on Roman Law at the University of Vienna
Jan of Turobin, 1511 – 24 September 1575	– rector of the University of Cracow for many terms – Professor *ordinarius*	Cracow	– secretary to the Bishop of Płock – deputy judicial vicar in the Cracow curia – auditor of the vicar-general in Cracow	–
Jakub Janidło, c. 1570 – 31 December 1619	– rector of the University of Cracow for three terms	Cracow, doctorate in Rome (Sapienza)	– assessor of the Cracow episcopal court – protonotary apostolic	– private tutor – provost of the Nowodworski College in Cracow
Bartłomiej Januszowic, 1588 – 12 September 1644	– Prefect of the Lawyers' Hall – Professor *ordinarius*	Cracow	– auditor of the episcopal curia in Cracow	–

Professor	Post at the Faculty of Law	Graduated from	Functions and offices outside the University	Other teaching jobs
Wawrzyniec Alfons Karyński, c. 1600 – November 1653	– rector of the University of Cracow – Professor *Novorum iurium* – Professor *ordinarius*	Cracow	– deputy judicial vicar in the Cracow curia	– private tutor – rector of St Anne's Church School in Cracow – teacher at the Collegium Lubranscianum in Poznań
Jan Krosner, 1589 – 13 February 1631	– Professor the Chair of Justinian's *Institutiones*	Cracow, Würzburg, Padua	–	– rector of the Collegium Lubranscianum in Poznań
Wojciech Nagot, d. after 15 October 1632	– Professor *Novorum iurium*	Rome (doctorate), Padua	– prefect of the diocesan seminary in Cracow	– rector of the Collegium Lubranscianum in Poznań (after giving up his post at the University)
Jakub Najmanowic, c. 1584 – 23 November 1641	– rector of the University of Cracow for sixteen terms – Professor *Novorum iurium*	Cracow, Padua, Rome (doctorate), Paris, probably the Netherlands	–	– Senior teacher at St Mary's Church School in Cracow – provost of the Castle Seminary in Cracow
Andrzej Piotrkowczyk, c. 1585 – 8 October 1645	– Prefect of the Lawyers' Hall – Professor *Novorum iurium* – Professor *ordinarius*	Cracow, Paris (Collège Royal), Padua	– took over the family printing press in Cracow – alderman of the City of Cracow	– teacher at the Zamojski Academy – teacher at the Collegium Lubranscianum in Poznań

Professor	Post at the Faculty of Law	Graduated from	Functions and offices outside the University	Other teaching jobs
Stanisław Pudłowski, before 23 March 1597 – 22 May 1645	– rector of the University of Cracow – Prefect of the Lawyers' Hall – Professor of Chair of the Institutions of Civil and Canon Law	Cracow, doctorate in Rome (Sapienza), Padua	– assessor at the Cracow episcopal curia – bishop's commissar in the curia – protonotary apostolic	– rector of the Collegium Lubranscianum in Poznań
Garsias Quadros Hispanus, b. Seville d. 20 April 1518	– Professor the Chair of Justinian's *Institutiones*	Bologna (studies and doctorate)	– diplomat in the service of King Zygmunt I the Old	–
Piotr Roizjusz (Peter Ruiz de Moros), born c. 1505 Alcañiz (Teruel) – 26 April 1571	– lecturer on Roman Law	Lerida, Bologna, Padua, Rome, probably Venice, Florence	– courtier and advisor to the king – after resigning his University post auditor of the Assesoria (royal court in the Grand Duchy of Lithuania) in Wilno – co-author of the Second Statute of Lithuania (enacted in 1566) – protonotary apostolic – papal courtier	– head of St John the Baptist's Church School in Wilno
Stanisław Różycki, c. 1604 – 3 November 1652	– rector of the University of Cracow – Professor *Novorum iurium*	Cracow, doctorate in Rome (Sapienza), Bologna	– advisor to King Stefan Batory	– teacher at the Nowodworski College in Cracow – lecturer at the Collegium Lubranscianum in Poznań

Professor	**Post at the Faculty of Law**	**Graduated from**	**Functions and offices outside the University**	**Other teaching jobs**
Piotr Skotnicki, c. 1540 – 8 June 1584	– Prefect of the Lawyers' Hall – Professor the Chair of Justinian's *Institutiones* – Professor *Novorum iurium*	Cracow, Jesuit College of Ingolstadt	–	–
Jakub Skrobiszewski, d. 1635	– Prefect of the Lawyers' Hall – Professor *Novorum iurium*	Cracow, doctorate in Rome (Sapienza)	– worked for the Archdiocese of Lwów	–
Tomasz Eustachy Swinarski, d. 2 June 1641	– lecturer on Roman Law (holds no Chair) – Professor *Novorum iurium* – Professor *ordinarius*	Cracow	–	– teacher in parish schools at Bochnia, Oświęcim and Olkusz – rector of the parish school at Olkusz – rector of the Włocławek Cathedral School – rector of St Stephen's Church School in Cracow – rector of St Florian's Collegiate School in Cracow
Jan Oktawian Wacławowicz, 1571 – 16 October 1630	– lecturer, but probably not on *Novorum iurium*	Cracow, Jesuit College of Ingolstadt, Paris (doctorate in canon law), Orleans (doctorate in Roman law)	– royal clerk	–

APPENDIX II

LEGAL WORKS WRITTEN BY THE PROFESSORS OF THE LAW FACULTY OF THE UNIVERSITY OF CRACOW IN THE 16TH AND EARLY 17TH CENTURIES

No.	Author	Title	Date	Type of work	Topic / Thesis	Estreicher Bibliography[28]
1	Maciej Bielawski, Tomasz Jabłoński, Jan Szeliga, Wawrzyniec Leśnicki	*Questio ad capitulum ultimum de transactione*	1608	thesis	taking into account changing circumstances the judge may decide on a harsher or milder sentence; judicial discretion should be exercised within the bounds of the law (statute)	Vol. 13, p. 65
2	Maciej Burszowic	*Questio de natura appellationis*	1636	thesis	time frame for appeal must not be extended	Vol. 13, p. 457
3	Maciej Burszowic	*De natura evictionis*	1637	thesis	conditions of substituting the buyer of property with a cloud on title by its vendor in a suit brought by a third party whose rights in that property have been infringed	Vol. 13, p. 457-458
4	Stanisław Czaplic	*Questio de purgatione canonica*	1637	thesis	permissibility and nature of purgation in canon law (swearing a purgatory oath)	Vol. 14, p. 512-513

28 For information about Polish old prints cf. the multivolume *Bibliografia Staropolska* compiled by Karol ESTREICHER.

No.	Author	Title	Date	Type of work	Topic / Thesis	Estreicher Bibliography[28]
5	Stanisław Czaplic	*Questio de privilegiis*	1647	thesis	the pope on this own authority can exempt ecclesiastical persons from secular jurisdiction; the same kind of authority with regard to lay persons is exercised by emperors and kings	Vol. 14, p. 512
6	Mikołaj Dobrocieski	*Informacia o niektórych artykułach między duchownym a świeckim stanem*	1607, 1620, 1632	treatise	analysis of controversial subjects like tithes, property of ecclesiastical persons, juridical competences in disputes between churchmen, annates	Vol. 15, p. 262
7	Dominik of Secemin	*Declarationes constitutionis Martini V de non vitandis excommunicatis nisi denunciatis*	1516	treatise	commentary on the papal constitution, published in Rome	-
8	Hieronim Górecki	*De non faciendis alienationibus*	1597	thesis; nostrification of his doctorate obtained in Rome	NDA – not extant	-
9	Jakub Górski, Jr.	*Quaestio de vi et effectu praescrip-tionis*	1626	thesis; baccalaureate of law	when the period of time specified in a statute of limitations has passed, a claim for recovery by the disadvan-taged party is inadmissible	Vol. 17, p. 263

No.	Author	Title	Date	Type of work	Topic / Thesis	Estreicher Bibliography[28]
10	Jakub Górski, Jr.	*Quaestio de alienatione rei emphyteuticae*	1629	thesis; licentiate of Canon and Civil law	alienation of emphyteutic property cannot take place without owner's consent	Vol.17, p. 263
11	Jakub Górski, Jr.	*Questio de foro clerici*	1629	thesis; licentiate of Canon and Civil law	competences of ecclesiastical courts with regard to the clergy	Vol. 17, p. 263
12	Jakub Górski, Jr.	*Quaestio de precio in contractu emptionis et venditionis*	1634	thesis	NDA – not extant	Vol. 17, p. 263
13	Grzegorz of Szamotuły	*Enchiridion impedimentorum que iuxta Canonicas constitutiones in matrimoniis contingunt...*	1524, 1527	textbook	textbook featuring impediments to marriage – notes from lectures based on the treaty *Summa super quarto Decretalium* (also known as *De sponsalibus et matrimoniis*) attributed to Johannes Andreae and delivered at the Collegium Lubranscianum in Poznań	Vol. 30, p. 195-196
14	Grzegorz of Szamotuły	*Processus iuris brevior Joannis Andreae pro tirunculis resolutus…*	1524, 1531, 1537	edition of textbook	textbook on canon law proceedings by Johannes Andrea; the 1531 and subsequent editions were prepared and supplemented by Grzegorz of Szamotuły; Part III, a self-contained addition, deals with canon law proceedings in Polish ecclesiastical courts	Vol. 30, p. 196-198

No.	Author	Title	Date	Type of work	Topic / Thesis	Estreicher Bibliography[28]
15	Grzegorz of Szamotuły	*Sermo de indulgentiis: bulleque iubilei pro fabrica ecclesiae cathedralis Vilnensis a Sede Apostolica concessae resolutio*	1532	treatise	the importance of indulgences; polemics with Martin Luther; usury	Vol. 30, p. 200
16	Grzegorz of Szamotuły	*Lectura super titulo de regulis iuris Libro Sexto*	1512, 1524, 1531, 1534, 1537, 1542	redaction	a redacted edition of Garsias Quadros's work[29] rather than a treatise under the same title by Johannes Andreae[30]; commentary on the *Regulae iuris* in *Liber Sextus* of Pope Boniface VIII; published with some alterations by Grzegorz of Szamotuły	Vol. 21, p. 138; Vol. 30, p. 196
17	Grzegorz of Szamotuły	*Scriptum super Sexto*	1518-1540	lectures	notes from lectures on *Liber Sextus* by Boniface VIII (including the *Regulae*); Jagiellonian Library MS No. 2539[31]	-

29 W. Uruszczak, "Krakowski komentarz reguł prawa z początku XVI wieku (Lectura super titulo de regulis iuris Libro Sexto)" [Cracow Commentary of Legal Rules from the Beginning of 16th Century (Lectura super titulo de regulis iuris Libro Sexto)], *Czasopismo Prawno-Historyczne* 25/2 (1973), p. 69-88 [reprinted in: W. Uruszczak, *Opera historico-iuridica selecta*, p. 29-46].

30 K. Estreicher, *Bibliografia*, vol. 30, p. 196.

31 W. Wisłocki, *Inwentarz rękopisów Biblioteki Jagiellońskiej* [*Inventory of Manuscrips in the Jagiellonian Library*], part 2, Kraków, 1881, p. 605.

No.	Author	Title	Date	Type of work	Topic / Thesis	Estreicher Bibliography[28]
18	Grzegorz of Szamotuły	*Scriptum super IIdo Decretalium Samotulani*	1520/ 1522	lectures	notes from the lectures on Canon Law proceedings Jagiellonian Library MS No. 2408[32]	-
19	Grzegorz of Szamotuły	*Repetitio Capitvli ad Nostram de emptione et venditione cum quaestione de contractu emptionis de retro vendendo alias nawiderkoff…*	1541	redaction	excerpt from Konrad Summenhart's *De contractibus* on the subject of repurchase (*wyderkaf*) and zastaw	Vol. 30, p. 199-200
20	Pietro Illicino	*Jureconsulti Carmina et praefationes aliquot*	brak daty	treatise	discussion of human nature, the unsatisfactory condition of the University of Cracow, the ideal constitution, education of princes, and civil law	Vol. 18, p. 559-560
21	Jan of Turobin	*Enchiridion iuris pontificii et cesarei*	1537	textbook	NDA – not extant	Vol. 31, p. 408
22	Jan of Turobin	*Examen iis, qui ad Sacros Ordines majores sunt assumendi…*	1540	treatise	NDA – not extant	Vol. 31, p. 408
23	Jakub Janidło	*Processus iudiciarius ad praxim fori spiritualis Regni Poloniae conscriptus*	1606	textbook	textbook of canon law poceeedings adapted to Polish conditions; reprinted in 1619 I 1643	Vol. 18, p. 450-451

32 *Ibidem*, p. 579.

No.	Author	Title	Date	Type of work	Topic / Thesis	Estreicher Bibliography[28]
24	Jakub Janidło	*Sanctiones ac leges Collegii Lubransciani*	1619	edition of regulations	edition of the regulations of the Collegium Lubranscianum in Poznań	Vol. 18, p. 450
25	Bartłomiej Januszowic	*Quaestio de effectibus excommunicationis*	1620	thesis	effects of excommunication: the excommunicated person is declared unable to enter into legally binding relations	Vol. 18, p. 471
26	Bartłomiej Januszowic	*Quaestio de bona fide in praescription-ibus*	1622	thesis	bona fide as a condition of the application of periods of prescription (statutes of limitations)	Vol. 18, p. 471
27	Bartłomiej Januszowic	*Quaestio de prohibita rerum ecclesiasti-carum alienatione*	1622	thesis	prohibition of the alienation of church property	Vol. 18, p. 471
28	Bartłomiej Januszowic	*Quaestio de testamentis ad piam causam*	1629	thesis, licentiate of Canon and Civil law	if a will (testament) is successfully challenged but the flaw is unrelated to the pious bequest, that disposition should remain valid	Vol. 18, p. 471-472
29	Wawrzyniec Karyński	*Quaestio de natura prescriptionis longi temporis*	1635	thesis	types of periods of prescription (statutes of limitations); conditions necessary for it to be applied in the longest-drawn-out cases (i.e. the beneficiary's good faith, possession of the contested property, good title)	Vol. 19, p. 165

No.	Author	Title	Date	Type of work	Topic / Thesis	Estreicher Bibliography[28]
30	Wawrzyniec Karyński	*Quaestio de sententia arbitrorum*	1651	thesis; response *pro loco* for the Lawyers' Hall	prohibition to appeal sentences of arbitration courts	Vol. 19, p. 165
31	Wawrzyniec Karyński, Maciej Burszowic, Stanisław Czaplic,	*Questio de solutionibus*	1638	thesis; baccalaureate of Canon and Civil law	payment should reflect the value of the goods or services at the time the contract is made, hence the amount owed at the time of payment should be adjusted depending on the changes in the value of money	Vol. 19, p. 165
32	Jan Krosner	*Quaestio de iuramento confirmatorio*	1620	thesis; doctorate	conditions in which a confirmatory oath is valid	Vol. 14, p. 456
33	Jan Krosner	*Quaestio de transactionibus*	1620	thesis; response *pro loco* for the Lawyers' Hall	conditions of durability of contracts	Vol. 14, p. 456
34	Wojciech Nagot	*Questio de homicidii irregularitate*	1631	thesis; nostrification of his doctorate obtained in Rome	discussion of regular and irregular murder: murder committed by a mentally ill person, or a child; killing somebody unintentionally or in self-defence	Vol. 23, p. 19
35	Jakub Najmanowic	*Questio de immunitate ecclesiae*	1634	thesis	thesis called forth by the doctoral dissertations presented by Jakub Górski Junior and Bartłomiej Januszowic	Vol. 23, p. 21

No.	Author	Title	Date	Type of work	Topic / Thesis	Estreicher Bibliography[28]
36	Jakub Najmanowic	*Questio de rescindenda venditione*	1614	thesis; nostrification of his doctorate obtained in Rome	conditions of termination of a contract of sale	Vol. 23, p. 22
37	Andrzej Piotrkowczyk	*De probationibus*	1616	thesis; baccalaureate	generally it is the right of the plaintiff to argue his case, but in certain situations the defendant can also invoke that right	Vol. 24, p. 297
38	Andrzej Piotrkowczyk	*Questio de privilegiis*	1615	thesis	if the party representing the church pleads privilege and loses the case, another privilege, if relevant, should be invoked to challenge the judgement	Vol. 24, p. 297
39	Andrzej Piotrkowczyk	*Questio de bona fide in praescriptionibus*	1618	thesis; licentiate of Canon and Civil law	bona fide is indispensable at the time periods of prescription (statutes of limitations) are to be enacted	Vol. 24, p. 297
40	Stanisław Pudłowski	*Questio de procuratoribus in criminalibus iudiciis*	1634	thesis	proxies are admissible in both criminal and proceedings	Vol. 25 s. 400
41	Stanisław Pudłowski	*Quaestio de annuis redditibus*	1634	thesis; nostrification of his doctorate obtained in Rome	discussion of annual rent	Vol. 25, p. 400

No.	Author	Title	Date	Type of work	Topic / Thesis	Estreicher Bibliography[28]
42	Garsias Quadros	*De crimine laesae maiestatis*	1506-1512	treatise	in manuscript; the idea of strong royal power; exposition according to *mos gallicus*; broad scope criminal law protection; 44 ways of committing the crime of lèse-majesté	-
43	Garsias Quadros	*Breviarium iuris utriusque*	1512	textbook	NDA – not extant	Vol. 17 s. 32
44	Garsias Quadros	*Lectura super titulo de regulis iuris Libro Sexto*	1512?	treatise	in all likelihood a redacted edition of Garsias Quadros's work[33] rather than a treatise under the same title by Johannes Andreae[34]; commentary on the *Regulae iuris* in *Liber Sextus* of Pope Boniface VIII; a number of new editions (with alterations) were published by → Grzegorz of Szamotuły	-
45	Garsias Quadros	*Lectura super arboribus consanguineitatis et affinitatis nec non cognitionis spiritualis et legalis*	1513, 1522	treatise	based on *Lectura super arborem consanguinitatis et affinitatis* by Johannes Andreae; the edition of 1522 titled *Lectura arborum consanguinitatis et affinitatis collectae cum additionibus plurimum necessariis per egregium olim dominum Garsiam utriusque Iuris Doctorem eximium…*	Vol. 17, p. 33; Supplement Vol. 1, p. 212

33 See footnote 29.
34 Estreicher, Bibliografia, Vol. 30, p. 196.

No.	Author	Title	Date	Type of work	Topic / Thesis	Estreicher Bibliography[28]
46	Piotr Roizjusz (Petrus Royzius Maureus Hispanus)	*Decisiones Lithuanicae*	1563	treatise	analysis of five judgements of the Assessoria royal court in Wilno (wills, *mens rea* and liability to punishment of criminal intent; direct intent; failure to appear in court as excusable neglect; interest (loans); the impact of Roman law	-
47	Stanisław Różycki	*Quaestio de sententia ferenda ex praesumptionibus*	1647	thesis; nostrification of his doctorate obtained in Rome	the judge has the right to hand down a sentence (not excepting conviction in criminal proceedings) on the basis of presumption	Vol. 26, pp. 434-435
48	Piotr Skotnicki	*Politicae vitae recte instituendi, secundum quam vivere unumquemque et conversari deceat*	1576	thesis; baccalaureate of law	the first extant thesis defended at the Cracow Faculty of Law; argues from both Roman and Canon law to prove that the monarch should act as arbiter and promote religious tolerance; the author is in favour of strong royal power	Vol. 28, p. 191-192
49	Jakub Skrobiszewski	*Quaestio ad c. Ex Litteris Ext. de dolo et contumatia*	1606	thesis; baccalaureate of law	consequences of any or both of the litigants' failure to appear to appear in court (in canon law proceedings); default judgement	Vol. 28, pp. 196-197
50	Jakub Skrobiszewski	*Disputatio de praescriptionibus*	1609	thesis; nostrification of his doctorate obtained in Rome	NDA – not extant	-

No.	Author	Title	Date	Type of work	Topic / Thesis	Estreicher Bibliography[28]
51	Jakub Skrobiszewski	*Quaestio ex c. Canonum Statuta ext. de Constit.*	1605	thesis	NDA – not extant	Vol. 28, p. 196
52	Tomasz Eustachy Swinarski	*Loci communes iuris utriusque, digesti et collecti a mgro Thoma Swiniarski de Piąthek*	1597	lectures	expanded lecture notes on Rules of Law (*Regulae*) based on both Civil and Canon Law	-
53	Tomasz Eustachy Swinarski	*De foro competenti et processu iuris*	1617	lectures	expanded lecture notes with references to Polish land law, the Statues of Kazimierz the Great, and the *Statua Regni Poloniae* compiled by Jan Herburt	-
54	Jan Oktawian Wacławowicz	*Assertiones iuris pontifici ex multiplici materia de nuptiis*	1602	thesis; doctorate obtained in Paris	commentary on 40 theses concerning marriage in *Extravagantes Joannis Papae XXII*, esp. the competences of ecclesiastical courts, validity of marital consent, insolubility of marriage, separation, nullity of marriage between a baptised Catholic and an unbaptised person	Vol. 32, p. 132
55	Jan Oktawian Wacławowicz	*Questio de investitura feudaria*	1604	thesis; nostrification of his doctorate	superiority of Canon and Roman Law over customary law	Vol.. 32, p. 133

Appendix III

A sample thesis: BARTŁOMIEJ JANUSZOWIC, *QUAESTIO DE TESTAMENTIS*

Editor's note. The copy-text reproduces the original text practically unaltered with one exception, a caudata (ą) has been expanded into ae. The u/v spelling has not been regularized to match its phonetic value.

Qvaestio de testamentis Ad piam causam: quam Praesidente Clarissimo et Consultiss: viro D. Andrea Petricovio, I.V. Doctore et Professore Ordinario, M. Bartholomeavs Ianvschowic, I.V. Professor, Collega DD. Iurisc. Collegii, Can. Louicien. pro Licentia in utroquel Iure assequenda, publice ad disputandum proponet. In Collegio DD. Iurisperitorum, Die [[35]] Ianuarii, Hora 7. Anno M DC. XXIX. Cracoviae, Typis Matthiae Andreouiensis.

In Stemma Acad. Crac.

Insignis duplici nostra est Academia sceptro, Porte quod Imperii ius utriusque docet.

Qvaestio. De Testamentis ad piam causam. Ex c. Relatum. et. s. Ext. De testamentis et vltimis voluntatibus. Functa L. I. C. de Sacrosanctis Ecclesiis.

V. Testamentum imperfectum, ruptum, irritum, vel alias de iure nullum, dum imperfectio in substantia testamenti non sit, fauore piae causae sustineatur, ita quod non obstante nullitatis exceptione legata ad piam causam a defuncto facta, ab haerede necessario, non modo in terris Ecclesiae, sed etiam in loci imperio Romano subiectis, veniant praestanda: necne?

Conclusio I.

Testamentum, ex defectu solennitatis Iure ciuili nullum, factum ad piam causam in terris Ecclesiae et Imperii iure sustinetur.

Corollaria.

1. Institutio haeredis (quae Legistis est caput testamentis) ad pias causas omissa, non impedit eius effectum.
2. Testamentum, coram duobus testibus deponentibus, non rogatis, nec inscriptis, ad piam causam ita firmum manet quod etiam rumpat et infirmet prius testamentum solenniter coram septem testibus peractum.
3. In testamentis ad pias causas ex post facto posse aliquem pro parte testatum, et pro parte intestatum decedere, nullum esse absurdum sustinemus.
4. Si post mortem testatoris ultima voluntas ipsius disponentis manu reperiatur scripta vel subscripta, ita ut hoc dubium non sit: quo ad pia legata seruanda est, tamen si coram testibus aut Notario non sit nuncupata.
5. In puris legatis ad pias causas non habet Falcidia locum, ne per obliquum quidem; nisi pia causa sit haeres instituta, aut detracta a Falcidia possit nihilominus ad impleri voluntas, aut etiam aliud relictum sit ad non piam causam: tunc enim pro rata tantum utriusque; legato detrahetur; aut denique nisi aliud e[v]adere testator disposuerit.

---

35 A date blank to be filled in.

Conclusio II.

Testamentum imperfectum, vt fauore piae causae sustinetur, ita piam causam non excedit.

Corollaria.

1. Testamentum principaliter factum alio quam pietatis respectu minus solenniter, nullum erit quo ad principale: valet tamen quo ad legata pia in eo contenta. Secus si principaliter fiat causa pietatis, tunc enim coram duobus testibus factum valet etiam quo ad reliqua legata ad causam profanam relicta.
2. Haeres legittimus ab intestato, in foro externo non tenetur legatariis scriptis in testamento imperfecto inter extraneos restituere legatum vel haereditatem: tametsi certo sciat eam fuisse voluntatem defuncti, ut praedicta legata soluerentur. An autem idem dicendum sit in foro animae? Problema facio.
3. Non tamen inficiamur si testamentum ad causam profanam sit irritum et nullum, ex causa praeteritionis vel ex haeredationis liberorum: nihilominus legata in eo disposita, etiam alia quam pietatis contemplatione facta forma manere.
4. Idem sequimur in testamento imperfecto inter liberos: hoc enim valide sustinetur alio tamen iure quam ex dispositione textus nostri.
5. In testamento ad causam profanam, ius Canonicum ultra duos testes requirens praesentiam Parochialis Praesbiteri, vel loco eius alios duos testes, procedit in prouinciis Ecclesiae Romanae quoad temporalem iurisdictionem subiectis duntaxat, et non interris Imperii.

Conclusio III.

Testamentum ex defectu essentiali et intrinseco nullum vel imperfectum, fauore vel Priuilegio piae causae non sustinetur.

Corollaria.

1. Defectus voluntatis in testatore, extra omne dubium testamentum imperfectum ad piam causam nullum et inualidum facit.
2. Si defunctus animo testandi ad piam causam inchoarit testamentum nec perfecerit, quia scilicet non ordinauit de aliqua portione bonorum alioue Legato, testamentum ita imperfectum non sustineri arbitramur.
3. Idem iuris est quando ultima voluntas testatoris esset perfecta quo ad Legata pia, imperfecta quo ad alia, quod sit, quando quis animo deliberando coram idoneis testibus inceperit condere testamentum, et cum piam causam instituisset haeredem, vel pietatis causa aliqua legasset, velletque; alia ad causam profanam, seu inter extraneos disponere, priusquam complesset decessit.
4. Ultima voluntas captatoria, scilicet quae pendet ex alieno arbitrio et in alterius coluntatem confertur: ut si testator dicat; committo dispositioni Titii omnia mea bona: in Legatis ad pias causas tenet et est valida.
5. Relictum ad pias causas repertum cancellatum in ultima voluntate, censetur iuris praesumptione inconsulte cancellatum, absque testatoris intentione, si non constat de eius voluntate.

FAVOR LIBERTATIS: THE ANCIENT *REGULA IURIS* AS AN ARGUMENT FOR FREEDOM IN THE COURTS OF THE LATE 18TH CENTURY IN THE PROVINCES ESTLAND AND LIVLAND OF THE RUSSIAN EMPIRE[1]

Hesi SIIMETS-GROSS, Merike RISTIKIVI, Katrin KELLO

1. Introduction

This article is dedicated to Professor Laurent Waelkens, an outstanding scholar whose widespread scientific interests include, in addition to ancient Roman law, an in-depth examination of the development of this field in the history of European law. *Inter alia,* he has written about the issues concerning the status of slavery and serfdom.[2]

In the eighteenth century, most peasants were serfs in the Baltic Provinces[3] of the Russian Empire. For instance, in 1782 only 3.5% of the people (nobility excluded) who lived on the countryside in Estland were free, and only 1.5% in Livland.[4] Free peasants were usually not 'normal' peasants, but handicraftsmen, millers or similar. Also, they were mostly not of local, i.e. Estonian or Latvian origin, but the descendants of Germans, Swedes, Finns or other 'free nations'.[5] Before becoming provinces of the Russian Empire at the beginning of the eighteenth century, Estland and Livland belonged to Sweden and Poland, and before that were

[1] The Estonian Research Council IUT20-50 and PUT 1030 have supported the completion of this article.

[2] E.g., see L. WAELKENS, "La personne dans le travail en servitude du droit romain antique et médiéval", in: J.-M. TUFFÉRY-ANDRIEU and F. LARONZE (*eds.*), *Les normes du travail: une affaire de personnes?*, Brussels, 2016, p. 33-51.

[3] The province Estland includes the northern part of present-day Estonia and Livland (also known as Livonia), the southern part of present-day Estonia, and the northern part of present-day Latvia.

[4] J. LINNUS, *Maakäsitöölised Eestis 18. sajandil ja 19. sajandi algul*, Tallinn, 1975, p. 26–27. About the serfdom in Livonia in earlier centuries, see A. SELART, "Slavery in the Eastern Baltic in the 12th-15th Centuries", in: S. CAVACIOCCHI (*ed.*), *Schiavitù e servaggio nell'economia europea, secc. XI-XVII. Serfdom and Slavery in the European Economy, 11th-18th Centuries*. Firenze, 2014, p. 351-364. About the question whether and to what extent Justinian's Institutes were a direct model for formulating the provisions about serfs, see: H. SIIMETS-GROSS and T. HOFFMANN, "Der Einfluss der Justinianischen Institutiones auf die Regelung der Leibeigenschaft im Landrechtsentwurf (1599) David Hilchens (1561-1610)", *Forschungen zur Baltischen Geschichte* 13 (2018), p. 9-23.

[5] J. LINNUS, "Põhja-Eesti võõrasukad 18. sajandi keskel", in: J. LINNUS e.a. (*eds.*), *Läänemeresoomlaste rahvakultuurist*, Tallinn, 1970, p. 115.

also part of the Holy Roman Empire.[6] Therefore, the ruling nobility and land owners in the provinces were mostly of German origin. Those free peasants whose status – either as a free man or a serf – was called into question often stated that their ancestors had come either from Finland, Sweden or Germany.[7] However, the fact that all the persons who lived in the country and had peasant status were presumed to be serfs sometimes gave rise to disputes over the status of a specific person, often with regard to these rather recent immigrants.

In this article we focus specifically on such court cases, asking how the *favor libertatis* principle deriving from Roman law was applied in the trials held both in Estland and Livland. Firstly, we explain the similarities and differences between slaves and serfs, especially in the context of the eighteenth century. Afterwards, we examine more thoroughly the occurrence of the aforementioned principle in Roman law. We then focus on the courts of Estland and Livland, the application of *favor libertatis* and introduce one particular court case originating from Livland.

2. Slaves *versus* serfs

In many court cases in Europe as well as in Estland and Livland the question was raised whether the principles of Roman law concerning the slaves of Roman times were applicable at all in the new social and legal context of the eighteenth century. A serf was part of an owner's property and could be sold with land, but sometimes also without it. He couldn't end his relationship with his owner. The serfs could legally own a certain property, but not land.[8] Scholars and lawyers from that period, especially in Eastern Europe, often compared serfs with Roman slaves, although this was not their status officially.[9] In the court cases of eighteenth-century Livland and Estland, it was often the person who claimed his freedom – or his representative – who compared the serf with slaves. In that case the freedom-friendly principles

---

6 About the historical developments in general, see A. KASEKAMP, *A history of the Baltic states*, New York, 2010.

7 H. SIIMETS-GROSS and K. KELLO, "Plurality of Legal Sources in Trials Concerning a Person's Status at the End of the 18th Century – cui bono?", in: M. LUTS-SOOTAK *e.a.* (*eds.*), *Legal Plurality – cui bono?*, Tartu, 2018, p. 55-58.

8 See E. KÜNG, A. LOIT, K. KROON, A. PÕLDVEE and M. SEPPEL, "Eesti- ja Liivimaa talurahva olukorrast Rootsi aja lõpul", *Ajalooline Ajakiri* 145/3 (2013), p. 375-403; M. SEPPEL, "Talurahva olukord", in: *Eesti ajalugu III: Vene-Liivimaa sõjast Põhjasõjani*, Tartu, 2013, p. 313-337.

9 See H.-G. KNOTHE, "Zur Entwicklung des Rechts der Gutsherrschaft im deutschen Ostseeraum im Spiegel von Mevius' Abhandlung über die "Bauers-Leute"", in: J. ECKERT and K. Å. MODÉER (*eds.*), *Geschichte und Perspektiven des Rechts im Ostseeraum. Erster Rechtshistorikertag im Ostseeraum 8.-12. März 2002* [Rechtshistorische Reihe, 251], Frankfurt am Main, 2002, p. 237-274; M. WIESE, *Leibeigene Bauern und Römisches Recht im 17. Jahrhundert. Ein Gutachten des David Mevius* [Schriften zur Europäischen Rechts- und Verfassungsgeschichte, 52], Berlin, 2006.

and norms of Roman law such as *favor libertatis* could be applied.[10] In contrast, manor owners rather preferred to stress the differences: '*The difference between the serfs and the slaves is endless, our masters don't have the right to kill their serfs /.../ and a serf can acquire himself his property in the same way as a free person*'.[11]

What was at issue here was the extent to which the slaves (*servi*) and tenant farmers attached to the land (*coloni glebae adscripticii*[12]) mentioned in the *Codex Justinianus* (CI) could be identified firstly with each other and secondly with the serfs of the early modern era. In classic Roman law, people were explicitly divided into two categories: freemen and slaves.[13] Such a division was also maintained in the Institutes and Digest, parts of the *Corpus Iuris Civilis* (CIC) that were based on classic law, although the reality of life of the post-classical era (from the third to sixth centuries) was much more diversified than before. First and foremost, a new layer of society was added: the tenant farmers attached to the land or *coloni* of big manor houses. They were considered to be of free status in the CIC, but actually, both in real life and in a legal sense, their status was quite similar to slaves.[14] On the one hand, *coloni* who were attached to their land were subjected to several principles concerning slaves: for example, with regard to the marriage between a freedman and a *colonus*, the *Codex Justinianus* provided that a *colonus* attached to his land was, in principle, not different from a slave.[15] On the other hand, the CIC contained different rules for slaves and *coloni*, opposing *coloni* to slaves.[16]

Hans-Georg Knothe states that the question of whether the *coloni* who were attached to their land should be considered slaves or freemen was one of the most essential issues in German legal literature during the early modern era. It was considered possible to apply the provisions of Roman law about persons who were born free as well as about slaves, *coloni* and *liberti* (the men released from slavery or

---

10 K. Kello, *Isikliku sõltuvuse piirid ja tunnused 18. sajandi Liivi- ja Eestimaal päriskuuluvuse teket või muutmist käsitlevate kohtuotsuste põhjal*, MA thesis, supervisor M. Laur, University of Tartu, 2003, http://hdl.handle.net/10062/37462, accessed 26 February 2018; K. Kello and H. Siimets-Gross, "Kohtuasjad *in puncto libertatis:* isiku staatuse tuvastamise lähtekohad asehaldusaja Eestimaal", *Ajalooline Ajakiri* 160-161/2-3 (2017), p. 257-308.

11 ENA (The National Archives of Estonia) EAA.12.1.249: 91-91v. Contentions of advocate Overlach, representative of Virumaa manor owner G. H. v. Borg, in Rakvere District Court (*Kreisgericht*), 02.11.1792.

12 In the CI, they are also referred to as *adscripticii* or *coloni*, as well as *coloni originarii*, *agricoli* or *coloni censiti*, *tributarii* and *inquilini*. H. J. Wieling, "Einleitung", in: *Corpus der römischen Rechtsquellen zur antiken Sklaverei, Teil 1: Die Begründung des Sklaverstatus nach ius gentium und ius civile*, Stuttgart, 1999, p. 1; H.-G. Knothe, "Zur Entwicklung der Rechts", p. 245 and 246, note 27; about the concept and legal relationships of *coloni* with source texts, see M. Wiese, "Leibeigene Bauern",p. 59-70.

13 Gaius 1.9: *Et quidem summa divisio de iure personarum haec est, quod omnes homines aut liberi sunt aut servi* (The principal division of the law of persons is the following, namely, that all men are either free or slaves).

14 M. Wiese, "Leibeigene Bauern", p. 59-70.

15 C. 11.48.21.

16 C. 11.48.19; 11.48.21. H.J. Wieling, "Einleitung", p. 11-14; M. Wiese, "Leibeigene Bauern", p. 60.

serfdom) to various groups of people in the early modern period. For some of those early modern jurists and their contemporary writers, the serfdom in the seventeenth and eighteenth centuries in Europe was not comparable to the slavery of Roman times. According to Knothe, from the beginning of the sixteenth century, lawyers from Eastern Germany mostly agreed with the position that serfdom and slavery could be identified with each other insofar as it was possible within the framework of valid practices and laws.[17] Therefore, the application of Roman law depended on a specific situation in a certain time and space and on the interpretations of legal scholars, lawyers and courts.[18]

3. The *favor libertatis* in Roman law

In Roman law, we can find fragments of the *favor libertatis* principle both in the Digest and in the *Codex Justinianus*.[19] The sources of Roman law do not directly define the *favor libertatis*, but the ways of its usage lead to the conclusion that this expression was a concrete and practical principle which was applied in certain cases of disputed status, e.g. in cases where granting freedom to a slave had been put into question.

For example, the fragment D. 4.7.3.1 describes the court dispute between two persons over the ownership of a certain slave. Manumission of the slave by one of the alleged slave owners placed the other person who considered the slave to be his at a disadvantage, due to the principle of *favor libertatis*: '*Again, if our adversary has manumitted a slave whom we are claiming, our legal condition is made worse because praetors favour grants of liberty.*'[20] Therefore, in Rome, if it was not

---

17 H.-G. KNOTHE, "Zur Entwicklung der Rechts", p. 244-251.

18 *Ibidem*, p. 248-250 and 259-264. About the concept of serfdom and its legal content, see M. SEPPEL, "Three definite conclusions on indefinable serfdom", *Chronica: Annual of the Institute of History, University of Szeged*, 9-10 (2011), p. 213-219; H. COING, *Europäisches Privatrecht, Band I: Älteres Gemeines Recht (1500 bis 1800)*, München, 1985, p. 206-209; K. ANDERMANN, "Leibeigenschaft", *Handwörterbuch zur deutschen Rechtsgeschichte, Band III, 20. Lieferung. 2. völlig überarb. u. erw. Aufl.*, Berlin, 2011, p. 771-777. See also P. BLICKLE, *Von der Leibeigenschaft zu den Menschenrechten. Eine Geschichte der Freiheit in Deutschland*, München, 2003, p. 13-21 and *passim*.

19 Regarding the previous studies on this topic, the work of Pia Starace must be mentioned, see P. STARACE, *Lo 'statuliber' e l'adempimento fittizio della condizione. Uno studio sul 'favor libertatis' fra tarda Repubblica ed eta antonina*, Bari, 2006. Hans Ankum has analysed the appearances of that expression in fragments of classical jurists and constitutions of Roman emperors in an article H. ANKUM, "Der Ausdruck *favor libertatis* in den Konstitutionen der römischen Kaiser", in: T. FINKENAUER (*ed.*), *Sklaverei und Freilassung im römischen Recht. Symposium für Hans Josef Wiefling zum 70. Geburtstag*, Berlin, 2006, p. 1-17. See also, H. ANKUM, "L'espressione "favor liberatis" nelle opere dei giuristi classici Romani", *Revista de Direitos Difusos* 23 (2004), p. 3237-3255; H. ANKUM, "L'expression *favor libertatis* dans les travaux des jurists classiques romains" in: *Liber Amicorum Juan Miquel, Estudios romanicos con motive de su emeritazgo*, Barcelona, 2006, p. 45-78; H. ANKUM, "Der Ausdruck *favor libertatis* und das klassische römische Freilassungsrecht", in: E. HERRMANN-OTTO (*ed.*), *Unfreie Arbeits- und Lebensverhältnisse von der Antike bis in die Gegenwart*, Hildesheim, 2005, p. 82-100.

20 D. 4.7.3.1: '*Sed et si hominem quem petebamus manumiserit, durior nostra condicio fit, quia praetores faveant libertatibus.*' All translations of fragments of the Digest into English are taken from:

certain to whom the slave belonged, the preference was given in any case to the slave's freedom – letting the question of the ownership of the slave unresolved. Roman lawyers, in this case the praetors, followed the principle that if freedom was granted to someone, it could no longer be taken away.

Similarly, an example in the fragment D. 1.5.5.3 describes a situation where a woman was in slavery both during conception and childbirth. She had temporarily been free during her pregnancy so the status of her child was questionable: '*Further to this, the following question has been raised: suppose a pregnant slave is manumitted, then later becomes a slave or is expelled from her civitas before she gives birth, is her offspring free or slave? The better view, however, is that he or she is born free, and that it is enough for the child in the womb to have a free mother albeit only for some of time between conception and birth.*'[21] As it turned out from this fragment, it was sufficient for a child to be born as a free person if his or her mother was freed from slavery during the pregnancy even for a short period. Although there is no explicit mention of the *favor libertatis* principle in this fragment, it is still based on it since the decision was made in favour of freedom instead of slavery.

Most citations of this term quoted by Roman lawyers concern issues of testamentary manumission. Slaves claimed themselves free or freed on the basis of birth or a testamentary manumission as in D. 36.1.26.2:

> 'If a testator instituted his son heir to his whole estate and by codicils, which he ordered to be opened after the death of the son, imposed a fideicommissum on him that he restore the inheritance to his sister should he die without children, and if the son, knowing what was written in the codicils, commanded by his testament that Stichus, a slave of the inheritance, should be free, the heirs of the son should pay the value of that slave to the sister of the deceased, since the liberty is preserved by the favour due to it.'[22]

In this case, according to the will of the father and the added codicils, the slave should have remained in slavery and been transferred to the original heir, i.e. the sister of the son. As the son, however, freed the slave with his will, the principle of *favor libertatis* was applied and the slave remained free.

A. Watson (*ed.*), *The Digest of Justinian*, Philadelphia, 1998.

21 D. 1.5.5.3: '*Ex hoc quaesitum est, si ancilla praegnas manumissa sit, deinde ancilla postea facta aut expulsa civitate pepererit, liberum an servum pariat. Et tamen rectius probatum est liberum nasci et sufficere ei qui in ventre est liberam matrem vel medio tempore habuisse.*'

22 D. 36.1.26.2: '*Si quis filium suum ex asse heredem instituit et codicillis, quos post mortem filii aperiri iussit, fidei eius commisit, ut, si sine liberis decesserit, hereditatem suam sorori suae restitueret, et filius cum sciret, quod in codicillis scriptum esset, Stichum servum hereditarium testamento suo liberum esse iussit: heredes filii pretium eius servi sorori defuncti praestare debent libertate favore sui servata. /…/*'

In *Codex Justinianus* the fragments C. 7.4.14.pr-1 deal with a different issue. Namely, whether the unborn children of a woman who is about to be freed by a fideicommissum will be born free and, if so, will they become free only when their mother becomes a free person by a *fideicommissum*:

> 'Since it was disputed among the ancients whether fiduciary liberty could be left to a slave still in the mother's womb and who was expected to be born, we, in deciding the ancient dispute, and moved by partiality for liberty, hereby decree that fiduciary and direct liberty granted to a male or female still in the mother's womb, shall be valid, so that the child may see the light of day as a free person, although its mother is still in bondage. 1. And in case birth is given to several children, then whether mention is made of one child or of more than one, all shall alike be free when entering their first cradle, since it is better in a doubtful case, especially when liberty is involved, and because of partiality for it, to adopt the most humane construction of the intention.'[23]

In this case Justinian decided – favouring freedom – that even an unborn child could be freed from slavery by both: by the fideicommissum and by giving liberty directly. If several children are born, all children born at the same time will be released since preferring one of these children would conflict with the nature of the *favor libertatis*.

In Roman law, situations could also arise where judges had an equivalent amount of contradicting opinions in their decisions about freedom: '*The lex Junia Petronia prescribes that if there is a tie in contradictory verdicts between the judges, the decision should go in favour of freedom.*'[24] Although the term *favor libertatis* is not explicitly stated here, it can be argued that this principle was the basis for such a decision in favour of freedom. Thus, if the judges were dissenting, freedom was favoured.

Descriptions of such cases in the Digests and the Codex indicate that the position of Roman lawyers and emperors was clear – in disputed situations freedom had to be favoured. Such views were based on the stoic philosophy and the principles of natural law, best phrased in the following well-known quotations of lawyers

---

23 C. 7.4.14.pr-1: '*Cum inter veteres dubitabatur, si fideicommissariam libertatem possibile esset relinqui servo, qui adhuc in ventre portaretur et homo fieri speraretur, nos vetus iurgium decidentes libertatis favore censemus et fideicommissariam nec non directam libertatem suam firmitatem habere sive in masculo sive in femina, quae adhuc in ventre vehatur materno, ut cum libertate solem respiciat, etsi mater sua adhuc in servitute constans eum vel eam ediderit. 1. Sin autem plures creati vel creatae sint, sive unius fecit mentionem sive pluraliter nuncupavit, nihilo minus omnes ad libertatem ad prima veniant cunabula, cum in ambiguis sensibus melius est, et maxime in libertate, favore eius iorem amplecti sententiam.*' The translations of fragments of the Code of Justinian into English are taken from: B.W. FRIER e.a. (*eds.*), *The Codex of Justinian: a new annotated translation, with parallel Latin and Greek text. Based on a translation by F. H. BLUME*, Cambridge, 2016.

24 D. 40.1.24.pr: '*Lege Iunia Petronia, si dissonantes pares iudicium existant sententiae, pro libertate pronuntiari iussum.*'

Paulus and Gaius: '*Liberty is a thing beyond price*'[25] and '*Liberty is more desirable than anything*'[26].

The applicability of *favor libertatis* was strengthened by the presumption of freedom. One of the most important quotes on this principle can be found in D. 40.1.24*pr.*: '*... if there is a tie in contradictory verdicts between the judges, the decision should go in favour of freedom.*'[27] This fragment belongs in Roman law to the chapter on manumissions and it was often referred to. Only in one case the court considered it as not applicable in the disputes about the freedom of serfs. The beginning of the fragment, namely '*lege Iunia Petronia*' was usually left out in the citations by local court.[28]

4. Courts, judges, and Roman law in regency era Livland and Estland

In this chapter, we shall analyse some exemplary court cases from Estland and Livland that originate from the so-called regency era (1783-1796).[29] The empress of Russia at that time, Catherine II, tried to harmonise the administrative system in the different parts of the Russian Empire and the period was called regency era after the local governor of the provinces, the most important official. Prior to the regency era there were only a few cases in the higher courts of Estland and Livland where a person claimed his freedom.[30] In the last quarter of the same century those processes came up much more often. From Livland, altogether nineteen highest court decisions where a person claimed his freedom (from seventeen court cases that reached the highest courts and that originate from the regency era) are preserved in the archives. From Estland, there are seven such highest court decisions from six court cases.[31]

The reason we can study the use of Roman law principles such as *favor libertatis* in the court decisions of Baltic provinces at that time is because Roman law was used as subsidiary law in those provinces. The validity of Roman law together with earlier rights and laws in eighteenth-century Estland and Livland was affirmed in the capitulations agreed upon with the Russian Empire (in 1710). When there was a gap in local laws, different subsidiary laws were applied – whether (the

25 D. 50.17.106: '*Libertas inaestimabilis res est.*'

26 D. 50.17.122: '*Libertas omnibus rebus favorabilior est.*'

27 D. 40.1.24*pr.*: '*... si dissonantes pares iudicium existent sententiae, pro libertate pronuntiari iussum.*'

28 ENA EAA.858.1.322, 635-638, Judgement of the Provincial High Court of Estland, 17.03/21.03 1803.

29 See, for example, L. LEPPIK, "The provincial reforms of Catherine the Great and the Baltic common identity", *Ajalooline Ajakiri* 1-2 (2012), p. 55-78.

30 See more in K. KELLO, *Isikliku sõltuvuse piirid*, p. 73-80 and 118-119.

31 *Ibidem*, p. 73-74.

previous) Swedish law, some other law, or Roman law, which according to the hierarchy, came last.[32]

Although, based on the hierarchy, the likelihood of using Roman law may have appeared minimal, lawyers in the first half of the nineteenth century claimed that the extensive use of Roman law made it seem as though it were the main source of law. As regards the nineteenth century, Carl Otto von Madai, a professor of the University of Dorpat, complained that local law remained mostly in the background: '*Although Roman law should only be a subsidiary and auxiliary law, on the contrary, in most cases it becomes the main basis, so that the local provincial law obtains the character of a subsidiary and supplementary law.*'[33]

At that time, because the Baltic provinces no longer or not yet had their own university, local lawyers studied mainly Roman law in German universities[34]; with local law, the lawyers acquainted themselves during the course of their work. Regarding the period preceding the regency era, i.e. the third quarter of the eighteenth century, the Baltic German cleric and scholar August Wilhelm Hupel[35] points out a difference between Livland and Estland: in Livland, the lack of lawyers was not significant by this time, at least in the higher court. Most members of the high court had already studied law and the secretaries of non-noble origin with a legal education, who were *inter alia* entitled to replace the judge (*assessor*), were working in district courts. At the same time, much less attention was paid to the level of education of the court members during their selection process in Estland.[36] However, the percentage of court members with a legal education increased perceptibly during the regency era, when the Provincial High Court of Reval (*Revaler Oberlandgericht*), which was located in Estland, no longer had to consist of local leading noblemen. Memberships in panels were less pre-determined and younger men who had more likely studied law had easier access to the positions. In addition, it can be concluded that during the regency era, the role of customs and customary law in interpretation diminished: new panels had to familiarise themselves with it at first.[37]

---

32 H. SIIMETS-GROSS, *Das Liv-, Est- und Curlaendische Privatrecht (1864/65) und das römische Recht im Baltikum*, Tartu, 2011, p. 38-40.

33 C.O. VON MADAI, "Rezension: F. G. Bunge, Das Liv- und Esthländisches Privatrecht", *Kritische Jahrbücher für deutsche Rechtswissenschaft* 5 (1841), p. 845.

34 ENA EAA.402.4.38, l. 127. Votum von Johann Ludwig Müthel. Protokoll in Senatu Academico, Dorpat 8. Januar 1803 ad Vorschlag wegen Organisation der juristischen Facultät der Kaiserlichen Universität zu Dorpat.

35 See more, I. JÜRJO, *Aufklärung im Baltikum: Leben und Werk des livländischen Gelehrten August Wilhelm Hupel (1737-1819)*, Köln, 2006.

36 A. W. HUPEL. *Topographische Nachrichten von Lief- und Ehstland*, vol. I, Riga, 1774, p. 437 and 459.

37 ENA EAA.5.1.12, 72. Record of Tallinn Court of Cassation for Civil Matters (Revalscher Gerichtshof der Zivilrechtssachen), 12.05.1787. About the requirements on the qualification of judges and their educational level in the nineteenth century, but also in previous times, see M. LUTS-SOOTAK, "Das Prinzip der Öffentlichkeit in den baltischen Justizreformdebatten in den sechziger Jahren des 19. Jahrhunderts", in: D. JANICKA (*ed.*), *Judiciary and Society between Privacy and Publicity. 8th Conference on Legal History in the Baltic Sea Area, 3rd-6th September 2015, Toruń*, Toruń, 2016, p. 433-462.

In fact, a study of Estland's freedom processes reveals that the references to Roman law were made rather often.[38] Indeed, a court of appeal in Estland amended the judgement of a lower instance on the basis of local law, commenting that the highest court in Russia, the Governing Senate[39] had '*repeatedly prohibited the administration of justice according to Roman and other foreign laws when local law exists*'. '*As good and suitable as these Roman laws in and of themselves can be deemed*', local law[40] exists in this case, from which '*self-evidently and completely without compulsion it follows that everyone who is not a peasant serf is not under the power of any master, together with his descendants and property, and may go to live elsewhere without the permission and will of the local lord*'.[41]

Apart from the fact that the local lawyers had been educated in German universities, there could have been a number of other reasons for the frequent referencing of Roman law. First, the sources of local law were not published and they lacked the norms for the cases where the freedom was claimed.[42] The representatives of the peasants found that the subsidiary Roman law actually provided norms and principles needed to support their claims. Last but not least, some of the judges may have been against the serfdom and thus preferred to decide for freedom.[43]

5. To what extent and where was *favor libertatis* an applicable principle?

During and after the regency era (1783-1796), the application of Roman law and the use of its principles in court decisions were still unclear or even controversial. For example, in one decision from 1802, the court of first instance found that '*in this case and in the states of the recent times, the principle of favor libertatis cannot be applied*'.[44] The highest court of the province of Estland however asserted that

38 K. KELLO and H. SIIMETS-GROSS, "Kohtuasjad in puncto libertatis", p. 301-303; H. SIIMETS-GROSS and K. KELLO, "Plurality of Legal Sources", p. 62-75.

39 On the Senate's role and impact in general and especially in private law, see W. E. BUTLER, "The Role of Case-Law in the Russian Legal System", in: J. H. BAKER (*ed.*), *Judicial Records, Law Reports and the Growth of Case Law*, Berlin, 1989, p. 338-352.

40 Ritter- und Landrecht IV, 18 §1: '*Peasant serfs and those born of them, as well as their property and possessions, are under the power of their masters and may not go elsewhere without permission.*' See: J.P.G. EWERS (*ed.*), *Des Herzogthums Ehsten Ritter- und Land-Rechte. Sechs Bücher. 1. Druck. Mit erläuternden Urkunden und ergänzenden Beilagen*, Dorpat, 1821.

41 ENA EAA.7.1.253, 449–454v. Judgement of the Tallinn Provincial High Court, 18.05.1789.

42 See in detail, M. LUTS, "Modernisierung und deren Hemmnisse in den Ostseeprovinzen Est-, Liv- und Kurland im 19. Jahrhundert", in: T. GIARO (*ed.*), *Modernisierung durch Transfer im 19. und frühen 20. Jahrhundert*, Frankfurt/M, 2006, p. 159-200, especially p. 159-163.

43 E.g., in the freedom case of Jacob Nielsohn in 1784. ENA EAA.10.1.83; more about this case see in K. KELLO and H. SIIMETS-GROSS, "Kohtuasjad in puncto libertatis", p. 282-288.

44 ENA EAA.858.1.322, 635-638. Judgement of the Provincial High Court of Estland, 17.03/21.03.1803.

favor libertatis should be applied also in current times, although it was not applicable in this particular case.[45]

In fact, in several earlier judgements, particularly the lower courts referred to the *favor libertatis* principle.[46] The higher courts, nevertheless, were not in favour of an excessive use of Roman law. At the same time, the representatives of the freedom-claimers referred almost always to Roman law or the principles deriving therefrom in addition to other arguments.[47]

The application of arguments based on natural law or basic rights of a person had been common in Europe already in the seventeenth century. In the contestations of advocates of Upper Saxony, the heyday of those arguments was the second half of the seventeenth century and first half of the eighteenth century. The claim to favour freedom and the presumption of freedom were typical arguments of European advocates in the processes of some disputable charges or of a dependency.[48] Those principles were also known in Livland and Estland.

When we take a look at the cases from Livland's and Estland's courts, analysed below, we can see that the references or at least principles of Roman law were often present. An earlier study of Estland's court judgements also shows that at least in Estland, most decisions concerning freedom, referred to the Roman law sources containing *favor libertatis* or at least to a similar general principle without a reference to an exact source.[49] Even in cases where the court of higher instance approved the decisions of the lower instance not to grant freedom, it was sometimes mentioned that the principle of *favor libertatis* was not applicable in that case. In all of these freedom cases, the representatives of parties referred to the *favor libertatis* but very often also the court itself in its decisions referred to this principle.[50] The following case of Johann Josephson illustrates this phenomenon.

6. Freedom claim of Johann Josephson from 1795

The example of the court case of Johann Josephson *versus* a landlord Carl Magnus von Lilienfeld comes from the province of Livland and dates back to the year

---

45 *Ibidem*.

46 E.g., ENA EAA.858.1.322, 635–638 (17.03/21.03.1803, but not applicable in this case); LVVA.6012.1.36, 73-77 = ENA EAA.282.1.116, 93-96 Judgement of the Riga Provincial High Court, 30.12.1793, and ENA EAA.282.1.116, 11-16v Judgement of the Pärnu District Court (*Kreisgericht*), 23.12.1792.

47 See more in H. Siimets-Gross and K. Kello, "Plurality of Legal Sources".

48 W. Schmale, *Archäologie der Grund- und Menschenrechte in der Frühen Neuzeit: ein deutsch-französisches Paradigma*, München, 1997, p. 412, 421, and 447. The natural freedom of a human being was used as an argument since the beginning of the seventeenth century, see: W. Schulze, "Die Entwicklung des "teutschen Bauernrechts" in der frühen Neuzeit", *Zeitschrift für neuere Rechtsgeschichte* 12 (1990), p. 145.

49 H. Siimets-Gross and K. Kello, "Plurality of Legal Sources", p. 73-75.

50 *Ibidem*, p. 62-75.

1795.[51] The father of the miller died when he, young Johann, was 13. The orphaned children were entrusted to the care of different persons. Young Johann was given to a miller to be raised, and later he became a miller too, working in different mills belonging to different landlords. When one of those landlords – von Lilienfeld – demanded him back from another mill as his serf, Johann turned to the court to claim his freedom and to assert his freedom by birth.

In the Baltic provinces the presumption of serfdom was prevailing.[52] The freedom could be proven for example by a document certifying a person's freedom, or by the testimonies of witnesses who had seen that certifying document.[53] Often the court's position on the applicability of of the principle of *favor libertatis* was decisive. The local laws offered mainly arguments and norms supporting the presumption of serfdom.[54] Thus, the arguments supporting freedom could mostly be offered by Roman law, that is, the law of slave owners. The application of *favor libertatis* was possible only in a case where the court's wish to decide in favour of freedom was very strong.

In the case of Johann Josephson, the court of first instance stated in its decision, first, that various witnesses had asserted that the grandfather of Johann Josephson had a certificate of freedom, but it burned to ashes. However, the certificate – when it still existed – had also been shown to the local reverend. The court of first instance considered sufficient the witness statements that Johann's grandfather had shown them a paper with a seal and said that it was a letter of freedom. The court found that the defendant had not been able to prove that grandfather Matz, who arrived to Põltsamaa as a free man, according to the statements of witnesses, was also treated as a serf: there was only evidence of such treatment of Johann's father, but the freedom of grandfather was decisive. The registration of his son in the land revision list[55] was the evidence of treatment as a serf that did not emanate from the person concerned and could not jeopardise his freedom, in favour of which the case had to be decided in case of doubt.[56]

Secondly, the court of first instance remarked that the plaintiff's grandfather couldn't have been a run-off serf as he was coming to work in a mansion as a free man, with his family, and was a renowned miller and mill builder. Thirdly, the defendant could not bring any evidence that the grandfather was treated as a serf.

51 LVVA.109.30.348, 245-255, Judgement of the High Court of Livland, 09.04.1798.

52 See more in K. Kello and H. Siimets-Gross, "Kohtuasjad in puncto libertatis", p. 262-267.

53 *Ibidem*, p. 271-272.

54 See more in H. Siimets-Gross and K. Kello, "Plurality of Legal Sources", p. 58-60; for concrete cases, see p. 62-75.

55 Land revisions were initiatives undertaken in order to establish the state taxes of the manorial estates. Since the state could not directly tax land belonging to the nobility due to the nobility's privileges, the taxes imposed on manorial estates in Estland were calculated according to the number of bearers of farm duties, that is, male serfs capable of working. See, for example, E. Tarvel, *Adramaa. Eesti talurahva maakasutuse ja maksustuse alused 13 -19. sajandil*, Tallinn, 1972, p. 157-161. Being registered in the census book could be considered proof of the serfdom of the registered individual.

56 LVVA.109.29.21, 143-148 The decision of District Court of Fellin, 11.04.1796.

Fourthly, the court came to conclusion that as '*L 20 ff de regulis juris*' stated that even in disputable cases the decision should be rendered in favour of liberty, the miller Josephson should be found to be free. The exact wording of the 50th book of Digest and its chapter 17 *de diversis regulis iuris antiqui* (D. 50.17.20) is as follows: '*Whenever there is any doubt over liberty in an interpretation, a reply must be given in favour of liberty.*'[57] Thus, as a result, the miller Johann Josephson was found to be free by the court of first instance.

However, two next instances were not convinced by this evidence. Grandfather Matz was found to be a peasant of crown manor from Vaimastvere who could not have had a letter of freedom given by a private person and anything that was given by a representative of crown should have been registered somewhere. Thus, it must have been a letter of permission to come from Vaimastvere to Põltsamaa manor that also belonged to the crown at that time. The statement of the defendant in second instance that there was nobody who could give him the certificate, was found to be without basis and there was no need to refer to *favor libertatis* in the opinion of higher courts.[58]

This example shows the importance of the court's willingness to decide in favour of freedom. The registration in the land revision list was generally considered a certain proof for being a serf by the courts.[59] In some other cases, free peasants were considered to be serfs already after a few years of living in a manor. Thus, it can be stated that the decision of the court of first instance was in this case clearly in favour of freedom – despite of the general practice of evaluating evidence and of the practice of other courts.

7. The argument of *favor libertatis* in other freedom cases

In other court decisions the structure and the position of argument of *favor libertatis* was similar to that presented above. First, the arguments and the evidences of the parties were dealt with. After that, it became decisive whether the presumption would be for or against freedom. If the court found that there were arguments both in favour of and against freedom, the argumentation focused on whether *favor libertatis* should be applied or not.

For example: '*Regarding the evidence brought before the court…*', followed by the analysis of the evidence and concluded with the reference to the fragment or principle.[60] The judge's conviction of whether the local laws contained a gap that should be filled with Roman law or not differed from court to court.

57 D. 50.17.20: *Quotiens dubia interpretatio libertatis est, secundum libertatem respondendum erit.*

58 LVVA.109.30.348, 245-255 Judgement of the High Court of Livland, 09.04. 1798.

59 E.g. ENA EAA.12.1.249, 102v-104v, Rakvere District Court judgement, 25.11.1792.

60 E.g. LVVA.109.29.21, 143-148 The decision of District Court of Fellin, 11.04.1796.

Several judgements referred to the same fragment that had been used in the case of miller Johann Josephson, that is the D. 50.17.20.[61] In these cases the court found that it was sufficient to say that '... *because favor libertatis is in jure maximus...*' and then decide for liberty. But the reference to the same fragment was also used to reach the opposite decision, for instance the Provincial High Court of Riga (*Rigisches Oberlandgericht*) found that '*Considering the above-mentioned circumstances, the referred legal provision L 20 de regulis juris quotiens dubia interpretatio libertatis est (= D. 50.17.20), is not applicable in the present case.*'[62] In addition, the references to *favor libertatis* were always given by the representative of the peasants, stating first how all the presented evidence supported freedom. The reference to *favor libertatis* was given in the end, for any case: '*And even if there should be doubt in that [in freedom], L. 20 de reg. iur. "Quotiens dubia interpretatio libertatis est, secundum libertatem respondendum erit.*'[63]

Another fragment often cited by the plaintiff's side and in the decisions was by Gaius, D. 50.17.122: '*Liberty is more desirable than anything*'.[64] For example, in the court case of the mayor of Riga (*Bürgermeister*) Fr. v. Barber *vs* Weber Marting Müller, the court found that '*anyway, the case does not depend here on granting him freedom, but on the fact that his serfdom has not been proved and the principle of the Digest: L.122 de regulis iuris: libertas omnibus rebus favorabilior est... should be followed*'.[65] Two principles of Roman law were taken as basis here: both *favor libertatis* and presumption of freedom. Using the presumption of freedom as basis was not very common but it still occurred.[66] For instance, the Provincial High Court of Riga (*Rigisches Oberlandgericht*) first found in the case of widow Thio and her children that the fact that the family had been freed by testament was proven. Thereafter the court affirmed in its statement: '*on the abovementioned reasons and because of considering L 20 de reg. iuris even when there is a doubt of a person's freedom, the decision should be done secundum libertatem; but in casu when there is no reasonable doubt /.../ in the question of freedom from legal aspect, it should be decided [in favour of freedom] as mentioned above.*'[67]

---

61 E.g. the case of Johann Friedrich Berend. LVVA.6012.1.34, 624-630 Judgement of the Riga Provincial High Court 29.11.1788; the case of Kolli Jaacko or Kondo Johann *vs* Garde Rittmeister Carl v. Liphart. LVVA.7134.1.11, 144-147 Court of Cassation for Civil Matters of Riga, 12.07.1793; ENA EAA.282.1.116, 81 Contentions of representative of the sons of Friedrich Johann Knast, 18.11.1792.

62 LVVA.6012.1.35, 273-279 Judgement of the Riga Provincial High Court, 27.10.1793, status of Marting Müller.

63 ENA EAA.282.1.116, 81 Contentions of representative of the sons of Friedrich Johann Knast, 18.11.1792.

64 D. 50.17.122: *libertas omnibus rebus favorabilior est.* E.g. Contentions of representative of the sons of Friedrich Johann Knast from 18.11.1792 in ENA EAA.282.1.116, 81; LVVA.6012.1.35 Mayor of Riga (*Bürgermeister*) Fr. v. Barber vs Weber Marting Müller, 27.10.1793.

65 LVVA.6012.1.35 Mayor of Riga (*Bürgermeister*) Fr. v. Barber vs Weber Marting Müller, 27.10.1793.

66 See more, H. SIIMETS-GROSS and K. KELLO, "Plurality of Legal Sources", p. 62-75.

67 LVVA.6012.1.36, 22 Judgement of the Riga Provincial High Court, 24.03.1793: Wittwe Thio für sich und ihre Kinder vs A. F. Bellingkhausen.

In rare cases, other sources with *favor libertatis* apart from the ones that state the legal rule, were cited. In the court case of Jacob Nielsohn[68], the son of a miller's servant, his representative – and based on his references also the court of first instance – referred *inter alia* to the above cited fragment of C. 7.4.14 (*de fideicommissariis libertatibus*). As already mentioned, the fragment dealt with the question of whether fiduciary liberty could be left to a slave still in the mother's womb.

This case was slightly different: the manor owner stated that the plaintiff and his father had been sold to him as serfs together with the estate and pointed to Nielsohn's '*serf-like behaviour*'. He underlined the fact that initially, Nielsohn had tried to solve his problem by running away from the manor and forging a letter of freedom.[69] After examining the evidence and interrogating witnesses, the court of first instance found it proven that Jacob Nielsohn´s father had arrived at the manor from Sweden or Finland at the age of four or five. Also, Nielsohn had not been registered in the land revision as either a free man or a serf.[70] Based on the references to the Roman law about *favor libertatis* the court found that Nielsohn was free.[71]

This court clearly favoured freedom. Strictly speaking, the C. 7.4.14 should not have been applied in this case as the fragment pertained to the case of an already conceived baby in the womb of the mother. Jacob Nielsohn himself could not have been conceived for at least another ten years (after his father's arrival). The second of the cited sources mentioned in this case was D. 50.17.20: '*Whenever there is any doubt over liberty in an interpretation, a reply must be given in favour of liberty.*'[72] It seems that to the court who wanted to find Jacob Nielsohn to be free, it was even not important that sources were cited correctly: namely, the third source they quoted (C. 3.34.9) dealt with servitudes or easements (*servitus*) connected to the right of use related to property law and not slavery (also *servitus*). Neither the representative of the plaintiff, nor the defendant, nor the court discovered this.

Yet another unusual use of a Roman law source stems from the decision of the High Court of Livland from 1782. In addition to the principle of *favor libertatis* ('*because favor libertatis in jure maximus is*') the court stated that, according to Roman law (D. 40.12.7.8), in cases about freedom the burden of proof will lie with the manor owner.[73] In the Baltic provinces the presumption of serfdom usually prevailed, so this was a very exceptional position indeed.

---

68 See for the Jacob Nielsohn court case, H. SIIMETS-GROSS and K. KELLO, "Plurality of Legal Sources", p. 63-66.

69 ENA EAA.10.1.83, 17 Contentions of G. W. v. Schwengelm, owner of Jäneda estate and assessor of the Provincial High Court, 03.05.1785.

70 Here, consent of being registered among the serfs in the land revision list was equated with relinquishing one's freedom.

71 ENA EAA.10.1.83, 103-107 Judgement of Tallinn District Court, 26.11.1785.

72 D. 50.17.20: *Quotiens dubia interpretatio libertatis est, secundum libertatem respondendum erit.*

73 '*Wer sich für einen Erbherren ausgiebt, übernimmt die Pflichten des Klägers und muss beweisen, dass jemand sein Leibeigener sey.*' See: the case of the peasant Sweders Jahne vs J. G. Müntzel. LVVA.109.1.102, 259–261 Judgement of the High Court of Livland, 30.12.1782.

8. Conclusion

The preceding analysis shows that in the courts of Estland and Livland, only a few Roman law fragments concerning the principle of *favor libertatis* were referred to. In general, we can state that only those fragments where *favor libertatis* was expressed as a general legal rule (*regula iuris*) were used. In Roman law, *favor libertatis* was mainly referred to in specific cases where testamentary arrangements concerned the freedom of slaves. Occasionally, in describing and handling those cases, a general principle based on natural law was referred to.

In the courts of Estland and Livland, however, the rules given in book 50 of the Digest were those mainly referred to. Only in a few instances an individual case analysed in Roman law, such as the C. 7.4.14, was cited. In the court case where the fragment C. 7.4.14 was used, the court's strong intent to decide for freedom was distinguishable. The fragments presented by the representative of the plaintiff were not checked for material appropriateness. Thus, it was possible that the court used a fragment with detailed description of the Ancient Roman case – despite of the fact that with a thorough analysis of its content it would have had to deny the appropriateness of the source. This also explains why in the courts of Estland and Livland the fragments pertaining to general rules were preferred: the use of other fragments, that is, the more descriptive ones, would have been probably difficult to justify in the context of the eighteenth century.

PRAESUMPTIO MUCIANA AND THE STATUS OF CROATIAN WOMEN WITH RESPECT TO THE LAW OF SUCCESSION ACCORDING TO THE AUSTRIAN GENERAL CIVIL CODE

Mirela KREŠIĆ

1. Introduction

In the period from 1853 to 1946, the Austrian General Civil Code was in force in Croatia and Slavonia.[1] According to the Code, the legal status of women was to a large extent put on an equal footing with that of men, although equality was not consistently enforced. For the legal status of women, especially a married woman, it was important that no difference existed between a single and a married woman, i.e. that the act of marriage did not entail restrictions to a woman's legal capacity. Moreover, there were no restrictions for women to practice independent professions, which is of exceptional importance since woman's inequality in family and society resulted from her economic dependence on her father, and subsequently on her husband. The system of separation of property was in force between the spouses and each spouse was the owner of the property that he/she brought into the marriage and was not entitled to the property that the other spouse acquired in the course of the marriage. However, at the same time, a Roman law provision, *praesumptio muciana*, was adopted. It provided that the property acquired in marriage, when it was not clear to which of the spouses it belonged, was considered to be the husband's (§ 1237). Given the economic circumstances in the period under review, the possibilities as well as the restrictions that women faced on the labour market of the time, as well as the traditional understanding of their status in society, our intention is to ascertain whether *praesumptio muciana* resulted in an inequality of spouses in terms of property as an obvious consequence of a wife's status with respect to inheritance law.

---

1 Hereafter, instead of the correct administrative term "Croatia and Slavonia" and its derived adjectives, the term 'Croatia' will be used, except in cases where, for specific reasons, it is necessary to emphasise that the Kingdom of Croatia and Slavonia as a Croatian territory with its own autonomy is exclusively concerned.

2. Socio-Economic Circumstances in Croatia

The revolutionary events of 1848 prompted the collapse of the existing social and economic system in the Habsburg Monarchy and gave rise to comprehensive reforms. The establishment of a new socio-economic and legal order began within the framework of absolutism (1851-1859). In this regard, it was necessary to modernise institutions and build a civil society and capitalist economy in Croatia. One of the most significant aspects of such a form of modernisation, which, for Croatia, meant modernisation "from above and from outside",[2] was the introduction of the General Civil Code (GCC).

Croatia's economic development was directed towards the removal of feudal relationships and the development of trade and industry. This development was encumbered by various restrictions imposed, *inter alia*, by the provisions of the Croatian-Hungarian Compromise (1868), whereby economic and financial issues were in a common Croatian-Hungarian jurisdiction, even though they were governed by the government in Budapest. Croatia's economic underdevelopment was aggravated by lengthy procedures for settling land property issues, and by dwarfish and economically insufficient exploitable estates. The agrarian crisis (1873) aggravated the situation in rural areas, resulting in a drop in prices of agricultural products, rural flight, and the problem of communal households. The communal household was a characteristic way of life for the prevailing rural population. One of the basic features of the communal household was property that was jointly owned by all members of the communal household. The property of the communal household included movables, immovables and rights and titles, the use and disposal of which was governed by communal household legislation. The existence of communal property was the key reason for passing communal property laws since the GCC in its system of real rights did not acknowledge joint property. The meeting of the concept of individual property in the GCC and the concept of communal property in communal household law turned out to be a clash of two different legal traditions resulting in pluralism in Croatian private law: the legal order of the GCC based on individual ownership, and the communal legal order based on joint (communal) ownership.[3]

Although the process of urbanisation and industrialisation of the area of Croatia-Slavonia did not keep pace with the intensity in its neighbouring Austrian and Hungarian regions, the second half of the nineteenth century was nevertheless significant, economically speaking.[4] The economic growth rate achieved was such that Croatia's economy could be considered a dynamic economy which, in comparison with other

---

[2] M. GROSS, *Počeci moderne Hrvatske*, Zagreb, 1985, p. 14.

[3] For the Croatian communal household see M. KREŠIĆ, "Entitlement of Female Descendants to Property of Croatian Communal Household", *Journal on European History of Law* 2 (2011), p. 73-85.

[4] According to the data from 1857, the population of Croatian-Slavonian towns was just 72,504, approximately 8% of the total Croatian population, with only Zagreb, Osijek and Rijeka exceeding the number of 10,000 inhabitants. As late as 1880, 86.06% of the population lived of agriculture. M. GROSS and A. SZABO, *Prema hrvatskom građanskom društvu*, Zagreb, 1992, p. 37-39; B. VRANJEŠ-ŠOLJAN, *Stanovništvo Banske Hrvatske*, Zagreb, 2009, p. 87 and 109.

Central European countries, developed significantly faster, although this development actually meant catching up with the economies of West European countries. For this reason, at the turn of the century, Croatia's economic and social structure underwent a significant transformation. The share of the agricultural population decreased, albeit modestly, with the development of industrial entrepreneurship and investments in transport and trade. After 1918 and the demise of the Monarchy, Croatia, as part of a new state, the Kingdom of Yugoslavia, became one of the most economically developed regions.[5] The reason for this was the preservation of (pre-war) industrial facilities and the possibility for developing agricultural production in which the agricultural surplus was placed on the foreign market. Moreover, the majority of the overall banking capital of Yugoslavia was concentrated in Croatia. After the War, Zagreb was the centre of economic power and the major financial, industrial and trade centre of the state.[6] Croatia would retain this position until the end of the Second World War and later, when, within the framework of a new socialist Yugoslavia, considerable socio-economic changes ensued.

3. The General Civil Code in Croatia

The General Civil Code (*Allgemeines Bürgerliches Gesetzbuch – ABGB*) is the codification of civil law promulgated by the Imperial Patent of 1811 in the Austrian Hereditary Lands of the Habsburg Monarchy. Consequently, in the period 1812-1820, it came into force in Istria, Dalmatia and the Military Frontier, and during the period of absolutism in Croatia and Slavonia (1853).[7] Following restoration of the constitutional order based on the decision of the Croatian Diet/Parliament (1861), the application of the GCC resumed in the area of Croatia-Slavonia. After the dissolution of the Monarchy (1918), the GCC remained in force in all Croatian regions until 1946, since attempts at its replacement in the periods between the Wars and during the Second World War failed.[8]

---

5 The Kingdom of Yugoslavia came into being in 1918 under the name of the Kingdom of Serbs, Croats and Slovenes through unification of the State of Slovenes, Croats and Serbs with the Kingdom of Serbia. For the formation of Yugoslavia see M. KREŠIĆ, "Yugoslav Private Law between the Two World Wars", in: T. GIARO (*ed.*), *Modernisierung durch Transfer zwischen den Weltkriegen*, Frankfurt am Main, 2007, p. 151-153.

6 R. BIĆANIĆ, "Ekonomske promjene u Hrvatskoj izazvane stvaranjem Jugoslavije 1918", in: X., *Prilozi za ekonomsku povijest Hrvatske*, vol. 1, Zagreb, 1967, p. 81-111; R. BIĆANIĆ, *Economic Policy in Socialist Yugoslavia*, Cambridge, 1973, p. 1-21.

7 M. VON STUBENRAUCH, *Das allgemeine bürgerliche Gesetzbuch vom 1. Jun 1811 sammt den dazu erflossenen Nachtrags-Verordnungen und den über die Einführung dieses Gesetzbuches in Ungarn, Croatien, Slavonien, Serbien, dem Temeser Banate und Siebenbürgen getroffenen Bestimmungen, mit Rücksicht auf das praktische Bedürfniss*, vol. 1, Vienna, 1854, p. 5-6.

8 M. KREŠIĆ, "Yugoslav Private Law", in: T. GIARO (*ed.*), *Modernisierung*, p. 156-159; see also I. MAUROVIĆ, "Das österreichische allgemeine bürgerliche Gesetzbuch in Kroatien", in: *Festschrift zur Jahrhundertfeier des Allgemeinen Bürgerlichen Gesetzbuches*, vol. 1, Vienna, 1911, p. 685-699;

a. Intestate Succession of Spouses

The GCC established a single inheritance order with respect to persons and with respect to things. The singleness of this inheritance order with respect to persons was a consequence of all citizens being equal before the law and everyone, irrespective of sex and social status, gained the opportunity to inherit and give an inheritance. With respect to things, this singleness meant that differences in inheriting movables and immovables were removed, as well as differences between hereditary property (*bona hereditaria*) and acquired property (*bona acquisita*). Such an order represented a radical change with respect to the rules of inheritance valid up to that time.[9]

With regard to intestate succession of spouses, the GCC contained three provisions in §§757-759 under the title "On Intestate Succession of Husband and Wife."[10] Although it ensues from the title that this concerns inheritance, it is still necessary to note that the spouse could not fully be considered heir with respect to the testator (*de cujus*). In all the cases where the spouse enforced his/her right to inheritance together with the descendants of the *de cujus* as relatives of the first order of succession, the spouse had the legal status of a usufructuary rather than an heir (§757). If the deceased had no children, but there was some other relative who enforced the intestate right of succession, the surviving spouse would gain ownership of one quarter of the estate (§758) considering him/herself an heir, while the remaining property of the *de cujus* was inherited by relatives ranked in a further five (of the total of six) orders of succession. The surviving spouse also had the status of an heir when the deceased was not survived by any relative from the six orders of succession and acquired then the ownership of the entire inheritance (§759).[11] Accessible and preserved probate proceedings records in Croatian-Slavonian courts of law demonstrate that the surviving spouse enforced his/her right to inheritance most frequently on the basis of §757, acquiring thus the right of usufruct of part of the estate.

Intestate succession of spouses regulated in this way was considered a "step-motherly"[12] and unjust regulation. It was subject to criticism, especially when

---

N. Gavella, "Die Rolle des ABGB in der Rechtsordnung Kroatiens. Zum 140. Jahrestag seiner Einführung in Kroatien", *Zeitschrift für europäisches Privatrecht* 4 (1994), p. 603-623.

[9] For more on the rules of inheritance prior to the introduction of the GCC, cf. M. Krešić, "Intestate Succession of Female Descendants according to the Austrian General Civil Code in the Croatian-Slavonian Legal Area 1853-1946", *Belgrade Law Review* (*Annals of the Faculty of Law in Belgrade*) 58/3 (2010), p. 124.

[10] To enforce the right to inheritance, the surviving spouse had to be in a valid, legal marriage with the *de cujus*, which lasted until the *de cujus*'s death. The status of a spouse was proven by presenting a marriage certificate.

[11] By acquiring the right of ownership, the spouse was considered a general heir of the testator in line with §532. In this case, the spouse was truly considered a legal heir of the testator.

[12] S. Posilović, "Potreba revizije obćega gradjanskog zakonika glede prava nasljedstva", *Mjesečnik* 1 (1906), p. 18.

the surviving spouse was a wife. Records of probate proceedings show that the surviving spouse was more frequently a wife. Criticism was levelled against the fact that the status of a wife was conditioned by circumstances that lay beyond inheritance regulation and were in fact a consequence of the regulation of the legal status of a woman and the marriage-property regime. Consequently, criticism was levelled against inadequate evaluation of a marital bond as a basis for inheritance, or against the regulation that did not correspond to the actual status and relations which the spouses had in marriage. The development of a marital bond as a factor that enabled possession of certain rights of inheritance was lengthy and greatly depended on the woman's social and economic status as a spouse. Although the issue of mutual inheritance of spouses was regulated independently of sex, the fact is that there were restrictions related to inheritance considering restrictions in the creation of property, to which women were subjected. In addition, the striving to keep the property in the hands of the family also excluded a wife as an heir, because she was considered an alien or a newcomer to the family. Since the complete exclusion of the wife as a surviving spouse from inheritance was not possible, certain rights to the husband's inheritance were ensured for her, enabling her to be financially provided for, but at the same time preserving the inheritance in the hands of members of the family. Changes that occurred with time with respect to evaluating the position of a woman in society, as well as the meaning of the nuclear family, emphasised the importance of a marital bond. Although the marital bond would not be fully equated with the fact of kinship, the surviving spouse began to be accepted as the heir, albeit with certain specifics. This was also provided by the GCC, whose provisions were considered progressive at the time of its codification. However, the spirit of the law did not suit the economic and social circumstances of the late nineteenth and early twentieth century. Therefore, amendments were introduced that were not applied in the area of Croatia-Slavonia, where the previously described order remained in force.[13]

b. The Legal Position of the Woman and Regulation of the Marriage-Property Regime

During the 'long' nineteenth century, European society underwent a transition from traditional to modern. At that time, foundations were laid for a modern legal order which referred, to a certain extent, to the special position of a woman. In the Croatian area, and in a society that was still very patriarchal, this transition unfolded primarily thanks to the changes in the legal order resulting from the introduction of the GCC. To a large extent, the GCC equated the legal status of a woman with the

---

13 See §§68-72 Kaiserliche Verordnung vom 12. Oktober 1914 über die Teilnovelle zum allgemeinen bürgerlichen Gesetzbuche, *Reichsgesetzblatt für die im Reichsrathe vertretenen Königreiche und Länder*, 1914, CLIV, nr. 276, Vienna, 1914, p. 1123-1124, http://alex.onb.ac.at/cgi-content/alex?aid=rgb&datum=1914&page=1179&size=45, accessed 28 October 2017.

legal status of a man and thus the difference in the sex did not impact an individual's legal capacity and capacity to contract.[14] Consequently, descendants of the deceased inherited regardless of sex (§732), and a guarantor could be anyone, regardless of sex, who could freely dispose of his/her property (§1349). Equality of persons was still not consistently implemented and thus, for example, women could not be tutors or guardians (§§192, 198, 281) or witnesses to a will (§§591, 597, 1249) and they were regularly excluded from the right to inheritance *fideicomiso* (§§624, 626).[15] In spite of these inconsistencies, the GCC was quite progressive with regard to regulation of the legal status of a woman, in comparison with, for example, the French Civil Code.[16] Furthermore, it was important for the legal status of a woman, especially as a spouse, that there was no difference between a single and a married woman. With the GCC's coming into force in Croatia, all the previous regulations restricting her legal capacity and placing her under gender tutelage became ineffective.

Spouses had equal *debitum conjugale* which, *inter alia*, included the obligation to fidelity and mutual decent behaviour (§90). However, the status of spouses was still not equal because the husband had, in relation to his wife, a different, superordinate status. If one considers merely property effects of this status, it can be said that the husband had a better status. Von Martini and von Zeiller, two key persons in the creation of the GCC, had different views on the status of spouses in marriage. Von Martini believed that both spouses were equal by nature and should represent "the head of the family", whereas von Zeiller, whose opinion was ultimately accepted, believed that the husband was by nature "head of the family."[17] Consequently, the husband obtained the right to manage the household and represent his wife who, by marriage, took his family name, class and domicile and was obliged to execute her husband's orders and see to it that others execute them as well. As head of the family, the husband had to ensure a decent support (*anständiger Unterhalt*) for his wife in marriage, whether the wife had assets of her own or not, or whether she brought a dowry to the marriage (§§91-92). The decent support comprised food, clothing, housing, furniture and disease costs that corresponded to the wife's class as well as the husband's property circumstances. Therefore, depending on the changes in the property circumstances, the amount of support could be

---

14 Equality of legal subjects that was adopted by the GCC was partly a consequence of the influence of Roman law: J. UNGER, *System des österreichischen allgemeinen Privatrechts*, Leipzig, 1892, p. 280-281.

15 In Croatia, women's inability to be a witness to a will was abolished by the adoption of the Yugoslav Notary Public Act (1930), while *fideicomisi* were abolished by the Constitution of the Kingdom of Serbs, Croats and Slovenes (1921).

16 For women's rights in the French Civil Code see: U. GERHARD, "Women's Rights in Civil Law in Europe (nineteenth century)", *Clio* 43/1 (2016), p. 256-260.

17 For more on their views and differences see U. FLOSSMAN, "Die beschränkte Grundrechtssubjektivität der Frau. Ein Beitrag zum österreichischen Gleichheitsdiskurs", in: U. GERHARD (*ed.*), *Frauen in der Geschichte des Rechts – Von der Frühen Neuzeit bis zur Gegenwart*, Munich, 1997, p. 295-305.

modified, improved or restricted (§672). No doubt, the husband's obligation to pay upkeep could be expected from well-off social classes, whose financial situation enabled them to do so. However, it is doubtful to what extent the fulfilment of this legal obligation was feasible in the poorer population. Therefore, it became customary that in cases where the husband was unable to obtain funds for a decent support, this had to be done by the wife. Such a position was justified with the obligation of spouses to mutually support each other as provided for in §44.[18]

The system of separation of property (*Gütertrennung*) was applied in marriage if a prenuptial agreement did not stipulate otherwise. Accordingly, each spouse was the owner of the assets he or she brought into the marriage and was not entitled to what the other spouse acquired in marriage (§1237). Consequently, when she married, the wife did not have to transfer her assets or the management of these assets to her husband. Also, the husband was not entitled to demand from the wife to manage her assets but, as the head of the family, he was entitled to manage her assets and held them in usufruct without the obligation to render accounts, until the wife would revoke this right of his (§§1034, 1238-1241).[19] An exception to this right existed with respect to the assets owned by a wife who was a minor, over whom the rights and duties of a guardian were still exercised by her father. If a wife was a minor but did not have a father but a guardian, it depended on a court decision whether the guardianship over her assets would be ceded to her husband or whether it would remain with the guardian (§175).

The adopted marriage-property system was based on individualism and a school of natural law from the eighteenth century. It was also a consequence of the influence of Roman law on the process of codification of Austrian private law.[20] In a Roman *sine manu* marriage, the system of separation of property was valid with respect to property relations.[21] If the wife was *alieni juris*, everything that she had acquired belonged to her *pater familias*, and if she was *sui juris*, everything she had owned prior to her marriage as well as that which she acquired in marriage belonged to her. In cases of doubt about the origin of property possessed by the wife, *praesumptio muciana* was applied that can be found in two Roman legal sources, *Digesta* and *Codex*. Without going into the differences between the two in terms of their content, both sources say that in cases of a dispute regarding the origin of the property that is possessed by the wife, the presumption prevails that the property derives

---

18 M. VON STUBENRAUCH, *Commentar zum österreichischen Allgemeinen bürgerlichen Gesetzbuche*, vol. 1, Vienna, 1902, p. 165.

19 This is different from the regulation provided for by Roman law where the husband was entitled to the assets of his wife to the extent in which she explicitly had granted it to him or entrusted it to him.

20 See for example: M. WELLSPACHER, "Das Naturrecht und das ABGB", in: *Festschrift zur Jahrhundertfeier des Allgemeinen Bürgerlichen Gesetzbuches*, part 1, Vienna, 1911, p. 175-207; J. VON KOSCHEMBAHR-LYSKOWSKI, "Zur Stellung des römischen Rechtes im allgemeinen bürgerlichen Gesetzbuche für das Kaisertum Österreich", in: *ibid*, p. 211-294.

21 For more on relationships between women and men in Roman law, see L. WAELKENS, *Amne adverso – Roman Legal Heritage in European Culture*, Leuven, 2015, p. 224-237.

from the husband, unless proven otherwise.[22] This *praesumptio* was taken over by the GCC.

c. Praesumptio Muciana

In the system of separation of property, each spouse was the owner of the property he/she brought into the marriage as well as of the property acquired *inter vivos* or *mortis causa* in marriage. The GCC did not contain any presumption with regard to the question of whether the property was brought into marriage or acquired in marriage. However, the need for such a presumption perhaps did not exist because it was obvious what was brought into the marriage and by whom, or, viewed from the position of the wife, it was clear what she brought into the marriage, primarily through a dowry. It was understood that the dowry was the property that the wife or a third person in her name had given or promised to give to the husband for an easier maintenance in marriage (§1218). As a rule, those were appraisable things that provided the opportunity for achieving economic benefit (§§1227-1228). In addition, a dowry had to be adequate (§1220). Although the concept of an "adequate dowry" (*angemessene Mitgift*) was not defined by law, it consisted of a dowry appropriate to the social class and to the property of those who were obliged to give a dowry.[23] The GCC (and the corresponding Austrian case law) did not consider the bride's trousseau (*Aussteuer*), as a rule consisting of clothing, bedlinen and furniture, to be part of a dowry.[24] In Croatian practice, however, the dowry consisted of clothes, bedlinen, furniture and various so-called women's tools such as kitchen utensils, spinning wheel, tub and sewing machine (the popular "Singer" sewing machine). Part of what daughters received at their marriage was also the coverage of wedding costs or a fraction of them. Depending on the property circumstances of the family, livestock and money were given as dowry, albeit seldom in the case of the latter.[25] Money obtained as a dowry was, as a rule, invested in the purchase of land for a new family, sometimes for the expansion of an existing house of the husband-to-be (if the new family stayed with the husband's family) or the construction of a new house. If the dowry included land, which was more an exception than a rule, this land was, as a rule, not separated from the existing (family) property, but was purchased exclusively to this end.

---

[22] Many authors wrote about *praesumptio Muciana, inter alia*, G. DONATUTI, "Le praesumptiones iuris in diritto romano", *Annali della Facoltà di Giurisprudenza dell'Università di Perugia* 42 (1931), p. 1-112; M. KASER, "Beweislast und Vermutung im römischen Formularprozeß", *Zeitschrift der Savigny-Stiftung für Rechtsgeschichte, Romanistische Abteilung* 71 (1954), p. 221-241; M. KASER, "Praesumptio Muciana", in: *Studi in onore di P. De Francisci*, vol. 1, Milan, 1956, p. 213-227.

[23] Dowry was singled out from the bride's property, and if she had no property or the property was not enough to pay a dowry, the obligation to give a dowry was passed on to parents, or grandfather and grandmother on the father's side, and then on the mother's side. A. RUŠNOV and S. POSILOVIĆ, *Tumač občemu gradjanskom zakoniku*, vol. 2, Zagreb, 1910, p. 562.

[24] A. RUŠNOV and S. POSILOVIĆ, *Tumač*, p. 561 and 570.

[25] S. LEČEK, *Seljačka obitelj u sjeverozapadnoj Hrvatskoj 1918-1941*, Zagreb, 2003, p. 435.

Regardless of what the dowry included, it always remained in the wife's ownership while the husband was a usufructuary. Since the dowry represented a considerable cost for poor families, girls frequently earned it themselves, partly or totally, through their work. In such a case, the dowry exclusively consisted of movables, of what was considered "the bride's trousseau". Since the dowry was included in the hereditary part to which daughters were entitled by law upon the death of their parents, the dowry was listed and appraised.[26] In practice, there were daughters who, prior to their wedding, gave written statements comprising a list of the dowry and relinquished their right of inheriting their father's or both parents' property.[27] Such relinquishments were also frequent during probate proceedings following a parent's death. In both cases, daughters would relinquish their right of inheritance to the benefit of their brothers.

While there was no doubt with regard to the assets brought into the marriage, doubts could arise, apparently, with regard to the issue of the origin of the property acquired *inter vivos* in marriage. Doubts could arise as to which of the spouses such property belonged to. In such a case, the *praesumptio Muciana* applied according to which the property acquired in marriage derived from the husband or belonged to the husband (§1237). This was a *praesumptio juris,* which had its basis in the two previously mentioned provisions of §91 and §92 according to which the husband was head of the family, the property burden of the marriage rested on him and he consequently had the right to manage the household. The application of this *praesumptio* could come into consideration in marriage, i.e. while spouses were alive. Case law shows that it was most frequently applied in enforcement procedures when individual items liable to seizure found in the possession of spouses were considered to belong to the husband. In this way, it was always possible to pay the husband's creditors, if the husband's property had to be seized. The wife's creditor had to prove that the wife was the owner of the item to be enforced to settle his claims.[28] The application of the *praesumptio* was also possible after the death of a spouse and during probate proceedings. In probate proceedings, the composition of the inheritance had to be ascertained. Everything that was found in the possession of spouses and whereby it was doubtful to which of them it belonged was considered to have belonged to the husband. Consequently, this property became part of the husband's inheritance, and it was excluded from the wife's inheritance. Therefore, one can say that the application of the *praesumptio muciana* was to the benefit of the husband, his heirs and creditors, and to the detriment of the wife, her heirs and creditors.[29]

---

[26] Since the dowry could be paid out in cash, in movables or immovables, its value was determined such that the value of immovables was appraised at the time when they were received, and the value of movables at the time of inheritance (§794).

[27] M. Gruber, "Misli o seljačkom nasljednom pravu", *Mjesečnik* 2/7 (1913), p. 644.

[28] A. Rušnov and S. Posilović, *Tumač*, p. 576.

[29] F. Gschnitzer, *Familienrecht*, Vienna, 1963, p. 60.

c.1. The Economic Status of Croatian Women

A woman's inequality in the family and society arose, *inter alia*, from her economic dependence on her father, subsequently on her husband. Division of labour based on sex, present from the beginnings of civilisation, enabled men to have more power in the family circle, and also greater economic and, consequently, political power in society. While advocating the ideas of *liberté*, *égalité* and *fraternité,* leaders of the French Revolution forgot that women made up a considerable part of the population and they, just like men, stormed Versailles and Bastille. For this reason, as early as 1791, Olympe de Gouges published the *Déclaration des droits de la femme et de la citoyenne*, the first document on civil rights of women, demanding that women's rights be equal to the rights of men and that women be allowed, amongst other things, to have equal access to jobs and work, in line with their abilities. Development of these abilities was possible through the education system.[30] Advocacy of women's right to education would become one of the key demands by means of which women strove to change their status during the nineteenth century. Education enabled women to attain economic and social independence, but it was also considered an important step in acquiring political rights. Therefore, this issue was an exceptionally important part of the (European and American) women's movement. Although Croatian circumstances were not conducive to the development of the women's movement, women's education was one of the few women's issues for which the broader Croatian public showed significant interest. Croatia's education system underwent considerable changes during the reforms implemented in the 1870s, when compulsory elementary school for girls was introduced.[31] Changes in the structure of secondary education ensued in the 1890s, and it was not until the twentieth century that women were given the possibility of getting a university education in Croatia.[32] In spite of the progress achieved, as late as 1921, 88 per cent of women were employed in agriculture, and the women who worked in non-agricultural sectors were the bulk of a large mass of unskilled labour force.[33]

Although there were limitations preventing Croatian women from getting a more diversified education as a basis for more significant progress on the labour market, they were the ones who crossed the line with respect to the traditional

---

30 For the *Déclaration des droits de la femme et de la citoyenne*, see: http://www.philo5.com/Mes%20lectures/GougesOlympeDe-DeclaratioinDroitsFemme.htm, accessed 18 October 2017.

31 The reform of elementary education (1874) which prescribed compulsory school attendance was a major stride in the education of women and children in rural areas. Thus, the implementation of education reforms resulted in a decrease in the number of illiterate women from 79.93 per cent (1880) to 53.75 (1910). B. VRANJEŠ-ŠOLJAN, *Stanovništvo*, p. 226.

32 Women could study at the Faculty of Humanities and Social Sciences since 1895 and at the Faculty of Law since 1919. However, the turn of the century was the time when first women with higher education appeared and Croatia did not lag behind developed countries, especially not the countries of Central Europe, partly because many Croatian female students studied at universities outside Croatia.

33 S. PRLENDA, "Žene i prvi organizirani oblici praktičnog socijalnog rada u Hrvatskoj", *Revija za socijalnu politiku* 12/3-4 (2005), p. 321.

division of female-male jobs (war, men departing for seasonal jobs outside their domicile or abroad, widowhood) and began to work in some typically male jobs. A significant contribution to this was the fact that the GCC, unlike some other European civil codes, guaranteed women a high degree of economic independence, not limiting their freedom of practicing independent professions.

Considering the legislative framework and socio-economic circumstances presented, were Croatian women able to and, if so, to what extent earn and consequently acquire *inter vivos* assets in marriage? Croatian women coming from noble families and the well-off middle class did not work while married, if we have in mind work outside one's house with the purpose of making money.[34] Unlike them, women from less well-off middle class families – of craftsmen, merchants and clerks – worked and carried a significant burden of supporting the family. Employment of women, which was made possible in principle through the GCC, accompanied by the liberalisation of crafts and trade, was conducive to women's participation in economic activities as independent legal entities, working alongside their husbands or taking over the business after the husband's death.[35] A woman who worked as an independent merchant or craftswoman or a clerk (immediate work) had the opportunity to make money.[36] As a rule, women employed in trade and crafts followed the traditional division of labour. Thus, female merchants mostly traded in food, and craftswomen were seamstresses, laundry women, they ironed linen and were inn-keepers.[37] The position of the women who participated in economic development as wives of merchants and craftsmen was financially unfavourable since they were actually obliged to help in their husbands' businesses without getting paid. This is just one example of so-called unpaid jobs. However, the most important unpaid job that a woman had, and still has, as a wife and a mother is looking after her family – housekeeping and raising children. These unpaid jobs represented a special problem in restricting woman's ability to earn because woman's work as a contribution to the maintenance and/or augmentation of the family's property was not valued (indirect work). However, Croatian women were mostly

---

34 An exception were women who did not need a job for earning a livelihood but rather as an intellectual challenge.

35 According to the Crafts Act (Leg. Art 1872: VIII. Joint Parliament) each person of age regardless of the sex could be employed as craftsman or merchant (§1). For the wording of the Act see in: M. VEŽIĆ, *Pomoćnik za javnu upravu*, Zagreb, 1884, p. 580-596. Cf also §6 of the Trade Act (Leg. Art. 1875: XXXVII Joint Parliament). For the wording of the Act see: A. RUŠNOV and F. SALAVARY, "Trgovački i mjenbeni zakon", *Hrvatski zakoni* 7 (1898).

36 According to the data from 1880, out of the total number of women in Zagreb (14,626) 40.01% of them were employed (5,864) of whom 28.9% were employed in trade, crafts and industry. M. GROSS and A. SZABO, *Prema hrvatskom građanskom društvu*, p. 72.

37 Greater employment of women resulted in the establishment of a vocational school for women in Zagreb (1879-1880), which provided girls with skills needed in crafts and in the household, as well as in trade and book-keeping. A result of increased economic activity was that, *inter alia*, in 1881 Croatian women who were paying a certain amount of taxes were granted the right to vote at the local level. This granted right to vote could not be exercised personally but through their husbands, if they were married, and through plenipotentiaries if single. The right to vote was abolished in 1886.

employed in agriculture. In addition to the usual women's work related to housekeeping and cooking, women in villages tended their gardens, yards and bred cattle. Women used to sell the fruits of their work, such as fruits, vegetables, eggs, milk and dairy products, and earn in this way. These so-called women's incomes were not high, but they were constant and, as a rule, covered regular household expenditure and catered to some individual needs (e.g. clothing and footwear). At the same time, the so-called male incomes were rarer, but higher, and were used to cover greater expenditure of the household such as taxes, purchase of work equipment or land. There is no doubt that spouses complemented each other in the discharge of work and the contribution of each one of them was of ultimate importance. Therefore, spouses in rural areas can be considered economic partners who had separate earnings, but they knew what funds the family had at its disposal and consequently their decisions on expenditures could not be fully independent.

Regardless of the social category they belonged to, the income that working women earned was not high, due to, *inter alia*, unequal pay on the labour market.[38] Nevertheless, this income undoubtedly contributed to the household, enabling the family to maintain the existing and create new property. As a rule, creation of new property meant the acquisition of real estate, primarily farmland, and a housing unit (a house or a flat). However, these immovables, although their purchase was enabled (directly or indirectly) by wives, were registered in land registries solely as belonging to husbands.

c.2. Probate Proceedings

Since according to the GCC the system of inheritance through serving was adopted, where the heir acquired his inheritance only after the ideal possession of the inheritance was served on him, probate proceedings had great significance.[39] Probate proceedings were initiated *ex officio* both when a person died and when he/she was declared dead, in the latter case as soon as the court learned of the fact of death.[40] Some of the key actions that had to be taken were to draft a death certificate and a list of the legacy in order to determine the composition and value of the property of the *de cujus*.

---

[38] According to the available data, women's wages in 1906 amounted to 130 fillérs, and men's to 182 fillérs. See: B. VRANJEŠ-ŠOLJAN, *Stanovništvo*, p. 224. An exception was the profession of a teacher where both female and male teachers earned the same salary, which was rare within the Monarchy and in Europe. This profession ensured a relatively secure and stable job for women and was financially satisfactory.

[39] Through the GCC, a system of inheritance was adopted whereby the moment of the falling open of the inheritance (*delatio*) was temporally different from the moment of the acceptance of the inheritance (*acquisitio*). Therefore, the testator's rights and obligations from the moment of death until the moment when the heirs accepted the inheritance were considered a separate whole, in other words a *hereditas iacens* (an estate without a lawful owner). The position of the inheritance as a special legal subject existed until the day when the court decision was served on heirs.

[40] Probate proceedings were governed by the Austrian Non-Contentious Proceedings Act (1854) and the Yugoslav Non-Contentious Proceeding Act (1934).

Records from probate proceedings show that the property that was part of the inheritance was mainly the only property which the family (spouses with or without their offspring) possessed. This property was entered as belonging to the husband, although it is beyond any doubt that the wife also contributed to its creation or part of it in marriage. Since the husband was entered in the land registry as the sole owner, his widow acquired only the right of usufruct to part of the inheritance whereas the right of ownership remained with the children of the *de cujus* (§757). It did not matter whether children were of both spouses or not, since the surviving spouse attained the right based on marriage. At times, reality was different, and records of probate proceedings show that descendants of the *de cujus* challenged the widow's claim for inheritance if she was not their mother. Clarification of this issue was of paramount importance because men (widowers), especially if they had small children, as a rule married again. Therefore, the Table of Seven, the supreme court of Croatia and Slavonia, adopted a decision whereby the widow did not acquire her right of usufruct from the property of the children but rather from the inheritance of her late husband.[41] Childless marriages, where spouses did not regulate their property relations through special contracts, and where the inheritance was divided according to rules of intestate succession, were financially even more unfavourable for the widow. Relatives of the *de cujus* (e.g. parents, brothers and sisters) acquired ownership of as much as three quarters of the inheritance (§758), as compared to one quarter which belonged to the widow. Only if there were no relatives did the widow acquire ownership of the entire inheritance (§759).[42] Despite that, although the wife's contribution to the creation of property was real, in most cases it was not evaluated. However, failing to evaluate this contribution in the cases of inheritance presented is not linked to the application of *praesumptio Muciana,* considering that legally, property that became part of the inheritance was entered in the registries as ownership of the husband.

Praesumptio Muciana was applied, as indicated, when it was legally ambiguous who the owner of the property was that had been acquired *inter vivos* in marriage, or when there was a doubt as to whether the property (movables and/or immovables) had been acquired by the husband or the wife. Consequently, the issue was whether the property would become part of the inheritance of the late husband or not, and how it would be divided during probate proceedings, in line with the rules of intestate inheritance. This doubt could arise if, for example, immovables (for some reason) were not entered in the land registry. Also, doubt could arise if there was no deed (because it was never drafted, it was lost or destroyed) from which one could see who

---

41 Ruling of the Table of Seven dated 30 May 1903, no. 1788, "Iz sudske prakse", *Mjesečnik* 12 (1903), p. 945-946.

42 In addition to the right to inheritance for the surviving spouse, the Code also recognised some other rights that were still influenced by the fact whether the surviving spouse was a husband or a wife and what his/her property circumstances were. In addition, these rules were temporally limited. Thus, the surviving spouse acquired the right to a decent upkeep according to §796, and the widow of the *de cujus* also the right to common provision (§1243).

the acquirers/benefactors or co-owners were. For example, furniture that was in the joint household of spouses and had been acquired in marriage without proof that it was the wife who had acquired them, entered the inheritance and were inherited by descendants and relatives.[43] These were cases where there was no evidence about the acquisition *inter vivos* in marriage. The absence of proof in the context of the application of *praesumptio muciana* was to the detriment of the wife considering that all questionable property, in the sense of ownership, was considered to belong to the husband. Consequently, during probate proceedings this property became part of the husband's inheritance. Bearing in mind that in some Croatian regions, especially rural ones, legal transactions were not always executed in writing, with this presumption it was impossible to prove the wife's ownership right. Thereby, the wife's economic activity was generally neglected as well as her contribution to the common household although her contribution, especially in peasant families, was most significant. The wife's rights as the surviving spouse were thus even more weakened, and her financial situation in her advanced age, in spite of the efforts and work during her life, was precarious and greatly dependent on heirs of the *de cujus*.

4. Conclusion

The provisions of the GCC governing inheritance removed gender inequality in Croatia's legal system and in case of intestate succession of spouses it did not matter whether the surviving spouse was a widow or a widower. Consequently, the surviving spouse's rights of inheritance were equal because at the moment of death equal inheritance rules were applied. However, probate proceedings conducted before Croatian-Slavonian courts show that this *de jure* equality was not *de facto* equality making equality of male and female heirs, which was stipulated by the law, still questionable.

Gender inequality emerged prior to the death of a spouse and was a result of the way in which the status of the woman in private law was governed and the way property relations in marriage were governed. Until the moment of death, the legal system had already caused inequality between the spouses in terms of property resulting in the fact that the husband's property was significantly larger than the wife's. This difference was not necessarily a reflection of the spouses' contribution to the marriage property and their individual contributions.

Women could acquire property through dowry and inheritance. Often, dowry was equal to the part in inheritance which a woman as a daughter acquired in her family, which was significantly less than the part of inheritance to which she was entitled in intestate succession (or less than the compulsory portion). In both cases,

---

[43] According to §674, it was possible to enter these items to the benefit of the spouse. However, if the husband omitted to let the furniture be entered, there was a possibility that descendants and relatives would leave the wife without these necessities.

in marriage, it was the wife's ownership, and the husband was entitled to use it. The third way of acquiring property was through work. When a woman worked prior to marriage, it was in many cases for the sake of earning a dowry, since her family was unable to provide one for her. The wife's work in marriage, although present and necessary, as a way of creating property was most frequently insufficiently valued and consequently neglected. While working, wives earned much lower incomes on the labour market than their husbands. According to available data, their incomes were used to cover the family's daily expenses. At the same time, many jobs that wives did belonged to the category of the so-called unpaid jobs and consequently they did not earn a tangible income. Both these aspects of the wife's work (lower pay and work without remuneration), even though they contributed to the maintenance and/or augmentation of the family's property, were often ultimately evaluated as the husband's contribution.

Praesumptio muciana, which was taken over by the GCC from Roman law, was also a provision that failed to recognise the wife's contribution in marriage through her work. In all those cases where there was a doubt whether the property found in the possession of spouses belonged to the husband or the wife, the *praesumptio* was advantageous to the husband (and consequently his creditors) considering that property as belonging to the husband. In addition to the life of spouses, the *praesumptio* was also applied upon the demise of one of them. If the husband died, the property acquired in the family *inter vivos* in marriage as a rule became part of the husband's inheritance because it was entered in his name in the public registries (regardless of the fact whether its acquisition was exclusively to the husband's credit or not) or it was declared as belonging to the husband during probate proceedings on the basis of *praesumptio muciana*. Records of probate proceedings before Croatian-Slavonian courts testify to this. The result of this was the wife's weakened position in terms of inheritance law, in spite of legal guarantees about equality of spouses. Entering the system of intestate succession, the wife, as a rule, obtained the right to usufruct, and only rarely the right of ownership of one quarter of the inheritance, or the entire inheritance, in the maintenance and/or creation of which she had been actively involved. The acceptance and application of *praesumptio muciana* in inheritance law was to the benefit of the husband and his heirs, and to the detriment of the wife and her heirs.

This order would remain in force in Croatia until the GCC ceased to be in force and until a new legal system was set up in which a spouse was accepted as the legal heir of the first order of inheritance (together with the testator's offspring), or of the second order of inheritance (together with the testator's parents), but also as the heir entitled to a compulsory portion of inheritance. At the same time, *praesumptio muciana* was removed from the new legal system and the concept of matrimonial property (the property acquired by the spouses through their work in their marriage) was adopted.

PRESENTATION OF THE EFFECTS OF ROMAN AND CANON LAW IN HUNGARY THROUGH THE INSTITUTIONS OF HUNGARIAN CIVIL PROCEDURE UNTIL THE CREATION OF THE REGULATION ON CIVIL JURISDICTION IN 1868

Levente VÖLGYESI

Hungary is located on the eastern edge of Central Europe. The age of the founding national kingdom (1000-1301) was followed by the age of the so-called 'mixed houses of kings' (1308-1526), then until 1918 the Kingdom of Hungary was under the rule of the House of Habsburg and Habsburg-Lothringen. After 1308, Western-European influence could be observed in the royal court, but the decisions of the parallel archbishopric and bishopric courts' holy sees and those of the royal courts also influenced the development of Hungarian (especially procedural) law regarding the operation of the lower-level provincial courts. This paper examines the presence of the classic European *ius commune* in the history of Hungarian procedural law.

The history of civil procedure in Europe, including Hungary, has of course also been marked by the many developments in the nineteenth and twentieth centuries. Thus, Prof. Van Caenegem, in his volume *An Historical Introduction to Private Law* addresses the origins of the contemporary private law in Belgium and the Netherlands, not only by investigating the Roman-Germanic law, the feudal law, the capitularies and the Enlightenment, but also by focusing on the local and European effects of the French *Code civil* of 1804.[1] A special emphasis is indeed put on the nineteenth century and the interpretation of the *Code civil* in the Western European countries. It is evident that from 1795 the Netherlands underwent French influence, as the southern part was annexed by France in 1795 (whereas the northern territories remained – at least formally – independent until 1810).[2] Van Rhee further focuses on the success of the Code of Civil Procedure of 1806 in the nineteenth century, and even stated that the history of modern civil procedure in Europe started

1 R.C. VAN CAENEGEM, *An Historical Introduction to Private Law*, Cambridge, 1992.

2 A.W. JONGBLOED, "The Netherlands (1838-2005)", in: C.H. VAN RHEE (*ed.*), *European Traditions in Civil Procedure*, Antwerpen, 2005, p. 69-96.

with this regulation.[3] K.W. Nörr discusses the main elements through which constitutionalism changed codification step-by-step in twentieth-century Germany.[4] Obviously, these developments of the nineteenth and twentieth centuries in the Western European countries exerted influence on the Hungarian procedural law too. However, the present paper primarily intends to clarify the effects of the Roman and canon law on the Hungarian procedural law.

In Hungary, the most precious codex of civil litigation employing modern principles is the Act I. of 1911, which – solely in its 792 paragraphs – is a supreme example of Hungarian codification.[5] This was replaced in 1952 by the socialist era Code of Civil Procedure, which – with its slight 327 sections and subsequent modification in 1954 of 82 paragraphs – shows well the crisis of the Hungarian litigation system.[6] In the 1990s, the socialist legal system was gradually replaced through the enforcement of democratic rights, thus the civil judicial procedural code system was also altered in several ways. The actuality of this paper rests on the fact that the Act CXXX of 2016 and the Act I of 2017 on the public administration's judicial procedural code entered into force on the 1st of January 2018. These two acts are based on legal continuity according to the Fundamental Law of Hungary signed into law in 2011. Thus, they return to the legal results of the era preceding the socialist legal system, use the achievements of the modern jurisprudence and European legal traditions, and take the results of the currently effective European codices on civil proceedings into account.[7]

The purpose of this study is, therefore, to explore the traditional elements of the Hungarian civil litigation system.

The basic principles of contemporary civil litigation are rooted in Roman law. The ancient *legis actio* and the subsequent formulary litigation procedure was replaced by the *cognitio extra ordinem*, which became predominant by 342.[8] Besides the praetorian judicial procedure, the imperial litigation was initially applied as an extraordinary procedure mainly for those claims that could not be enforced in formulary lawsuits. The origin of the denomination *cognitio extra ordinem* or *cognitio extraordinaria* is rooted in the fact that these claims were investigated and decided by the imperial officer judge *extra ordinem*, meaning outside the borders of the ordinary process. The denomination suggests that the professional judge – in contrast

---

3 C.H. VAN RHEE, "Introduction", in: C.H. VAN RHEE (*ed.*), *European Traditions in Civil Procedure*, Antwerpen, 2005, p. 5.

4 K.W. NÖRR, "From Codification to Constitution. On the Changes of Paradigm in German Legal History of the Twentieth Century", *Tijdschrift voor Rechtsgeschiedenis* 60 (1992), p. 145-155.

5 G. MAGYARY, *Összegyűjtött dolgozatai I*, Budapest, 1942, p. 83.

6 (Hungarian) Act III of 1952 and Act II of 1954.

7 L. TRÓCSÁNYI, *T/11900. számú törvényjavaslat a polgári perrendtartásról. Általános indokolás*, Budapest, 2016, http://www.parlament.hu/irom40/11900/11900.pdf, accessed 23 April 2018 (official justification by the Minister of Justice).

8 See the constitution of 341 by the Emperors Constantius and Constans: C. 2.57.1.

to the praetor, who had only conducted a preliminary hearing in the *in iure* procedure – himself investigated and thus cognised (*cognoscere*) the case. The *cognitio* essentially differs from both previous judicial procedures in its nature: this was the judicial procedure of a state with a modern, established court system preceding modern procedural law.[9]

This new type of litigation was born from the interconnection of Italian and provincial procedural forms. The *cognitio* procedure was able to conquer the praetorian jurisdictional order because the *praetores,* who practically lost their power in the Imperial Age, ceased to be legal developmental factors and their role was taken over by the officer judges representing the imperial power. The emperor's power had already built up the system of officer judges at the early stage of the principate, when officials appointed and empowered by the Emperor acted as judges, *i.e.* fulfilling the role of the *magistratus* and the sworn jury at the same time.[10]

As a result, the personal division of the lawsuit ceased. The whole lawsuit was conducted in front of the same officer judge appointed by the emperor either to a service with jurisdictional order or to a particular case, individually. The standpoint in the literature[11] that the *cognitio* procedure radically broke with the rules of the preceding classical era (as the *litis contestatio* separating the *in iure* and *in iudicio* parts of the *cognitio* procedure and its survival in the canon law[12]) spectacularly bisected the course of the lawsuit, is disputable. Iustinianus declared in two of his novels[13] that the judge in his judgement may have regard only to the laws. In addition, he explicitly prohibited state officials from interfering with the course of the lawsuit and the decision-making process, which can be interpreted as the legal guarantee of judicial independence.[14]

The court proceeding began with the summons (*litis denuntiatio*) communicated in written form by the claimant and later by the contribution of the public authority. Over time, it became customary for the claimant to present his written petition to the court, which handed a copy of it to the defendant, thereby obliging him to appear. Iustinianus made this process ordinary, so the summons became an official act of the court (*evocatio*).[15]

The claimant had to present the subject of his claim in the *libellus*, together with the facts establishing it. The defendant also presented his plea in written form, but he could enforce his objections – in contrast to the rule of the formulary procedure, which allowed it only before the *litis contestatio* – at any time during the trial. If – despite lawful summons – the defendant did not appear at the hearing, the case

---

9 G. MARTON, *A római magánjog elemeinek tankönyve. Institútiók*, Debrecen, 1937, p. 122.

10 M. KASER and K. HACKL, *Das Römische Zivilprozessrecht*, München, 1996, p. 517.

11 I. ZLINSZKY, *A bizonyítás elmélete a polgári peres eljárásban, tekintettel a jogfejlődésre és a különböző törvényhozásokra*, Budapest, 1875, p. 10.

12 J. BÁNK, *Kánoni jog II*, Budapest, 1963, p. 415.

13 Nov. 82. 12 and Nov. 113. 1.

14 M. KASER, *Das Römische Zivilprozessrecht*, München, 1966, p. 84.

15 T. NÓTÁRI, *Római jog*, Szeged, 2013, p. 114.

was dealt with in absentia.[16] Even in this case he was condemned by the court, if the claim of the claimant was proven to be reasonable. The matter was not discussed in the absence of the claimant. The claimant had to submit the claim at the first hearing, while the defendant submitted his substantive defence. However, the possibility was open to subsequently diverge from the declarations, thus the claim and the defence could be modified until the completion of the last hearing.

In many respects, the free system of proofs of the formulary lawsuits in the post-classical era was replaced by the bound system of proofs, to which the judge had to keep himself even despite his better conviction. The imperial decrees of the age essentially excluded the free deliberation of proofs on the part of the judge. As a proof, a document (*instrumentum*) was qualified as more powerful than a testimony (*testimonium*) – thus, against documents, testimony evidence per se was not considered as acceptable proofs. Testimony of a single witness per se was anyway unsuitable to prove a given fact (*unus testis nullus testis*). Testimony of the *honestior* was to be preferred to that of the *humilior*.[17]

The procedure was closed by the judgement (*sententia*). The judgement had to be put down in writing, but it was also orally declared in front of the parties. All kinds of claims were remunerable in the judgement, whose execution could be forced even with armed force (*manu militari*) upon the defendant. In case of a conviction the defendant, while in judgements rejecting the claim of the applicant, was bound to cover the costs of the lawsuit. The cost of the proceedings was constituted from the expenses of the attorney officers, legal representatives, lawyers (*advocati*) and the costs of obtaining the evidence. To a certain extent, ordering the defendant to cover the litigation expenses replaced the monetary punishments known from formulary lawsuits. Those punishments, however, were exclusively encumbered on the spiteful party, while the adjudication of the litigation expenses was carried out irrespective of the party's good or bad faith.[18]

Contrary to the earlier procedural forms, there was a place for appeals (*appellatio*) against the judgement, which could be presented orally at the time of the promulgation, or subsequently in writing. The court of appeals held a new hearing, where it could not only decide on a given legal question, but also on matters of facts, as it might have brought up new evidence. Thus, an appeal was either rejected or by giving place to it, the former judgement was changed.[19] The judgement became legally binding at the event of the uttermost court's judgement or by failing to meet the deadline for an appeal. Appeal in a certain case could usually be done twice or – exceptionally or in certain eras – three times. The final forum was the Emperor himself, who exercised his legal power solely through praetorian prefects

---

16 Paul. 5, 5a, 6.

17 See, for the constitution by Emperor Constantius: C. 4.20.9

18 K. Wisky, *Spuren der Wirtschaftskrise der Kaiserzen in den römischen Rechtsquellen,* Budapest, 1983, p. 260.

19 A. Földi and G. Hamza: *A római jog története és institúciói*, Budapest, 2009, p. 189; D. 50.13; C. 2.57.

from 331 onwards. The *decretum* regarding the appellation to the Emperor was qualified as an imperial decree.

The Church – socialised on the law system of the Roman Empire – integrated these rules into its bishopric and metropolitan courts. The secular and ecclesiastical hierarchy provided a picturesque opportunity for this, as the simultaneous presence of the imperial territorial administration and the diocesan and metropolitan church territories could be observed.[20] In addition to the Roman law, the Germanic law also executed a great impact on the formation of canon law litigation.[21]

As regards to the litigation, the Church in the early period – similarly to other areas – adapted to the rules of the Roman law.[22] Under Roman law, the ecclesiastical procedure in civil lawsuits developed as follows. The claimant presented the *libellus* to the court, which contained the claim. Subsequently, the summoning (*citatio, in ius vocatio*) of the defendant followed. The defendant had twenty days to declare whether he admitted the claimant's claims, let the claimant prove them via a litigious procedure, sought to arrange the matter in a peaceful way or wished for another judge.[23] Thereafter, the foundation of the controversial issue, the *litis contestatio* (that is the claimant's complaint and the defendant's response) followed.[24] Subsequently, both parties swore to continue a *bona fide* legal exercise.[25]

Thus, henceforward no more possibilities remained to change the lawsuit's subject or to submit objections postponing the proceeding. Then the probative proceedings followed, in which the judge was completely free to weigh the evidence. Even an admission did not possess absolute probative power.

The judgement was proclaimed in writing. The ordinary legal remedy, the *appellatio*, was the turning to the superior court. It had a devolutive effect, namely the case was transferred to a different judge: from the bishop to the metropolitan, or – in the East – further to the patriarch or to the universal synod. The judgement also had a suspensive effect, namely it could not be executed until the decision of the other forum. The appeal was excluded if the parties committed the decision on their disputed issue to freely elected arbitrators.

In connection with the civil proceedings, the conversion of the Germanic peoples (especially the Longobards and the Franks) was very important for the development of the ecclesiastical lawsuits. Although the Church lived according to the Roman law, the Germanic law also had a significant influence on the canon law. The Roman lawsuit was bureaucratic and informal, whilst the Germanic lawsuit

---

20 Sz. A. Szuromi, *Egyházi intézménytörténet*, Budapest, 2003, p. 25.

21 Sources from the New Testament: Matthew 18, 15-20; 1 Corinthians 6, 1; E. Eichmann, *Das Prozessrecht des Codex Juris Canonici*, Paderborn, 1921, p. 16.

22 Letter of Gregory I to Joannes Defensor (source: J. P. Migne, *Patrologiae Cursus Completus, Series Graeca*, (M. G.), Ep. II. 414); C. 2. q. 1 c. 7; C. 11. q. 1 c. 38

23 Nov. 53. 3. 1

24 C. 1. 3. 1. and C. 1.14.1.

25 C. 2.59.

highly appreciated formality and form, thus limiting the influence of state official bodies. The acts of litigation were divided between the courts and the parties. The parties' actions were considered normative. The Germanic procedure aimed at replacing the struggle with the agreement of the parties, thus the parties became the rulers of the lawsuits.[26]

The influence of the Germanic law was most evident in the verification procedure. Here verification was a right, not an obligation. The instruments of the verification procedure were formal. Certain acts (oaths, ordeals) had compelling decisive power. The free judicial deliberation of the proofs in the Roman law and the interconnection of the Germanic verification principle led to the emergence of the legitimate rules of verification which – in certain cases – also bound the judges, thereby limiting their right to free deliberation. The formalism of the Germanic law was also manifested by the fact that the defendant had to refute the claim word for word. If he could not do it, then it was considered an admission. The party was tied to the once spoken word.[27] Therefore, the declaration in front of a judge could not basically be withdrawn.[28] The peculiarity of Germanic law that the state of affairs was divided into single statements (*positiones*) to which the defendant was bound to answer one by one (*responsiones*), still exists even in contemporary canon law.[29]

Contrary to the vulgar law, Roman law sources came considerably to the forefront in the twelfth century, as it was certified by the *Decretum Gratiani* and the decretists. Thus, in the twelfth century, a litigation system was formed that remained Roman in its fundamentals and general structure, but its validation procedure was strongly influenced by Germanic legal thought.[30]

The unnecessary lengthening of the lawsuits, as well as certain tactical elements of litigation capable of serving the abuse of the law caused a problem already at the time of the classical canon law (thirteenth-fourteenth century).[31] Therefore, Pope Innocent II (1130-1143) ordered that all lawsuit postponing excuses (*exceptiones dilatoriae*) had to be presented concurrently until a fixed period of time, under pain of subsequent rejection, unless the objection came to the awareness of the concerned person late, or if the party vowed that the submission of the objection was not deliberately prolonged.[32] This regulation was mainly concerned with the timely designation of witnesses.[33]

---

26 W. ENDEMANN, *Das Deutsche Zivilprozessrecht*, Heidelberg, 1868, p. 357.

27 J. RUSZOLY, *Európai jog- és alkotmánytörténelem*, Szeged, 2016, p. 580.

28 its reception in CIC (1917) c. 1752

29 its reception in CIC (1983) c. 1533

30 M. *MÓRA, Die Frage des Zivilprozesses und der Beweislast bei Gratian*, Pécs, 1937, p. 37-39; W. M. *PLÖCHL, Geschichte des Kirchenrechts*, vol. 2, Wien, 1962, p. 353-354.

31 E. *EICHMANN, Das Prozessrecht des Codex Juris Canonici, Padernborn, 1921, p. 22.*

32 X. 2.25.4.

33 X. 2.20.31.

The lawsuits based on the canon law were characterised by their literacy. All procedural acts were to be put in writing by an appointed person (*notarius actuarius*), viz. under pain of invalidity of the litigation act. The purpose of this was to precisely uphold the procedural act and to exclude judicial tyranny. Literacy later led to the exclusion of the public.

The process of the lawsuit was the following: the claimant (*actor*) appeared before the judge and presented his complaint (*postulatio*). The judge gave him time to submit the complaint (*terminus ad dandum libellum*). At the request of the claimant, the judge summoned the defendant (*in ius vocatur, citatur*). In front of the judge, the claimant handed over the libellus to the defendant and the defendant had to provide an explanation. He was given time to submit all his excuses (*exceptio*). He could raise objections against the judge's person (e.g. not competent) or on the basis of his partiality, etc. On this point, the judge decided by an interim judgement (*sententia interlocutoria*). There followed the presentation of the applicant's claim and the counter-argument of the defendant; this was the *litis contestatio*.[34] Thereby the question of the lawsuit was clarified, thus the unilateral change in the lawsuit title or claim was excluded. Both parties swore an oath to this.

The submission of *positiones*, i.e. positions followed. On points disputed by the defendant, the lawsuit was brought to the phase of verification. The following tools of verification were available: documents, witnesses, experts, and judicial review. Judicial deliberation was bound by certain rules. Only witnesses above all suspicion could be accepted. Concordant testimonies of two witnesses possessed full probative power: *probatio plena*. On the contrary, if the probation was only half-successful (*probatio semiplena*), then the judge could offer a substitute oath for the person charged with the burden of verification (*iuramentum necessarium, suppletorium a iudice delatum*). The other party could also offer this (*a parte delatum*). The witnesses made an oath. The claimant was exempt from the burden of verification if the defendant made a confession against himself.

Next to the assembly of evidence, the litigation procedure was closed (*conclusio in causa*) after the tribunal communicated the completion of the verification procedure with the parties (*publicatio*) and they declared that they did not have anything else to say.

Subsequently, the judgement was put in written form and communicated with the parties. One could attack an unjust judgement by an appeal, or a technically invalid judgement by a nullity complaint.[35] The appeal had to be submitted to the judge responsible for the decision, who forwarded it to the higher court with accompanying words.[36]

---

34 I. KAZALY, *A katholikus egyházjogtan kézi könyve, különös tekintettel Magyarország jogi viszonyaira II*, Vác, 1882, p. 633.

35 Clem. 2.1.1.

36 C. 2 q. 6 c. 31.

In order to rapidly settle an urgent need, where a reasonable need arose, the popes introduced a shorter procedure: *simpliciter et de piano ac sine strepitu ac figura iudicii*. This recapitulative procedure made it possible to set aside all formalities, while the necessary verification was not limited.[37]

According to the historical texts, the modern form of the canonical lawsuit was generally known in Hungary, however, limited chances appeared to keep it accurately under the Hungarian circumstances. Regarding its form, a rather vulgar version of the canon law prevailed, which adapted itself to the poorly developed Hungarian conditions. However, respective authors in their formulary books always noted that this form differed from the classical European forms.[38]

Regarding its geographical situation, Hungary is located on the eastern periphery of Central Europe. The Hungarian population – as an effect of the great westward migration of peoples proceeding from east to west – arrived at its present geographical area around 895, where the Hungarian State is currently located. Christian kings had been crowned by the Church since 1000.[39] The Hungarian legal system – in addition to the ancient clannish right, accepting foreign legal influences – included the following parts during the Middle Ages:

The clerical scholars of the Church – who took the lion's share in the construction of the Christian state, the formation of the new political structure, the creation of the legal background of the royal power and the establishment of European literacy in Hungary – self-evidently applied their own law, legal formulas and legal awareness. In this context, the question to be asked is the following: what was the impact of the canon law on the Hungarian law, the impact of the Roman law learned abroad and generally applied by the clergy, the *ius commune* well-known in the circles of the legally aware European intellectuals, and what was the significance of the neighbouring German law.

The influence of canon law is unquestionable. The close cooperation and partnership between the Church and the Hungarian state made for a peaceful coexistence of the church organisation and secular apparatus, the secular and canon law, with no tensions at the meeting points. The poorly aggressive nature of canon law also ensured the smoothness of the connection. Canon law did not wish to have the entire legal system affected. If it encountered an opposition – provided that it did not fall under some of the areas of vital importance to the Church – it did not insist on his own exclusive solution. Canon law always respected the right of the respective nation and was everywhere in peace with the domestic legal life. Thus, the

---

[37] Clem. 5.11.2.

[38] P. HORVÁTH, "Kanonisten und die Corpus Juris Hungarici seu Decretum Generale", in: X. (*ed.*), *Iustum, aequum, salutare. Emlékkönyv Zlinsky János tiszteletére. Festschrift in honour of professor János Zlinszky*, Budapest, 1998, p. 174-179; G. BÉLI, "Bírói gyakorlat a 16. század elejéig", *Jogtörténeti Szemle* 2015, nr. 2, p. 1-8.

[39] J. KARACSONYI, "Szent István megkoronázása", in: G. NAGY (*ed.*), *Századok XXXV*, Budapest, 1901, p. 879.

particular development of the canon law is observable in the Hungarian territory.[40] Canon law also claimed influence in those areas, where the secular power might have well resigned from its presence with just minor allowances. Canon law did not demand more than a supplementary role: in the area of the marriage and family, or – regarding persons – in the determination of the age or the denotation of kinship, as well as the determination of certain aspects of the right for inheritance. In these areas it became part of the national law. Its stability was also helped by the consolidation of the ecclesiastical jurisdiction. The then rudimentary ecclesiastical jurisdiction was given opportunity at the time of the foundation of the Hungarian state. Then, in the last decades of the thirteenth century, it found its permanent organisational framework in the holy sees of the vicars.[41] This solid system of judicial fora enabled the canon law to maintain its firm position, when secular legal experts – practitioners, who sought to defend the institutional system of the Hungarian national law against the European law – appeared in the Hungarian law.

Authors outlining the influence of Roman law in Hungary do not fail to mention the difference that prevailed between the Western European countries receiving the Roman law and the Hungarian situation. The dualism of the barbarous national rights and the Roman law founded the reception of the Roman law in Western Europe. Following the disappearance of European fragmentation and the abolition of natural farming (when economic development made the inadequate nature of primitive local rights increasingly evident), the renaissance of the Roman law could begin. Roman law, as an existing and valid law, defeated local rights, thus becoming the main regulatory factor for the Western European region. In contrast, the Hungarians did not find a trace of the former Roman law at the time of the Conquest, thus the law of the conquering Hungarians did not have to conflict with a much more advanced Roman legal system. During the Hungarian Conquest, peoples living (and subsequently dominated) in the area did not know the Roman law.[42] With the contemporary canon law, Church lawmakers involved in the establishment of the Hungarian Christian state brought only the inaccurate terminology of Roman law. The Hungarian territory might never have stepped beyond natural farming, had it not had a chance to engage itself in geographic discoveries or advanced international trade, and later (due to the fear of a takeover by the Austrian law pushed by the Habsburg rulers, which would have endangered the independence of the country), Hungarians insisted on a Hungarian national law that was rooted in the customary law. Thus, the influence of foreign law became almost negligible. Due to the reasons listed above, canon law was an exception. Hungarians attending foreign universities knew, respected and sometimes even applied Roman law to explain analogously certain legal relationships, but did not refer to it in judgements

40 J. Illés, *Bevezetés a magyar jog történetébe. A források története*, Budapest, 1910, p. 154.

41 G. Bónis, *Szentszéki regeszták*, Szeged, 1997, p. 629.

42 J. Illés, "A magyar társadalom és állam szervezete a honfoglaláskor", in: D. Csánki (*ed.*), *Árpád és az Árpádok*, Budapest, 1908, p. 45.

or contracts. By 1514, István Werbőczy summarised the Hungarian law in the Tripartitum, which – especially in the field of private law – determined Hungarian legal life until 1960.

In principle, the European *ius commune* was a source of law for Hungary. Any judge could freely use it, thereby making its applied rule a Hungarian custom. The extent of the *ius commune*, however, made its general and complete domestic, or rather, more widespread use impossible. In the fifteenth century, Hungarian judges became increasingly aware of the gap between the *ius commune* and the Hungarian customary law. The two sources of law had to be reconciled. The first step in this process was the summary of the Hungarian customary law. This task was accomplished by 1514 with the Tripartitum by Werbőczy. However, the political situation had changed dramatically by the sixteenth century. Hungary was divided into three parts, the very survival of the nation was at stake and during the time of stagnation, any involvement in the international relations became an illusion. Thus, the *ius commune* no longer meant more than the law of the German-Roman Empire, but with the House of Habsburg on the Hungarian throne, the preservation of the national independence emerged as the fundamental issue. One of the decisive safeguards to maintain this independence was the maintenance of the autonomous legal system. Thus, the Hungarian political elite intended to be exempted from the influence of the foreign law. If, therefore, a judge made references to legal topics involved in the *ius commune* in his judgement, he denoted the long-standing legal tradition as source.

The effect of the neighbouring Germanic rights on Hungary directly follows from the use of the Germanic state model during the establishment of the Christian state, the economic and cultural ties arising from geographical proximity, the program of expansion of the German foreign policy in Central Europe as well as from the rule of the House of Habsburg in Hungary. The direct effect was most evident in the medieval litigation system, especially in the application of the verification procedure.[43]

The canonic lawsuit avoided rigid formalities, abandoned superstitious customs, and in itself provided the opportunity for free judiciary considerations. As, furthermore – according to the literature – the courts of the holy sees worked concurrently, cooperating in specific cases with the Hungarian secular courts, the secular courts in the German language areas took over canonic elements (primarily from the rules of written litigation) already in the fifteenth century. They did so with the assertion that the clergy and its laws were more elevated compared to the simpler, more barbaric-style Germanic rules, primarily resulting from the spread of the paradigm shift in the Bologna and Paris law schools.[44]

---

43 I. HAJNIK, *A magyar bírósági szervezet és perjog az Árpád- és a Vegyes-házi királyok alatt*, Budapest, 1899, p. 215.

44 I. A. FESSLER, *Geschichte von Ungarn*, vol. 3, Leipzig, 1866, p. 676.

In the light of the foregoing, it is useful to examine the conditions in fifteenth century Hungary in more detail. If we take into account the local canonical tradition, it is worth examining the procedural sources of the archiepiscopal court and primarily the chief holy see of Esztergom as well as – due to its considerable geographical extension – the bishopric court of Eger. Four types of sources are to be examined: the *ordo iudiciarius*es, the *ars notaria*s, the formulary books and the protocols consisting purely (!) of court cases.

In Hungary, adapted versions of the foreign *ordines iudiciarii* were used. Two significant works survived from the first decades of the fifteenth century. Tamás Pöstyéni copied the *ordo iudiciarius* brought from Prague, Bohemia, and in some places adapted it to the Hungarian conditions. This work was used in Esztergom, the centre of the Hungarian Church. In Eger, the Hungarian transcript of the *Summa de processu iudicii* (dating to the fourteenth century and attributed to the authorship of Ioannes Andreae) was used, thus assigning features of the vulgar law to the *corpus iuris canonici* used in Hungary.

Several *artes notoriae* containing formulas of sample value in a textbook-like manner can be found in Hungary. The earliest evidence for the presence of modern litigation in Hungary is the work of János Uzsai written between 1346 and 1350. In addition to the secular law formulas, it also contained formulas used in the episcopal court of Eger, thereby the combined knowledge of the secular and ecclesiastical law can here be identified.[45] Another *ars notaria* was created at the University of Vienna in 1385. Hungary-specific formulas were incorporated into it by Bertalan Tapolczai. The work is extremely heterogeneous; one may conclude that this may refer to the diversity of the Hungarian cases, but no conclusions could be drawn regarding the frequency of the application of these litigation types.[46]

The third major category is constituted by the formulary books elaborated for the purpose of judicial practice. The earliest one – which in itself does not contain specific Hungary-related regulations, but was compiled in Hungary – was the work of Vagnolus de Mevania, the notary of the legate cardinal Gentilis de Monteflorum († 1312).[47] We know about the activities of Vid Huendler between 1448 and 1465, who appeared in the episcopal courts of Pécs, Nagyvárad, Gyulafehérvár and Zagreb.[48] A beautiful example of the organic linkage between the Hungarian secular and canon laws as well as hospes rights is the formulary book authored by János Magyi, which reflects the judicial practice of Eger between 1468 and 1476, and contains approximately five hundred secular and ecclesiastical formulas. The works of three episcopal vicars are also memorable.

---

45 M. G. KOVACHICH, *Formulae sollemnes styli in cancellaria regum, foris minoribus ac locis credibilibus authenticisque regni Hungariae olim usitati*, Pest, 1799, p. 1-154; G. BÓNIS, *Középkori jogunk elemei*, Budapest, 1972, p. 30.

46 L. FEJÉRPATAKY, *Tapolczai Bertalan oklevélformilái a XIV. századból*, Budapest, 1887, p. 41-66.

47 P. ERDŐ, *Egyházjog a középkori Magyarországon*, Budapest, 2001, p. 94.

48 J. KOLLER, *Historia episcopatus Quinqueecclesiarum*, vol. 4, Posonii, 1796, p. 246-359.

Vicar Máté Beneéthy presented the activity of the archiepiscopal court of Esztergom between 1500 and 1512 with 521 formulas. This formulary book was extended by vicar Demeter Nyási, who added another 70 formulas to the original work between 1511 to 1521. Finally, the formulary book of Mihály doctor (the vicar of Pécs) is worth mentioning from this era.[49]

The last group suggesting the modernisation of the Hungarian law together with its legal harmonisation with Europe (thereby presenting the effects of Roman and canon laws) is the group of the *protocollum* books. Examining the contemporary *protocollum*s of the Archdiocese of Esztergom, one may conclude that court records were exclusively led at the beginning of the sixteenth century, to which no other matters intermingled, and the wording meets the international standards of the age. Upon reading these books, one may conclude that the court staff was well aware of the most important contemporary legal literature. They primarily refer to *glossa*s rather than canons, indicating that despite the limited availability of law sources in Hungary, the most necessary and adequate book usage was secured.[50]

Regarding the sources, one may conclude that despite the limited and accidental number of diplomas at the dawn of the modern era, the judicial practice met the expectations of the age. Instead of applying specific laws, references were made to *glossa*s; instead of citing concrete legislative sites, application of the contemporary scientific results is seen.

The first and complete summary of the Hungarian law is related to the person of István Werbőczy. The collection was completed by 1514 and first printed in 1517.[51] Werbőczy and his co-workers were well-educated people. Consequently, one may discover here the seeds of either the direct (based on their own education) or indirect (by taking over the practice) naturalisation of the modern litigation rules. It should be noted that the first permanent university in Hungary was established in 1635, and that former attempts at university founding in the 14th and 15th centuries did not succeed. Thus, following the studies in parish and chapter schools – or perhaps in the framework of the *studium generale* – one could study law only abroad.[52]

---

[49] G. Bónis, "Magyi János formuláskönyve és a gyakorlati jogtanítás", in: A. Csimzadia (*ed.*), *Jubileumi tanulmányok. 1. A Pécsi Egyetem történetéből*, Pécs, 1967, p. 232-233; M. G. Kovachich, *Formulae sollemnes styli in cancellaria regum, foris minoribus ac locis credibilibus authenticisque regni Hungariae olim usitati*, Pest, 1799, p. 155-458; G. Bónis, *Középkori jogunk elemei*, Budapest, 1972, p. 44-45 and 153-155; R. Szentiványi, *Catalogus concinnus librorum manuscriptorum Bibliothecae Batthyányanae*, Szeged, 1958, nr. 152; A. Szentirmai, "Die ungarische Diözesankurie im Spätmittelalter", *Zeitschrift der Savigny-Stiftung für Rechtgeschichte: Kanonistische Abteilung 48* (1962), p. 209-215.

[50] P. Erdő, *Egyházjog a középkori Magyarországon*, Budapest, 2001, p. 108.

[51] B. Mezey, "Az ötszáz esztendős jogkönyv", *Jogtörténeti Szemle* 2014/4-2015/1, p. 1.

[52] J. Zlinszky, "Jogtanítás, jogtudomány", in: B. Mezey (*ed.*), *Magyar jogtörténet*, Budapest, 2003, p. 48.

It should also be noted that important preconditions were set to contribute to the spread of ordinary written civil litigation in Hungary:

a) Instead of octaval sessions, continuously operating courts had to be established, as the permanent nature of the judicial council – a prerequisite for modern litigation – could only be ensured this way.
b) The emancipation and persistence of independent legal representation became a necessity. This event is dated back in the literature to the age of the Anjou rulers (fourteenth century), but not later than that of Sigismund of Luxemburg (1387-1437).[53]
c) The possibility of widespread legal remedy had to be ensured. Its appearance is attributed to the urban laws of Sigismund of Luxembourg (1405), as in Hungary this specific law was the one that opened the way to a more widespread legal remedy. Another important basis for the universalisation of the legal remedy was the hierarchy. Although it was given in Hungary, significant differences could still be seen between the prestige of the various judicial fora.
d) The estate system had to be strengthened. One may observe that in lawsuits regarding status and – in certain cases – land ownership, noble people were not brought in front of the arbitral court in the late Árpád era (thirteenth century), but were interrogated by an authoritative place or a royal man (*homo regius*) near to the place of their residence, then the minutes of the interrogation were read before the arbitral court.
e) The appearance of secular law professionals also became a necessity. Besides the clergy, more and more laymen gained the possibility of traveling to foreign universities. Upon their return, they could use their knowledge in curial fora.
f) It became a characteristic of the sixteenth century that literacy was spread in the administrative and judicial fora of the rural jurisdiction.
g) Finally, it was an important condition that the court dispense with the continuous presence of the parties. Overall, all of the above conditions first appeared at the turn of the fourteenth-fifteenth century. Therefore, Werbőczy's Tripartitum – the book that fundamentally determined the Hungarian legal system between 1514 and 1960 – could only reflect on the modern litigation's legal institutions on the basis of these modest changes. The creation of a meaningfully unified system has not yet come to pass in Hungary.

It can be noticed that the rules of litigation in the *Tripartitum* were embedded within the regulations of substantive law, which is not reproachable according to

---

[53] I. ZLINSZKY, *A bizonyítás elmélete a polgári peres eljárásban, tekintettel a jogfejlődésre és a különböző törvényhozásokra*, Budapest, 1875, p. 56; I. HAJNIK, *A magyar bírósági szervezet és perjog*, Budapest, 1899, p. 182; Á. TIMON, *Magyar alkotmány- és jogtörténet*, Budapest, 1910, p. 455.

the contemporary scientific understanding (*institutio*-doctrine). Undoubtedly, most (but not all) of the procedural rules can be found in the second book of the *Tripartitum*. Considering their character, these regulations are still archaic in many cases (oath, oath companion, clarifying oath).[54] Most of the rules regulating the lawsuits were permeated with a criminal law character: violation of the jury, calumny, emendation, repulsion, revocation of the advocate's words.[55] In this point of view, the judicial way is a peculiar one: any deviation from the rules or forms of litigation may violate the prestige of the judge, consequently it may be punishable.

However, one may also find forward-looking rules with regard to the *Tripartitum*:

a) principle of negotiation, possibility of material demonstration;[56]
b) auditory role of the authoritative places;[57]
c) judicial review;[58]
d) multistage proceedings, such as: county – curia, and city – *magister tavernicalis*.[59]

The rule of the Habsburg royal dynasty in Hungary was continuous between 1526 and 1918. For the House of Habsburg, modernisation of the Hungarian legal system was an important task and a great challenge. Charles III, King of Hungary (1711-1740 – better known as Charles VI, German-Roman Emperor) made an attempt to standardise and modernise the litigation system. The form of the litigation was primarily based on customary law and did not change significantly until the middle of the nineteenth century. Still, one must mention the legislative activity of the Emperor and King Charles and his era, which sought unification in the area of litigation in 1715, 1723 and 1729. Following the restoration of the territorial integrity of Hungary (previously torn into three parts), the emphasis was on the regularisation of the legal system. Act CXXIV of 1715 was about examining and rectifying the laws and legislative procedure, which in the first place announced a thorough review of the existing conditions and the formulation of reform steps.

In line with the characteristics of the era, it would be a mistake for posterity to expect the appearance of a uniform codex in the field of litigation law, rather than the resolution and clarification of certain details. Without completeness, one can thus list the most important results, namely the resolution of the competencies

[54] Werbőczy's Tripartitum (Trip.) Lib. II. Tit. 32, 35, 38 (source: *Tripartium Opus Juris Consuetudinarii Inclyti Regni Hungariae: per magistrum Stephanum de Werbewcz personalis praesentiae regiae maiestatis locumtenentem: accuratissime editum*, Viennae, 1517).
[55] Trip. Lib. II. Tit. 69, 70, 72, 73 and 79.
[56] Trip. Prolog. Tit. 16.
[57] Trip. Lib. II. Tit. 21.
[58] Trip. Lib. II. Tit. 41.
[59] Trip. Lib. III. Tit. 6 and 10.

and jurisdiction of county-level and even more superior judicial fora as well as the installation of novel courts operating on the basis of modern principles.[60]

Besides the judicial system, further results of the parliamentary reforms in the first third of the eighteenth century are the rules concerning the procedural order. Thus, good care was taken to sustain the due course of litigation during the lawsuits,[61] while the handling of certain evidence,[62] the calculation of deadlines,[63] the system of legal remedies and implementation,[64] the lapse, postponement and termination of the lawsuit[65] as well as the applicability of the legal representation[66] were re-regulated.

The April laws of 1848 laying down the foundations of the Hungarian civil law system did not make any significant changes in litigation law, because (although one may meet slight organisational changes in the abrogation of some landlord courts existing without any practical reasons) there was no time to elaborate a new litigation process of a civil character.

In the 1850s, following the breaking-down of the Hungarian Revolution of 1848, the Kingdom of Hungary was abolished for a decade, and the Austrian imperial courts – set up in the former Hungarian territories under the thus established neo-absolutism – applied the Austrian procedural rules, in particular the *Provisorische Zivilprozess-ordnung*, incorporating the Roman law. The foreign state introduced a threefold process in the Hungarian territories, based on equality before the law and a uniform judicial organisation. A summary oral procedure for lawsuits was initiated in the district courts and a written procedure for lawsuits at county courts was prescribed. A forward-looking provision of the *Zivilprozess-ordnung* was that it required the submission of at least two copies from the lawsuit documents prepared by the parties or lawyers, thereby abolishing the obligation to read the lawsuit documents in the lawsuit repertory and also the compulsion to replicate them there. The weakness of the Austrian procedural order was the strictly regulated probatory system.[67]

The rule of the Austrian system lasted until 1860, when the Emperor of Austria, Franz Joseph (1848-1916) granted autonomy to the Hungarian territories.

---

60 Corpus Iuris Hungarici (CIH). Act XXIV of 1723 on the Septemviral Table (supreme court); Act XXV of 1723 on the Royal Table; Act XXX of 1723 on the Districtual Tables (new jurys); Act XXXV of 1729 on the county jurys (source: D. MÁRKUS, *Corpus Iuris Hungarici*, Budapest, 1899).

61 CIH Act XLIII of 1729.

62 CIH Acts CVI and XXVII of 1729.

63 CIH Acts XXXII of 1723.

64 CIH Acts XXIX XXX, XXXIII and XXXIV of 1729.

65 CIH Acts XXXVI, XXXVIII and XL of 1729.

66 CIH Acts XXXV, XXXVI and XXXVIII of 1723 and Act XXIV of 1729.

67 L. PAPP, "Az elsőfokú bíróságok rendszere 1849-1871 között", in: N. KIS and ZS. PERES (*eds.*), *Ünnepi tanulmányok Máthé Gábor oktatói pályafutásának 50. jubileumára*, Budapest, 2017, p. 307-314; I. STIPTA, "Das Zivilverfahrensrecht 1848-1945", in: G. MÁTHÉ (*ed.*), *Die Entwicklung der Verfassung und der Rechts in Ungarn*, Budapest, 2017, p. 541-564.

Thus, the Austrian judicial and procedural system disappeared from Hungary. The obsolete system of the Hungarian institutions, which had been used for the last time in 1849, was to be replaced by new rules. The meeting summoned by the supreme judge of Hungary was intended to regularise the situation. The new Provisional Legislative Rules of 1861 restored the Hungarian regulations prior to 1848, together with the ancient habitual law emerged in the Hungarian litigation. Several regulations of the Provisional Legislative Rules meant a step backwards from the Austrian lawsuit order. Its main endeavour was to restore the old Hungarian lawsuit regulations as a national law material, but these rules had to be revised already in 1848. From the Austrian Code of Laws, the Provisional Legislative Rules took over the duty to submit all lawsuit documents in two copies as well as the principle of threefold changes of lawsuit documentation. It was a new, but unfortunate initiative that the Temporary Legislative Rules introduced the nullity complaint, a separate remedy in case of violation of the procedural rules. In spite of the fact that this legal institution gave ground to the prolongation of the lawsuits, it was finally abolished only decades later.

Boldizsár Horváth, the Minister of Justice, submitted a proposal for the regulation of the civil litigation system in 1867,[68] which was approved by the parliament and ratified by the king the following year.[69] In addition to litigation, this law also regulated the implementation and – to a certain extent – the out-of-court procedures.[70] This legislative product could not truly be called a codification, although the 594 sections of the regulation gave prestige to the work. As is clear from the reasoning of the Minister, the draft law applying a compilation technique primarily responded to the centuries-old tradition and the burning needs of the past decades.[71] The work undoubtedly enumerates the Roman and canonical traditions. Its importance is also shown by the fact that it determined the thinking on lawsuits between 1868 and 1915. Due to its conservative character, it was also criticised in many cases. To remedy the main criticism, application of the system of regulated proof (which appeared as the effect of the Austrian law) was abolished in 1893.[72] Likewise, the nullification plea (introduced into the Hungarian law by the Provisional Legislative Rules in 1861) was abolished in 1881. Until that time, the introduction of such a legal remedy could significantly extend the procedure.[73]

According to the law, civil proceedings were initiated upon the request of the parties. Judicial fora strictly insisted on the parties' disposal permissions. In the course of the procedure, equality of rights prevailed. The jurisdiction of the proceeding court was determined by the defendant's domicile or headquarters. In simpler

---

68 *Budapesti Közlöny* (official legal promulgation site), 28.08.1867, 1537.

69 CIH Act LIV of 1868 on the Civil Procedures.

70 CIH Act LIV of 1868 chapters VIII and IX; *Budapesti Közlöny* 29.08.1867, 1550.

71 *Budapesti Közlöny* 28.08.1867, 1538.

72 CIH Act XVIII of 1893.

73 CIH Act LIX of 1881 §25.

cases, the contemporary judicial proceedings were of synthetic character, while in major cases, normal written procedures were carried out.

In the former case the judge, while in the latter case the court proceeded. The ordinary written proceeding was public at least in the respect that the list of the lawsuits negotiated by the court was to be suspended in the court at least three days prior to the trial. At court hearings (by virtue of the reasons consisted in the law), the court could ordain the exclusion of the public. Judgement by the council of judges was carried out in closed sessions; the announcement of the judgement and its justification generally took place at the same session, but in any case, publicly.

Besides the specification of the proceeding courts, the act also defined their scope of activities and competence and, furthermore, regulated the legal status of the parties and their representatives in detail.

The procedure followed the traditional legal principles. It was, therefore, not necessary to prove publicly known facts. The tools of evidence used in the lawsuits were the admissions, written documents, testimonies, judicial reviews and the oaths. The admission in front of the court could not later be withdrawn or modified (this was also not allowed by the parallel canonical tradition). Concordant testimonies by two witnesses to justify an event by which they were jointly present possessed full demonstrative power. The court, however, expected that the testimonies by the witnesses should be clear and decisive and based on their own direct knowledge.

In order to clarify the facts, the court could order a judicial review. Occasionally, experts were sent out for supervision. If no other evidence was available, the court ordered an oath. According to the regulation, the acting parties or their representatives were permitted to exchange written answers three times during the course of the lawsuit. At the end of the procedure, the court brought an injunction or a judgement. The decisions also included the precise rules for the implementation.

In the area of legal remedy, the act – besides the appeal and lawsuit renewal – initially included the plea for annulment. By the plea of annulment (a separate legal remedy that could be used upon the breach of the procedural rule and could have often been applied already before the judgment). the lawsuit was brought directly before the Court of Cassation (organised at the Curia and acting in the role of the supreme court), and not just before the Court of Appeal.[74] The law knew the possibility of taking precautionary measures.[75]

To conclude the above, this study undertook to explain the traditional character of Hungarian legal thinking and its points of attachment to the law systems representing the great European legal traditions through the presentation of the Hungarian civil proceeding, and in particular the ordinary written lawsuit. Canon law was directly present in Hungary, with ecclesiastical and secular courts operating in a

---

74 *Budapesti Közlöny* 28.08.1867, 1538.

75 CIH Act LIV of 1868 chapter VII; *Budapesti Közlöny* 29.08.1867, 1550.

parallel manner. The secular law – as can be seen in this study – incorporated several values from the traditional procedural law, notably the privileged handling of the lawsuits of poor right seekers, the way in which the sequence of litigation was ensured, the judicial independence, the enforcement of the judiciary court members for substantive work, the thorough written documentation by the judges and the court notary, the fight against the lengthening of the lawsuits, the economical nature and sectioning of the lawsuits, the fact that the parties were bound to their statements during the lawsuit, or, finally, the establishment of a legal remedy system.

AMICUS PAULUS SED MAGIS AMICUS EST WINDSCHEID ABOUT STANISŁAW WRÓBLEWSKI'S *MODUS DOCENDI* OF ROMAN LAW

Paulina ŚWIĘCICKA

The main aim of the study is to present the method of teaching of Roman law proposed by one of the most distinguished Polish Romanists and civil law scholars of the twentieth century – Stanisław Wróblewski (1868-1938), named 'the Polish Papinianus', a disciple of such Polish scholars as Cracovian professor Fryderyk Zoll Senior, and of German Romanists, such as Alfred L.L. Pernice, Ernst Eck, and Hugo Goldschmidt.

Stanisław Wróblewski very expressly and vividly explained his idea of the teaching of Roman law in his 'Programme of Lectures' (1894), and he remained faithful to it throughout all his scientific life, often redefining his ideas in various works. It is also worth mentioning that this particular 'educational manifest' by Wróblewski was part of a polemic debate with his scientific master Fryderyk Zoll Senior, Regius Professor of Roman law at the Jagiellonian University in 1862-1906, the six-time Dean of the Faculty of Law.

This polemic about the role of Roman law in the university curriculum led by professors at the University of Cracow fits squarely into the modern Western discussion about the importance of Roman law and its teaching in the post-codification reality.

1. Stanisław Wróblewski (1868-1938) – his scientific career and scientific formation[1]

Stanisław Wróblewski, closely associated with the scientific community of the Jagiellonian University in Cracow, and the Academy of Arts and Sciences (later the

---

1 In the Archive of the Jagiellonian University one may find almost complete documentary evidence: a personal dossier (S II 619), a habilitation dossier (WP II 138), the *Liber rigorosorum* (WP II 250, pos. 310), which allows for a relatively accurate description of the professional career of Stanisław Wróblewski. The literature about this scholar, almost exclusively in the Polish language (apart from two studies by Kolańczyk and Wołodkiewicz, and remarks by Patkaniowski, cit. infra, in this note; see also study cit in n.14), is considerable. Cf.: F. BOSSOWSKI, "Ś.p. Stanisław Wróblewski" [The Late Stanisław Wróblewski], *Ruch Prawniczy i Ekonomiczny* [*The Journal on Legal and Economical Aspects*] 19 (1939), p. 220-222; J. GWIAZDOMORSKI, "Życie i działalność ś.p. Stanisława

Polish Academy of Arts and Sciences), is considered to be one of the Polish scholars

---

Wróblewskiego" [The Life and Scientific Work of Stanislaw Wróblewski], *Palestra* [*The Bar*] 16/4 (1939), p. 467-487; IDEM, "Wspomnienia pośmiertne: Stanisław Wróblewski (1868-1938)" [The Post-mortem Memories: Stanisław Wróblewski (1868-1938)], *Rocznik Towarzystwa Naukowego Warszawskiego* [*The Annuary of the Polish Academy of Arts and Sciences*] 31-38 (1939-1945), p. 278-279; F. ZOLL (Jr), "Ś.p. Stanisław Wróblewski" [The Late Stanisław Wróblewski], *Kwartalnik Prawa Prywatnego* [*The Journal of Private Law*] 2 (1939), f. 1, p. 7-15, repr. in: J. HOMOLA-SKĄPSKA (*ed.*), *Wspomnienia Fryderyka Zolla (1865-1948)* [*Memories of Frydeyk Zoll (1865-1948)*], Kraków, 2000, p. 501-511; T. ŚMIAŁOWSKI and J. SAS WISŁOCKI, "Ś.p. Stanisław Wróblewski" [The Late Stanisław Wróblewski], *Współczesna Myśl Prawnicza* 5/1 (1939), p. 4-6; M. PATKANIOWSKI, *Dzieje Wydziału Prawa i Administracji Uniwersytetu Jagiellońskiego: od reformy kołłątajowskiej do końca XIX stulecia* [*The History of the Faculty of Law of the Jagiellonian University: from the Kołłątaj's Reform till the End of the 20th Century*], Kraków, 1964, p. 322, 331-333, 384 and 443; IDEM, "Il diritto romano nell'Università Jagiellonica di Cracovia dall'epoca dell'Illuminismo ai tempi nostri", in: *Studi in onore di Edoardo Volterra*, vol. 4, Milano, 1971, p. 81-104, in particular p. 100-102; J. GWIAZDOMORSKI, "Konstrukcja w nauce prawa cywilnego i prawa rzymskiego. Stanisław Wróblewski (1868-1938)" [The Construction in the Dogmatics of Private Law: Stanisław Wróblewski (1868-1938)], in: M. PATKANIOWSKI (*ed.*), *Studia z dziejów Wydziału Prawa Uniwersytetu Jagiellońskiego* [*Studia ad Universitatis Iagellonicae Facultatis Iuris historiam pertinentia*], Kraków, 1964, p. 269-286; K. KOLAŃCZYK, "Stanislas Wróblewski, le 'Papinien Polonais' et son 'Précis de cours de droit romain'", in: *Studi in onore di Edoardo Volterra*, cit., vol. 6, p. 329-342; S. GRZYBOWSKI, "Stanisław Wróblewski (1868-1938)" [Stanisław Wróblewski (1868-1938)], *Kwartalnik Prawa Prywatnego* 7/1 (1998), p. 5-24; A. MĄCZYŃSKI, "Stanisław Wróblewski (1868-1938)" [Stanisław Wróblewski (1868-1938)], in: J. STELMACH and W. URUSZCZAK, *Złota Księga Wydziału Prawa i Administracji* [*The Golden Book of the Faculty of Law and Administration*], Kraków, 2000, p. 251-260; K. POL, *Poczet prawników polskich* [*The Polish Lawyers*], Warszawa 2000, p. 765-784; IDEM, *Poczet prawników polskich XIX i XX wieku* [*The Polish Lawyers of the 19th and 20th Centuries*], add. A. REDZIK, 2 ed., Warszawa, 2011, p. 751-769; W. WOŁODKIEWICZ, "Stanisław Wróblewski – kodyfikator (1838-1938)" [Stanisław Wróblewski – The Codificator], *Krakowskie Studia Prawnicze* 23 (1990), p. 147-159, repr. in: IDEM (*ed.*), *Czy prawo rzymskie przestało istnieć?* [*Does Roman Law still exist?*], Kraków, 2003, p. 424-440 [= *Europa i prawo rzymskie. Szkice z historii europejskiej kultury prawnej = Europe and Roman Law*, Warszawa, 2009, p. 627-641], and in Italian: "Stanisław Wróblewski codificatore", *Index* 16 (1988), p. 245-253; X., *Stanisław Wróblewski (1868–1938). Materiały z posiedzenia naukowego w dniu 21 listopada 2008 r. Archiwum Nauki PAN i PAU: „W służbie nauki"* [*Stanisław Wróblewski (1868-1938). Acts of the Scientific Session Held on 21st November 2008. The Archive of the Polish Academy of Arts and Sciences: "In the Service of Science"*], nr. 19, Kraków, 2011; J. SONDEL, "s.v. Wróblewski Stanisław", in: IDEM (*ed.*), *Słownik Historii i Tradycji Unwiersytetu Jagiellońskiego* [*Dictionary of the History and Tradition of the Jagiellonian University*], Kraków, 2012, p. 1423-1424. See also some general remarks about Wróblewski: S. ŁOZA (*ed.*), *Czy wiesz kto to jest?* [Do You Know Who He Is?], Warszawa, 1938, p. 821-822; L.J. ŁACH, "1907-1913", in: K. WYKA (*ed.*), *Patrząc ku młodości. Wspomnienia wychowanków w Uniwersytecie Jagiellońskim* [*Looking toward the Youth. Memoires of Students of the Jagiellonian University*], Kraków, 1964, p. 147-148; A. ŚRÓDKA (*ed.*), *Uczeni Polscy XIX-XX stulecia* [*The Polish Scholars of the 19th and 20th Centuries*], Warszawa, 1998, vol. 4: S-Ż, p. 538-540; J. DYBIEC, *Uniwersytet Jagielloński 1918-1939* [*The Jagiellonian University 1918-1939*], Kraków, 2000, passim; R. SZAWŁOWSKI, *Najwyższe państwowe organy kontroli II Rzeczypospolitej* [*The State Supreme Audit Institutions of the Second Republic of Poland*], Warszawa, 2004; R. MAJKOWSKA (*ed.*), *Poczet członków Akademii Umiejętności i Polskiej Akademii Umiejętności w latach 1872-2000* [*The Members of the Polish Academy of Arts and Sciences in 1872-2000*], Kraków, 2006, p. 126 and 192-195; P.M. ŻUKOWSKI, in: D. Malec (*ed.*), *Profesorowie Wydziału Prawa i Administracji Uniwersytetu Jagiellońskiego* [*The Professors of the Faculty of Law and Administration of the Jagiellonian University*], vol. 2: 1780-2012, Kraków, 2016, s. 577-579. On Stanisław Wróblewski's achievements in the field of Roman law, see in particular: J. SONDEL, "Stanisław Wróblewski jako romanista" [Stanisław Wróblewski as a Romanist], *Krakowskie Studia Prawnicze* 23 (1990), p. 161-174; IDEM, "Wkład

who raised the highest scientific standards of university scholarship, and brought about a legal science cultivated in Cracow that could support Poland in the period when it lacked its own statehood, and then, after regaining independence in 1918, could assist and contribute to the rebirth of university centres, marking the level of scientific research and educational requirements.[2] Only for that reason it is worth recalling the scientific formation and views of this Polish specialist in Roman and private law, especially as he is virtually unknown outside Poland. The reason for this is that Wróblewski published his works – regarded as brilliant, accurate but also complicated to read – almost only in the Polish language. Also, as one Polish legal historian, Michał Patkaniowski, has pointed out: '*è enormamente difficile il compito di caracterizzare l'attività di questo giurista e studioso, uno dei più eminenti, di cui possa vantarsi la scienza polacca, particolarmente quando ci si rivolge a lettori che non possono conoscere le sue opere, scritte in polacco*'.[3]

Stanisław Wróblewski (born on the 5th of May 1868, in Tenczynek near Cracow, the son of a former officer of the Polish Army and insurgent of 1863) after graduating from primary school, continued his education at the Gymnasium of St. Anne and in the Sobieski's Gymnasium in Cracow, and then at the Faculty of Law of Jagiellonian University. Here, on 11th April 1891, he received his doctorate with the highest grade – *sub auspiciis Imperatoris* ('*unter der Aufsicht des Kaisers*') – earning him the award of the golden ring, where the letters FJ, i.e. the Imperial monogram, were engraved. The ring was put in a box with the emblem of the Empire – a two-headed eagle.[4] This award was very highly appreciated at the turn of the twentieth century in the Habsburg Monarchy, and thus in Polish Galicia.

After a short practice at the court, Wróblewski fully dedicated himself to scientific research. He studied Roman law in 1891-1892 at the University of Berlin in Germany, under the direction of such scholars as Alfred L.L. Pernice, Ernst Eck,

---

Stanisława Wróblewskiego w rozwój polskiej doktryny prawa rzymskiego" [Contribution of Stanisław Wróblewski to the Development of Polish Roman Law Doctrine], in: X., *Stanisław Wróblewski (1868–1938)*, p. 13–26; IDEM, "Z dziejów Katedry Prawa Rzymskiego UJ" [From the History of the Chair of Roman Law of the Jagiellonian University], *Prace Komisji Historii Nauki PAU* [*The Works of the Commission of the History of Science of the Polish Academy of Arts and Sciences*] 12 (2013), p. 81-116, in particular p. 105-107; and – somehow superficially – A. PIENIĄŻEK-BRZOSTOWSKA, "O Stanisławie Wróblewskim – romaniście" [About Stanisław Wróblewski – A Romanist], in: Z. WITKOWSKI and C. BRONOWSKI (*eds.*), *Toruńskie Studia Polsko-Włoskie V / Studi Polacco-Italiani di Toruń V*, Toruń, 2009, p. 11-20; see also some remarks in R. TAUBENSCHLAG, *Gli studi di diritto romano in Polonia nel secolo XX, estr. da: Gli studi romani nel mondo*, Roma, 1936, vol. III, p. 4; and B. CZECH-JEZIERSKA, "Okres dwudziestolecia międzywojennego a rozwój nauki prawa rzymskiego w Polsce" [The Period of the Interwar Period. The Development of Roman Law Studies], *Zeszyty Prawnicze UKSW* 11/4 (2011), p. 161-190 and passim.

2 J. WYROZUMSKI, "Przedmowa" [Introduction], in: X., *Stanisław Wróblewski (1868–1938)*, p. 7. In the same way J. SONDEL, "Stanisław Wróblewski jako romanista", p. 161.

3 M. PATKANIOWSKI, "Il diritto romano", p. 100. In the same way: J. GWIAZDOMORSKI, "Konstrukcja", p. 283; K. KOLAŃCZYK, "Stanislas Wróblewski", p. 330; W. WOŁODKIEWICZ, "Stanisław Wróblewski", pp. 424-425.

4 Cf. S. GRODZISKI, "Sub auspiciis Imperatoris", *Krakowskie Studia z Historii Państwa i Prawa* 2 (2008), p. 207-212. See also M. PATKANIOWSKI, *Dzieje Wydziału Prawa*, p. 331.

and Hugo Goldschmidt.[5] He remained their 'spiritual child' throughout his scientific life, seeing, on the one hand, the usefulness of Roman law (after Pernice – a historian), but, on the other hand, treating Roman law as a system incarnated in the developed legal structures of contemporary legal systems based on it (after Goldschmidt and Eck).

After returning to the country and having a short judicial practice, in 1895 he received his habilitation degree, as a pupil of Fryderyk Zoll Senior, on the basis of the dissertation published in Vienna in 1894: *Zur Lehre von der Collision der Privatrechte*, 248 p. (reviewed by Professor Fryderyk Zoll Senior, with Professor Franciszek Ksawery Fierich as a co-speaker).[6] He became a docent of history and dogmatics of Roman law and received a *veniam legendi*, being only twenty-six years old at that time. It is also worth mentioning that it was one of the finest periods of the University in Cracow: at the end of the nineteenth century and in the first half of the twentieth century there were many outstanding active professors. It has even been stated that the Faculty of Law of the Jagiellonian University has never after reached such a high level of scholarship.[7]

Unfortunately, this work did not play any significant role in either the Romanist or private law doctrine,[8] though Wróblewski touched on one of the most controversial but also one of the most fundamental concepts of private law, i.e. the subjective right and its exercise.[9] One of the most important contemporary

---

5 About the German scholarship in this period, see e.g. R. ZIMMERMANN, *Roman Law, Contemporary Law, European Law. The Civilian Tradition Today*, Oxford, 2004, p. 4 and 6-46.

6 Archive WP II 138.

7 M. PATKANIOWSKI, *Dzieje Wydziału Prawa*, p. 442-443; S. GRZYBOWSKI, "Warsztaty cywilistyczne i romanistyczne do II wojny światowej. Szkoły i kierunki" [The Workshops on Private and Roman Law till the 2nd World War: Schools and Directions], in: M. PATKANIOWSKI (*ed.*), *Studia z dziejów Wydziału Prawa*, p. 250; J. SONDEL, "Wkład Stanisława Wróblewskiego", p. 13.

8 J. GWIAZDOMORSKI, "Konstrukcja", p. 275; J. SONDEL, "Stanisław Wróblewski jako romanista", p. 164. See also F. ZOLL (Jr), "Ś.p. Stanisław Wróblewski", p. 8, who, as a reason of this luck of estimation for this work by Wróblewski, indicated that the method applied by the author belonged to the Begriffsjurisprudenz, criticised in those times, when the teleological method was regarded as more suitable for legal researches.

9 In particular, according to Wróblewski, the concept of the subjective right has to be distinguished both from the economic use of the right of a person – a subject of right, and from the concept of legal protection itself. The use is created by the subjective right, and the subjective right covers the possibility of its legal use. A legal action guarantees this objective. Various legal demands which characterise the particular subjective right depend on the content of such right and on the type of its possible use which has to be protected. In turn, the exercise of the subjective right consists in observation of demands typical for the particular right by every person to whom such right is directed to. *A contrario*, the concept of the subjective right does not cover any use or activity allowed to the subject of right on the basis of such right. The act of use is, therefore, a pure use and it is not determined by the use itself, because the exercise of the right does not depend on its use. For a deeper analysis of concepts presented by Wróblewski in this study, see in part.: S. GRZYBOWSKI, "Warsztaty cywilistyczne", p. 253 and 255-256; IDEM, "Stanisław Wróblewski", p. 6; J. GWIAZDOMORSKI, "Konstrukcja", p. 274-277; J. SONDEL, "Stanisław Wróblewski jako romanista", p. 163-165; IDEM, "Wkład Sanisława Wróblewskiego", p. 14; E. SZYMOSZEK, "Uprawnienie-roszczenie-skarga według Stanisława Wróblewskiego" [Right-Claim-Legal Action according to Stanislaw Wróblewski], in: X., *Valeat Aequitas. Księga*

representatives of the private law doctrine in Poland, Jan Gwiazdomorski, pointed out that Wróblewski remained faithful to the concepts and legal constructs proposed in this study throughout his scientific life.[10] What is more, owing to these concepts and constructions he is regarded as a main representative of the so-called 'constructive method' in private law dogmatics[11] because he used the method of instantiation of dogmatic constructions as the basis and the starting point for further considerations. In other words, the construction was for Wróblewski a premise of reasoning – a method.

A few years later Wróblewski published another comprehensive monograph entitled *Posiadanie na tle prawa rzymskiego* [*Possession in the Light of Roman Law*] (Cracow 1899, 160 p.),[12] in which, as Polish scholars pointed out, he presented extremely original views on possession,[13] which, however, are still today attributed by world Romanists to the scholar from Bologna, Silvio Perozzi,[14] although the latter announced his theory several years after Wróblewski did. Yet, Perozzi wrote in Italian, while a study by Wróblewski, written in Polish, remained generally unnoticed abroad. The study on possession is the classic example of the method adopted by Wróblewski, according to which positive law institutions should be presented against the wide background of comparison of their historical development, in particular their origin in Roman law.

In 1901 Wróblewski earned the nomination of extraordinary Professor of Roman law, and in 1906 ordinary Professor of this subject. In 1926/7 he received the title of Honorary Professor of Roman law at Jagiellonian University. In 1917 he

---

pamiątkowa ofiarowana Księdzu Profesorowi Remigiuszowi Sobańskiemu [*Valeat Aequitas. Studies dedicated to Rev. Professor Remigiusz Sobański*], Katowice 2000, p. 443-467; IDEM, "Prawo podmiotowe w nauczaniu Stanisława Wróblewskiego" [The Subjective Right according to Stanisław Wróblewski], in: *Honeste vivere... Księga pamiątkowa ku czci Profesora Władysława Bojarskiego* [*Honeste vivere... Studies dedicated to Professor Władysław Bojarski*], Toruń, 2001, p. 255-268; A. STELMACHOWSKI, "Stanisław Wróblewski jako cywilista" [Stanisław Wróblewski as a Civilist], in: X., *Stanisław Wróblewski (1868-1938)*, p. 39-44, in particular p. 39-43.

10 J. GWIAZDOMORSKI, "Wspomnienia pośmiertne", in particular p. 278; in the same way S. GRZYBOWSKI, "Warsztaty cywilistyczne", p. 253 and 258.

11 A. SZPUNAR, "Prawo cywilne" [Civil Law], in: A. SZPUNAR, K. PRZYBYŁOWSKI and W. SIEDLECKI (*eds.*), *Nauka prawa prywatnego i procesowego w Polsce* [*The Scholarship of Private Law and Legal Procedure in Poland*], Kraków, 1948, p. 11; J. GWIAZDOMORSKI, "Konstrukcja", p. 274-276; S. GRZYBOWSKI, "Warsztaty cywilistyczne", p. 251-252, 254-256; IDEM, "Stanisław Wróblewski", p. 6.

12 About this study, see in particular: J GWIAZDOMORSKI, "Konstrukcja", p. 276-278; J. SONDEL, "Stanisław Wróblewski jako romanista", p. 165-167; IDEM, "Wkład Sanisława Wróblewskiego", p. 15-17; K. KOLAŃCZYK, "Stanislas Wróblewski", p. 331-333; S. GRZYBOWSKI, "Stanisław Wróblewski", p. 12-14. See also more deep analysis by M. CHLAMTACZ, "Posiadanie w świetle teorii Wróblewskiego" [Possession according to Wróblewski], *Przegląd Prawa i Administracji* 26 (1901), p. 401-422; and W. ROZWADOWSKI, "Il possesso nel diritto Romano polacco dopo il 1946 alla luce del diritto romano", *Index* 16 (1988), p. 231-244, in particular p. 231-232 and 236.

13 J. SONDEL, "Stanisław Wróblewski jako romanista", p. 165-167.

14 F. BOSSOWSKI, "Śp. Stanisław Wróblewski", p. 220-221; also J. SONDEL, "Stanisław Wróblewski jako romanista", p. 165; IDEM, "Z dziejów Katedry Prawa Rzymskiego", p. 106; K. KOLAŃCZYK, "Stanislas Wróblewski", p. 332.

received the official Professorship of Austrian civil law at the same University. Elected in 1919 as the Rector of the University, he did not accept the offer, as he was interested in science not in titles and splendours.[15] He was, however, dedicated to his work at Jagiellonian University until the end of his days.[16] He also left two excellent disciples, who occupied university posts: Rafał Taubenschlag in Cracow,[17] and Zygmunt Lisowski, a professor at the University of Poznań.[18]

At the beginning of the twentieth century Wróblewski almost entirely devoted himself to legal dogmatics, his interests covering almost the whole modern private law. In particular, before 1914 he published a number of commentaries on codes and statutes in force, such as *The Commentary on the Austrian Commercial Code* (1906-1907);[19] or *The Commentary on §§ 531-824 of the Austrian Civil Code* (1904),[20] considered to be one of the most exhaustive (c. 1000 pages) and detailed studies of the Austrian law of inheritance.[21] *The Commentary on the Austrian Civil Code*, in two volumes, published in 1914-1918[22], is also judged to be a masterpiece by contemporary Polish civil law scholars,[23] mostly because Wróblewski explained the provisions of the code by providing them with the judgements of the Supreme Tribunal in Vienna, and systematised them so that he gave a clear picture of the use of each provision in practice.

---

15 Cf. M. Patkaniowski, *Dzieje*, p. 333; J. Gwiazdomorski, "Konstrukcja", p. 285-286; S. Grzybowski, "Stanisław Wróblewski", p. 20.

16 See also S. Grodziski, "Profesor Stanisław Wróblewski w Radzie Wydziału Prawa Uniwersytetu Jagiellońskiego" [Professor Stanisław Wróblewski in the Council of the Faculty of Law at the Jagiellonian University], in: X., *Stanisław Wróblewski (1868-1938)*, p. 61-68.

17 About this emitent Polish scholar, specialist in Roman law and in papyrology, see in part.: V. Arangio-Ruiz, "In memoriam Rafael Taubenschlag (6.5.1881-25.6.1958)", *IURA* 10 (1959), p. 146-168; W. Osuchowski, "Prawo rzymskie na tle prawa antycznego. Rafał Taubenschlag (1881-1958)" [Roman Law at the Background of the Ancient Law. Rafał Taubenschlag], in: M. Patkaniowski (*ed.*), *Studia z dziejów Wydziału Prawa*, p. 297-308; H. Kupiszewski, "Rafał Taubenschlag – historyk prawa" [Rafał Taubenschlag – a Legal Historian], *Czasopismo Prawno-Historyczne* 38/1 (1986), p. 111-155; see also – most recently – a biogram by P.M. Żukowski, in: D. Malec (*ed.*), *Profesorowie*, vol. 2, p. 531-532.

18 About this Polish scholar see, in part.: A. Gulczyński, Zygmunt Lisowski, in: Poczet rektorów Almae Matris Posnaniensis [The Rectors of the Almae Matris Posnaniensis], ed. T. Schramm, Poznań 1004, pp. 27-35; M. Patkaniowski, *Dzieje*, p. 329; see also – the most recently – a biogram by P.M. Żukowski, in: D. Malec (*ed.*), *Profesorowie*, vol. 2, p. 299-301.

19 *Komentarz do austriackiego kodeksu handlowego*, t. 1, Kraków 1906, t. 2, Kraków 1907, with J. Rosenblatt (co-authorship). The Commentary was enlarged and ammended 3 times.

20 Also *Komentarz do austriackiego kodeksu cywilnego*, t. 1-3, Kraków 1900-1904, with W.L. Jaworski (co-authorship).

21 J. Gwiazdomorski, "Konstrukcja", p. 278-279; see also S. Grzybowski, "Stanisław Wróblewski", p. 16-18.

22 *Powszechny austriacki kodeks cywilny uzupełniony ustawami i rozporządzeniami, objaśniony orzeczeniami sądu*, cz. 1, Kraków 1914, cz. 2, Kraków 1918.

23 J. Gwiazdomorski, "Konstrukcja", p. 279; see also S. Grzybowski, "Stanisław Wróblewski", p. 17-18.

During the First World War Wróblewski returned again to Roman law.[24] The fruit of this scientific activity was *Zarys wykładu prawa rzymskiego* [*The Outline of the Lecture of Roman Law*], in two volumes, released in 1916-1919.[25] It covered, however, only the history of the sources, the so-called general part (including the civil procedure) and property law. Although the work was not finished, Wróblewski reached the peak of his scientific activity in it.[26] as it is an example of a masterly combination of two methods of presentation of Roman law: the historical and the dogmatic, what the author declared in his introduction, clearly specifying his goals.[27]

---

[24] See also other short studies on Roman law always linked with contemporary regulations, published by Wróblewski: Ograniczenia darowizny [The Restictions of Making Donations], in: Ku uczczeniu Bolesława Ulanowskiego [Liber amicorum of Bolesław Ulanowski], Kraków 1911, pp. 341-364; 'Usucapio pro herede', Czasopismo Prawnicze i Ekonomiczne 22 (1923), pp. 212-221

[25] S. WRÓBLEWSKI, *Zarys wykładu prawa rzymskiego* [*The Outline of the Lecture of Roman Law*], vol. 1: *Historia stosunków wewnętrznych Rzymu i źródeł prawa, losy prawa rzymskiego po śmierci Justyniana, nauki ogólne prawa prywatnego* [*The History of Internal Relationships in Rome, Sources of Law, History of Roman Law after the Death of Justinianus. General Part of Roman Law*], Kraków, 1916, 530 p.; vol. 2: *Prawo rzeczowe* [*Law of Property*], Kraków, 1919, 215 p. Review in: *Przegląd Prawa i Administracji* 41 (1916), p. 172 (anonymous). For a detailed analysis of this work see, in particular: J. GWIAZDOMORSKI, "Konstrukcja", p. 279-282; K. KOLAŃCZYK, "Stanislas Wróblewski", p. 333-341; see also remarks by: J. SONDEL, "Stanisław Wróblewski jako romanista", p. 168-170; IDEM, "Z dziejów Katedry Prawa Rzymskiego", p. 106; IDEM, "Wkład Sanisława Wróblewskiego", p. 19-20; S. GRZYBOWSKI, "Warsztaty cywilistyczne", p. 251-252; IDEM, "Stanisław Wróblewski", p. 10-11 and 15-16; B. CZCH-JEZIERSKA, "Okres dwudziestolecia międzywojennego a rozwój nauki prawa rzymskiego", *Zeszyty Prawnicze* 11/4 (2011), p. 168-170; see also remarks in Italian by M. PATKANIOWSKI, "Il diritto romano", p. 101; and in French by W. BOJARSKI, "Les droits réels de Stanisław Wróblewski et le matériel utilisé", *Index* 16 (1988), p. 221-229.

[26] See enthusiastic opinions expressed by: J. SONDEL, "Z dziejów Katedry Prawa Rzymskiego", p. 106; IDEM, "Stanisław Wróblewski jako romanista", p. 168-170; J. GWIAZDOMORSKI, "Konstrukcja", p. 279; K. KOLAŃCZYK, "Stanislas Wróblewski", p. 334; S. GRZYBOWSKI, "Stanisław Wróblewski", p. 10-11 and 15-16; in particular: A. VETULANI, *Dzieje historii prawa w Polsce* [*The History of Legal History in Poland*], Kraków, 1948, p. 38: '*a treasure of knowledge on Roman law that can be compared with the best depictions of Roman law in European romanistic literature*'; Ł. MARZEC, "Prawo rzymskie na Uniwersytecie Jagiellońskim w latach 1918-1939" [Roman Law at the Jagiellonian University in 1918-1939], in: M. PYTER (*ed.*), *Nauki historycznoprawne w polskich uniwersytetach w II Reczypospolitej* [*Legal History Science in Universities in the Second Republic of Poland*], Lublin, 2008, in particular p. 41: '*the pearl of the romanistics of that day*'. SONDEL ("Stanisław Wróblewski jako romanista", p. 168), that '*It is the work with which the doctrine of Roman law could not waive aside for a long time. Indeed, it surpasses in many respects a number of high-profile foreign studies and till these days, it does not lose its actuality. ... The Outline should be incorporated into the basic canon of compulsory lecture for each dogmatician, especially at the beginning of his professional adaptation.*'

[27] Cf. S. WRÓBLEWSKI, *Zarys*, vol. 1, p. 2: '*The Outline of the Lecture is composed to give the students a picture of the history of law and in that way to let them enter the world of legal concepts which the modern legal science of private law through the collection of Justinian took from Rome... The main aim of the lecture is, therefore, to present the development of private law in the Roman State until the time when this law with a set of Justinian's texts obtained the form in which it had a very strong influence on the formation of contemporary legal systems; with such presentation a necessity of underlying of significant differences of legal system of our days and the selection of the elements from which these differences aroused, is connected. In this way, the science of Roman law, understood as such, gives a basis to the critical evaluation of legal rules in force ... but, its main value will always lie in the fact that Roman law created a number of essential concepts, able to be used for private law wherever the social and economic system is based on individual property and private inheritance, and*

Indeed, Wróblewski at the beginning presented an outline of legal institutions contemporary to him, and on this background he introduced their historical development in Roman law.[28]

In 1919 Stanisław Wróblewski was appointed – by the decision of the Chief of the newly reborn Polish Republic – a member of the Polish Codification Commission,[29] and until his death was active in two sections: private law and commercial law. In 1926-1930 he acted as the President of the Supreme Chamber of Control, and in 1936 he became a member of the Senate. During this period, he published many commentaries and opinions on newly created Polish private law.[30]

---

the study of the historical development allows us to get to know these concepts 'in statu nascendi', on the background of these relations in which they appeared and in those cases in which they were to be applied. Owing to this one may understand both the connection between various phenomena of social life and development of law, as well as the legal technique and the values obtained thanks to its use. These results cannot be obtained by exclusively dogmatic description, because it gives an outline of a legal system only in a particular moment, but it does not explain the links which such a cross-section combines with another causing a modification of the whole image.'

28 See remarks by S. GRZYBOWSKI, "Warsztaty cywilistyczne", p. 251-252: *'In The Outline of the Lecture of Roman Law [Wróblewski] discusses first the transition to monetary holdings, the rise of the great capital, new economic needs etc., before he presents the emerging legal institutions. Therefore, the Outline is based essentially on the materialistic understanding of the history. But here Wróblewski changes his narrative. When one has before his eyes enacted and stable legal rules, and when one enters the field of legal dogmatics, the kingdom of the construction appears. The structure is now a starting point for research, aiming to give a solution in the framework of such structure. Such a solution will be equitable and just, and, above all, free from subjectivity, perhaps even discretion, and the more it will be such a solution, the less it will be based on the general formulas.'*

29 About the activity in the Codification Commission of the II Republic of Poland, see in particular: S. GRODZISKI, "Komisja Kodyfikacyjna Rzeczypospolitej Polskiej" [The Codification Commission of the Republic of Poland], *Czasopismo Prawno-Historyczne* 33/1 (1981), p. 47-81; W. WOŁODKIEWICZ, "Stanisław Wróblewski – kodyfikator", p. 428-438; IDEM, "Stanisław Wróblewski codificatore", p. 247-253; W.M. BARTEL, "Udział przedstawicieli środowisk akademickich w pracach Komiscji Kodyfikacyjnej RP (1919-1939)" [The Participation of Representatives of the Academics in the Works of the Codification Commision of the Second Republic of Poland (1919-1939)], *Krakowskie Studia Prawnicze* 23 (1990), p. 175-184, in particular p. 182; L. GÓRNICKI, *Prawo cywilne w pracach Komisji Kodyfikacyjnej Reczypospolitej Polskiej w latach 1919-1939* [Civil Law in the Work of the Codification Commission of the Second Republic of Poland 1919-1939], Wrocław, 2000, passim; IDEM, "Działalność Stanisława Wróblewskiego w Komisji Kodyfikacyjnej Rzeczypospolitej Polskiej" [The Activity of Stanisław Wróblewski in the Codification Commission of the Republic of Poland], in: X., *Stanisław Wróblewski*, p. 79-119; P.M. ŻUKOWSKI, "Wychowankowie Uniwersytetu Jagiellońskiego w Komisji Kodyfikacyjnej Rzeczypospolitej Polskiej 1919-1939" [The Scholars of the Jagiellonian University in the Codification Commission of the Republic of Poland 1919-1939], *Palestra* 54/9-10 (2009), p. 164-170; see also remarks by S. GRZYBOWSKI, "Stanisław Wróblewski", p. 23-24.

30 E.g. S. WRÓBLEWSKI, *Polskie prawo wekslowe z 14 XI 1924 wraz z przepisami o procesie wekslowym i o opłatach od weksli* [*The Polish Law of Bills of Exchange of 14.11.1924 with the Provisions on the Procedure*], Kraków, 1925. The second edition was published as: IDEM, *Polskie prawo wekslowe i czekowe* [The Polish Law of Bills of Exchange and Cheques], Kraków, 1930. See also: IDEM, *Polskie prawo czekowe z 14 XI 1924* [*The Polish Law of Cheques of 14.11.1924*], Kraków, 1926; IDEM, *Prawo wekslowe i czekowe z 28 IV 1936* [*The Polish Law of Bills of Exchange and Cheques of 28.04.1936*], Kraków, 1936; IDEM, *Komentarz do Kodeksu Handlowego* [*A Commentary on the Commercial Code*], vol. 1, Kraków, 1935-1936 (unfinished). For more details, see S. SOŁTYSIŃSKI, "Wkład Stanislawa Wróblewskiego w rozwój prawa handlowego" [Contribution of Stanisław Wróblewski to the Development of Commercial Law], in: X., *Stanisław Wróblewski (1868-1938)*, p. 45-59.

Wróblewski was also active in Polish scientific institutions:[31] the Academy of Arts and Sciences, later renamed the Polish Academy of Arts and Sciences – initially as a correspondent member (from 1910), and later as an ordinary member (from 1918), its general secretary (1921-1926), its vice-president (1929-1934) and finally its president (1934-1938) – the last post was the highest scientific position in Poland at that time. Thanks to his efforts and his work, this scientific institution – called in the Statute of 1933 a '*national institution for the public common good*' – flourished again after its post-war collapse.

Stanisław Wróblewski died on the 18th of December 1938 in Warsaw,[32] but was buried at the Rakowicki Cemetery in Cracow (kw. 58). After his death, Fryderyk Zoll Junior, one of his colleagues during his primary and university studies, and later, a colleague at the University, wrote in his obituary: "*Wróblewski, with his death, orphaned and covered with mourning the Jagiellonian University, the Polish Academy of Arts and Sciences, the Codification Commission, and with them the whole Polish Nation, because he was one of the best and the most useful representatives of this Nation.*"[33]

Stanisław Wróblewski was an exceptional man and a scholar of the highest individual level, but also an example and a model for generations of Polish lawyers,[34] an outstanding Romanist but also a '*civil law scholar to his core*'[35]. His scientific output is quite often judged as difficult and meant for a careful reader, because the study of Wróblewski's work requires much attention and effort.[36] The

---

31 About the activity of Wróblewski in the Academy of Arts and Sciences and, afterwards, the Polish Academy of Arts and Sciences, see in particular: J. PISKUREWICZ, "Stanisław Wróblewski w Polskiej Akademii Nauk" [Stanisław Wróblewski at the Polish Academy of Arts and Sciences], in: X., *Stanisław Wróblewski*, p. 69-77.

32 Impressed by information of the death of Wróblewski, the Senate of the Jagiellonian University passed a decree deciding to name one of the buildings of the University, placed at The Planty, Olszewskiego 2 Street, near the Collegium Novum, with his name, in his honour. About the Wróblewski's Collegium, see recently: T. GĄSOWSKI, *Collegium Wróblewskiego* [*The Wróblewski's Collegium*], Kraków, 2013.

33 F. ZOLL (Jr), "Ś.p. Stanisław Wróblewski", p. 15.

34 J. GWIAZDOMORSKI, "Wspomnienia pośmiertne", p. 279; IDEM, "Konstrukcja", p. 286: "*uczony najwyższej miary, prawnik wśród wybitnych najwybitniejszy, Uniwersytetu Jagiellońskiego chluba i ozdoba*" [= *a scholar of the highest measure, a lawyer the most prominent among the prominents, a glory and a pride of the Jagiellonian University*]; J. SONDEL, "Stanisław Wróblewski jako romanista", p. 161: „*jeden z najwybitniejszych dogmatyków prawa epoki współczesnej*" [= *one of the most outstanding specialist in dogmatics of contemporary law*]. Cfr. also S. KUTRZEBA, in: *Rocznik Polskiej Akademii Umiejętności* [*The Annuary of the Polish Academy of Arts and Sciences*], Kraków, 1938-1939, p. 95-96: "*jeden z największych prawników, jakiego w ogóle miała Polska*" [= *one of the greatest lawyers that ever Poland had*]; H. KUPISZEWSKI, *Prawo rzymskie a współczesność* [*Roman Law and the Modernity*], Warszawa, 1988, p. 73-112, in particular p. 98: '*Bez wątpienia jeden z najwybitniejszych prawników europejskich w pierwszej połowie bieżącego stulecia.*' = '*Without a doubt one of the most prominent European lawyers in the first half of this [sc. 20th – add. P. Święcicka] century.*' In 2013, a second edition was edited by T. Giaro and F. Longchamps de Bérier in Kraków (p. 105-153).

35 S. GRZYBOWSKI, "Warsztaty cywilistyczne", p. 246.

36 J. GWIAZDOMORSKI, "Konstrukcja", p. 283, and in particular p. 284: '*Wroblewski is the author, with whom one delights himself at feast days, but does not read every day.*' See also: J. SONDEL, "Stanisław Wróblewski jako romanista", p. 167; IDEM, "Z dziejów Katedry Prawa Rzymskiego", p. 106; S. GRZYBOWSKI, "Stanisław Wróblewski", p. 14.

brevity of style, the richness of thought contained in almost every phrase and precision of expression demand relentless attention. Leaving even a part of the sentence aside makes it impossible to understand the whole statement. Often, in order to understand the thought of the author it is necessary to revert repeatedly to fragments already read or even to earlier parts of a work. Although his lectures were regarded as difficult,[37] he was appreciated by his disciples,[38] and two of the most brilliant of them, the already mentioned Rafał Taubenschlag and Włodzimierz Kozubski, in their *Introduction* to the Polish edition of the textbook on Roman law by Rudolf Sohm, vividly named Wróblewski '*The Polish Papinianus*',[39] which is truly remarkable, because Papinianus was recognised as one of the most distinguished lawyers of Antiquity, 'the Prince of Roman jurists'. As Witold Wołodkiewicz pointed out, the legend of Stanisław Wróblewski is still vivid amongst Polish Romanists and many of them regard themselves as his 'spiritual grandsons' or 'great grandsons'.[40]

2. The Educational Manifest: How to teach Roman law in the 20th century according to Polish academics

It is well known that the adoption and entry into force of the German Civil Code (BGB) put before scholars the question of the subsequent role of Roman law in

---

[37] Cf. J. WISŁOCKI, *Prawo rzymskie w Polsce* [*Roman Law in Poland*], Kraków, 1945, p. 99: '*Who listened to the lectures of Professor Wróblewski in a crowded Room of Copernicus at Alma Mater Jagiellonica, would never forget them. Their perfect internal logic, unmatched clarity, precision and mark of the belief, which characterised every sentence, opened before the audience the wonderful world of thoughts and ideas, guaranteed not only knowledge, but also the belief.*' Cfr. J. GWIAZDOMORSKI, "Konstrukcja", p. 285, who described a lecture delivered by Wróblewski as a 'scientific feast', although intellectually accessible only for prepared students. See also a description of Wróblewski's lectures by another of his students, S. GRZYBOWSKI, "Stanisław Wróblewski", p. 11. See also: T. ŚMIAŁOWSKI and J. SAS WISŁOCKI, "Ś.p. Stanisław Wróblewski", p. 5-6: '*... he loved the beauty of words ... he was a master of the excellent phrase, perfect intonation of spoken words ... He instructed his interlocutor during every discussion... He did this 'apostolate vocation' of spreading wisdom in an intransparent way, and, perhaps inadvertently. He liked paradoxes.*'

[38] As was stated by Janusz Sondel, after Wacław Osuchowski, Rafał Taubenschlag did not publish any of his studies before his scientific master reviewed and judged it. Cf. W. OSUCHOWSKI, "Prawo rzymskie na tle prawa antycznego", p. 299-300; J. SONDEL, "Stanisław Wróblewski jako romanista", p. 172. Many authors emphasise a great devotion and worship of Wróblewski by Taubenschlag; see, e.g.: S. GRZYBOWSKI, "Warsztaty cywilistyczne", p. 257; J. GWIAZDOMORSKI, "Konstrukcja", p. 285; K. KOLAŃCZYK, "Stanislas Wróblewski", p. 330; W. WOŁODKIEWICZ, "Stanisław Wróblewski – kodyfikator", p. 424.

[39] R. SOHM, *Institutionen, Geschichte und System des Römischen Privatrechts*, Leipzig, 1883. This first edition was translated in Polish and edited by R. Taubenschlag and W. Kozubski: *Instytucje, historia i system rzymskiego prawa prywatnego*, Warszawa, 1925, p. V. It is worth mentioning that Taubenschlag, who at the instigation of Wróblewski took up the studies on papyri (H. KUPISZEWSKI, "Rafał Taubenschlag", p. 114-116), planned to translate works of his scientific master into one of the well-known European languages; however, the intention has been never put into action. Cf. M. PATKANIOWSKI, "Il diritto romano", p. 101.

[40] W. WOŁODKIEWICZ, "Stanisław Wróblewski – kodyfikator", p. 425. Cf. e.g. K. KOLAŃCZYK, "Stanislas Wróblewski", p. 342, n. 48.

scientific research and the university legal curriculum.[41] Polish academics also noticed the problem, and professors at the University of Cracow started a dispute about it.[42]

When, in 1895, a young, twenty-six-year-old Wróblewski earned *veniam legendi* in history and Roman law dogmatics, the codification of private law in Germany had been taking place for nearly twenty years – a codification that was destined to repeal the *usus modernus pandectarum*. When, in 1901, Wróblewski received the post of Chief of the Chair of Roman Law, after his master Fryderyk Zoll Senior, a new Civil Code was in force in Germany, and the system of the 'old Roman law' had become a historical category. In the countries of the Habsburg Monarchy, although the reception of Roman law did not take place there, and from 1811 the Austrian Civil Code (ABGB) was in force, the science of Roman law still remained under the strong influence of German scholarship. Therefore, in the nineteenth century, according to the model invented at the German universities, Roman law taught at Jagiellonian University was called 'the modern Roman law' or 'the law of Pandecta'.[43] It was in fact a positive private law, binding in Germany, based on elements of Roman law modified several times in the course of its development. For obvious reasons in Galicia, or generally in Austria, the lecture of the law of Pandecta was not needed for practical purposes, yet Roman law in Cracow was lectured in such a way until almost the end of the nineteenth century. Finally, at the end of the nineteenth century, Fryderyk Zoll Senior[44] broke off with this 'method'

---

[41] E.g. R. ZIMMERMANN, *Roman Law, Contemporary Law*, p. 1-3; H. KUPISZEWSKI, *Prawo rzymskie a współczesność*, p. 73-112, in particular p. 73-74, 80-81 and 91-93.

[42] Cf. a study by F. ZOLL (Sr), "O naukowym stanowisku prawa rzymskiego po zaprowadzeniu kodeksu cywilnego w Niemczech" [About a Scientific Place of Roman Law after an Introduction of the Civil Code in Germany], *Czasopismo Prawnicze i Ekonomiczne* 1/1-2 (1900), p. 1-17; and a particular polemic with views of Zoll, published by S. WRÓBLEWSKI, "O wykładach prawa rzymskiego" [About the Lectures on Roman Law], *Czasopismo Prawnicze i Ekonomiczne* 1/3-4 (1900), p. 433-443. See also the remarks by: J. GWIAZDOMORSKI, "Konstrukcja", p. 269; S. GRZYBOWSKI, "Stanisław Wróblewski", p. 5; F. LONGCHAMPS DE BÉRIER, "Stanisław Wróblewski o znaczeniu wpływu prawa rzymskiego na prawo współczesne" [Stanisław Wróblewski about the Importance of the Influence of Roman Law to Modern Law], in: X., *Stanisław Wróblewski (1868-1938)*, p. 27-37, in particular p. 28 and 34-35; see also in a more general way H. KUPISZEWSKI, *Prawo rzymskie a współczesność*, in particular p. 73, 80-82.

[43] M. PATKANIOWSKI, "Rozkwit nauk historycznoprawnych na Uniwersytecie Jagiellońskim" [The Flourishing of the Legal History Research at the Jagiellonian University], in: IDEM *(ed.)*, *Studia z dziejów Wydziału Prawa*, p. 127-132, in particular p. 128 and 129; IDEM, "Il diritto romano", p. 94-96 and 98-102; W. OSUCHOWSKI, "Nowe kierunki badań romanistycznych w Polsce. Fryderyk Zoll Starszy (1834-1917)" [New Directions of Romanistic Research in Poland. Fryderyk Zoll Senior (1834-1917)], in: M. PATKANIOWSKI *(ed.)*, *Studia z dziejów Wydziału Prawa*, p. 259-268, in particular p. 259-260; J. KODRĘBSKI, *Prawo rzymskie w Polsce w XIX wieku* [*Roman Law in Poland in the 19th Century*], Łódź, 1990, p. 217-257; cfr. also R. SCHNUR, *Einflüsse des deutschen und des österreichischen Rechts in Polen*, Berlin, 1985; review A. AJNENKIEL, "Wpływy niemieckiego i austriackiego prawa w Polsce" [The Influence of German and Austrian Law in Poland], *Czasopismo Prawno-Historyczne* 39/1 (1987), p. 205-209.

[44] About this eminent Polish romanist, see above all: W. OSUCHOWSKI, "Nowe kierunki badań romanistycznych", p. 259-268; J. KODRĘBSKI, *Prawo rzymskie*, pp. 249-257; J. SONDEL, "s.v. Zoll Fryderyk starszy" [Zoll Fryderyk Senior], in: IDEM *(ed.)*, *Słownik*, p. 1492-1493; see also – most recently – a biogram by P.M. ŻUKOWSKI, in: D. MALEC *(ed.)*, *Profesorowie*, vol. 2, p. 599-601.

of teaching of Roman law as 'the modern Roman law' and introduced the lecture of 'pure' – 'unspoiled' classical Roman law on the basis of Justinian's *Corpus Iuris*.[45] He also believed that it was necessary to introduce an exegesis of sources to students, to present the views of Roman jurists while discussing specific issues, or to consider possible interpolations.[46] However, Zoll Senior also approached Roman law rather dogmatically, although he proposed a complete separation of lectures on Roman law and on private law. In other words, according to Zoll, classical Roman law should form the basis of lectures on Roman law as a particular legal order, and Roman law should be presented in its historical development from the beginnings of the Roman State to the times of Justinian, because classical Roman law as a perfect set of legal rules should serve as a particular introduction to private law, as well as a model for modern law (modern legislation), hence students should properly consult its sources.[47]

> 'I do not consider appropriate to follow the example of German Romanists and to develop the so-called modern Roman law which is not applied by us today. On the other hand, I do regard it much more appropriate, if, in wider scope than in institutions shaped by German Romanists, I do describe the proper, i.e. the classical Roman private law, which forms the main basis of law of our times, and which is present in civil codes in various contemporary states.'[48]

In the situation that prevailed in the Polish territory in the second half of the nineteenth century, Zoll Senior could not slavishly go for Savigny and the German Historical School and *Pandektenwissenschaft*, as could have been expected. There were several reasons: the absence of *usus modernus pandectarum*; diverse relationships between Roman law and private law; and, finally, the fact that the representatives of the Historical School were already less faithful to their programmatic ideas. The times of Zoll Senior were closer to the thoughts that created the teleological school than to the opposition to the doctrine of natural law typical for the

---

45 Cf. "The Programme of Lectures of Roman Law" in: Archive WP II. See also „programmatic" works by ZOLL (Sr): *O wykładach prawa rzymskiego i obowiązującego prawa cywilnego na uniwersytetach austriackich* [*About the Lectures of Roman Law and Civil Law at the Universities in Austria*], Kraków, 1873; IDEM, *O nauce prawa rzymskiego na naszych uniwersytetach* [*About the Science of Roman Law in Our Universities*], Kraków, 1892, p. 12-23. See also M. PATKANIOWSKI, Rozkwit, p. 128; M. PATKANIOWSKI, "Il diritto romano", p. 98-100; S. GRZYBOWSKI, "Warsztaty cywilistyczne", p. 245-246; W. OSUCHOWSKI, "Nowe kierunki badań romanistycznych", p. 262-263.

46 F. ZOLL, *O krytycznych badaniach tekstu zbiorów justyniańskich* [*About the Critical Studies of the Text of the Justinian's Collections*], Kraków, 1872. This edition was dedicated to Karl Esmarch, one of the scientific masters of Zoll Senior.

47 Cfr. S. GRZYBOWSKI, "Warsztaty cywilistyczne", p. 241-243, 247 and 248, who underlined, that from Zoll Senior the Cracovian school of Roman law turned to the historical research, but, in the same time started to adopt modern methods, searching for connection with the scholarship of modern law. In the same way J. KODRĘBSKI, *Prawo rzymskie*, p. 253.

48 F. ZOLL (Sr), *Pandekta czyli nauka rzymskiego prawa prywatnego* [*Pandecta, or the Science of Roman Private Law*], vol. 1, Kraków, 1888, Przedmowa [Introduction].

unilateral thinking of precursors of the Historical School.[49] Therefore, although this scholar taught 'the law of Pandecta', he presented it in a more diverse formula than the one adopted in 'pandectistic systems'.

However, Wróblewski himself – perhaps in an attempt to find examples of the incarnation of his own ideas in the thought of his scientific master – wrote that Zoll's *Pandecta*,[50] having regard for pure Roman law, connected the legal dogmatics with the legal history, as those which '*took from Justinian's law only this what passed into modern law, and precisely this together with the modifications that appeared in the course of this passing, based on usus modernus, and fixed the previous lack of consequences of the school towards the historical programme, from which they took also the view on the importance of history and modern law, and the idea of reciprocal dependence of the development of social life and law.*'[51]

His position on the matter of teaching Roman law, Wróblewski described in his professorship study *Program wykładów* or *The Programme of Lectures*, and he remained faithful to it, often refreshing his idea in some of the aforementioned works, which are still fundamental to the research in positive law, such as the monograph on possession, the article "About the Teaching of Roman law" published in 1900, or programmatic declarations in his textbook *The Outline of the Lecture on Roman Law*. All this may be regarded as his 'Educational Manifest' or *Credo* and, as such, was a polemic with the views of his scientific master Fryderyk Zoll Senior.

In the 'The Programme of Lectures',[52] presented in 1894 before the Council of the Faculty of Law of Jagiellonian University together with his habilitation dissertation, Wróblewski raised questions about the objectives and function of the didactic of Roman law. Specifically, in the programme he considered the following dilemma: '*how should Roman law be taught at the University; should it be the Roman law of Justinian's times or the so-called 'modern Roman law*''.[53] This dilemma was already visible in the aforementioned habilitation study, where, as

---

49 About the ideas of the German Historical School, the *Pandektenwissenschaft* after its transformation into the *Begriffs- und Konstruktionsjurisprudenz*, which deleted from the evaluation of the law all religious, economic or social aspects, cfr. P. KOSCHAKER, *Europa und das römische Recht*, München, 1947, p. 167-169, 264-266, 288-290; F. WIEACKER, *Privatrechtsgeschichte der Neuzeit unter besonderer Berücksichtigung der deutschen Entwicklung*, 2nd ed., Göttingen, 1967, p. 306-308, 348-350, and 431-433; C.A. CANNATA, *Lineamenti di storia della giurisprudenza europea, II. Dal medioevo all'epoca contemporanea*, 2nd ed., Torino, 1976, p. 151-176, in particular p. 151-161.

50 F. ZOLL (Sr), *Pandekta czyli nauka rzymskiego prawa prywatnego* [*Pandecta, or the Science of Roman Private Law*], vol. 1 (General part), vol. 2 (Law of property), Kraków, 1888, vol. 3 (Law of obligations), Kraków, 1910. The fourth edition was printed in five volumes in 1920, two non-finished volumes on family law and on the law of succession were edited by Zygmunt LISOWSKI.

51 S. WRÓBLEWSKI, *Zarys*, vol. 1, p. 212; see also a view by GRZYBOWSKI, "Warsztaty cywilistyczne", p. 245-246, and in particular p. 247: '*The Zoll's lecture of Pandecta was more dogmatic than historical, and from the school of Zoll also studies on private law emerged.*' For a more detailed analysis of this work by Zoll Senior, see W. OSUCHOWSKI, "Nowe kierunki badań romanistycznych", p. 266-267; J. KODREBSKI, *Prawo rzymskie*, p. 253-255.

52 Cf. Program wykładów, Archive WP II.

53 Cit. after: Program wykładów, Archive WP II.

mentioned, touching on the problems of private law, Wróblewski presented the history of the development of the institution of the subjective right, in particular the background of Roman law, and gave a synthesis and a clear dogmatic construction on the basis of Roman law and modern private law doctrine. Therefore, already in this study he had suggested that the primary importance should be given to the so-called 'modern Roman law', which was clearly pointed out in *The Programme* of 1894. In the aforementioned programme Wróblewski wrote:

> 'It is necessary to know the history of the state and society, which created... concepts and legal rules inherited by us in such a substantial part.... In this... matter... I consider the biggest limitation of the lecture necessary, the lecture should shed light on the relations and events producing and changing political and social situation, as well as abandon the rest in the shadow.... Where Roman law, as such, has no validity, the aim of the lectures of Roman private law is to give a student a clear, certain and vivid, so to speak, view on basic concepts of private law, without which there is no possibility of a juggle with these concepts in legal practice, while the education of practical lawyers is the general aim of the lectures.... It follows... that for Roman law lecture a teleological method is of the second importance, because the structure of legal concepts has the main meaning in the formation of legal thinking.... As to the scope of the lecture, the classical Roman law is of less importance, because, no matter how much strict and clear concepts it had and no matter how logical in its conclusions it was, on the one hand, it is scarcely exempted from curtains of interpolations, on the other hand, it is not suitable for the purpose referred to above as well as for the so-called 'modern Roman law'. Windscheid is not inferior to Paulus, and he is much more precious to us, because... it is easier and more practical to teach reading on a currently used alphabet, than on the Medieval Gothic one. The main accent should be put on the so-called 'modern Roman law'.'[54]

As mentioned, Wróblewski turned to these issues repeatedly, in particular in his monograph on possession (1899), in the study *About the Lectures on Roman Law* (1900) and finally in *The Outline* (1916).

In the monograph on possession he wrote:

> 'Liberation from the absolute seriousness of sources and, most of all, from these attempts of construction, which in Rome arose from a practical view, means progress in science. The independence of the theory in this regard is for us the measure of its value; then, but only then, it reaches the importance beyond the basis to which is formally attached, beyond 'common' law. The science of Roman law understood in this way creates first of all

54 Cit. after: Program wykładów, Archive WP II.

a store of legal concepts, essential and generally valid there, where the social system corresponds to the Roman type, and applicable even to relations unknown in Rome, such as the concept of subjective rights to the so-called rights to intangible assets. For more detailed issues where the basic concepts are no longer significant, the construction may not be generally important, due to the differences between positive laws; this, however, does not imply that it has not any 'raison d'être'. Also here, throughout the analysis, throughout detection of elements constructing the relevant institution, it is possible to determine the point in which the positive laws diverge, what means a synthesis of their common elements. Then the construction allows to specify the nucleus of the particular institution in contemporary law in order to separate it from what is subjected to the influence of positive law... That such a science, adopting 'elementa' of the construction for the theory of positive law, for which once used term of 'the philosophy of modern private law' seems to me to be the most just, is necessary, it is, according to me, hardly doubtful. It is proved by the practical reasons. The theory of positive law, without more general fundations has to run into dogmatism and wither, because, as a matter of facts, it is doomed to take to the construction the provisions typical for such positive law, not caring about combinations or comparisons. To avoid this, it must derive from the concepts produced by the more general theory, which tries to capture the nature of legal phenomena through its positive properties. Such theory links almost inevitably to Roman law, and it is not just because of its policies in the existing legal systems have an advantage. Foremost Roman law lost its practical significance. By this, there is no danger, typical for any theory based on binding law, in which, for the reason of the influence of practical importance of binding legal rule, it is too easy to overestimate its importance, and to forget that it is only one of the many possibilities. In addition, it is difficult to find, but even to imagine, such a treasure of casuistry, as this present in the sources of Roman law, and practical examples would always test the construction. It is necessary to admit that, apart from the evaluative role, sources have to go to the second ground, and the standards and principles of the currently binding legal system would be of main importance, inclusion of which into such understood theory is necessary. Determination of relation of these laws with the general construction of a concept common for them would be, together with the description of Roman law, of the same importance, with all their positive possibilities and varieties.'[55]

'After the argumentation of Ihering, it is almost trivial to speak about the plasticity of Roman law. Such a vividness has however also this meaning

55 S. WRÓBLEWSKI, *Posiadanie*, p. 10 and 11.

that the legal concept of more general nature signified for a Roman jurist, first and foremost, just an image, though almost always a bright and clear one. The differences and similarities between concepts presented themselves in his eyes, almost in the same way, as differences between shapes and colours presented themselves to us; but that, what fits to the image in the reality, its causal connection with the general legal system, was for Roman jurists an indifferent thing. The analysis in this direction, which may be called an essential one, is almost absolutely absent: it provoked the superficiality of the synthesis, and synthetic sentences of Roman jurists are the proves that one can resolve particular cases in accordance with the consequence of concepts, or in accordance to the needs of the market, though without such consequences, and in the same time one may be unaware of the fact, that such consequences might had been changed by a particular solution.... It was pointed out very aptly by Bekker how still today the remains of Roman 'actiones' provoked the ambiguity of concepts, and the same Bekker postulated, in the same time, their removal as a goal. This 'vis inertiae', thanks to which the spirit of vividness still reign the legal science, delays the deepening of the theory and does not allow the particularity of the content legal relations, important only from the legal point of view, to appear at foreground ...'[56]

In the study titled *About the Lectures of Roman Law*, however, Wróblewski stated:

> 'The pantomime, which 'civis Romanus' had to perform with the 'legis actio sacramento', typical characteristics of the 'mancipatio', etc. contribute to the knowledge of law which a student had to receive from us at the University, in the same degree as the knowledge how to wear a toga in Rome. The art of 'searching for interpolations" does not fit contemporary statutes. It was taught in Germany 'sub colore' of the preparation of the cognition of law, and in Austria even without these appearances.'[57]

Two volumes of the aforementioned textbook were a particular summary of the methodical attitude of Wróblewski towards Roman law. There, he clearly defined his position (vol. 1, p. 208-215).

> 'In *The Outline* I tried to combine the history of Roman law and dogmatics of its provisions and of provisions of modern law; in the presentation of the material I was aware that although modern concepts are for us closer and more easily understandable than pure Roman law, what was the reason of the priority of "the law of Pandecta", yet, the possibility of their

---

56 S. Wróblewski, *Posiadanie*, p. 5-6.

57 S. Wróblewski, *O wykładach prawa rzymskiego* [*About the Lectures of Roman Law*], p. 442-443.

> profound understanding and evaluation is possible only when one describes the path which they came from the Roman to our days.'[58]

To sum up, Wróblewski explicitly claimed that '*to [him] Windscheid was dearer than Paulus*', and that he believed that the emphasis should be put on the so-called 'modern Roman law'. He emphasised that some legal concepts had been directly taken from the sources of Roman law, but, all the same, long ago they ceased to belong exclusively to this particular legal order, because they permeated new legal orders.[59] In his opinion, such legal concepts belong, therefore, to a common set of rules of private law of civilised societies, are justly used in lectures on Austrian law, French law and other laws, and are not untypical of these legal orders. At the same time, despite his dedication to studies on legal history, Wróblewski was against pure historical lectures on law. His stance was based on the assumption that the purpose of legal training was to prepare a student to work as a lawyer.

However, it has to be mentioned that Wróblewski, while suggesting the removal of historical dogma from lectures of Roman law, did not mean to remove it from the scientific research, where he accepted both approaches – the historical and the dogmatic one. At this point his views were not so far from the ideas of his scientific master Zoll Senior.

> 'The historical dogma placed still in the lectures of Roman law should be removed from them as soon as possible. I do not apply this postulate, by any means, to the pure science. I am a Romanist myself, and I am currently working on a number of issues of civil procedure, and I fully recognise the equality of the historical trend in science.'[60]
>
> 'The pure science of law is something else than the university teaching, which has, primarily, a practical goal, so that university lectures have to be shaped appropriately for that purpose. I do not believe that the lectures close, in particular, to the history of Roman law and the Roman private process contribute at any point to professional legal education. On the contrary, I think that they give to a student a number of completely unnecessary information, which slips out of the student's memory immediately after the exam, though it should have never filled it.'[61]

Wróblewski merely wanted to give priority to the modern way of thinking concerning law and to the general theory of private law in university education, because, according to him, only in this way could Roman law properly serve the teaching process. For him, Roman law was a path towards private, civil law.[62] As already

---

58 S. WRÓBLEWSKI, *Zarys*, vol. 1, p. 215.

59 S. WRÓBLEWSKI, *O wykładach prawa rzymskiego*, p. 436.

60 Ibidem, p. 442.

61 Ibidem, p. 442-443.

62 A view expressed by one of the most distinguished Polish civilists of the twentieth century, S. GRZYBOWSKI, "Warsztaty cywilistyczne", p. 246.

mentioned, although Stanisław Wróblewski's entire scientific life was dedicated to Roman law, he included almost every aspect of modern private law in his research. Perhaps such a wide scale of scientific interests determined his views on the role and functions of Roman law in the lawyer's curriculum.

3. The polemic about the role of Roman law in the university *curriculum* and its importance for today's teaching of Roman law

In these times of endless discussions concerning the place of Roman law science amongst legal sciences and the place of Roman law in legal education, the views of Stanisław Wróblewski on the role of Roman law and the importance of its study might be interesting and fruitful.[63] Undoubtedly, he was one of those who had the ability to detect in Roman sources the inspiration to ask questions and resolve problems of modern private law.[64] Certainly, Roman law has not changed since the death of Wróblewski. However, the teaching of Roman law has changed, and, what is more, law, which the modern generation determines itself as 'the modern one', has changed.

In view of the objective and scope of the university didactic teaching of Roman law expressed by Wróblewski, one should see the reaction to the trend towards the hermetic closure of Roman law in the scope of the ancient era, and so without taking into account its role in shaping the subsequent legal culture. At the time, when he wrote his work, both in Germany and in France, Roman law was understood as a history of the development of this law, also by taking into account a wide range of other ancient laws and their impact on Roman law. Only with time did such scholars as Salvatore Riccobono or Paul Koschaker note that it was necessary to appreciate the values inherent in the dogmatics of Roman law that are still alive in the so-called positive law. In this respect, therefore, Wróblewski was amongst the first to have connected Roman law with civil and commercial law, and he also engaged in the process of creating new regulations, analysing existing ones and proposing new legislation.

It is claimed today that law varies in relation to the processes of Europeanisation, globalisation and decodification.[65] Concerning the legal methods it is said

---

[63] F. Longchamps de Bérier, "Stanisław Wróblewski o znaczeniu wpływu prawa rzymskiego", p. 27.

[64] J. Gwiazdomorski, "Szkoła teleologiczna. Fryderyk Zoll Młodszy (1865-1948)", in: M. Patkaniowski (*ed.*), *Studia z dziejów Wydziału Prawa Uniwersytetu Jagiellońskiego*, Kraków, 1964, in particular p. 288.

[65] T. Giaro, "Prawo i historia w dobie globalizacji. Nowe rozdanie kart" [Law and History in the Era of Globalisation. A New Approach], in: T. Giaro (*ed.*), *Prawo w dobie globalizacji. Konferencja Wydziału Prawa i Administracji Uniwersytetu Warszawskiego (5 marca 2010)* [*Law in the Era of Globalisation. A Conference Organised by the Department of Law and Administration of the University of Warsaw, 5 March 2010*], Warszawa 2011, p. 73–88, in particular p. 73, who emphasise that

that one may observe the clash of the applicative dogmatic method with the contemplative historical one.[66] Without evaluating the relevancy of this thesis against the reality, one may ask: What is Roman law today? What is it for?

I would answer: surely, it is a history, but it is also an element of legal i.e. lawyers' identity. And Roman law is a tradition and it is given to us within the tradition.

The usefulness of the lecture of Roman law, in general, is not challenged. One must, however, ask what the content of such a lecture should be – what should be included in the study of Roman law? No doubt, this is the same question that was asked at the beginning of the last century. Wróblewski believed that it was important to indicate how Roman law had influenced subsequent legal systems as well as to analyse whether, how and in what direction modern law diverged from the Roman legal rules and principles. Therefore, the pure history or archaeological studies of Roman law are not completely without importance but, simply and precisely, an honest and reliable legal study of Roman law seems to be the most precious. And, finally, in Roman law and in the fact that it had lost its practical significance, Wróblewski saw advantages for the use of Roman law in a comparative context.

A question concerning the practical aspects of studying of Roman law remains valid for every generation[67] and it seems reasonable – for every generation – to examine the answer carefully.

the legal science is a part of the modern world, and, therefore, it should answer the modern questions. Cf. also an analysis of the changes in law wrought by the times of post–positivism and post–modernity by R. ZIMMERMANN, *Roman Law, Contemporary Law*, p. 107-108 and p. 187–189; L. MORAWSKI, *Główne problem współczesnej filozofii prawa. Prawo w toku przemian* [*The Main Problems of the Modern Legal Science. Law in the Times of Change*], 4th ed., Warszawa, 2005, passim.

66 T. GIARO, "Prawo i historia", p. 73.

67 P. ŚWIĘCICKA, "'Amne Adverso' Means 'Looking Upstream' Remarks on the Book by Laurent Waelkens, 'Amne Adverso'. Roman Legal Heritage in European Legal Culture (Leuven University Press, 2015)", *Krakowskie Studia z Historii Państwa i Prawa* [*The Cracovian Studies on State and Law*] 9/4 (2016), p. 567-578.

BIBLIOGRAPHY

Introduction

ANGELINI, P., "The Serbian Version of the Syntagma of Blastares, the Lex Romana Serborum", *Tijdschrift voor Rechtsgeschiedenis* 86 (2018), p. 272-298.

ANGELINI, P., "Alcune considerazioni su storia del diritto e slavistica", *Historia et ius* 4/2013, nr. 16.

BOHÁČEK, M., *Einflüsse des römischen Rechts in Böhmen und Mähren* [Ius Romanum Medii Aevi, V, 11], Milan, 1975.

FELDBRUGGE, F., *Law in Medieval Russia*, Boston, 2009.

HUBÉ, R., *O znaczenju prawa rzymsko-byzantyńskiego u narodów słowiańskich*, Warsaw, 1868.

KAPLAN, M., *Pourquoi Byzance? Un empire de onze siècles*, Paris, 2016.

PFEIFER, G.C., *Ius Regale Montanorum. Ein Beitrag zur spätmittelalterlichen Rezeptionsgeschichte des römischen Rechts im Mitteleuropa*, Ebelsbach, 2002

SATURNÍK, T., *Příspěvky k šíření byzantského práva u Slovanů* [Contributions on the reception of Byzantine law in among the Slavs], Prague, 1922.

SIIMETS-GROSS, H., *Das Liv-, Est- und Curlaendische Privatrecht (1864/65) und das römische Recht im Baltikum*, Tartu, 2011.

SOLOJNEV, A., *Istorija slovenskih prava. Zakonodavstvo Stefana Dušana cara srba i grka* [History of the law of the Slavs. The codification of Stephan Dushan, emperor of the Serbs and the Greeks], 1939, repr. Belgrade, 1998.

SONDEL, J., *Ze studiów nad prawem rzymskim w Polsce w okresie oświecenia* [*A Study of Roman Law in Poland in the Age of Enlightenment*], Warsaw, 1988.

STOLTE, B., "A heretical hypothesis: on the beginning of the Codex Justinianus", *Tijdschrift voor Rechtsgeschiedenis* 81 (2013), p. 109-128.

WAELKENS, L., "La personne dans le travail en servitude du droit romain antique et médiéval", in: TUFFÉRY-ANDRIEU, J.-M., and LARONZE, F. (*eds.*), *Les normes du travail: une affaire de personnes?*, Brussels, 2016, p. 33-51.

WAELKENS, L., "Legal Transplant of Greek Caesaropapism in Early Modern Times", in: DECOCK, W., BALLOR, J.J., GERMANN, M., and WAELKENS, L. (*eds.*), *Law and Religion. The Legal Teachings of the Protestant and Catholic Reformations*, Göttingen, 2014, p. 213-230.

WAELKENS, L., "Réception ou refoulement? Pour une lecture grecque de l'histoire du droit de la Renaissance", in: COPPEIN, B., STEVENS, F., and WAELKENS, L. (*eds.*), *Modernisme, tradition et acculturation juridique* [Iuris Scripta Historica XXVII], Brussels, 2011, p. 137-149.

WAELKENS, L., "L'hérésie des premiers titres du Code de Justinien. Une hypothèse sur la rédaction tardive de C. 1, 1-13", *Tijdschrift voor Rechtsgeschiedenis* 79 (2011), p. 253-296.

ALLAM, S., "Familie und Besitzverhältnisse in der altägyptischen Arbeitersiedlung von Deir-el-Medineh", *Revue internationale des droits de l'Antiquité* 30 (1983), p. 17-39.

ANAGNOSTOU-CANAS, B., "La réparation du préjudice dans les papyrus grecs d'Égypte", dans: CANTARELLA, E. (*éd.*), *Symposion 2005*, Vienne, 2007, p. 307-326.

BÉRENGER, A., *Le métier de gouverneur dans l'empire romain de César à Dioclétien* [De l'Archéologie à l'Histoire, 62], Paris, 2014.

BOSWELL, J., *Christianity, Social Tolerance and Homosexuality*, Chicago, 1980.

CADELL, H., "Pour une recherche sur *astu* et *polis* dans les papyrus grecs d'Égypte", *Ktèma* 9 (1984), p. 235-246.

CANTARELLA, E., "Fathers and Sons in Athenian Law and Society", dans: G. THÜR (*éd.*), *Symposion 2009*, Vienne, 2010, p. 1-22.

CANTARELLA, E., *Selon la Nature, l'usage et la loi: la bisexualité dans le monde antique*, traduit de l'italien par M.D. PORCHERON, Paris, 1991 (édition originale 1988).

CAPPONI, L., "Spaces of Justice in Roman Egypt", in DE ANGELIS, F. (*éd.*), *Spaces of Justice in the Roman World*, Leyde, 2010, p. 251-277.

CLARYSSE, W., "Use and Abuse of Beer and Wine in Graeco-Roman Egypt", dans: GEUS, K., et ZIMMERMANN, K. (*éd.*), *Punica-Libyca-Ptolemaica: Festschrift für Werner Huss, zum 65. Geburtstag dargebracht von Schülern, Freunden und Kollegen* [Studia Phoenicia, 16], Louvain, 2001, p. 159-166.

COHEN, E.E., "Laws Affecting Prostitution at Athens", dans: CANTARELLA, E. (*éd.*), *Symposion 2005*, Vienne, 2007, p. 201-224.

COROÏ, J.N., "Caius Vibius Maximus : Praefectus Alexandriae et Aegypti", dans: *Atti del Congresso internazionale di diritto romano; Roma 22-29 aprile 1933*, Pavie, 1934, p. 513-524.

DIMOPOULOU-PILIOUNI, A., "Ἀποξενοῦσθαι: Ἀτιμία in Roman Times?", dans: G. THÜR (*ed.*), *Symposion 2009*, Vienne, 2010, p. 223-240.

DUPONT, F., et ELOI, T., *L'érotisme masculin dans la Rome antique*, Paris, 2001.

FANTHAM, E., "*Stuprum*: Public Attitudes and Penalties for Sexual Offences in Republican Rome", *Échos du Monde Classique* 35 (1991), p. 267-291.

FELL, M., *Optimus Princeps? Anspruch und Wirklichkeit der imperialen Programmatik Kaiser Traians*, Munich, 1992.

GABELMANN, H., *Antike Audienz- und Tribunalszenen*, Darmstadt, 1984.

GAUTHIER, P., et HATZOPOULOS, M.B., *La loi gymnasiarchique de Béroia* [Μελετηματα, 16], Athènes, 1993.

JÖRDENS, A., "Status and Citizenship", dans: RIGGS, C. (*éd.*), *The Oxford Handbook of Roman Egypt*, Oxford, 2012, p. 247-259.

KASPARIAN, B., "La condition de l'enfant et du fils aîné dans l'Égypte ancienne", dans: BOUINEAU, J. (*éd.*), *Enfant et romanité : analyse comparée de la condition de l'enfant*, Paris, 2007, p. 17-64.

KERNEIS, S., "Loi et coutume dans l'Empire romain. A propos du droit vulgaire", dans: HALLEBEEK, J., SCHERMAIER, M., FIORI, R., METZGER, E., et CORIAT, J.P. (*éd.*), *Inter cives necnon peregrinos: Essays in honour of Boudewijn Sirks*, Göttingen, 2014, p. 367-383.

LEGRAS, B., "L'homosexualité masculine à travers les papyrus grecs d'Égypte: droit et morale", dans: CANTARELLA, E., et THÜR, G. (*éd.*), *Symposion 1997*, Cologne, 2001, p. 269-289.

LILJA, S., *Homosexuality in Republican and Augustan Rome*, Helsinki, 1983.

LOVISI, C., "À l'origine de la Loi Scantinia?", dans: HUMBERT, M., et THOMAS, Y. (*éd.*), *Mélanges à la mémoire de André Magdelain*, Paris, 1998, p. 275-283.

MACDOWELL, D.M., "Athenian Laws about Homosexuality", *Revue internationale des droits de l'Antiquité* 47 (2000), p. 13-27.

MACMULLEN, R., "Roman Attitudes to Greek Love", *Historia* 31 (1982), p. 484-502.

MASON, H.J., *Greek Terms for Roman Institutions; a Lexicon and Analysis* [American Studies in Papyrology, 13], Toronto, 1974.

MATHIEU, B., "L'Enseignement de Ptahhotep", dans: P. CROUZET-DAURAT (*éd.*), *Visions d'Égypte: Émile Prisse d'Avennes (1807-1879)*, Paris, 2011.

MCDOWELL, A., "Legal Aspects of Care of the Elderly in Egypt to the End of the New Kingdom", dans: STOL, M., et VLEEMING, S.P. (*éd.*), *The Care of the Elderly in the Ancient Near East*, Leyde, 1998, p. 199-221.

MÉLÈZE-MODRZEJEWSKI, J., *Loi et coutume dans l'Égypte grecque et romaine* [Supplement of the Journal of Juristic Papyrology, 21], Varsovie, 2014.

MÉLÈZE-MODRZEJEWSKI, J., *Le Droit Grec après Alexandre*, Paris, 2012.

MÉLÈZE-MODRZEJEWSKI, J., "Pères et fils dans l'Égypte hellénistique: réponse à Eva Cantarella", dans: THÜR, G. (*éd.*), *Symposion 2009*, Vienne, 2010, p. 15-21 (= *Droit et Justice dans le monde grec et hellénistique* [Supplement of the Journal of Juristic Papyrology, 10], Varsovie, 2011, p. 407-418).

MÉLÈZE-MODRZEJEWSKI, J., "La loi des Égyptiens: le droit grec dans l'Égypte romaine", dans: MANDILARAS, B.G. (*éd.*), *Proceedings of the XVIII International Congress of Papyrology (*Athens, 25-31 May 1986*)*, vol. 2, Athènes, 1988, p. 386-389 (= "Droit impérial et traditions locales dans l'Égypte romaine", Aldershot, Variorum, 1990, nr.° IX).

MUSURILLO, H., *Acta Alexandrinorum: De Mortibus Alexandriae Nobilium Fragmenta Papyracea Graeca*, Leipzig, 1961.

MUSURILLO, H., *The Acts of Pagan Martyrs*, Oxford, 1954.

NOWAK, M., "Defining Prostitution in Athenian Legal Rhetorics", *Tijdschrift voor Rechtsgeschiedenis* 78 (2010), p. 183-197.

PAOLI, U.E., "La loi de Solon sur les distances", *Revue historique du droit français et étranger* 27 (1949), p. 505-517.

PARKINSON, R.B., "Homosexual Desire and Middle Kingdom Literature", *Journal of Egyptian Archaeology* 81 (1995), p. 57-76.

PFEIFFER, S., "Der ägyptische Tierkult im Spiegel der griechisch-römischen Literatur", dans: ALEXANDRIDIS, A., WILD, M., et WINKLER-HORACEK, L. (*éd.*), *Mensch und Tier in der Antike, Grenzziehung und Grenzüberschreibung*, Wiesbaden, 2008, p. 363-383.

RAINER, J.M., "Zum Problem der Atimie als Verlust der bürgerlichen Rechte insbesondere bei männlichen homosexuellen Prostituierten", *RIDA* 33 (1986), p. 89-114.

RICHLIN, A., *The Garden of Priapus: Sexuality and Aggression in Roman Humor*, Oxford, 1992.

RIZZELLI, G., *Lex Iulia de adulteriis: Studi sulla disciplina di adulterium, lenocinium, stuprum*, Lecce, 1997.

ROUSSELLE, A., "Personal Status and Sexual Practice in the Roman Empire", dans: FEHER, M. (*éd.*), *Fragments for a History of the Human Body*, Tome 3, Zone 5, New-York, 1989, p. 301-333.

RUPPRECHT, H.A., "Die Sorge für die Älteren nach den Papyri", dans: STOL, M., et VLEEMING, S.P. (*éd.*), *The Care of the Elderly in the Ancient Near East*, Leyde, 1998, p. 223-240.

SCHUBART, W., *Einführung in die Papyruskunde*, Berlin, 1918.
SEIDL, E., *Ptolemäische Rechtsgeschichte*, Glückstadt, 1962^2.
STEIN, A., *Die Präfekten von Ägypten in der römischen Kaiserzeit*, Berne, 1950.
STEIN, A., "Ser. Sulpicius Similis", *Hermes* 53 (1918), p. 425-427.
SYME, R., "C. Vibius Maximus, Prefect of Egypt", *Historia* 6 (1957), p. 480-487.
TIBILETTI, G., *Le lettere private nei papiri greci del III e IV secolo d.C. : tra paganesimo e cristianesimo* [Scienze filologiche e letteratura, 15], Milano, 1979.
TODD, S.C., "Some Notes on the Regulation of Sexuality in Athenian Law", dans: RUPPRECHT, H.A. (*éd.*), *Symposion 2003*, Vienne, 2006, p. 93-111.
VELISSAROPOULOS-KARAKOSTAS, J., *Droit Grec d'Alexandre à Auguste (323 av. J.-C.-14 ap. J.-C.) : Personnes, Biens, Justice* [Μελετηματα, 66], vol. 1, Athènes, 2011.
VEYNE, P., "La famille et l'amour sous le Haut-Empire Romain", *Annales ESC* 33/1 (1978), p. 35-63.
WAELKENS, L., *Amne Adverso : Roman Legal Heritage in European Culture*, Louvain, 2015.
WALLACE, R.W., "Unconvicted or Potential *Atimoi* in Ancient Athens", *Dikè* 1 (1998), p. 63-78.
WALLACE, R.W., "On not Legislating Sexual Conduct in Fourth-Century Athens", dans: THÜR, G., et VÉLISSAROPOULOS-KARAKOSTAS, J. (*éd.*), *Symposion 1995*, Cologne, 1997, p. 151-166.
WALTERS, J., "Invading the Roman Body: Manliness and Impenetrability in Roman Thought", dans: HALLETT, J.P., et SKINNER, M.B. (*éd.*), *Roman Sexualities*, Princeton, 1997, p. 29-43.
WILCKEN, U., "Der ägyptische Konvent", *APF* 4 (1908), p. 366-422.
WILLIAMS, C.A., *Roman Homosexuality: Ideologies of Masculinity in Classical Antiquity*, Oxford, 1999.
WINKLER, J.J., *Désir et contraintes en Grèce ancienne*, traduction S. BOEHRINGER et N. PICARD, Epel, Paris, 2005 (édition originale 1990).
YOUNI, M., "The Different Categories of Unpunished Killing and the Term ATIMOΣ in Ancient Greek Law", dans: THÜR, G. (*éd.*), *Symposion 1997*, Cologne, 2001, p. 117-140.

Tiziana FAITINI

ALCAIN, J.A., *Cautiverio y redención del hombre en Origenes*, Bilbao, 1973.
AMBROSE, "De officiis", in: *Sancti Ambrosii Episcopi Mediolanensis Opera 13*, ed. KRABINGER, I.G., and BANTERLE, G., Roma, 1977.
AMBROSE, *De virginitate*, ed. CAZZANIGA, I., Torino, 1952, XIX.126.
AMBROSE, "Expositionis Evangelii secundum Lucam libri decem", in: *Sancti Ambrosii Episcopi Mediolanensis Opera 11*, 2 vol., ed. ADRIAEN, M., and COPPA, G., Roma, 1978.
AMBROSE, *Seven exegetical works* [The Fathers of the Church, 65], ed. MCHUGH, M.P., Washington, 1972.
AMBROSE, "De Iacob et vita beata", in: *Sancti Ambrosii epistulae et acta*, ed. FALLER, O., and ZELZER, M., Vienna, 1968-1996, vol. 3.
AMBROSE, *Sancti Ambrosii Episcopi Mediolanensis Opera 3*, ed. SCHENKL, C., and PALLA, R., Roma, 1982.
AMBROSIASTER, *Commentaries on Romans and 1-2 Corinthians*, ed. BRAY, G.L., Downers Grove, 2009.
Ambrosiastri qui dicitur commentarius in epistulas paulinas, Pars prima, ed. VOGELS, H.I., Vienna, 1966.

AMIRANTE L., *Redemptio ab hostibus*, in: AZARA, A., and LULA, E. (*eds.*), *Novissimo Digesto Italiano*, Torino, 1976, vol. 14, p. 1102-1104.

ANDERSON, G., *Sin: A History*, New Haven, 2009, p. 111-132.

AUGUSTINE, *Enarrationes in Psalmos* [Corpus Christianorum Series Latina, 39], ed. DEKKERS, D.E., and FRAIPONT, I., Turnhout 1956.

AUGUSTINE, *The problem of free choice*, ed. PONTIFEX, M., Westminster, 1955.

AUGUSTINE, "De libero arbitrio", in: *Aurelii Augustini Opera* [Corpus Christianorum Series Latina, 29], Pars II/2, ed. GREEN, W. M., Turnhout 1970.

BARBATI, S., "La *redemptio ab hostibus* e lo status del *redemptus*", in: LORENZI, C., and NAVARRA M. (*eds.*), *Frontiere della romanità nel mondo tardo antico. Appartenenza, contiguità, alterità. Trasformazione e prassi*, Napoli, 2016, p. 133-254.

BARBATI S., "Sui presupposti di applicazione e la natura giuridica degli effetti del *postliminium*", *Atti dell'Accademia Romanistica Costantiniana* 20 (2014), p. 587-813.

BENJAMIN, W. , "Capitalism as Religion", in: BULLOCK, M., and JENNINGS, M.W. (*eds.*), *Selected Writings, vol. 1: 1913–1926*, Cambridge, 2002, p. 288-291.

BENJAMIN, W., "On the concept of history", in EILAND, H., and JENNINGS, M. W. (*eds.*), *Selected writings, vol. 4: 1938-1940*, Cambridge, 2003, p. 389-400.

Biblia latina cum glossa ordinaria, ed. MORARD, M., *Glossae Scripturae Sacrae-electronicae (Gloss-e)*, IRHT-CNRS 2016, http://gloss-e.irht.cnrs.fr/php/editions_chapitre.php?livre=../sources/editions/../sources/editions/GLOSS-liber60.xml&chapitre=6, accessed 1 February 2018.

BROWN, P., *The Ransom of the Soul. Afterlife and Wealth in Early Western Christianity*, London, 2015.

BÜCHSEL, F., "Lytron", in: KITTEL, G., and FRIEDRICH, G. (*eds.*), *Theologisches Wörterbuch zum Neuen Testament*, Stuttgart, 1933-1978, vol. 4, col. 340-56.

BURCKHARDT, L., "Lytron", in: CANCIK H., SCHNEIDER H., and LANDFESTER M. (*eds.*), *Der Neue Pauly*, http://dx.doi.org.kuleuven.ezproxy.kuleuven.be/10.1163/1574-9347_dnp_e715200, accessed 2 August 2018.

Censo, ceto, professione. Il censimento come problema teologico-politico [Politica e religione. Annuario di teologia politica], Brescia, 2015.

Chromatii Aquilensis opera [Corpus Christianorum Series Latina, 9A], ed. ETIEX, R., and LÉMARIÉ, J., Turnhout, 1974.

CIPOLLONE, G., *Cristianità – Islam. Cattività e liberazione in nome di Dio. Il tempo di Innocenzo III dopo il 1187*, Roma, 2003.

DUCREY, P., "Aspects juridiques de la victoire et du traitement des vaincus", in: VERNANT, J. P. (*ed.*), *Problèmes de la guerre en Grèce ancienne*, Paris, 1968, p. 231-243.

DU TOIT, A., "Forensic Metaphors in Romans and their soteriological significance", in: VAN DER WATT, J.G. (*ed.*), *Salvation in the New Testament. Perspectives on Soteriology* [Novum Testamentum, Supplements, 121], p. 213-246.

ELERT, W., "Redemptio ab hostibus", *Theologische Literaturzeitung* 5/72 (1947), p. 265-270.

FAITINI, T., "Towards a Spiritual Empire: Christian Exegesis of the Universal Census at the Time of Jesus' Birth", in: BROWN, S.J., METHUEN, C., and SPICER, A. (*eds.*), *The Church and Empire* [Studies in Church History, 54], Cambridge, 2018, p. 16-30.

GAUDEMET, J., "Droit séculier et droit de l'église chez Ambroise", in: LAZZATI, G. (*ed.*), *Ambrosius episcopus. Atti del Congresso internazionale di studi ambrosiani nel 16. centenario della elevazione di sant'Ambrogio alla cattedra episcopale. Milano, 2-7 dicembre 1974,* Milano, 1976, vol. 1, p. 286-315.

Gaudemet J., *Le droit romain dans la littérature chrétienne occidentale du IIIe au Ve siècle*, Milano, 1978.

Gregg, J.A.F., "The commentary of Origen upon the Epistle to the Ephesians", *Journal of Theological Studies* 3 (1901-02), p. 233-244.

Gregory of Nyssa, *Oratio catechetica magna Great Catechism*, 22, in: Migne, J.P. (*ed.*), *Patrologia Graeca*, Paris, 1857–66, vol. 45.

Guillelmus Alvernus, *Sermones de tempore* [Corpus Christianorum Continuatio Mediaevalis, 230A], ed. Morenzoni, F., Turnhout, 2011.

Heine, R.E. (*ed.*), *The Commentaries of Origen and Jerome on St. Paul's Epistle to the Ephesians*, Oxford, 2002.

Heinemeyer, S., *Der Freikauf des Sklaven mit eigenem Geld, Redemptio suis nummis*, Berlin, 2013.

Helmholz, R., *The Spirit of classical Canon Law*, Athens (GA), 1996.

Hepp, R., "Theologie, politische", in: Ritter, J. (*ed.*), *Historisches Wörterbuch der Philosophie*, Basel, 1998, vol 10, p. 1105-1112.

Jerome, "Commentarii in iv epistulas Paulinas. Ad Ephesios", in: J.P. Migne (*ed.*), *Patrologia Latina*, Paris, 1844-55, vol. 26.

Landau, P., "Frei und Unfrei in der Kanonistik des 12. und 13. Jahrhunderts am Beispiel der Ordination der Unfreien", in: Fried, J. (*ed.*), *Die abendländische Freiheit vom 10. zum 14. Jahrhundert. Der Wirkungszusammenhang von Idee und Wirklichkeit im europäischen Vergleich*, Sigmaringen, 1991, p. 177-196.

Lazzati, G., *Le droit romain dans la littérature chrétienne occidentale du IIIe au Ve siècle* [Ius Romanum Medii Aevi I.3.b], Milano, 1978, p. 71–98.

Lyonnet, S., and Sabourin, L., *Sin, Redemption and Sacrifice. A Biblical and Patristic Study*, Roma, 1998.

Lukken, G. M., *Original Sin in the Roman Liturgy. Research into the Theology of Original Sin in the Roman Sacramentaria and the early Baptismal Liturgy*, Leiden, 1973.

Lyall, F., *Slaves, Citizens, Sons. Legal Metaphors in the Epistles*, Grand Rapids, 1984.

Martini R., "Tertulliano giurista e Tertulliano padre della Chiesa", *Studia et documenta historiae et iuris* 41 (1975), p. 78-124.

Mateo-Seco, L.F., "Devil", in: Maspero, G., and Mateo Seco, L.F. (*eds.*), *The Brill Dictionary of Gregory of Nyssa*, Leiden, 2010.

Meens, R., "The historiography of Early Medieval Penance", in: Firey, A. (*ed.*), *A New History of Penance*, Leiden, 2003.

Meier, C., "Was ist politische Theologie?", in: Assmann, J. (*ed.*), *Politische Theologie zwischen Ägypten und Israel*, München, 1995, p. 3-18.

Moroni, B., "Lessico teologico per un destinatario imperiale. Terminologia giuridico-amministrativa e cerimoniale di corte nel *De fide* di Sant'Ambrogio", in: Pizzolato, L.F., and Rizzi M. (*eds.*), *Nec timeo mori. Atti del Congresso internazionale di studi ambrosiani nel XVI centenario della morte di sant'Ambrogio*, Milano, 1998, p. 341-363.

Mueller, R.C., "Eva a dyabolo peccatum mutuavit. Peccato originale, prestito usurario e redemptio", in: Quaglioni, D., Todeschini, G., and Varanini, G.M. (*eds.*), *Credito e usura fra teologia, diritto e amministrazione: linguaggi a confronto (sec. XII-XVI)*, Roma, 2005, p. 227-245.

Nicoletti, M., "Politik und Erlösung", in: Koslowski, P. (*ed.*), *Endangst und Erlösung 2. Rechtfertigung, Vergeltung, Vergebung in Philosophie und Theologie*, München, 2012, p. 133-148.

NICOLETTI, M., and SARTORI L., *Teologia politica*, Bologna, 1991.
ORIGEN, *In epistula Pauli ad Romanos explanatiorum libri I-IV*, ed. COCCHINI, F., Roma, 2014.
ORIGEN, *Commentary on the Epistle to the Romans. Books 1-5* [The Fathers of the Church, 103], ed. SCHECK, T.P., Washington, 2009.
ORIGEN, *Commentary on the Epistle to the Romans. Books 6-10* [The Fathers of the Church, 104], ed. SCHECK, T.P., Washington, 2009.
ORIGEN, *Homiliae in Exodum*, ed. SIMONETTI, M., Roma, 2005.
ORIGEN, *Homilies on Genesis and Exodus* [The Fathers of the Church, 71], ed. HEINE, R.E., Washington, 2002.
OTTMANN, H., "Politische Theologie als Begriffsgeschichte", in: GERHARDT, V. (*ed.*), *Der Begriff der Politik, Bedingungen und Gründe politischen Handelns*, Stuttgart, 1990, p. 169-188.
PASCIUTA, B., "Il diavolo e il diritto: il *Processus Satanae* (XIV sec.)", in: X., *Il diavolo nel Medioevo. Atti del XLIX Convegno storico internazionale (Todi, 14-17 ottobre 2012)*, Spoleto, 2013, p. 421-447.
POLLOCK-OAKLEY, T., "Les commutations et les rédemptions dans les penitentiels du continent", *Revue historique de droit français* 18 (1939), p. 39-57.
PRATO, G. L.,"'Sarete riscattati senza denaro' (Is 52,3): la redenzione nell'Antico Testamento tra metafora teologica e linguaggio giuridico ibrido", in: FAITINI, T., and NICOLETTI, M. (*eds.*), *Redimere e riscattare. La redemptio tra teologia e politica* [Politica e religione. Annuario di teologia politica], Brescia, 2016, p. 25-57.
PRODI, P., *Una storia della giustizia. Dal pluralismo dei fori al moderno dualismo tra coscienza e diritto*, Bologna, 2000, p. 87-92.
RIVIÈRE, Y., "Captivité et retour de captivité dans la Rome impériale", *Les Cahiers du Centre de Recherches Historiques* 42 (2008), http://ccrh.revues.org/3446, accessed 2 August 2018.
RIVIÈRE, J., *Le dogme de la rédemption. Essai d'étude historique*, Paris, 1905.
RIVIÈRE, J., "Rédemption", in: VACANT, A., MANGENOT, E., and AMANN, É. (*eds.*), *Dictionnaire de théologie catholique*, vol. 13/2, Paris, 1937, col. 1912-2004.
RIVIÈRE, J., "Tertullien et les droits du démon", *Revue des Sciences Religieuses* 2/6 (1926), p. 199-216.
RUSCONI, R., *L'ordine dei peccati. La confessione tra Medioevo e età moderna*, Bologna, 2002.
SANNA, M.V., *Ricerche in tema di 'redemptio ad hostibus'*, Cagliari, 1998.
SCHAFF, P., and WACE, H. (*eds.*), *A Select Library of the Nicene and post-Nicene Fathers of the Christian Church*, vol. 5, Grand Rapids, 1893.
SCOTT, P., CAVANAUGH, W.T. (eds.), *The Blackwell Companion to Political Theology*, Malden Mass, 2004.
SKINNER, Q., *Visions of Politics*, Cambridge, 2002, vol. 2.
SPICQ, C., *Lexique théologique du Nouveau Testament*, Paris, 1991.
TENTLER, T. N., "The "Summa" for confessors as an instrument of social control", in: OBERMAN, H. A., and TRINKAUS, C. (*eds.*), *The pursuit of holiness in late medieval and Renaissance religion. Papers from the University of Michigan conference*, Leiden, 1974, p. 103-137.
TERTULLIANUS, "De fuga in persecutione", in: GERLO, A. (*ed.*), *Tertulliani opera, pars II: Opera montanistica* [Corpus Christianorum Series Latina, 2], Turnhout, 1954.

TODESCHINI, T., *Il prezzo della salvezza. Lessici medievali del pensiero economico*, Roma, 1994.

TOLMIE, D.F., "Salvation As Redemption: The Use of 'Redemption' Metaphors in Pauline Literature", in: VAN DER WATT, J. G. *(ed.)*, *Salvation in the New Testament. Perspectives on Soteriology* [Novum Testamentum, Supplements, 121], Leiden, 2005, p. 247-269.

TOMKINSON, T., *Exposition of the Holy Gospel According to Saint Luke*, Etna California, 1998.

TONEATTO, V., *Les banquiers du Seigneur. Évêques et moins face à la richesse (IVe-début IXe siècle),* Rennes, 2012.

TURNER, H. E. W., *The Patristic Doctrine of Redemption: A Study of the Development of Doctrine During the First Five Centuries*, Eugene, 1952.

VOEGELIN, E., *Political Religions*, Lewiston, 1986.

VOGEL, C., "Composition legale et commutation dans le système de la pénitence tarifée", *Revue de droit canonique*, 8 (1958), p. 289-318, and 9 (1959), p. 1-39.

VOGEL C., *Les "libri poenitentiales"*, Turnhout, 1978.

WAELKENS, L., *Amne adverso, Roman legal heritage in European culture*, Leuven, 2015.

WAELKENS, L., "La personne dans le travail en servitude du droit romain antique et médiéval", in: TUFFÉRY-ANDRIEU M. J., and LARONZE, F. *(eds.)*, *Les normes du travail: une affaire de personnes?*, Brussels, 2016, p. 33-51.

WAELKENS, L., "La *redemptio ab hostibus* e la *redemptio a domino* nel diritto romano", in FAITINI, T., and NICOLETTI, M., *(eds.)*, *Redimere e riscattare. La* redemptio *tra teologia e politica* [Politica e religione. Annuario di teologia politica], Brescia, 2017, p. 75-90.

WAELKENS, L., "L'origine romaine des obligations naturelles", *Revue historique de droit français et étranger* 90 (2012), p. 318-321.

Valerio Massimo MINALE

AHRWEILER, H., "L'Asie Mineure et les invasions arabes", *Revue historique* 227 (1962), p. 1-32.

ALBERTINI, E., "Addendum aux fragments des lettres d'Auguste", *Revue des études anciennes* 42 (1940) = F. CHAPOUTHIER, W. SESTON, P. BOYANCE *(ed.)*, *Mélanges d'études anciennes offerts a G. Radet*, Paris, p. 379-381.

ALFÖLDI, A., *Epigraphica III*, *Archaeologiai Értešitő* 1, 3 (1940), p. 195-235.

ALFÖLDI, A., "La grande crise du monde romain au IIIe siècle", *L'antiquité classique* 7 (1938), p. 5-18.

ANASTOS, M. V., "Church and State during the First Iconoclastic Controversy (726-787)", *Rivista di studi storico-religiosi* 1 (1957), p. 279-280.

ASHBURNER, W., "The Byzantine Mutiny Act", *Journal of Hellenic Studies* 46 (1926), p. 80-109.

BALDWIN, B., "On the Date of the Anonymous Περὶ στρατηγικῆς", *Byzantinische Zeitschrift* 81 (1988), p. 290-293.

BARTUSIS, M. C., *Land and Privilege in Byzantium: The Institution of Pronoia*, Cambridge, 2012.

BARTUSIS, M. C., *The Late Byzantine Army: Arms and Society 1204-1453*, Philadelphia, 1992.

BAUMAN, R. A., *Lawyers in Roman Transitional Politics. A Study of the Roman Jurists in Their Political Setting in the Late Republic and Triumvirate*, München, 1985.

BEHRENDS, O., "Les 'veteres' et la nouvelle jurisprudence à la fin de la république", *Revue historique de droit français et étranger* 55 (1977), p. 7-33.

BERGER, A., "Macer", in: *Encyclopedic Dictionary of Roman Law*, Philadelphia, 1953.

BIRKENSHAW, J. W., *The Development of the Komnenian Army. 1081-1180*, Leiden, 2002.

BIRLEY, E., "Septimius Severus and the Roman Army", *Epigraphische Studien* 8 (1969), p. 63-82.

BIRLEY, E., "*Septimius Severus, propagator imperii*", in: *Actes du IXe congrès international d'études sur les frontières romaines*, Bucharest, 1974, p. 297-299.

BRAND, C. E., *Roman Military Law*, Austin-London, 1968.

BREYER V., *Bilderstreit und Arabersturm in Byzanz. Das 8. Jahrhundert (717–813) aus der Weltchronik des Theophanes*, Graz, 1964.

BRUBAKER, L., *Inventing Byzantine Iconoclasm*, London, 2012.

BRUBAKER, L., HALDON, J. F., and OUSTERHOUT, R. (*eds.*), *Byzantium in the Iconoclast Era (ca.680-850). The Sources: An Annotated Survey*, Aldershot, 2001.

BURGMANN, L., "Die Nomoi Stratiotikos, Georgikos und Nautikos", *Zbornik Radova Vizantološkog Instituta* 46 (2009).

BURGMANN, L., "Zur Organisation der Rechtsprechung in Byzanz (Mittelbyzantinische Epoche)", in: *La giustizia nell'alto medioevo (secoli IX-XI)* [Centro italiano di studi sull'alto medioevo, 44], vol. 2, Spoleto, 1997, p. 905-930.

BURGMANN, L., *Ecloga. Das Gesetzbuch Leons III. und Konstantinos V.*, Frankfurt am Main, 1983.

BURGMANN, L., FÖGEN, M.T., SCHMINCK, A., and SIMON, D. (*eds.*), *Repertorium der Handschriften des byzantinischen Rechts. I. Die Handschriften des weltlichen Rechts (Nr. 1-327)*, Frankfurt am Main, 1995.

BURGMANN, L., and MCGEER E., "Nomos Stratiotikos", in: A. KAZHDAN (*ed.*), *Oxford Dictionary of Byzantium*, vol. 3, Oxford, 1991, p. 1492.

CAMPBELL, J. B., "The Marriage of the Soldiers under the Empire", *JRS* 68 (1978), p. 153-166.

CANARD, M., "Les expéditions des Arabes contre Constantinople dans l'histoire et dans la légende", *Journal Asiatique* 208 (1926), p. 61-121.

CARCANI, M., *Dei reati delle pene e dei giudizi militari presso i romani*, Milano, 1874 (Napoli, 1981).

CASCARINO, G. (*ed.*), *Strategikon. Manuale di arte militare dell'Impero Romano d'Oriente*, Rimini, 2006.

CASCIONE, C., "Verberabilissime", *Index* 25 (1997), p. 473-489.

CECOTA, B., and WOLIŃSK, T., "The Conquest", in: WOLIŃSK, T., and FILPCZAK, P. (*eds.*), *Byzantium and the Arabs. Encounter of Civilizations from Sixth to Mid-Eighth Century*, Lodz, 2015, p. 205-314.

COSENTINO, S., "Organizzazione tematica ed esercito", *Rivista di Bizantinistica* 1 (1991), p. 113-127.

COSENTINO, S.,"Syrianos' Strategikon – a Ninth-century Source?", *Bizantinistica* 2 (2000), p. 243-280.

CUGUSI, P., *Epistolographi latini minores. II. Aetatem ciceronianam et augusteam amplectens. 1. Testimonia et fragmenta*, Torino, 1979.

D'ORS, A., "Virgae Sanguineae?", *Iura* 24 (1973), p. 207-208.

DAGRON, G., and MIHĂESCU, H., (*eds.*), *Le traité sur la guérille 'De velitatione' de l'Empereur Nicéphore Phocas (963-969)*, Paris, 1986.

DAIN, A., (*ed.*), *Leonis VI Sapientis Problemata*, Paris, 1935.

DAIN A., *Sylloge tacticorum*, Paris, 1938.

DE BIASI, L., and FERRERO, A. M., *Cesare Augusto Imperatore. Gli atti incompiuti e i frammenti delle opere*, Torino, 2003.

DENNIS, G. T. (*ed.*), *Maurice's Strategikon. Handbook of Byzantine Military Strategy*, Philadelphia, 1984.

DENNIS, G. T., "The Byzantine in Battle", in: OIKONOMIDES, N. (*ed.*), *Byzantium at War (9th-12th Centuries)*, Athens, 1997, p. 165-178.

DENNIS, G. T., (*ed.*), *The Taktika of Leo VI. Text, Translation and Commentary*, Washington, 2010.

DENNIS, G. T., (*ed.*), *Three Byzantine Military Treatises*, Washington, 1985.

DENNIS, G. T., and GAMILLSCHEG, E., (*eds.*), *Das Strategikon des Maurikios*, Wien, 1981.

DEVIJVER H., "Die Aufgabe eines Offiziers im römischen Heer. Kommentar zu Aemilius Macer D. XLIX 16.12.2", in: L. CERFAUX, W. PEREMANS and A. TORHOUDT (*eds.*), *Antidorum W. Peremans sexagenario ab alumnis oblatum*, Leuven, 1968, p. 23-37.

ELTON, H., *Warfare in Roman Europe. AD 350-425*, Oxford, 1998.

FAMIGLIETTI, G., *Ex Ruffo leges militares. Testi per esercitazioni pubblicati dalla Facoltà di Giurisprudenza dell'Università degli Studi di Camerino*, Sez. II, N. 4, Milano, 1980.

FERRARI M., and LEDDA, F. (*eds.*), *Formare alle professioni. La cultura militare tra passato e presente*, Milano, 2010, p. 64-80.

FITTING, H., *Alter und Folge der Schriften römischer Juristen*, Halle, 1908.

GABBA, E., "Considerazioni sugli ordinamenti militari del tardo impero", in: *Ordinamenti militari in Occidente nell'Alto Medioevo* [Centro italiano di studi sull'alto medioevo, 15/1], Spoleto, 1968, p. 65-94.

GABHARDT, J., *Prügelstrafe und Züchtigungsrecht im antiken Rom und in der Gegenwart*, Köln, 1994.

GABRIELI, F., "L'eroe omayyade Maslama ibn Abd al-Malik", *Atti dell'Accademia nazionale dei Lincei. Rendiconti della classe di scienze morali, storiche e filologiche* 5/8 (1950), p. 22-39.

GEISCHER, H. J. (*ed.*), *Der byzantinische Bilderstreit*, Gütersloh 1968.

GERÖ, S., *Byzantine Iconoclasm during the Reign of Leo III, with Particular Attention to the Oriental Sources*, Leuven, 1973.

GINIS, D., "Das Promulgationsjahr der Isaurischen Ecloga", *Byzantinische Zeitschrift* 24 (1923), p. 345-358.

GIORDANO, L., "Ottaviano Augusto scrittore. Le lettere private", *Memorie dell'Accademia delle Scienze di Torino. Classe di scienze Morali, Storiche e Filologiche* 24 (2000), p. 3-52.

GIUFFRÈ, V., *Testimonianze sul trattamento penale dei "milites"*, Napoli, 1989.

GIUFFRÈ, V., *"Iura" e "arma". Intorno al VII libro del Codice Teodosiano*, Napoli, 1983.

GIUFFRÈ, V., "Tracce di una tarda raccolta di 'iura' in materia militare", in: H.H. JAKOBS, B. KNOBBE-KEUK, E. PICKER and J. WILHELM (*eds.*), *Festschrift für W. Flume zum 70. Geburtstag*, vol. 1, Köln, 1978, p. 25-42.

GORECKI, M, "Land Tenure in Byzantine Property Law: iura in re aliena", *Greek, Roman and Byzantine Studies* 22 (1981), p. 191-210.

GREGORY, T. E., "The Ekloga of Leo III and the Concept of Philantrophia", *Βυζαντινά* 7 (1975), p. 269-287.

GRUMEL, V., "La date de la promulgation de l''Eclogue' de Leon III", *Échos d'Orient* 34 (1935), p. 327-331.

GRUMEL, V., "La date de la promulgation de l'Eklogue des Isauriens: l'annee et le jour", *Revue des études byzantines* 21 (1963), p. 272–274.

GUILLAND, R., "L'expédition de Maslama contre Constantinople (717/718)", *Al-Machriq* 49 (1955), p. 89-112 (= *Études byzantines*, Paris, 1959, p. 109-133)

GUIZZI, F., *Augusto: la politica della memoria*, Roma, 1999.

HALDON, J. F., *Recruitment and Conscription in the Byzantine Army (550-950). A Study on the Origins of the Stratotika Ktemata*, Wien, 1979.

HALDON, J. F., *Byzantine Pretorians. An Administrative, Institutional, and Social Survey of the Opsikion and Tagmata C. 580-900*, Bonn, 1984.

HALDON, J. F., "Military Service, Military Lands, and the Status of Soldiers: Current Problems and Interpretations", *Dumbarton Oaks Papers* 47 (1993), p. 1-67.

HALDON, J. F., *State, Army and Society in Byzantium. Approaches to Military, Social, and Administrative History (6th-12th Centuries)*, Aldershot, 1995.

HALDON, J. F., *Warfare, State, and Society in the Byzantine World, 564-1204*, London, 1999.

HALDON, J. F., *The Byzantine Wars*, London, 2008.

HALDON, J. F., *A Critical Commentary on "The Taktika of Leo VI"*, Washington, 2014.

HEIMBACH, C. W. E., "Griechisch-römisches Recht im Mittelalter und in der Neuzeit", in: GRUBER, J.G, and ERSCH, J. S., *(eds.)*, *Allgemeine Encyclopädie der Wissenschaften und Künste*, vol. 86 e 87, Leipzig, 1868 e 1896, p. 191-471 e 1-106.

HERRIN, J., "The Context of Iconoclast Reform", in: BRYER, A., and HERRIN, J. *(eds.)*, *Iconoclasm. Papers Given at the Ninth Spring Symposium of Byzantine Studies. University of Birmingham, March 1975*, Birmingham, 1977, p. 15-20.

HOHLWEG, A., "Zur Frage der Pronoia in Byzanz", *BZ* 60 (1967), p. 288-308.

HONIGMANN, E., *Die Ostgrenze des byzantinischen Reiches von 363 bis 1071 nach griechischen, syrischen und armenischen Quellen*, Bruxelles, 1935.

HORAK, M., *Entscheidungsbegründungen bei den älteren römischen Juristen bis Labeo. I*, Aalen 1969.

HORAK, M., "Wer waren die veteres? Zur Terminologie der klassischen römischen Juristen", in: KLINGEBERG, G., RAINER, J. M., and STIEGLER H., *(eds.)*, *Vestigia Iuris Romani. Festschrift für G. Wesener*, Graz, 1992, p. 201-236.

HORSMANN, G., *Untersuchungen zu militärischen Ausbildung im republikanischen und kaiserzeitlichen Rom*, Boppard am Rhein, 1991.

HOWARD-JOHNSTON, J., "Heraclius' Persian Campaigns and the Revival of the East Roman Empire. 622-630", *War in History* 6 (1999), p. 1-44.

HUMPHREYS, M. T. G., *Law, Power, and Imperial Ideology in the Iconoclastic Era. C. 680-850*, Oxford, 2015.

IRMSCHER, J., *(ed.)*, *Der byzantinische Bilderstreit: Sozialökonomische Voraussetzung, ideologische Grundlagen, geschichtliche Wirkungen. Eine Sammlung von Forschungsbeiträgen*, Leipzig, 1980.

ISAAC, B., "The Meaning of the Terms Limes and Limitanei", *JRS* 78 (1988), p. 125-147.

JÖRS, P., "Aemilius 87", in *RE*, vol. 1, Stuttgart, 1893, p. 567-868.

JUNG, J. H., "Das Eherecht der römischen Soldaten", *ANRW* 2, 14 (1982), p. 302-346.

KAEGI, W. E., *Heraclius, Emperor of Byzantium*, Cambridge, 2003.

KAEGI, W. E., "Reconceptualizing Byzantium's Eastern Frontiers in the Seventh Century", in: MATHISEN R. W., and SIVAN, H.S. *(eds.)*, *Shifting Frontiers in Late Antiquity*, Aldershot ,1996, p. 83-92.

KAEGI, W. E., "The Byzantine 'Holy War': The Idea and Propagation of Religious War in: Byzantium", *Speculum* 69 (1994), p. 518-520.

KAEGI, W. E., "The Frontier. Barrier or Bridge?", in: *The 17th International Byzantine Congress. Major Papers. Dumbarton Oaks/Georgetown University (Washington, D.C., August 3rd-8th, 1986)*, New Rochelle, 1986, p. 299-303.

KAEGI, W. E., "The Byzantine Armies and Iconoclasm", *Byzantinoslavica* 27 (1966), p. 48-70.

KAPLAN, M., *Les hommes et la terre à Byzance du VIe au XIe siècle. Propriété et exploitation du soil*, Paris, 1992.

KAUFHOLD, H. (*ed.*), *Die armenischen Übersetzungen byzantinischer Rechtsbücher*, Frankfurt am Main, 1997.

KAŽDAN. A., "Che cosa chiede lo storico di Bisanzio allo storico del diritto?", *Κοινωνία* 12 (1988), p. 129-144.

KAŽDAN, A., "Do We Need a New History of Byzantine Law?", *JÖB* 39 (1989), 129-144.

KÖPSTEIN, H., WINKELMANN, F. (*eds.*), *Studien zum 7. Jahrhundert in Byzanz. Probleme der Hausbildung des Feudalismus*, Berlin, 1976.

KORZENSZKY, E., *Leges poenales militares e codice Laurentiano LXXV, 6*, Budapest, 1931.

KUNKEL, W., *Herkunft und soziale Stellung der römischen Juristen*, Weimar, 1952, (Graz, 1967).

KUCHMA, V. V., "Νόμος Στρατιωτικός (K voprosu a sviazi trekh pamiatnikov Vizantiiskogo Voennogo prava)", *Vizantijski Vremennik* 32 (1971), p. 276-284.

KYRIAKIDIS, S., *Warfare in Late Byzantium. 1204-1453*, Leiden, 2011.

LE BOHEC, Y., *L'esercito romano. Le armi imperiali da Augusto alla fine del terzo secolo*, Roma, 2001.

LE BOHEC, Y., "'Limitanei' et 'comitatentes'. Critique de la thèse attribuée a Theodore Mommsen", *Latomus* 66 (2007), p. 659-672.

LEMERLE, P., *The Agrarian History of Byzantium from the Origins to the Twelfth Century: The Sources and the Problems*, Galway, 1979.

LENEL, O., *Palingenesia Iuris Civilis. I*, Leipzig, 1885.

LEONI, B., *La parafrasi ambrosiana dello Strategikon di Maurizio. L'arte della guerra a Bisanzio*, Milano, 2003.

LEWIN, A., "Limitanei and comitatenses in the Near East from Diocletian to Valens", in: LE BOHEC, Y., and WOLFF, C., (*ed.*), *L'armèe romain de Diocletian à Valentinian Ier*, Lyon, 2004, p. 227-236.

LIDDELL, H. G., and SCOTT, R., *A Greek-English Lexicon*, Oxford, 1968 (rist. 9a ed.).

LIEBS, D., *Vorwort* alla ristampa della seconda edizione di Kunkel *Herkunft*, Köln 2001.

LIEBS, D., "(M.?) Aemilius Macer", in: SALLMANN, K. (*ed.*), *Handbuch der lateinischen Literatur der Antike. IV. Die Literatur des Umbruchs. Von der römischen zur christlichen Literatur 117-284 n. Chr.*, München, 1997, p. 214-216.

LIEBS, D., *Römische Jurisprudenz in Africa. Mit Studien zu den pseudopauliniscen Sentenzen*, Berlin, 1993.

LIEBS, D., "Römische Provinzialjurisprudenz", *ANRW* 2/15 (1976), p. 312-315.

LIPŠIC, E. E., *Pravo i sud v Vizantii v IV-VIII vv.*, Leningrad, 1976.

LIPŠIC, E. E., "Vizantijskoe pravo v period meždu Eklogoj i Prochironom (Častnaja Rasprostranennaja Ekloga)", *Vizantijski Vremennik* 36 (1974), p. 42-72.

LUTTWAK, E. N., *La grande strategia dell'impero bizantino*, Milano, 2009.

MACMULLEN, R., *Soldier and Civilian in the Later Roman Empire*, Harvard, 1963.
MAGDALINO, P., "The Byzantine Army and the Land: From stratiotikon ktema to Military pronoia", in: A. OIKONOMIDES and K. TSINAKIS (*eds.*) *Byzantium at War (9th-12th c.)*, Athens, 1997, p. 15-36.
MALCOVATI, H., *Imperatoris Caesaris Augusti Operum Fragmenta*, Torino, 1965.
MARCONE, A., *Il colonato tardoantico nella storiografia moderna: da Fustel de Coulanges ai nostri giorni*, Como, 1988.
MATINO, G., "Il programma macedone di restaurazione e la codificazione di Basilio I e Leone VI", in: CONCA F., and FIACCADORI G., (*eds.*), *Bisanzio nell'età dei Macedoni. Forme della produzione letteraria e artistica. Ottava giornata di studi bizantini. Milano, 15-16 marzo 2005*, Milano, 2007, p. 195-206.
MATINO, G., *Lex et scientia iuris. Aspetti della letteratura giuridica in lingua greca*, Napoli, 2012.
MATSCHKE, K.P., "Die Entwicklung der Konzeption eines byzantinischen Feudalismus durch die sowjetische marxistische Byzantinistik 1930-1966", *Zeitschrift für Geschichtswissenschaft* 15 (1967), p. 1065-1086.
MAZZARINO, S., *Aspetti sociali del IV secolo. Ricerche di storia tardo-romana. Ricerche di storia tardo-romana*, Roma, 1951.
MCGEER, E., "Military Texts", in: JEFFREYS, E., HALDON, J., and CORMACK, R. (*eds.*), *The Oxford Handbook of Byzantine Studies*, Oxford, 2008, p. 907-914.
MCGEER, E., *The Land Legislation of the Macedonian Emperors*, Turnhout, 2000.
MCGEER, E., *Sowing the Dragon's Teeth. Byzantine Warfare in the Tenth Century*, Washington, 1995.
MEINRAD STRÄSSLE, P., *Krieg und Kriegsführung in Byzanz: die Kriege Kaiser Basileios II. gegen die Bulgaren (976-1019)*, München, 2006.
MIHĂESCU, H., *Mauricius Arta Militara*, Bucarest, 1970.
MINALE, V.M., "Diritto romano e ideologia politica bizantina dagli Isauri ai Macedoni: prima dei Basilici", *Index* 43 (2015), p. 537-554.
MINALE, V.M., "Per uno studio sui frammenti De re militari di Macro", *Teoria e storia del diritto privato* 6 (2013), p. 27-30.
MINIERI, L., "'Excepta annona limitaneorum'. Una riflessione sulla condizione dei 'limitanei' in età tardoantica", in: C. LORENZI, and M. NAVARRA (*eds.*), *Frontiere della romanità nel mondo tardoantico: appartenenza, continuità, alterità, trasformazione e prassi* [Atti dell'Accademia Romanistica Constantiniana, 21], Napoli, 2016, p. 333-354.
MIRKOVIC, M., "Die römische Soldatenehe und der Soldatenstand", *ZPE* 40 (1980), p. 259-271.
MLADENOVIĆ, M., "Zur Frage der Pronoia und des Feudalismus im byzantinischen Reiche", *Südost-Forschungen* 15 (1956), p. 123-140.
MODRZEJEWSKI, J., "Gnomon de l'Idiologue", in V. GIUFFRÈ (*ed.*), *Les lois des Romains*, Napoli, 1977.
MOMMSEN, T., "Das römische Militärwesen seit Diocletian", *Hermes* 24 (1889), p. 195-279.
MORAVCSIK,G., *Byzantinoturcica. I. Die byzantinischen Quelle der Geschichte der Türkvölker*, Budapest, 1942.
MORTREUIL, J. A. B., *Histoire du droit byzantin dans l'empir d'Orient depuis la mort de Justinien jusq'a la prose de Constantinople en 1453*, Paris, 1847.
NASTI, F., *L'attività normativa di Severo Alessandro. I. Politica di governo. Riforme amministrative e giudiziarie*, Napoli, 2006.
NEUMANN, A., "Das römische Heeresreglement", *Historische Zeitschrift* 166 (1942), p. 554-562.

NEUMANN, A., "Das Augusteisch-Hadrianische Armeereglement und Vegetius", *Classical Philology* 31 (1936), p. 1-10.

NEUMANN, A., "Das Militärhandbuch des Kaisers Augustus", *Klio* 26 (1933), p. 360-362.

NICASIE, M., *Twilight of Empire. The Roman Army from the Reign of Diocletian until the Battle of Adrianople*, Amsterdam, 1998.

NIPPEL,W., *Public Order in Ancient Rome*, Cambridge, 1995.

NOAILLES P., and DAIN A. (*eds.*), *Les Novelles de Léon VI le Sage*, Paris, 1944.

ORESTANO, R., *L'appello civile in diritto romano. Corso di diritto romano tenuto nell'Università di Genova. Appunti ad uso degli studenti*, Torino, 1966 (ristampa stereotipa della seconda edizione del 1953).

OSTROGORSKY, G., "Über die vermeintliche Reformtätigkeit der Isaurier", *BZ* 30 (1929) = F. Dölger (*ed.*), *Festgabe A. Heisenberg zum 60. Geburtstage gewidmet*, Berlin, p. 394-399.

OSTROGORSKY, G., "The Peasant's Pre-emption Right. An Abortive Reform of the Macedonian Emperors", *JRS* 37 (1947), p. 117-126.

OSTROGORSKY, G., "Vizantijskie piscovye knigi", *Byzantinoslavica* 9 (1948), p. 203-306.

OSTROGORSKY, G., *Pronija. Prilog istorii feudalizma u Vizantiji i u južnoslovenskim zemljama*, in: GRÉGOIRE, H., and LEMERLE, P. (*eds.*), *Pour l'histoire de la féodalité byzantine*, Bruxelles, 1954.

OSTROGORSKY, G., *Storia dell'impero bizantino*, Torino, 1968 (orig. *Geschichte des byzantinischen Staates*, München, 1963).

ORESTANO, R., "Macro Emilio (Aemilius Macer)", in: *Novissimo Digesto Italiano* 10, Torino 1964, p. 11, già in *Nuovo Digesto Italiano* 7, Torino, 1938, p. 1101 (= *Scritti. V. Sezione seconda. Voci enciclopediche*, Napoli, 2000, p. 35).

PANIAGUA AGUILAR, D., "La literatura de re militari", in: *El panorama líterario-científico en Roma (siglos I-II) "et docere et delectare"*, Salamanca, 2006, p. 83-116.

PANTAZOPOULOS, N. J., "Caratteri ed aspetti fondamentali della politica legislative della dinastia macedone", in: *Studi in onore di E. Volterra*, vol. 5, Milano, 1971, p. 151-169

PHANG, S. E., *Roman Military Service. Ideologies of Discipline in the Late Republic and Early Principate*, New York, 2008.

PEREA YÈBENES, S., "El soldado romano, la ley militar y las cárceles in castris", in: TORALLAS TOVAR, S., and PÈREZ MARTÍN, I. (*eds.*), *Castigo y reclusion en el mundo antiguo*, Madrid, 2003, p. 115-152.

PETROCELLI C. (*ed.*), *Il generale. Manuale per l'esercizio del comando*, Bari, 2008.

PIELER, P. E. "Ἀνακάθαρσις τῶν παλαιῶν νόμων und makedonische Renaissance", *Subseciva Groningana* 3 (1989), p. 61-77.

PIELER, P. E., "Byzantinische Rechtsliteratur", in HUNGER, H. (*ed.*), *Die hochsprachliche profane Literatur der Byzantiner*, vol. 2, München, 1978.

PIELER, P. E., "Neue Überlegungen zum byzantinischen 'Bauerngesetz'", in: P. PICHONNAZ, N.P. VOGT and S. WOLF (eds.), *Spuren des römischen Rechts. Festschrift für B. Huwiler zum 65. Geburtstag*, Bern, 2007, p. 489-497.

PRYOR, J. H., and JEFFREYS, E. M. (*eds.*), *The Age of the ΔΡΟΜΩΝ. The Byzantine Navy ca. 500-1204*, Leiden, 2006.

RAAFLAUB, K., "Die Militärreformen des Augustus und die politische Problematik des frühen Principats", in: BINDER, A. (*ed.*), *Saeculum Augustum*, vol. 1, Darmstadt, 1987, p. 246-307.

RANCE, P., "The Date of the Military Compendium of Syrianus Magister – Formerly the Sixth-Century Anonymus Byzantinus", *BZ* 100 (2007), p. 701-737.

RAVEGNANI, G., *Soldati e guerre a Bisanzio*, Bologna, 2009.
ROCCO, M., *L'esercito romano tardoantico. Persistenze e cesure dai Severi a Teodosio I*, Padova 2012.
RICCOBONO JR., S., *Il Gnomon dell'Idios Logos*, Palermo, 1950.
RUGGIERO, I., "De poenis militum. Su alcuni regolamenti militari romani", in: BOTTA, F., and LOSCHIAVO, L. (*eds.*), *Civitas, Iura, Arma. Organizzazioni militari, istituzioni giuridiche e strutture sociali alle origini dell'Europa (secc. III-VIII)*, Lecce, 2015, p. 259-279.
SANDER, E., "Das Recht des römischen Soldaten", *Rheinische Museum für Philologie* 101 (1958), p. 152-234.
SANDER, E., "Das römische Militärstrafrecht", *Rheinische Museum für Philologie* 103 (1960), p. 289-319.
SANTORO, A. R., *Byzantium and the Arabs during the Isaurian Period (717-802)*, New Brunswick, 1978.
SAVRAMIS, D., "Die Kirchenpolitik Kaiser Leons III.", *Südostforschungen* 20 (1961), p. 1-22.
SCHMINCK, A., "Der 'Nomos Georgikos' und die Rechtspraxis", in: *La réponse des juristes et des experts à la pratique du droit. 59ème Session de la Société Internationale Fernand de Visscher pour l'Histoire des Droits de l'Antiquité. Supplementum*, Bochum, 2005, p. 66-70.
SCHMINK, A., "Probleme des sog. Nomos Rhodion Nautikos", in: CHRYSOS, E. (*ed.*), *Griechland und das Meer*, Mannheim, 1999, p. 171-178.
SCHMINCK, A., *Studien zu mittelbyzantinischen Rechtsbüchern*, Frankfurt am Main, 1986.
SCHMINCK, A., "Zur Einzelgesetzgebung der 'makedonischen' Kaiser", *Fontes Minores* 11 (2005), p. 269-323.
SEGRÉ, A., "The Byzantine Colonate", *Traditio* 5 (1947), p. 103-133.
SESTON, W., "Du 'comitatus' de Dioclétien aux 'comitatentes' de Constantin", *Zeitschrift für Alte Geschichte* 4 (1955), p. 284-296.
SMITH, R. E.,"The Army Reforms of Septimius Severus", *Historia* 21 (1972), p. 481-500.
SORACI, R., *L'opera legislativa e amministrativa dell'imperatore Severo Alessandro*, Catania, 1974.
SPADARO, M. D. (*ed.*), *Raccomandazioni e consigli di un galantuomo*, Alessandria, 1998.
STOLTE, B. H., "Balancing Byzantine Law", *Fontes Minores* 11 (2005), p. 57-75.
STOLTE, B. H., "Not New but Novel. Notes on the Historiography of Byzantine Law", *Byzantine and Modern Greek Studies* 22 (1998), p. 264-279.
STOLTE, B. H., "The Social Function of the Law", in: HALDON, J. (*ed.*), *A Social History of Byzantium*, London, 2009, p. 76-91.
SULLIVAN, F. D., *Siegecraft: Two Tenth-century Instructional Manuals by Heron of Byzantium*, Washington, 2010.
SVORONOS, N., *Les novelles des empereurs macédoniens concernant la terre et les stratiotes*, Athens, 1994.
SVORONOS, N., *Recherches sur la tradition juridique à Byzance. La Synopsis Major des Basiliques et ses appendices*, Paris, 1964.
SVORONOS, N., "Remarques sur la tradition du texte de la nouvelle de Basile II concernant les puissants", *ZRVI* 8 (1964) = F. BARIŠIC (*ed.*), *Mélanges G. Ostrogorsky*, vol. 2, Beograd, p. 427-434.
TODISCO, E., *I veterani in età imperiale*, Bari, 1999.
TREADGOLD, W. T., *Byzantium and Its Army, 284-1081*, Stanford, 1995.

TREADGOLD, W. T., "Le terre militari e le proprietà imperiali nell'impero medio-bizantino", *Rivista di studi bizantini e slavi* 3 (1983), p. 215-225.

TROIANOS, S., "Δίκαιο και ιδεολογία στα χρόνια των Μακεδόνων", *Βυζαντινά* 22 (2001), p. 240-261.

TROÏANOS, S., *Οι πηγές του βυζαντινού δικαίου*, Atene, 2011 (= P. BUONGIORNO (*ed.*), *Le fonti del diritto bizantino*, Torino, 2016).

TROMBLEY, F., "The Taktika of Nikephoros Ouranos and Military Encyclopaedism", in: P. BINKLEY (*ed.*), *Pre-modern Encyclopaedic Texts: Proceedings of the Second COMERS Congress, Groningen, 1-4 July 1996*, Leiden, 1997, p. 261-274.

VAN BERCHEM, D., "L'annone militaire dans l'empire romain au IIIe siècle", *Mèmoires de la Société Nationale des Antiquaires de France* 10 (1937), p. 117-202.

VAN BERCHEM, D., *L'armeé de Diocletien et la réforme constantinienne*, Paris, 1952.

VAN BOCHOVE, T. E., "Some Byzantine Law Books. Introducing the Continuous Debate Concerning Their Status and Their Date", in: LOKIN, J.H.A., and STOLTE, B.H. (*eds.*), *Introduzione al diritto bizantino. Da Giustiniano ai Basilici*, Pavia, 2011, p. 239-266.

VAN BOCHOVE, T. E., *To Date and Not to Date. On the Date and Status of Byzantine Law Books*, Groningen, 1996.

VAN DER WAL, N., and LOKIN, J., *Historiae iuris graeco-romani delineatio. Les sources du droit byzantin de 300 à 1453*, Groningen, 1985.

VÁRI, R., "Die sog. 'Inedita Tactica Leonis'", *Byzantinische Zeitschrift* 27 (1927), p. 241-270.

VÁRI, R., *Leonis imperatoris Tactica*, Budapest, 1917-1922, 2 vol.

VASILIEV, A.A., "The Struggle with the Saracens (717-867)", in: *The Cambridge Medieval History*, vol. 4, Cambridge, 1923, p. 119-138.

VENDRANT-VOYER, J., "Origine et développement du 'droit militaire' romain", *Labeo* 28 (1982), p. 259-277.

VERRI, P., "Le leggi penali militari dell'impero bizantino nell'alto medioevo", Roma, 1978, supplemento a *Rassegna di giustizia militare* 1-2.

WATANABE, K., "Problèmes de la 'féodalité' byzantine: une mise au point sur les diverses discussions", *Hitotsubashi Journal of Arts and Sciences* 5 (1965), p. 6-24.

WATSON, C. R., *Discharge and Resettlement in the Roman Army. The Praemia Militiae*, Berlin, 1965.

WERNER, E., *Die Entstehung eines Feudalstaates in Byzanz*, Berlin, 1967

WERNER, E., *Le Féodalisme à Byzance. Problèmes du mode de production de l'empire byzantin*, Paris, 1974.

WHITBY, M., "Defender of the Cross: George of Pisidia on the Emperor Heraclius and His Deputies", in: WHITBY, M. (*ed.*), *The Propaganda of Power and the Role of Panegyric in Late Antiquity*, Leiden, 1998, p. 247-276.

WHITBY, M., "George of Pisidia's Presentation of the Emperor Heraclius and His Campaigns", in: REININK G. J., and STOLTE, B. H. (*eds.*), *The Reign of Heraclius (610-640). Crisis and Confrontation*, Leuven, 2002, p. 157-174.

ZACHARIA VON LINGENTHAL, K. E., *Geschichte des griechischen-römischen Rechts*, Berlin, 1893^3 (Aalen, 1955).

ZACHARIA VON LINGENTHAL, K.E., "Wissenschaft und Recht für das Heer vom 6. bis zum Anfang des 10. Jahrhunderts", *BZ* 3 (1894), p. 450-453.

ZAKYTHINOS, D., "Processus de féodalisation", *L'Hellénisme contemporaine* 2 (1948), p. 449-534 (= *Byzance: état-société-économie*, London, 1973.)

ZEPOS, J., and ZEPOS, P., *Jus Graecoromanum*, vol. 2, Athen, 1931 (Aalen, 1961).
ZUCKERMAN, C., "The Compendium of Syrianus Magister", *JÖB* 40 (1990), p. 209-224.

Vasileios-Alexandros KOLLIAS

BECK, H.-G., *Kirche und theologische Literatur im Byzantinischen Reich,* München, 1977.
BINON, S., "L'histoire et la légende de deux chrysobulles d'Andronic II en faveur de Monembasie. Macaire ou Phrantzès?", *Échos d'Orient* 37 (1938), p. 274-311.
BOOJAMRA, J.-L., *Church reform in the late Byzantine empire – a study for the patriarchate of Athanasius of Constantinople,* Thessaloniki, 1982.
BURGMANN, L., "Chrysobull gleich Privileg?", in: DÖLEMEYER, B., and MOHNHAUPT, H. (*eds.*), *Das Privileg im europäischen Vergleich,* vol. 1, Frankfurt am Main, 1997, p. 69-92.
CHATZEANTONIOU, E., "The granting of ecclesiastic sees *κατ' ἐπίδοσιν* (by means of service)" [in Greek], *Byzantiaka* 27 (2008), p. 117-166.
DARROUZÈS, J., and GRUMEL, J. (*eds.*), *Les Regestes de 715 à 1206* [*Les regestes des actes du Patriarcat de Constantinople*, I/2-3], Paris, 1989.
DARROUZÈS, J. (*ed.*), *Notitiae episcopatuum Ecclesiae Constantinopolitanae* [Geographie ecclesiastique de l'Empire byzantine, 1], Paris, 1981.
DARROUZÈS, J. (*ed.*), *Les Regestes de 1377 à 1410* [*Les regestes des actes du Patriarcat*, I/6], Paris, 1979.
DARROUZÈS, J. (*ed.*), *Les Regestes de 1310 à 1376* [*Les regestes des actes du Patriarcat*, I/5], Paris, 1977.
DÖLGER, F., and WIRTH, P. (*eds.*), *Regesten von 1025-1204* [Regesten der Kaiserurkunden des oströmischen Reiches von 565-1453, 2], München, 1995.
DÖLGER, F. (*ed.*), *Regesten von 1282-1341* [Regesten der Kaiserurkunden 565-1453, 4], München, 1960.
GEDEON, M., *Patriarchal Tables: Historical and Biographical Information about the Patriarchs of Constantinople (...): 36-1884 AD* [in Greek], Constantinople, 1890.
GRECU, V. (*ed.*), *Georgios Sphrantzes, Τὰ καθ' ἑαυτὸν καί τινα γεγονότα ἐν τῷ χρόνῳ τῆς ζωῆς αὐτοῦ; 1401-1477; cum Pseudo-Phrantzes in appendice sive Macarii Melissenis Chronicon, 1258-1481*, Bucharest, 1966.
HUNGER, H., and KRESTEN, O. (*eds.*), *Das Register des Patriarchats von Konstantinopel* [Corpus Fontium Historiae Byzantinae, 19/1-2], Wien, 1981 and 1995.
KISLINGER, E., "Nikolaos episkopos Lakedaimonias: Chronologische Präzisierungen zur Bischofsliste im Bodleianus Holkham gr. 6", *Jahrbuch der Österreichischen Byzantinistik* 57 (2007), p. 27-33.
KOLLIAS, V.-A., *Chrysobulls and their normative content in Byzantine Law: From their appearance to 1204 AD* [in Greek], Athens [Unpublished Dissertation, National & Kapodistrian University of Athens, Law School], 2017.
LAURENT, V. (*ed.*), *Les Regestes de 1208 à 1309* [*Les regestes des actes du Patriarcat*, I/4], Paris, 1971.
MICHEL, A., *Die Kaisermacht in der Ostkirche (843-1204)*, Darmstadt, 1959.
MIKLOSICH, F., and MÜLLER, J. (*eds.*), *Acta et diplomata graeca medii aevi sacra et profana,* vol. I-II, Vindobonae, 1860 and 1869.
NICOL, D.M., *The last centuries of Byzantium, 1261-1453*, Cambridge, 1999.
PANAGIOTIDIS, I.K., *The δέησις (supplicatio) in front of the emperor in the Byzantine-Roman Law (4th-15th cent.)* [in Greek], Thessaloniki, 2011.

PAPAGEORGIOU, C., *Religion and Law in Greece*, Alphen aan den Rijn, 2015.

PAPAGIANNI, E., "Legal institutions and practice in matters of ecclesiastical property", in: A. LAIOU (*ed.*), *The economic history of Byzantium: from the seventh through the fifteenth century* [Dumbarton Oaks Studies, 39], Washington D.C., 2002, p. 1059-1069.

PAPAGIANNI, E., "Ecclesiastical administration and adverse possession. Conclusions from a dispute between Metropoles in the year 1428" [in Greek], *Επιστημονική Επετηρίδα Τμήματος Νομικής της Σχολής Νομικών, Οικονομικών και Πολιτικών Επιστημών* 4 (1996) [*Αφιέρωμα στον Νικόλαο Σ. Παπαντωνίου*], p. 567-580.

POTZ, R., SYNEK, E., TROIANOS, S., and KLUTSCHEWSKY, A., *Orthodoxes Kirchenrecht. Eine Einführung* [Kirche und Recht, 28], Freistadt, 2014.

RHALLES, G., and POTLES, M. (*eds.*), '*Constitution*' *of the Sacred and Holy Canons* (...) [in Greek], vol. 5, Athens, 1852.

SARADI, H., "Imperial jurisdiction over Ecclesiastical Provinces: The Ranking of New Cities as Seats of Bishops or Metropolitans", in: OIKONOMIDES, N. (*ed.*), *Byzantium in the 12th century: Canon Law, State and Society*, Athens, 1991, p. 149-163.

STEPHANIDES, B., "The promotion of Dioceses and Archdioceses into Metropoles by the Byzantine emperors" [in Greek], *Ὁ Νέος Ποιμήν* 1 (1919), p. 587-607.

TROIANOS, S., *Die Quellen des byzantinischen Rechts*, translated by D. SIMON and S. NEYE, Berlin, 2017.

TROIANOS, S., *The ecclesiastical (court's) procedure until the death of Justinian* [in Greek], Athens, 2004.

TROIANOS, S., and POULIS, G., *Ecclesiastical Law* [in Greek], Athens, 2003.

VACHAVIOLOS, D.T., *The history of the Metropolis of Lacedaemon in the Byzantine era* [in Greek], Ioannina [Unpublished Dissertation, University of Ioannina], 2014.

WAELKENS, L., *Amne Adverso: Roman Legal Heritage in European Culture*, Leuven, 2015.

ZACHARIAE A LINGENTHAL, C.E. (*ed.*), *Jus Graeco-Romanum*, vol. 3, Lipsiae, 1856-1884.

ZEPOS, I., and ZEPOS, P. (*eds.*), *Jus Graecoromanum*, vol. 1, Athens, 1931 (reprinted in Aalen, 1962).

ZESIOS, K.G., "Inscriptions of the Christian era in Greece" [in Greek], *Βυζαντὶς* 1 (1909), p. 114-145, 421-460 and 541-556.

Tomáš GÁBRIŠ

AVENARIUS, A., *Die byzantinische Kultur und die Slawen*, Wien, 2000.

AUSTIN, J. L., *How to do Things with Words*, Oxford, 1975.

BRZOZOWSKA, Z., "Recepcia byzantského práva na území Slavia Orthodoxa v 10. až 13. Storočí", *Štúdie o dejinách. Historia nova* 6 (2013), p. 137-143.

BURGMANN, L., *Ecloga: Das Gesetzbuch Leons III. und Konstantinos' V.* Frankfurt am Main, 1983.

DEWEY, H. W., and KLEIMOLA, A. M., *Zakon sudnyj ljudem (Court Law for the People)* [Michigan Slavic Materials, 14], Ann Arbor, 1977.

FRUSCIONE, D., "Zur Frage eines germanischen Rechtswortschatzes", *Zeitschrift der Savigny-Stiftung für Rechtsgeschichte* 122 (2005), p. 1-41.

GÁBRIŠ, T., and JÁGER, R., *Najstaršie právo na Slovensku?*, Bratislava, 2016.

HOMZA, M., *Svätopluk v európskom písomníctve*, Bratislava, 2013.

HÜPPER, D., and SCHOTT, C. (*eds.*), *Stammesrecht und Volkssprache. Ausgewählte Aufsätze zu den Leges barbarorum. Festschrift für Ruth Schmidt-Wiegand zum 1. 1.1991*, Weinheim, 1991.

KAHL, H.D., "Europäische Wortschatzbewegungen im Bereich der Verfassungsgeschichte", *Zeitschrift der Savigny-Stiftung für Rechtsgeschichte* 77 (1960), p. 154-240.

KATIČIĆ, R., "Die Verfassungsterminologie der frühmittelalterlichen Slawenherrschaften", *Slavica Slovaca* 31/1 (1996), p. 3-26.

KATIČIĆ, R., "Praslavenski pravni termini i formule u Vinodolskom zakonu", *Slovo* 39-40 (1989-1990), p. 73-85.

KIZLINK, K., "Právo Veľkej Moravy", *Právnické štúdie* 17/3 (1969), p. 433-486.

KÖBLER, G., "Richten – Richter – Gericht", *Zeitschrift der Savigny-Stiftung für Rechtsgeschichte* 87 (1970), p. 57-113.

KÖBLER, G., "Klage, klagen, Kläger", *Zeitschrift der Savigny-Stiftung für Rechtsgeschichte* 92 (1975), p. 1-20.

KUČERA, M., *Kráľ Svätopluk*, Martin, 2010.

KUTCHEROV, S., "Indigenous and Foreign Influences on the Early Russian Legal Heritage", *Slavic Review* 31 (1972), p. 257-282.

LUPOI, M., *The Origins of the European Legal Order*, Cambridge, 2007.

MACHÁČEK, J., "Disputes over Great Moravia: chiefdom or state? The Morava or the Tisza River?", *Early Medieval Europe* 17/3 (2009), p. 248-267.

Magnae Moraviae Fontes Historici I. – V. Prameny k dějinám Velké Moravy, Praha, 1966-1971.

MAREČKOVÁ, D., "Moravské poselství do Cařihradu jako řecký dokument", *Slovo* 18-19 (1969), p. 109-140.

MAREČKOVÁ, D., "Rastislavovo posolstvo po grécky?", *Matičné čítanie* 3 (1970), p. 1.

MAREČKOVÁ, D., "Rostislavovo poselství v Životech Konstantinově a Metodějově ve světle středověkých řeckých listů a listin", *Listy filologické* 91/4 (1968), p. 401-414.

MATUSZEWSKI, J., *Najstarszy zwód prawa polskiego*, Warszawa, 1959.

MESIARKIN, A., "Prvky byzantského práva v právnych pamiatkach Veľkej Moravy", *Štúdie o minulosti. Historia nova* 7 (2014), p. 59-66.

MEŠKO, M., "Právny systém v Byzantskej ríši v 8. a v 9. storočí", in: MICHALOV J., IVANIČ, P., HETÉNYI, M., and TANESKI. Z. (*eds.*), *Duchovné, intelektuálne a politické pozadie cyrilometodskej misie pred jej príchodom na Veľkú Moravu*, Nitra, 2007.

NAHTIGAL, R., *Uvod v slovansko filologijo*, Ljubljana, 1949.

OROSCHAKOFF, H., "Ein Denkmal des bulgarischen Rechtes (Zakon Sudni Ljudem)", *Zeitschrift für vergleichende Rechtswissenschaft* 33 (1916), p. 141-282.

PAULINY, E., ŽIGO, P., FELDEK, L., and KUČERA, M., *Na písme zostalo: Dokumenty Veľkej Moravy*, Bratislava, 2012.

PAVLOV, A. S., *Pervonačal'nyj slavjano-russkij nomokanon*, Kazan, 1869.

RATKOŠ, P., *Pramene k dejinám Veľkej Moravy*, Bratislava, 1964.

SATURNÍK, T., *Příspěvky k šíření byzantského práva u Slovanů*, Praha, 1922.

SCHMID, H. F., *Die Nomokanon Übersetzung des Methodius*, Leipzig, 1922.

SCHMIDT-WIEGAND, R., and SCHOWE, U., *Deutsche Rechtsregeln und Rechtssprichwörter*, München, 1996.

SEAGLE, W., *The History of Law*, New York, 1946.

SLANINKA, M., *Assemanov evanjeliár a kalendár. Kódex 3. Vatikánsky slovanský*, Martin, 2013.

STANISLAV, J., *Starosloviensky jazyk*, vol. 1, Bratislava, 1978.

ŠTIH, P., SIMONITI, V., and VODOPIVEC, P., *A Slovene history: society – politics – cultures*, Ljubljana, 2008.

TAMM, D., and VOGT, H., "Creating a Danish Legal Language: Legal Terminology in the Medieval Law of Scania", *Historical Research* 86/233 (2013), p. 505-514.

TROIANOS, S., "Bemerkungen zum Strafrecht der Ecloga", in: KREMMUDAS, V., MALTEDZOU, C.A., and PANAGIOTAKIS, N.M. (*eds.*), *Αφιέρωμα στον Νίκο Σβορώνο*, vol. 1, Rethimno, 1986, p. 97-112.

VAŠICA, V., *Literární památky epochy velkomoravské*, Praha, 1966.

VON OLBERG, G., *Die Bezeichnungen für soziale Stände, Schichten und Gruppen in den leges Barbarorum*, Berlin, 1991.

VON SEE, K., *Altnördische Rechtswörter*, Tübingen, 1964.

WALDMÜLLER, L., *Die ersten Begegnungen der Slawen mit dem Christentum und den christlichen Völkern vom VI. bis VIII. Jahrhundert*, Amsterdam, 1976.

WIEHL, I., "Die Rechtswörter in den Freisinger Denkmälern", in: V. LEHMANN (*ed.*), *Theoretische und praktische Linguistik des Russischen: Beiträge zum VIII. Internationalen Slawistenkongreß in Zagreb 1978* [Studia Slavica. Marburger Abhandlungen zur Geschichte und Kultur Osteuropas, 21/2], Gießen, 1981, p. 59-80.

WIEHL, I., *Untersuchungen zum Wortschatz Freisinger Denkmäler: Christliche Terminologie*, München, 1974.

Annick PETERS-CUSTOT

AUZÉPY, M.-F., "L'analyse littéraire et l'historien: l'exemple des vies de saints iconoclastes", *Byzantinoslavica* 53 (1992), p. 57-67, repris dans EADEM, *L'histoire des iconoclastes* [ACHCByz. Bilans de recherche, 2], Paris, 2007, p. 329-340.

BOUGARD, F., FELLER, L., LA ROCCA, C., et LE JAN, R. (*éd.*), *Sauver son âme et perpétuer la famille. Patrimoine et mémoire au haut Moyen Âge* [Collection de l'École française de Rome, 351], Rome, 2005.

BRECCIA, G., "Il *sigillion* della prima età normanna. Documento pubblico e semipubblico del Mezzogiorno ellenofono", *Quellen und Forschungen aus Italienischen Archiven und Bibliotheken* 79 (1999), p. 1-27.

DUBY, G., *Guerriers et paysans, VIIe-XIIe siècle. Premier essor de l'économie européenne*, Paris, 1973.

FERRARI DALLE SPADE, G., *I documenti greci medioevali di diritto privato dell'Italia meridionale e loro attinenze con quelli bizantini d'Oriente e coi papiri greco-egizii* [Byzantinisches Archiv, 4], Leipzig, 1910.

FODALE, S., Comes et legatus Siciliae. *Sul privilegio di Urbano II e la pretesa Apostolica Legazia die Normanni di Sicilia* [Università di Palermo. Istituto di storia medioevale. Studi, 2], Palerme, 1970.

GAUTIER, P., "Le typikon du sébaste Grégoire Pakourianos", *Revue des Études byzantines*, 42, 1984, p. 5-145.

GEARY, P.J., "Gifts Exchange and Social Science Modeling. The Limitations of a Construct", dans: ALGAZI, G., GROEBNER, V., et JUSSEN, B. (*éd.*), *Negotiating the Gift. Pre-Modern Figurations of Exchange* [Veröffentlichungen des Max-Planck-Instituts für Geschichte, 188], Göttingen, 2003, p. 129-140.

GIROS, C., "Le statut de la donation à Byzance: rhétorique et actes de la pratique (X^e-XVe siècle)", dans: J.-M. SPIESER et E. YOTA (*éd.*), *Donation et donateurs dans le monde byzantin. Actes du colloque internaitonal de l'Université de Fribourg, 13-15 mars 2008* [Réalités byzantines, 14], Paris, 2012, p. 97-106.

GRANIER, T., "Les moines "grecs" de Saints-Serge-et-Bacchus et Saints-Théodore-et-Sébastien dans la société napolitaine des VIIe-XIIe siècles", dans: CAROZZI, C., LE BLÉVEC,

D., et TAVIANI-CAROZZI, H. (*éd.*), *Vivre en société au Moyen Âge, Occident chrétien VIe-XVe siècle*, Aix-en-Provence, 2008, p. 197-218.

GUERREAU-JALABERT, A., "Caritas y don en la sociedad medieval occidental", *Hispania, Revista Española de Historia* 60/1 (2000), p. 27-62.

GUILLOU, A., et ROGNONI, C., "Eulogia: un gesto di riconoscenza?", dans: G. ANDENNA et H. HOUBEN (*éd.*), *Mediterraneo, Mezzogiorno, Europa. Studi in onore di Cosimo Damiano Fonseca*, Bari, 2004, vol. 2, p. 573-579.

GUILLOU, A., *Saint-Nicolas de Donnoso (1031-1060/1061)* [Corpus des actes grecs d'Italie du Sud et de Sicile. Recherches d'histoire et de géographie, 1], Cité du Vatican, 1967.

HILKEN, C., *Memory and Community in Medieval Southern Italy. The History, Chapter Book, and Necrology of Santa Maria del Guado Mazzocca* [Pontifical Institute of Medieval Studies. Studies and Texts, 157], Toronto, 2008.

IOGNA-PRAT, D., *La Maison Dieu. Une histoire monumentale de l'Église au Moyen Âge*, Paris, 2006.

IOGNA-PRAT, D., *Ordonner et exclure. Cluny et la société chrétienne face à l'hérésie, au judaïsme et à l'islam (1000-1150)*, Paris, 1998.

KAPLAN, M., *Les hommes et la terre à Byzance du VIe au XIe siècle. Propriété et exploitation du sol* [Byzantina Sorbonensia, 10], Paris, 1992.

LAUWERS, M. (*éd.*), *La dîme, l'Église et la société féodale* [Collection d'Études Médiévales de Nice, 12], Turnhout, 2012.

LAUWERS, M., "Des vases et des lieux. *Res ecclesie;* hiérarchie et spatialisation du sacré dans l'Occident médiéval", dans: DE SOUZA, M., PETERS-CUSTOT, A., et ROMANACCE, F.-X. (*éd.*), *Le sacré dans tous ses états. Catégories du vocabulaire religieux et sociétés de l'Antiquité à nos jours* [Travaux du CERHI, 10], Saint-Étienne, 2012, p. 259-279.

LAUWERS, M., "Consécration d'églises, réforme et ecclésiologie monastique. Recherches sur les chartes de consécration provençales du XIe siècle", dans MÉHU, D. (*éd.*), *Mises en scène et mémoires de la consécration de l'église dans l'Occident médiéval* [Collection d'Études Médiévales de Nice, 7], Turnhout, 2007, p. 93-142.

LAUWERS, M., *Naissance du cimetière. Lieux sacrés et terre des morts dans l'Occident médiéval*, Paris, 2005.

LAUWERS, M., *La mémoire des ancêtres. Le souci des morts. Morts, rites et société au Moyen Âge (diocèse de Liège, XIe-XIIe siècle)*, Paris, 1997.

LEFORT, J., OIKONOMIDES, N., et PAPACHRYSSANTHOU, D. (*éd.*), *Actes d'Iviron*, I. *Des origines au milieu du XIe siècle* [Archives de l'Athos, 14], Paris, 1985.

MAGNANI, E., "Les médiévistes et le don. Avant et après la théorie maussienne", dans EADEM (*éd.*), *Don et sciences sociales. Théories et pratiques croisées*, Dijon, 2007, p. 15-28, repris dans le *Bulletin du Centre d'études médiévales d'Auxerre* en ligne, Hors-série n° 2, 2008 accessible ici: URL: http://cem.revues.org/8842.

MAGNANI, E., "Du don aux églises au don pour le salut de l'âme en Occident (IVe-XIe siècle): le paradigme eucharistique", *Bulletin du Centre d'études médiévales d'Auxerre* en ligne, Hors-série n° 2, 2008, URL: http://cem.revues.org/9932.

MAGNANI, E., "Transforming Things and persons: the Gift *pro anima* in the Eleventh and Twelfth centuries", dans: ALGAZI, G., GROEBNER, V., et JUSSEN, B. (*éd.*), *Negotiating the Gift. Pre-Modern Figurations of Exchange* [Veröffentlichungen des Max-Planck-Instituts für Geschichte, 188], Göttingen, 2003, p. 269-284.

MAGNANI, E., *Monastères et aristocratie en Provence, milieu X^e^-début XIIe siècle* [Vita regularis, 10], Münster, 1999.

MARTIN, J.-M., "Les seigneuries monastiques", dans: LICINIO, R., et VIOLANTE, F. (*éd.*), *Nascita di un regno. Poteri signorili, istituzioni feudali e strutture sociali nel Mezzogiorno normanno (1130-1194). Atti delle diciasettesime giornate normanno-sveve (Bari, 10-13 ottobre 2006)*, Bari, 2008, p. 177-206.

MARTIN, J.-M., "Centri fortificati, potere feudale e organizzazione dello spazio", dans: PLACANICA, A. (*éd.*), *La Calabria medievale. I quadri generali*, Rome, 2001, p. 487-522.

MARTIN, J.-M., "Aristocraties et seigneuries en Italie méridionale aux XIe et XIIe siècles: essai de typologie", *Journal des Savants* 1999, p. 227-259.

MARTIN, J.-M., "Κίνναμος Ἐπίσκοπος-*Cennamus episcopus*. Aux avant-postes de l'hellénisme sud-italien vers l'an Mil", *Rivista di Studi Bizantini e Neoellenici* 27 (1990), Rome, 1991, p. 89-99.

MAUSS, M., "Essai sur le don. Forme et raison de l'échange dans les sociétés archaïques", *Année sociologique n.s.* 1 (1923-1924), p. 30-186, repris dans IDEM, *Sociologie et anthropologie*, Paris, 1950, p. 145-279.

MAZEL, F., "Pouvoir aristocratique et Église aux Xe-XIe siècles. Retour sur la «révolution féodale» dans l'œuvre de Georges Duby", *Bulletin du Centre d'études médiévales d'Auxerre* en ligne, Hors-série n° 1, 2008, URL: http://cem.revues.org/4173.

MÉNAGER, L.-R., *Recueil des actes des ducs normands d'Italie (1046-1127). I. Les premiers ducs (1046-1087)* [Società di Storia patria per la Puglia. Documenti e monografie, 45], Bari, 1980.

MÉNAGER, L.-R., *Amiratus-Ἀμηρᾶς, l'émirat et les origines de l'amirauté (XIe-XIIe siècles)* [Bibliothèque de l'École Pratique des hautes Études, VIe section], Paris, 1960.

MERCATI, S.G., GIANNELLI, C., et GUILLOU, A., *Saint-Jean-Théristès (1054-1264)* [Corpus des Actes grecs d'Italie du Sud et de Sicile. Recherches d'histoire et de géographie, 5], Cité du Vatican, 1980.

MICHEA, J.-C., *Les mystères de la gauche; De l'idéal des Lumières au triomphe du capitalisme absolu*, Paris, 2013.

MICHEA, J.-C., *L'Empire du moindre mal. Essai sur la civilisation libérale*, Paris, 2007 (réimpr. Paris, 2010).

MORRIS, R., "Reciprocal gifts on Mount Athos in the Tenth and Eleventh Centuries", dans: DAVIES, W., et FOURACRE, P. (*éd.*), *The language of gift in the Early Middle Ages*, Cambridge, 2010, p. 171-192.

NEF, A., "Imaginaire impérial, empire et œcuménisme religieux: quelques réflexions depuis la Sicile des Hauteville", *Cahiers de Recherches Médiévales et Humanistes* 24 (2012), p. 227-249.

NEF, A., *Conquérir et gouverner la Sicile islamique aux XIe et XIIe siècles* [Bibliothèque des Écoles françaises d'Athènes et de Rome, 346], Rome, 2001.

OIKONOMIDES, N. (*éd.*), *Actes de Dionysiou* [Archives de l'Athos, 4], Paris, 1968.

PETERS-CUSTOT, A., "'Byzantine' versus 'Imperial' Kingdom: How Byzantine was the Hauteville King of Sicily?", dans: DAIM, F., GASTGEBER, CH., HEHER, D., et RAPP, C. (*éd.*), *Menschen, Bilder, Sprache, Dinge. Wege der Kommunikation zwischen Byzanz und dem Westen. Menschen und Worte. Studien zur Ausstellung 'Byzanz und der Westen. 1000 vergessene Jahre'* [Byzanz zwischen Orient und Okzident. Veröffentlichungen des Leibniz-WissenschaftsCampus-Mainz, 9, 2], Mayence, 2018, p. 235-248.

PETERS-CUSTOT, A., "Qu'est-ce qu'être « grec » dans l'Italie méridionale médiévale? À propos d'une « identité » polysémique et en perpétuel mouvement", dans: BRIZAY, F. (*éd.*), *Identité religieuse et minorités de l'Antiquité au XVIII*[e] *siècle. Actes du colloque d'Angers, 12-13 juin 2014*, Rennes, 2018, p. 215-233.

PETERS-CUSTOT, A., "Le monachisme byzantin de l'Italie méridionale. Réalité et perception, du IXe au XIe siècle", dans: *Monachesimo d'Oriente, monachesimo d'Occidente. Settimane di Studi del Centro Italiano di Studi sull'Alto Medio Evo, Spoleto, 31 marzo-6 aprile 2016*, Spolète, 2017, p. 359-396.

PETERS-CUSTOT, A., "Clairvaux et l'ordre cistercien dans un espace aux marges de la chrétienté romaine : le royaume de Sicile aux époques normande et souabe", dans: BAUDIN, A., et GRÉLOIS, A. (*éd.*), *Le Temps long de Clairvaux. Nouvelles recherches, nouvelles perspectives (XII*[e]*-XX*[e] *siècle). Actes du Colloque international Troyes-Clairvaux, 16-18 juin 2015*, Paris, 2016, p. 63-76.

PETERS-CUSTOT, A., *Bruno en Calabre. Histoire d'une fondation monastique dans l'Italie normande: S. Maria de Turri et S. Stefano del Bosco* [Collection de l'École française de Rome, 489], Rome, 2014.

PETERS-CUSTOT, A., "La politique royale normande et les comtés calabrais dans la seconde moitié du XIIe siècle: l'apport du fonds de S. Stefano del Bosco", *Mélanges de l'École française de Rome. Moyen Âge* 124-1 (2012), URL: http://mefrm.revues.org/165.

PETERS-CUSTOT, A., "La mention du sénatus-consulte velléien dans les actes grecs de l'Italie du Sud et de Sicile", dans : MARTIN, J.-M., PETERS-CUSTOT, A., et PRIGENT, V. (*éd.*), *L'héritage byzantin en Italie. Les cadres juridiques et sociaux et les institutions publiques* [Collection de l'École française de Rome, 461], Rome, 2012, p. 51-72.

PETERS-CUSTOT, A., *Les Grecs de l'Italie méridionale post-byzantine (IX*[e]*-XIV*[e] *siècle). Une acculturation en douceur* [Collection de l'École française de Rome, 420], Rome, 2009.

PETERS-CUSTOT, A., "Les remaniements de la carte diocésaine de l'Italie grecque lors de la conquête normande: une politique de latinisation forcée de l'espace? (1059-1130)", dans: Philippe RODRIQUEZ (*éd.*) *Pouvoir et territoire, Colloque du CERHI, Saint-Etienne, 7-8 novembre 2005* [Travaux du CERHI, 6], Saint-Etienne, 2007, p. 57-77.

ROBINSON, G., *History and Cartulary of the Greek Monastery of S. Anastasius and S. Elias of Carbone. II. Cartulary*, Rome, 1929-1930, 2 vol. (*Orientalia Christiana* 15/2 (1929), n° 53, p. 121-276 et *Orientalia Christiana* 19/1 (1930), n° 62, p. 5-200).

ROGNONI, C. (*éd.*), *Les actes privés grecs de l'Archivo Ducal de Medinaceli (Tolède). I. Les monastères de Saint-Pancrace de Briatico, de Saint-Philippe-de-Bojôannès et de Saint-Nicolas-des-Drosi (Calabre, XI*[e]*-XII*[e] *siècles)*, Paris, 2004.

SANSTERRE, J.-M., "Remarques sur les miracles de saints récents dans l'hagiographie du Mont-Cassin et celle du monastère grec de Grottaferrata au XIe siècle", dans : AIGLE, D. (*éd.*), *Miracles et karâma. Hagiographies médiévales comparées*, Turnhout, 2000, p. 525-542.

THOMAS, J., et CONSTANTINIDES HERO, A. (*éd.*), *Byzantine Monastic Foundation Documents* [Dumbarton Oaks Studies, 35], Washington DC, 2000.

TOOMASPOEG, K., *Decimae. Il sostegno economico dei sovrani alla Chiesa del Mezzogiorno nel XIII secolo. Dai lasciti di Eduard Sthamer e Norbert Kamp* [Ricerche dell'Istituto Storico Germanico di Roma, 4], Roma, 2009.

TRINCHERA, F., *Syllabus graecarum Membranarum*, Napoli, 1865.

WICKHAM, C., "Compulsory gift exchange in Lombard Italy, 650-1160", dans: W. DAVIES et P. FOURACRE (*éd.*), *The Languages of Gift in the Early Middle Ages*, Cambridge, 2010, p. 193-216.

Tamara Matović

Literature

AVRAMOVIĆ, A., STANIMIROVIĆ, S., *Uporedna pravna tradicija*, Beograd, 2007.

BÉNOU, L., *Pour une nouvelle histoire du droit byzantin*, Paris, 2011.

BLAGOJEVIĆ, M., *Državna uprava u srpskim srednjovekovnim zemljama,* Beograd, 2001.

BOBČEV', S., *Istorija na starob'lgarskoto pravo*, Sofija, 1910.

BOGIŠIĆ, V., "De la forme dite Inokosna de la famille rurale chez les Serbes et les Croates", *Revue de Droit international et de législation compare* 1884.

BOGIŠIĆ, V., *Pravni običaj u Slovena*, Zagreb, 1867.

BOJANIN, S., and KRSMANOVIĆ, B., "Byzantine Administration in the Time of the Nemanjić Dynasty", in: BIKIĆ, V. (*ed.*), *Byzantine Heritage and Serbian Art I*, Belgrade, 2016.

BUBALO, Đ., *Pisana reč u srpskom srednjem veku*, Beograd, 2009.

BUBALO, Đ., *Srpski nomici*, Beograd, 2004.

ĆIRKOVIĆ, S., and MIHALJČIĆ, R. (*eds.*), *Leksikon srpskog srednjeg veka*, Beograd, 1999.

GERASIMOVIĆ, J., *Staro srpsko pravo*, Beograd, 1925.

GORSKI, O., and MAJNARIĆ, N., *Grčko-hrvatski rječnik*, Zagreb, 2005.

JANKOVIĆ, D., *Istorija države i prava feudalne Srbije (XII-XV vek)*, Beograd, 1956.

JIRIČEK, K., and RADONIĆ, J., *Istorija Srba II. Kulturna istorija*, Beograd, 1978.

JOVANOVIĆ, A., *Istorijski razvitak srpske zadruge: prinosi za istoriju starog srpskog prava*, Beograd, 1896.

JOVANOVIĆ, A., "Nasledno pravo u starih Srba: prilog čl. 100 i 101 Dušanova zakonika", *Otadžbina* 74 (1888).

KADLEC, K., *Prvobitno slovensko pravo pre X veka* (preveo i dopunio TARANOVSKI, T.), Zemun, 1923.

KLAIĆ, N., and PETRICIOLI, I., *Zadar u srednjem vijeku*, Zadar, 1976.

KLAIĆ, N., "Tribuni i consules zadarskih isprava X i XI stoljeća", *Zbornik radova Vizantološkog instituta* 11 (1968).

KOVAČEVIĆ KOJIĆ, D., "Fojnica u srednjem vijeku", *Gradski život u Srbiji i Bosni (XIV-XV vijek),* Beograd, 2007.

KRŠLJANIN, N., "Izuzimanje (isključivanje) iz nasleđa i pitanje namene Dušanove kodifikacije", *Anali Pravnog fakulteta u Beogradu* 2/58 (2010).

LADIĆ, Z., *Last will: Passport to heaven. Urban last wills from late medieval Dalmatia with special attention to the legacies pro remedio animae and ad pias causas*, Zagreb, 2012.

LADIĆ, Z., "Oporučni legati pro anima i ad pias causas u europskoj historiografiji. Usporedba s oporukama dalmatinskih komuna", *Zbornik odsjeka za povijesne i društvene znanosti HAZU* 17 (2000).

MAJKOV, A., "Baština u starih Srba", *Glasnik srpskog učenog društva* 6 (1868).

MARKOVIĆ, B., "Nasledno pravo u Dušanovom zakoniku i u Zakonu cara Justinijana", in: X., *Zakonik cara Stefana Dušana: Zbornik radova*, Beograd, 2005.

MATOVIĆ, T., *Zaveštanja u arhivama svetogorskih manastira (XIII-XV vek)*, doktorska disertacija, Beograd, 2017.

MIHALJČIĆ, R., "Srpski spomenici dubrovačkog arhiva", in: X., *O starom srpskom pravu*, Beograd, 2015.

MILOVANOVIĆ, M., "Nasledno pravo u starom srpskom pravu", *Godišnjica Nikole Čupića* 5 (1883).

MIRKOVIĆ, Z., and ĐURĐEVIĆ, D., "Pravila o poklonu u srpskom srednjovekovnom pravu", *Anali Pravnog fakulteta u Beogradu* 2/59 (2011).

NIKOLIĆ, D., *Drevnorusko slovensko pravo*, Beograd, 2000.

PANTIĆ, D., *Poklon za slučaj smrti*, Beograd, 2015.

PAVKOVIĆ, N., "Običajno-pravne radnje u vezi sa smrću", in: PAVKOVIĆ, N. (*ed.*), *Studije i ogledi iz pravne antropologije*, Beograd, 2014. (= PAVKOVIĆ, N., "Običajno-pravne radnje u vezi sa smrću", *Glasnik Etnografskog instituta* 40 (1991)).

PAVKOVIĆ, N., "Actes à cause de mort chez les slaves du Sud", in: WAELKENS, L. (*ed.*), *Actes à cause de mort – Acts of last will III: Europe médiévale et moderne – Medieval and modern Europe*, Bruxelles, 1993.

PETRANOVIĆ, B., "O pravu nasljedstva kod Srba", *Rad JAZU* 23 (1873).

RADOJČIĆ, N., "Društveno i državno uređenje kod Srba u ranom srednjem veku – prema Barskom rodoslovu", *Glasnik skopskog naučnog društva* 15 (1935).

RUDIĆ, S., "Tri potvrde kneza Vlatka Popovića o primanju dohotka od zaostavštine kneza Braila Tezalovića u Dubrovniku", *Građa o prošlosti Bosne* 3 (2010).

SOLOVJEV, A., "Gost Radin i njegov testament", *Pregled* 2 (1947).

SOLOVJEV, A., "Ugovor o kupovini i prodaji u srednjovekovnoj Srbiji", *Arhiv za pravne i društvene nauke* 15 (1927).

SOLOVJEV, A., *Predavanja iz istorije slovenskih prava*, Beograd, 1939.

SOLOVJEV, A., *Zakonik cara Stefana Dušana 1349. i 1354. godine*, Beograd, 1980.

SOLOVJEV, A., *Zakonodavstvo Stefana Dušana*, Skoplje, 1928.

SOLOVJEV, A., "Značaj Dubrovnika u istoriji jugoslovenskog prava", *Arhiv za pravne i društvene nauke* 25 (1932).

STANKOVIĆ, M., 2015, "Pravna priroda afatomije", *Anali Pravnog fakulteta u Beogradu* 1/63 (2015).

STOJANOVIĆ, N., 2014, "O nasleđivanju u Zakonopravilu Svetoga Save", *Zbornik Pravnog fakulteta u Novom Sadu* 1/ 48 (2014).

STROHAL, I., *Pravna povijest dalmatinskih gradova I*, Zagreb, 1913.

ŠARKIĆ, S., "Pojam testamenta u rimskom, vizantijskom i srednjovekovnom srpskom pravu", in: MAKSIMOVIĆ, LJ., RADOŠEVIĆ, N., and RADULOVIĆ, E., (*eds.*), *Treća nacionalna konferencija vizantologa*, Beograd, 2002.

ŠARKIĆ, S., "Poklon u srednjovekovnom srpskom pravu", *Istraživanja* 17 (2006).

ŠARKIĆ, S., *Srednjovekovno srpsko pravo*, Novi Sad, 1995.

ŠARKIĆ S., "The concept of will in Roman, Byzantine and Serbian mediaeval law", in: BURGMANN, L. (*ed.*), *Forschungen zur byzantinischen Rechtsgeschichte*, 26 – *FM* 11, Frankfurt am Main, 2005.

ŠARKIĆ, S., "Vladarske titule u srednjovekovnoj Srbiji", *Zbornik radova PF u NS* 46/2 (2012).

TARANOVSKI, T., *Istorija srpskog prava u nemanjićkoj državi*, Beograd, 2002.

UROŠEVIĆ, L., *Pravosuđe i pisano pravo u srednjovekovnoj Srbiji*, Beograd, 1939.

Legal sources

BUBALO, Đ., *Dušanov zakonik*, Beograd, 2010.

BOCZEK A. (*ed.*), *Codex Diplomaticus et Epistolaris Moraviae*, vol. 1, Olomucii, 1836.

FERJANČIĆ, B. (*ed.*), , *Vizantijski izvori za istoriju naroda Jugoslavije*, vol. 2, Beograd, 1959.

FRIEDRICH, G. (*ed.*), *Codex Diplomaticus et Epistolaris regni Bohemiae*, vol. 1, 1904-1907.

KOSTRENČIĆ, M. (*ed.*), *Codex Diplomaticus Regni Croatiae, Dalmatiae et Slavoniae*, vol. 1, Zagreb, 1967.

MARKOVIĆ, B. (*ed.*), *Justinijanov zakon. Srednjovekovna vizantijsko-srpska pravna kompilacija*, Beograd, 2007.

MIKLOSICH, F., *Monumenta serbica spectantia historiam Serbiae Bosnae Ragusii*, Viennae, 1858.

MORAVCSIK, G. (*ed.*), *Constantine Porphyrogenitus – De Administrando Imperio*, Washington, 1967.

NOVAKOVIĆ, S., *Zakonski spomenici srpskih država srednjeg veka*, Beograd, 1911.

NOVAKOVIĆ, S. (*ed.*), *Matije Vlastara Sintagmat*, Beograd, 1907.

PETROVIĆ, M. (*ed.*), *Zakonopravilo ili Nomokanon Svetog Save. Ilovički prepis*, Gornji Milanovac, 1991.

PEŠIKAN, M., GRICKAT-RADULOVIĆ, I., and JOVIČIĆ, M. (*eds.*), *Zakonik Stefana Dušana knj. III*, Beograd, 1997.

PUCIĆ, M., *Spomenici srpski od godine 1395. do 1423*, vol. 2, Beograd, 1862.

SOLOVJEV, A., *Odabrani spomenici srpskog prava od XII veka do kraja XV veka*, Beograd, 1926.

STOJANOVIĆ, L. (*ed.*), 1890, *Spomenik SKA*, vol. 3, Beograd.

TRUHELKA, Ć., "Testamenat gosta Radina", *Glasnik Zemaljskog muzeja u Sarajevu* 23 (1911).

YANIN, V. L., (*ed.*), *Roskiijskoe zakonodatel'stvo X-XX vekov*, vol. 1, Moskva, 1984.

ZAKRZEWSKI, I. (*ed.*), *Kodeks dyplomatyczny Wielkopolski*, vol. 1, Poznań, 1877.

ŽIVKOVIĆ, T. (*ed.*), *Gesta Regum Sclavorum*, Beograd, 2009.

Gábor HAMZA

ADANIR, F., *Osmanismus, Nationalismus und der Kaukasus*, Wiesbaden, 2005.

ALLEN, W.E.D., *A History of the Georgian People*, New York, 1932.

AVALISHVILI, Z. *The Independence of Georgia in International Politics 1918-1921*, London, 1940.

BIHL, W., *Die Kaukasus-Politik der Mittelmächte. II. Teil.*, Wien, 1992.

BIHL, W., *Die Kaukasus-Politik der Mittelmächte. I. Teil*, Wien, 1975.

BOGUSLAWSKIJ, M.M., *Die Rechtslage für ausländische Investitionen in den Nachfolgestaaten der Sowjetunion*, München, 1993.

BÖLLING, H., "Das Sicherungseigentum an Immobilien nach dem georgischen ZGB (Teil 2). Zugleich eine Untersuchung zur lex commissoria im georgischen und deutschen Recht", *Wirtschaft und Recht in Osteuropa* 13 (2004), S. 33-37.

BRAUND, D., *Georgia in Antiquity. A History of Colchis and Transcaucasian Iberia 550 BC – AD 562*, repr. Oxford, 2003.

DEUTSCHE GESELLSCHAFT FÜR TECHNISCHE ZUSAMMENARBEIT (*Hrg.*), *Zivilgesetzbuch Georgiens*, Tbilisi, 2006, www.gtz-law-caucasus.net.

DOLIDZE, I. (*Hrg.*), *Qartuli samartlis zeglebi*, Bd. 1, Tbilisi, 1963.
DOLIDZE, I., *Zveli qartuli samartali*, Tbilisi, 1953.
FÄHNRICH, H., *Geschichte Georgiens von den Anfängen bis zur Mongolenherrschaft*, Aachen, 1993.
FELDBRUGGE, F.J.M., "Law of the Republic of Georgia", *Review of Central and East European Law* 18 (1992), S. 367-375.
FÖLDI, A., und HAMZA, G., *A római jog története és intitúciói. (Geschichte und Institutionen des römischen Rechts)*, Budapest, 2016.
HAMZA, G., *Origine e sviluppo degli ordinamenti giusprivatistici moderni in base alla tradizione del diritto romano*, Santiago de Compostela, 2013.
HAMZA, G., *Entstehung und Entwicklung der modernen Privatrechtsordnungen und die römischrechtliche Tradition*, Budapest, 2009.
HAMZA, G., "Die Entwicklung und Kodifikation des Privatrechts in den Staaten des Kaukasus", *Annales Universitatis Scientiarum Budapestinensis de Rolando Eötvös nominatae, Sectio iuridica* 49 (2008), S. 5-22.
HAMZA, G., "Le nuove codificazioni privatistiche nei Paesi dell'Est europeo: Continuità e discontinuità", *Vita notarile* 3 (2006), S. 1209-1237.
HAMZA, G., "New Trends of Codification of Civil (Private) Law in Central and Eastern Europe", in: X., *International Symposium. International Cooperation in the Field of Legal Studies and an Agenda for Comparative Law Studies – Experiences of Legal Assistance to Countries in Transition – May 29, 2004 Tokyo, Japan*, Nagoya, 2005, S. 89-111.
HAMZA, G., *Le développement du droit privé européen. Le rôle de la tradition romaniste dans la formation du droit privé moderne*, Budapest, 2005.
HERZIG, E., *The New Caucasus. Armenia, Azerbaijan und Georgia*, London, 1998.
HOLLDACK, F., *Zwei Grundsteine zu einer grusinischen Staats- und Rechtsgeschichte*, Leipzig, 1907.
JAVACHISHVILI, I., *Qartuli samartlis istoria*, Bd. 2, Tbilisi, 1929.
KAPPELER, A., *Rußland als Vielvölkerreich. Entstehung, Geschichte, Zerfall*, München, 2001[2].
KARZT, J., *Code de roi Vakhtang VI. tome I. 1934; tome I premier livre, 1935; livre deuxième, 1937*, Strasbourg, 1934-1937.
KNIEPER, R., "Legislative Draftsmanship", *Georgian Law Review, First Quarter* 1998.
KOVALEVSKIJ, M., *Zakon i obic'aj na Kafkaze*, Moskva, 1890.
LAMMICH, S., und SULAKVELIDZE, D., "Fundamentals in the Development of the Georgian Legal System since 1994", *Georgian Law Review, First Quarter,* 1998.
LANG, S.J., und OEHLER, W., "Georgisches Aktienrecht", *Wirtschaft und Recht in Osteuropa* 13 (2004), S. 329-334.
LANG, S., LOMIDZE, V., und SCHEFFLER, K., "Georgisches Zivilgesetzbuch und das deutsche BGB", *Wirtschaft und Recht in Osteuropa* 12 (2003), S. 370-373.
LANG, S., "Aktuelle Entwicklungen im georgischen Zivil- und Wirtschaftsrecht", *Wirtschaft und Recht in Osteuropa* 12 (2003), S. 11-16.
LANG, D.M., *The Georgians*, London, 1966.
LANG, D.M., *A Modern History of Georgia*, London, 1962.
LANG, D.M., *Last Years of the Georgian Monarchy, 1658–1832*, New York, 1957.
MAKASHVILI, V., und PURTSILADZE, D., *Juridiceskaja nauka v Akademii Grusinskoj SSR*, Tbilisi, 1983.
MANVELICHVILI, A., *Histoire de Géorgie*, Paris, 1951.

PAITSCHADZE, D., "Zwischen Europa und Orient – eine gespaltene Identität", *Georgica. Zeitschrift für Kultur, Sprache und Geschichte Georgiens und Kaukasiens* 36 (2014), S. 137-157.

PURTSELADZE, D. (*Hrg.*), *Zakony Vachtanga VI*, Tbilisi, 1980.

ROSEN, R., *Georgia. A Sovereign Country of the Caucasus*, Hongkong, 2004[3].

SHENGELIA, R., "Contract of Gift", *Georgian Law Review, First Quarter* 2001.

SIRAP, T.O. (*Hrg.*), *Georgia. Current Issues and Historical Background*, New York, 2002.

SOGHOMONYAN, V., *Europäische Integration und Hegemonie im Südkaukasus. Armenien, Aserbaidschan und Europa*, Baden-Baden, 2007.

SUNY, R.G., *The Making of the Georgian Nation*, Bloomington, 1994[2].

SUNY, R.G. (*Hrg.*), *Transcaucasia. Nationalism and Social Change. Essays in the History of Armenia, and Georgia*, Ann Arbor, 1983.

TOUMANOFF, C., *Studies in Christian Caucasian History*, Washington D.C., 1963.

TSERETELLI, I., *Séparation de la Transcaucasie et de la Russie et Indépendance de la Géorgie*, Paris, 1919.

WATERS, C.P.M., *Counsel in the Caucasus: Professionalization and Law in Georgia* [Law in Eastern Europe, 54], Leiden, 2004.

ZOIDZE, B., The Influence of Anglo-American Common Law on the Georgian Civil Code, *Georgian Law Review* 1999, S. 10-19.

ZOIDZE, B., "The Concept of Property in the Civil Code of Georgia", *Georgian Law Review, Second-Third Quarter* 1998.

ZOIDZE, B., "The System of the Civil Code of Georgia", *Georgian Law Review, First Quarter* 1998, S. 3-14.

ZOIDZE, B., und KANDELHARD, R., "Historical Fundamentals of the Civil Law Reform in Georgia", *Recht in Ost und West* 1997, S. 41-46.

ZÜRRER, W., *Kaukasien 1918-1921. Der Kampf der Grossmächte um die Landbrücke zwischen Schwarzem und Kaspischem Meer*, Düsseldorf, 1978.

Dmitry POLDNIKOV

BARG, M., *Категории и методы исторической науки* (*Major concepts and methods of the historical science*), Moscow, 1984.

BARYNINA, O., "Отечественное византиноведение на рубеже эпох: Русско-византийская Комиссия (1918-1930 гг.)" ["National Byzantinistics at the turn of the epoch: Russian-Byzantine commission (1918-1930)"], *Труды Исторического факультета Санкт-Петербургского университета* [*Proceedings of the Faculty of History of the Saint-Petersburg University*] 4 (2010), p. 180-182.

BATYR, K., *Всеобщая история государства и права* [*The universal history of state and law*], Moscow, 1995.

Всеобщая история государства и права [*The universal history of state and law*], Moscow, 2011 (first published in 1944-47).

BERDYAEV, N., *Истоки и смысл русского коммунизма* [*Origins and meaning of Russian Communism*], Moscow, 1990 (first published in English in 1937).

BOVYKIN, D., "Обратной дороги может и не быть..." ["There could be no way back..."], in: *Средние века* [*Middle Ages*] 77, 1-2 (2016), p. 357-370.

CHERNILOVSKY, Z., *Всеобщая история государства и права, Учебное пособие* [*The universal history of state and law. A textbook*], Moscow, 1995.

CHERNILOVSKY, Z., *Всеобщая история государства и права. Учебное пособие* [*The universal history of state and law. A textbook*], Moscow, 1973.

CHUBARYAN, A. (*ed.*), *Всемирная история* в 6-ти томах, под ред [*World History*, in 6 vols.], Moscow, 2011-2015.

CHUBARYAN, A. (*ed.*), *Теория и методология исторической науки. Терминологический словарь.* [*Theory and methodology of the historical science, the terminological dictionary*], Moscow, 2014.

DAUCHY, S., MARTYN, G., MUSSON, A., PIHLAJAMÄKI, H. and WIJFFELS, A. (*eds.*), *The Formation and Transmission of Western Legal Culture. 150 Books that Made the Law in the Age of Printing*, Cham, 2016.

GAGEN, S., *Византийское правосознание в IV-XV вв.* [*Byzantine legal consciousness in the fourth through fifteenth centuries*], Moscow, 2012.

KAZHDAN, A., "Do we need a new history of Byzantine law?", *Jahrbuch der österreichischen Byzantinistik* 39 (1989), p. 1-28.

KHVOSTOVA, K., *Византийская цивилизация как историческая парадигма* [*Byzantine civilisation as a historical paradigm*], St. Petersburg, 2009.

KOPOSOV, N., *Хватит убивать кошек! Критика социальных наук* [*Stop slaughtering cats! Critique of social sciences*], Moscow, 2005.

KOVALCHENKO, I., *Методы исторического исследования* [*Methods of historical research*], Moscow, 1987.

MAKSIMOVICH, K., "Byzantinische Rechtsbücher und ihre Bedeutung für die Rechtsgeschichte Osteuropas", in: GIARO, T. (*ed.*), *Modernisierung durch Transfer im 19. und frühen 20. Jahrhundert*, vol. 1, Frankfurt am Main, 2006, p. 1-32.

MAKSIMOVICH, K., "Aufbau und Quellen des altrussischen Ustjuger Nomokanons", in: BURGMANN, L. (*ed.*), *Fontes Minores X* [Forschungen zur Byzantinischen Rechtsgeschichte, 22], Frankfurt am Main, 1998, p. 477-508.

MALTSEV, G., *Культурные традиции права* [*Cultural traditions of law*], Moscow, 2016.

MEDVEDEV, I., "Несколько слов о советском византиноведении" [*A few words about Soviet Byzantinistics*], in: *Петербургское византиноведение. Страницы истории* [*Byzantinistics in St. Petersbourg: pages of history*], St. Petersburg, 2008, p. 313-319.

MEDVEDEV, I., *Правовая культура Византийской империи* [*The legal culture of the Byzantine Empire*], St. Petersburg, 2001.

OSTROWSKI, D., "Moscow the Third Rome as Historical Ghost", in: BROOKS, S. T. (*ed.*). *Byzantium: Faith and Power (1261-1557). Perspectives on Late Byzantine Art and Culture*, New Haven, 2006. p. 170-179.

POKROVSKY, M., *Историческая наука и борьба классов* [*Historical science and class struggle*], Moscow, 1933.

POPOV, I. and CHICHUROV, I., "Византиноведение" ["Byzantinistics"], in: *Православная энциклопедия* [*The Orthodox Encyclopedia*], vol. 8, p. 388-401, available at http://www.pravenc.ru/text/158430.html#part_15.

STOLTE, B., "The Social Function of the Law", in: Haldon, J. (*ed.*), *The Social History of Byzantium*, Blackwell, 2009, p. 76-91.

STOLTE, B., "Not new but novel: notes on the historiography of Byzantine law", *Byzantine and Modern Greek Studies* 22 (1998), p. 264-279.

SUCHANOV, E. and KOFANOV, L., "Sul ruolo del diritto romano nella Russia contemporanea", *Ivs Antiqvvm* 1 (1996), p. 14-16, available at http://elar.uniyar.ac.ru/jspui/handle/123456789/3479.

TSYPIN, V., *Каноническое право* [*Canon law*], Moscow, 2009.
UDALTSOVA, Z. and LITAVRIN, G. (*eds.*), *Культура Византии, под ред* [*Byzantine Culture*], 3 vols., Moscow, 1984-1991.
UDALTSOVA, Z., *Советское византиноведение за 50 лет* [*Soviet Byzantine studies during the 50 years*], Moscow, 1969.
UDALTSOVA, Z., KAZHDAN, A. and LITAVRIN, G. (*eds.*), *История Византии* [*History of Byzantium*], 3 vols., Moscow, 1967.
UDALTSOVA, Z., "Законодательные реформы Юстиниана" ["On the legislative reforms of Justinian"], *Byzantina xponika* 26, 51 (1965), p. 3-45.
ULYANOV, N., "The Complex of Filofey", *The new journal* 45 (1956), at http://www.ukrhistory.narod.ru/texts/ulianov-1.htm.
UVAROV, P., *Между "ежами" и "лисами": заметки об историках* [*Between 'hedgehogs' and 'foxes': some notes about historians*], Moscow, 2015.
VARJAS, M., *Краткий курс церковного права. Учебное пособие* [*A concise guide to canon law. A Textbook*], Moscow, 2001.
VIN JU, and GRIDNEVA, A., "Правовое наследие Византии и новые перспективы его информационного исследования: База данных 'Византийское право' " ["The legal legacy of Byzantium and new prospects of its IT investigation: the Database 'Byzantine law' "], *Byzantina xponika* 63, 88 (2004), p. 206-225, available at http://www.vremennik.biz/node/53280.
VYSHINSKY, A., *Революционная законность и задачи советской защиты* [*Revolutionary legalism and the tasks of Soviet advocates*], Moscow, 1934.
WHITE, H., "The Politics of Historical Interpretation: Discipline and De-Sublimation", *Critical Inquiry* 9, 1 (1982), p. 113-137.
ZHIDKOV, O., "О состоянии и задачах научных исследований в области всеобщей истории государства и права" ["On the state and goals of academic research in universal history of state and law"], in: ZHIDKOV O., [Selected Works], Moscow, 2006, p. 24-34.
ZHIDKOV, O. and KRASHENINNIKOVA, N. (*eds.*), *История государства и права зарубежных стран* [*The history of the state and law of foreign countries*], Moscow, 1996.

Dalibor JANIŠ

ANTONÍN, R., "S kým se přel biskup Ondřej? K meandrům v právní krajině Čech na počátku 13. století na základě „známého" příběhu", in: NODL, M., and WĘCOWSKI, P. (*eds.*), *Právní kultura středověku*, Praha, 2016, p. 45-63.
BARTOŇKOVÁ, D., and VEČERKA, R. (*eds.*), *Leges, textus iuridici* [Magnae Moraviae fontes historici, IV], Praha, 2013.
BOHÁČEK, M., *Einflüsse des römischen Rechts in Böhmen und Mähren* [Ius Romanum Medii Aevi, V, 11], Mediolani, 1975.
BOHÁČEK, M., "Římské právo v listinné praxi českých zemí 12.-15. století", *Sborník archivních prací* 24 (1974), p. 461-486.
BOHÁČEK, M., "K rozšíření legistických rukopisů v českých zemích", *Studie o rukopisech* 10 (1971), p. 1-63.
BOHÁČEK, M., "Das römische Recht in der Praxis der Kirchengerichte der böhmischen Länder im XIII. Jahrhundert", *Studia Gratiana* 11 (1967), p. 273-304.
BOHÁČEK, M., *Literatura středověkých právních škol v rukopisech kapitulní knihovny olomoucké*, Praha, 1960.

BRETHOLZ, B. (*ed.*), *Die Chronik der Böhmen des Cosmas von Prag*, [Monumenta Germaniae Historica. Scriptores rerum Germanicarum. Nova series, Tomus II], Berlin, 1923.

BRUNDAGE, J.A., *Law, Sex, and Christian Society in Medieval Europe*, Chicago, 1987.

BUDSKÝ, D., *Mikuláš Puchník. Život a právnické dílo*, Praha, 2016.

BUKOVSKÁ, Š., *Církevněslovanský penitenciál českého původu*, Olomouc, 2015 [Bachelor's thesis at the Faculty of Arts of the Palacký University, published on www.theses.cz].

ČELAKOVSKÝ, J., *Povšechné české dějiny právní*, Praha, 1900.

CHARVÁT, P., "Ideologická funkce kultury v přemyslovských Čechách", in: ŽEMLIČKA, J. (*ed.*), *Typologie raně feudálních slovanských států*, Praha, 1987, p. 229-237.

СМИРНОВ, С.И., *Материалы для истории древнерусской покаянной дисциплины*, Moscow, 1912.

DONAHUE, C., *Law, Marriage, and Society in the Later Middle Ages. Arguments About Marriage in Five Courts*, Cambridge, 2007.

DRŠKA, V., "Le baptême de Clovis: imitatio imperii? La stratégie politique des élites ecclésiastiques gauloises au tournant de l'Antiquité et du Moyen Âge", *Prague papers on History of International Relations* (2009), p. 9-27.

DYNDA, J., "Mezi „pohanstvím" a křesťanstvím: Homiliář opatovický jako pramen pro studium archaického slovanského náboženství?", in: GIGER, M., KOSÁKOVÁ, H., and PŘÍHODA, M. (*eds.*), *Křižovatky Slovanů*, Červený Kostelec, 2015, p. 185-206.

EMLER, J. (*ed.*), *Fontes rerum bohemicarum*, Tomus IV, Pragae, 1884.

FLODR, M., *Skriptorium olomoucké. K počátkům písařské tvorby v českých zemích*, Brno, 1960.

FRIEDRICH, G. (*ed.*), *Codex diplomaticus et epistolaris regni Bohemiae*, Tomus I, Pragae, 1904-1907.

HECHT, F. (*ed.*), *Das Homiliar des Bischofs von Prag*, Prag, 1863.

HIRSCH, H., *Die Klosterimmunität seit dem Investiturstreit. Untersuchungen zur Verfassungsgeschichte des deutschen Reiches und der deutschen Kirche*, Weimar, 1913.

HORÁK, P., "K statutům Konráda Oty", *Sborník Matice moravské* 80 (1961), p. 267-280.

JAN, L., "Statuta Konráda Oty a problémy jejich historické a právněhistorické interpretace", *Časopis Matice moravské* 136 (2017), p. 3-34.

JAN, L., *Václav II. Král na stříbrném trůnu 1283-1305*, Praha, 2015.

JANIŠ, D., *Zemské soudnictví na Moravě vrcholného středověku*, Brno, 2013.

JANIŠOVÁ, J., and JANIŠ, D., *Moravská zemská zřízení a kodifikace zemského práva ve střední Evropě v 16. a na začátku 17. století*, Praha, 2016.

JIREČEK, H. (*ed.*), *Codex juris bohemici. Tomus I. Aetatem Přemyslidarum continens*, Pragae, 1867.

KALHOUS, D., "Slovanské písemnictví a liturgie 10. a 11. věku", *Český časopis historický* 108 (2010), p. 1-33.

KEJŘ, J., "K rozšíření kanonistických rukopisů v českých zemích", in: P. KRAFL (*ed.*), *Sacri canones servandi sunt. Ius canonicum et status ecclesiae saeculis XIII-XV*, Praha, 2008, p. 363-370.

KEJŘ, J., "Pronikání kanonického práva do středověkého českého státu", *Revue církevního práva* 3, 8 (1997), p. 137-155.

KEJŘ, J., *Dějiny pražské právnické univerzity*, Praha, 1995.

KEJŘ, J., "Prameny a literatura kanonického práva ve středověkých soupisech knihoven v českých zemích", *Studie o rukopisech* 24 (1985), p. 7-68.

KEJŘ, J., "Studium legistických a kanonistických rukopisů", *Studie o rukopisech* 23 (1984), p. 85-96.

KRAFL, P., *Synody a statuta olomoucké diecéze období středověku*, Praha, 2014.

KRAFL, P., "Církevní právo v Čechách a na Moravě ve 13.-15. století", in: KRAFL, P. (*ed.*), *Sacri canones servandi sunt. Ius canonicum et status ecclesiae saeculis XIII-XV*, Praha, 2008, p. 81-123.

KRZEMIEŃSKA, B., *Břetislav I. Čechy a střední Evropa v prvé polovině XI. století*, Praha, 1999.

LANGE, H., and KRIECHBAUM, M., *Die Kommentatoren* [Römisches Recht im Mittelalter, 2], München, 2007.

LANGE, H., *Die Glossatoren* [Römisches Recht im Mittelalter, 1], München, 1997.

MĚŘÍNSKÝ, Z., *Morava na úsvitě dějin*, Brno, 2011.

NECHUTOVÁ, J., *Latinská literatura českého středověku do roku 1400*, Praha, 2000.

NODL, M., "In facie ecclesiae", in: KRAS, P., and NODL, M. (*eds.*), *Manželství v pozdním středověku: rituály a obyčeje* [Colloquia mediaevalia Pragensia, 14], Praha, 2014, p. 53-61.

NODL, M., "Pronikání kanonického práva do českého prostředí, jeho recepce nařízeními církve a rezistence laického prostředí vůči kanonickým předpisům", in: KRAFL, P. (*ed.*), *Sacri canones servandi sunt. Ius canonicum et status ecclesiae saeculis XIII-XV*, Praha, 2008, p. 651-659.

NOVOTNÝ, V., *Rozmach české moci za Přemysla II. Otakara. České dějiny I/4*, Praha, 1937.

OTT, E., *Beiträge zur Receptions-Geschichte des römisch-canonischen Processes in den böhmischen Ländern*, Leipzig, 1879.

OTT, E., "Působení práva církevního na rozvoj řízení soudního vůbec a v zemích českých zvlášť", *Právník* 16 (1877), p. 1-16, 73-85, 109-121, 145-154, 185-188, 217-229, 253-263, 289-297, 325-331, 361-371, 397-412, 433-439, 469-476, 511-515, 541-545, 577-582, 613-620, 653-660 and 685-689.

PAUK, M.R., "Ergo meum maximum et primum sit decretum. Prawo kanoniczne i sądownictwo kościelne w tzw. Dekretach księcia Brzetysława I.", in: NODL, M., and WĘCOWSKI, P. (*eds.*), *Právní kultura středověku*, Praha, 2016, p. 27-44.

PFEIFER, G.C., *Ius Regale Montanorum. Ein Beitrag zur spätmittelalterlichen Rezeptionsgeschichte des römischen Rechts in Mitteleuropa*, Ebelsbach, 2002.

POLC, J.V., and HLEDÍKOVÁ, Z. (*eds.*), *Pražské synody a koncily předhusitské doby*, Praha, 2002.

RAINER, M., *Das Römische Recht in Europa. Von Justinian zum BGB*, Wien, 2012.

SLÁMA, J., "Nejstarší kontakty Čech s křesťanským světem", in: DOLEŽALOVÁ, E., and MEDUNA, P. (*eds.*), *Co můj kostel dnes má, nemůže kníže odníti. Věnováno Petru Sommerovi k životnímu jubileu*, Praha, 2011, p. 13-20.

SOMMER, P., *Svatý Prokop. Z počátků českého státu a církve*, Praha, 2007.

SOMMER, P., *Začátky křesťanství v Čechách. Kapitoly z dějin raně středověké duchovní kultury*, Praha, 2001.

STEIN, P., *Roman law in European history*, Cambridge, 1999.

STEIN, P., *The character and influence of the Roman civil law. Historical Essays*, London, 1988.

ŠUSTA, J., *Soumrak Přemyslovců a jejich dědictví. České dějiny II/1*, Praha, 1935.

VANĚČEK, V., "Pronikání římského a kanonického práva na území dnešního Československa od 2. pol. 9. století do 1. pol. 14. století", *Právněhistorické studie* 12 (1966), p. 27-40.

VANĚČEK, V., "Glossy k tzv. Statutům Konrádovým", *Sborník věd právních a státních* 41 (1941), p. 105-159.

VANĚČEK, V., *Základy právního postavení klášterů a klášterního velkostatku ve starém českém státě (12.-15. stol.)*, vols. 1-3, Praha, 1933-1939.
VAŠICA, J., *Literární památky epochy velkomoravské 863-885*, Praha, 1996.
VAŠICA, J., "Církevněslovanský penitenciál českého původu", *Slavia* 29 (1960), p. 31-48.
VEČERKA, R., *Staroslověnská etapa českého písemnictví*, Praha, 2010.
WAELKENS, L., *Amne Adverso. Roman Legal Heritage in European Culture*, Leuven, 2015.
WOHLMUTH, J. (*ed.*), *Konzilien des Mittelalters vom Ersten Laterankonzil (1123) bis zum Fünften Laterankonzil (1512-1517)* [Dekrete der ökumenischen Konzilien, Bd. 2], Paderborn, 2000.
ZACHOVÁ, J., and TŘEŠTÍK, D., "Adhortace De ammonicione ad presbiteros a biskup Vojtěch", *Český časopis historický* 99 (2001), p. 279-293.
ZELENÝ, R., and KADLEC, J., "Učitelé právnické fakulty a právnické univerzity pražské v době předhusitské (1349-1419)", *Acta Universitatis Carolinae. Historia Universitatis Carolinae Pragensis* 18/1 (1978), p. 61-106.
ŽEMLIČKA, J., *Počátky Čech královských 1198-1253. Proměna státu a společnosti*, Praha, 2002.
ZYCHA, A., *Das böhmische Bergrecht des Mittelalters auf Grundlage des Bergrechts von Iglau*, 2 vols., Berlin, 1900.

Maciej MIKUŁA

BARTEL, W.M., "Dzieje Wydziału Prawa Uniwersytetu Jagiellońskiego przed reformą Kołłątajowską (Próba zarysu)" [A history of the Faculty of Law of the Jagiellonian University prior to the Kołłątaj reforms (An outline)], *Krakowskie Studia Prawnicze* 3 (1970), p. 159-213.
BARYCZ, H., *Historya Uniwersytetu Krakowskiego w okresie humanizmu* [*A History of the Jagiellonian University in the Age of Humanism*], Kraków, 1935.
BUKOWSKA, K., *Orzecznictwo krakowskich sądów wyższych w sporach o nieruchomości miejskie (XVI-XVIII w.). Studium z historii prawa rzymskiego w Polsce* [*The Case Law of Cracow Higher Courts in Disputes over Urban Real Property (16th-18th Century): A Study in the History of Roman Law in Poland*], Warszawa, 1967.
FIJAŁKOWSKI, T., "Piotr Roizjusz – polski romanista XVI wieku" [Piotr Roizjusz: A Sixteenth-Century Polish Scholar of Roman Law], in: VOISE, W. (*ed.*), *Z dziejów polskiej kultury umysłowej w XVI i XVII wieku* [*Poland's Intellectual Culture in the 16th and 17th Century*], Wrocław, 1976, p. 7-75.
FOKT, K., "Obsada funkcji prepozyta i radców Kolegium Prawniczego Uniwersytetu Krakowskiego w latach 1628-1657 (według rachunków Kolegium z lat 1628-1694)" [Provosts and Councilors of the Law College in the University of Cracow in the Years 1628-1657 (According to College Records from the Years 1628-1694)], *Krakowskie Studia z Historii Państwa i Prawa* [Cracow Studies of Constitutional and Legal History] 7/1 (2014), p. 181-192.
LEPSZY, K. (*ed.*), *Dzieje Uniwersytetu Jagiellońskiego* [A history of the Jagiellonian University], Kraków, 1964.
MORAWSKI, K., *Historia Uniwersytetu Jagiellońskiego. Średnie wieki i odrodzenie*, [*A History of the Jagiellonian University: The Middle Ages and the Renaissance*], vol. I-II, Kraków, 1900.
NOWICKI, M., *Akademia Lubrańskiego: organizacja szkoły i działalność wychowawcza* [*The Lubrański Academy: Its Structure and Educational Activities*], Warszawa, 2015.

OŻÓG, K., FOKT, K., MIKUŁA, M., WÓJCIK-ZEGA, D., ZDANEK, M., and KURAS, K., *Profesorowie Wydziału Prawa Uniwersytetu Jagiellońskiego* [*Professors of the Law Faculty of the University of Cracow*], vol. I: 1364-1780, ed. W. URUSZCZAK, Kraków, 2015.

OŻÓG, K., *The Role of Poland in the Intellectual Development of Europe in the Middle Ages*, Kraków, 2009.

PIETRZYK, Z. *Poczet rektorów Uniwersytetu Jagiellońskiego 1400-2000* [*Rectors of the Jagiellonian University: A Series of Portraits, 1400-2000*], Kraków, 2000.

SONDEL, J., *Słownik historii i tradycji Uniwersytetu Jagiellońskiego* [*A Dictionary of History and Traditions of the Jagiellonian University*], Kraków, 2012.

SONDEL, J., *Ze studiów nad prawem rzymskim w Polsce w okresie oświecenia* [*A Study of Roman Law in Poland in the Age of Enlightenment*], Warszawa-Kraków, 1988.

SONDEL, J., *Ze studiów nad prawem rzymskim w Polsce piastowskiej* [*A Study of Roman Law in Poland under the Rule of the Piasts*], Warszawa-Kraków, 1978.

TAZBIR, J., "Roizjusz Piotr', in: *Polski słownik biograficzny* [*Polish Biographical Dictionary*], vol. XXXI, 1988-1989, p. 499.

URUSZCZAK, W., *Opera historico-iuridica selecta. Prawo kanoniczne – nauka prawa – prawo wyznaniowe*, [*Opera historico-iuridica selecta: Canon law – Legal scholarship – Law on religion*], ed. M. MIKUŁA et al., Kraków, 2017.

URUSZCZAK, W., "Grzegorz z Szamotuł", in: J. STELMACH and W. URUSZCZAK (eds.), *Uniwersytet Jagielloński. Złota Księga Wydziału Prawa i Administracji* [*The Jagiellonian University: A Golden Book of the Faculty of Law and Administration*], Kraków, 2000, p. 73-78.

URUSZCZAK, W., "Un jurista español olvidado: García Quadros de Sevilla. Sobre la historia de la sciencia juridica en Polonia en la epoca del rinacimento", *Annuario de Historia del Derecho Español* 46 (1976), p. 469-502.

Hesi SIIMETS-GROSS, Merike RISTIKIVI and Katrin KELLO

ANDERMANN, K., "Leibeigenschaft", *Handwörterbuch zur deutschen Rechtsgeschichte*, vol. 3, nr. 20, Berlin, 2011.

ANKUM, H., "L'espressione "favor liberatis" nelle opera dei giuristi classici Romani", *Revista de Direitos Difusos* 23 (2004), p. 3237-3255.

ANKUM, H., "Der Ausdruck *favor libertatis* und das klassische römische Freilassungsrecht", in: HERRMANN-OTTO, E. (*ed.*), *Unfreie Arbeits- und Lebensverhältnisse von der Antike bis in die Gegenwart*, Hildesheim, 2005, p. 82-100.

ANKUM, H., "Der Ausdruck *favor libertatis* in den Konstitutionen der römischen Kaiser", in: FINKENAUER, T. (*ed.*), *Sklaverei und Freilassung im römischen Recht. Symposium für Hans Josef Wiefling zum 70. Geburtstag*, Berlin, 2006, p. 1-17.

ANKUM, H., "L'expression *favor libertatis* dans les travaux des jurists classiques romains", in: *Liber Amicorum Juan Miquel, Estudios romanicos con motive de su emeritazgo*, Barcelona, 2006, p. 45-78.

BLICKLE, P., *Von der Leibeigenschaft zu den Menschenrechten. Eine Geschichte der Freiheit in Deutschland*, München, 2003.

BUTLER, W.E., "The Role of Case-Law in the Russian Legal System", in: BAKER, J.H. (*ed.*), *Judicial Records, Law Reports and the Growth of Case Law,* Berlin, 1989, p. 338-352.

COING, H., *Europäisches Privatrecht, Band I: Älteres Gemeines Recht (1500 bis 1800)*, München, 1985.

EWERS, J.P.G. (*ed.*), *Des Herzogthums Ehsten Ritter- und Land-Rechte. Sechs Bücher. 1. Druck. Mit erläuternden Urkunden und ergänzenden Beilagen*, Dorpat, 1821.

HUPEL, A.W., *Topographische Nachrichten von Lief- und Ehstland*, vol. I, Riga, 1774.

JÜRJO, I., *Aufklärung im Baltikum: Leben und Werk des livländischen Gelehrten August Wilhelm Hupel (1737-1819)*, Köln, 2006.

KASEKAMP, A., *A history of the Baltic states*, New York, 2010.

KELLO, K., and SIIMETS-GROSS, H., "Kohtuasjad *in puncto libertatis:* isiku staatuse tuvastamise lähtekohad asehaldusaja Eestimaal", *Ajalooline Ajakiri* 160-161/2-3 (2017), p. 257-308.

KELLO, K., *Isikliku sõltuvuse piirid ja tunnused 18. sajandi Liivi- ja Eestimaal päriskuuluvuse teket või muutmist käsitlevate kohtuotsuste põhjal,* MA thesis, supervisor LAUR, M., Tartu, University of Tartu, 2003, http://hdl.handle.net/10062/37462, accessed 26 February 2018.

KNOTHE, H.-G., "Zur Entwicklung des Rechts der Gutsherrschaft im deutschen Ostseeraum im Spiegel von Mevius' Abhandlung über die "Bauers-Leute"", in: ECKERT, J., MODÉER, K.Å. (*eds.*), *Geschichte und Perspektiven des Rechts im Ostseeraum. Erster Rechtshistorikertag im Ostseeraum 8.-12. März 2002* [Rechtshistorische Reihe, 251], Frankfurt am Main, 2002, p. 237-274.

KÜNG, E., LOIT, A., KROON, K., PÕLDVEE, A., and SEPPEL, M., "Eesti- ja Liivimaa talurahva olukorrast Rootsi aja lõpul", *Ajalooline Ajakiri*, 145/3 (2013), p. 375-403.

LEPPIK, L., "The provincial reforms of Catherine the Great and the Baltic common identity", *Ajalooline Ajakiri,* 139-140/1-2 (2012), p. 55-78.

LINNUS, J., *Maakäsitöölised Eestis 18. sajandil ja 19. sajandi algul*, Tallinn, 1975.

LINNUS, J., "Põhja-Eesti võõrasukad 18. sajandi keskel", in: LINNUS, J. e.a. (*eds.*), *Läänemeresoomlaste rahvakultuurist*, Tallinn, 1970, p. 108-134.

LUTS, M., "Modernisierung und deren Hemmnisse in den Ostseeprovinzen Est-, Liv- und Kurland im 19. Jahrhundert", in: GIARO, T. (*ed.*), *Modernisierung durch Transfer im 19. und frühen 20. Jahrhundert*, Frankfurt am Main, 2006, p. 159-200.

LUTS-SOOTAK, M., "Das Prinzip der Öffentlichkeit in den baltischen Justizreformdebatten in den sechziger Jahren des 19. Jahrhunderts", in: JANICKA, D. (*ed.*), *Judiciary and Society between Privacy and Publicity. 8th Conference on Legal History in the Baltic Sea Area, 3rd-6th September 2015, Toruń*, Toruń, 2016, p. 433-462.

SCHMALE, W., *Archäologie der Grund- und Menschenrechte in der Frühen Neuzeit: ein deutsch-französisches Paradigma*, München, 1997.

SCHULZE, W., "Die Entwicklung des "teutschen Bauernrechts" in der frühen Neuzeit", *Zeitschrift für neuere Rechtsgeschichte* 12 (1990), p. 138-154.

SELART, A., "Slavery in the Eastern Baltic in the 12th-15th Centuries", in: S. CAVACIOCCHI (*ed.*), *Schiavitù e servaggio nell'economia europea, secc. XI-XVII. Serfdom and Slavery in the European Economy, 11th-18th Centuries*. Firenze, 2014, p. 351-364.

SEPPEL, M., "Three definite conclusions on indefinable serfdom" in: *Chronica: Annual of the Institute of History, University of Szeged*, 9-10 (2011), p. 213-219.

SEPPEL, M., "Talurahva olukord", in: *Eesti ajalugu III: Vene-Liivimaa sõjast Põhjasõjani*, Tartu, 2013, p. 313-337.

SIIMETS-GROSS, H., *Das Liv-, Est- und Curlaendische Privatrecht (1864/65) und das römische Recht im Baltikum*, Tartu, 2011.

SIIMETS-GROSS, H., and HOFFMANN, T., "Der Einfluss der Justinianischen Institutiones auf die Regelung der Leibeigenschaft im Landrechtsentwurf (1599) David Hilchens (1561-1610)", *Forschungen zur Baltischen Geschichte* 13 (2018), p. 9-23.

SIIMETS-GROSS, H., and KELLO, K., "Plurality of Legal Sources in Trials Concerning a Person's Status at the End of the 18th Century – cui bono?" in: LUTS-SOOTAK, M., e.a. (*eds.*) *Legal Plurality – cui bono?*, Tartu, 2018.

STARACE, P., *Lo 'statuliber' e l'adempimento fittizio della condizione. Uno studio sul 'favor libertatis' fra tarda Repubblica ed eta antonina*, Bari, 2006.

TARVEL, E., *Adramaa. Eesti talurahva maakasutuse ja maksustuse alused 13.-19. sajandil*, Tallinn, 1972.

FRIER, B.W., e.a. (*eds.*), *The Codex of Justinian: a new annotated translation, with parallel Latin and Greek text. Based on a translation by F. H. BLUME*, Cambridge, 2016.

VON MADAI, C.O., "Rezension: F. G. Bunge, Das Liv- und Esthländisches Privatrecht", *Kritische Jahrbücher für deutsche Rechtswissenschaft* 5 (1841), p. 830-851.

WATSON, A. (*ed.*), *The Digest of Justinian*, Philadelphia, 1998.

WAELKENS, L., "La personne dans le travail en servitude du droit romain antique et médiéval", in: TUFFÉRY-ANDRIEU, J.-M., and LARONZE, F. (*eds.*), *Les normes du travail: une affaire de personnes?*, Brussels, 2016, p. 33-51.

WIELING, H.J., "Einleitung", in: *Corpus der römischen Rechtsquellen zur antiken Sklaverei, Teil 1: die Begründung des Sklaverstatus nach ius gentium und ius civile*, Stuttgart, 1999.

WIESE, M., *Leibeigene Bauern und Römisches Recht im 17. Jahrhundert. Ein Gutachten des David Mevius* [Schriften zur Europäischen Rechts- und Verfassungsgeschichte, 52], Berlin, 2006.

ENA = The National Archives of Estonia

LVVA = The National Archives of Latvia

ENA EAA.10.1.83, 17 Contentions of G. W. v. Schwengelm, owner of Jäneda estate and assessor of the Provincial High Court, 03.05.1785.

ENA EAA.10.1.83, 103-107 Judgement of Tallinn District Court, 26.11.1785.

ENA EAA.5.1.12, 72 Record of Tallinn Court of Cassation for Civil Matters, 12.05.1787.

ENA EAA.7.1.253, 449-454v Judgement of the Tallinn Provincial High Court, 18.05.1789.

ENA EAA.12.1.249, 91-91v Contentions of advocate Overlach, representative of Virumaa manor owner G. H. v. Borg, in Rakvere District Court, 02.11.1792.

ENA EAA.282.1.116, 81 Contentions of representative of the sons of Friedrich Johann Knast, 18.11.1792.

ENA EAA.282.1.116, 11-16v Judgement of the Pärnu District Court, 23.12.1792.

ENA EAA.282.1.116, 93-96 Judgement of the Riga Provincial High Court, 30.12.1793.

ENA EAA.402.4.38, l. 127 Votum von Johann Ludwig Müthel. Protokoll in Senatu Academico, Dorpat 08.01.1803 ad Vorschlag wegen Organisation der juristischen Facultät der Kaiserlichen Universität zu Dorpat.

ENA EAA.858.1.322, 635-638 Judgement of the Provincial High Court of Estland, 17.03/21.03.1803.

LVVA.109.1.102, 259-261 Judgement of the High Court of Livland, 30.12.1782.

LVVA.6012.1.34, 624-630 Judgement of the Riga Provincial High Court, 29.11.1788.

LVVA.6012.1.36, 22 Judgement of the Riga Provincial High Court, 24.03.1793.

LVVA.7134.1.11, 144-147 Court of Cassation for Civil Matters of Riga, 12.07.1793.

LVVA.6012.1.35, 273-279 Judgement of the Riga Provincial High Court, 27.10.1793.

LVVA.6012.1.36, 73-77 Judgement of the Riga Provincial High Court, 30.12.1793.

LVVA.109.29.21, 143-148 Judgement of the District Court of Fellin, 11.04.1796.
LVVA.109.30.348, 245-255 Judgement of the High Court of Livland, 09.04.1798.

Mirela Krešić

Bićanić, R., *Economic Policy in Socialist Yugoslavia*, Cambridge, 1973.

Bićanić, R., "Ekonomske promjene u Hrvatskoj izazvane stvaranjem Jugoslavije 1918", in: X., *Prilozi za ekonomsku povijest Hrvatske*, vol. 1, Zagreb, 1967, p. 81-111.

Donatuti, G., "Le praesumptiones iuris in diritto romano", *Annali della Facoltà di Giurisprudenza dell'Università di Perugia* 42 (1931), p. 1-112.

Flossman, U., "Die beschränkte Grundrechtssubjektivität der Frau. Ein Beitrag zum österreichischen Gleichheitsdiskurs", in: Gerhard, U. (*ed.*), *Frauen in der Geschichte des Rechts – Von der Frühen Neuzeit bis zur Gegenwart*, Munich, 1997, p. 295-305.

Gavella, N., "Die Rolle des ABGB in der Rechtsordnung Kroatiens. Zum 140. Jahrestag seiner Einführung in Kroatien", *Zeitschrift für europäisches Privatrecht* 4 (1994), p. 603-623.

Gerhard, U., "Women's Rights in Civil Law in Europe (nineteenth century)", *Clio* 43/1 (2016), p. 250-273.

Gross, M., and Szabo, A., *Prema hrvatskom građanskom društvu*, Zagreb, 1992.

Gross, M., *Počeci moderne Hrvatske*, Zagreb, 1985.

Gruber, M., "Misli o seljačkom nasljednom pravu", *Mjesečnik* 7/2 (1913), p. 639-650.

Gschnitzer, F., *Familienrecht*, Vienna, 1963.

Kaser, M., "Praesumptio Muciana", in: *Studi in onore di P. De Francisci*, vol. 1, Milan, 1956, p. 213-227.

Kaser, M., "Beweislast und Vermutung im römischen Formularprozeß", *Zeitschrift der Savigny-Stiftung für Rechtsgeschichte, Romanistische Abteilung* 71 (1954), p. 221-241.

Krešić, M., "Entitlement of Female Descendants to Property of Croatian Communal Household", *Journal on European History of Law* 2 (2011), p. 73-85.

Krešić, M., "Intestate Succession of Female Descendants according to the Austrian General Civil Code in the Croatian-Slavonian Legal Area 1853-1946", *Belgrade Law Review (Annals of the Faculty of Law in Belgrade)* 58/3 (2010), p. 121-136.

Krešić, M., "Yugoslav Private Law between the Two World Wars", in: Giaro, T. (*ed.*), *Modernisierung durch Transfer zwischen den Weltkriegen*, Frankfurt am Main, 2007, p. 151-168.

Leček, S., *Seljačka obitelj u sjeverozapadnoj Hrvatskoj 1918-1941*, Zagreb, 2003.

Maurović, I., "Das österreichische allgemeine bürgerliche Gesetzbuch in Kroatien", in: *Festschrift zur Jahrhundertfeier des Allgemeinen Bürgerlichen Gesetzbuches*, vol. 1, Vienna, 1911, p. 685-699.

Posilović, S., "Potreba revizije obćega gradjanskog zakonika glede prava nasljedstva", *Mjesečnik* 1 (1906), p. 17-29.

Prlenda, S., "Žene i prvi organizirani oblici praktičnog socijalnog rada u Hrvatskoj", *Revija za socijalnu politiku* 12/3-4 (2005), p. 319-332.

Rušnov, A., and Posilović, S., *Tumač obćemu gradjanskom zakoniku*, vol. 2, Zagreb, 1910

Rušnov, A., and Salavary, F., "Trgovački i mjenbeni zakon", *Hrvatski zakoni* 7 (1898).

Unger, J., *System des österreichischen allgemeinen Privatrechts*, Leipzig, 1892.

Vežić, M., *Pomoćnik za javnu upravu*, Zagreb, 1884.

von Koschembahr-Lyskowski, J., "Zur Stellung des römischen Rechtes im allgemeinen bürgerlichen Gesetzbuche für das Kaisertum Österreich", in: *Festschrift zur Jahrhundertfeier des Allgemeinen Bürgerlichen Gesetzbuches*, part 1, Vienna, 1911, p. 211-294.

von Stubenrauch, M., *Commentar zum österreichischen Allgemeinen bürgerlichen Gesetzbuche*, vol. 1, Vienna, 1902.

von Stubenrauch, M., *Das allgemeine bürgerliche Gesetzbuch vom 1. Jun 1811 sammt den dazu erflossenen Nachtrags-Verordnungen und den über die Einführung dieses Gesetzbuches in Ungarn, Croatien, Slavonien, Serbien, dem Temeser Banate und Siebenbürgen getroffenen Bestimmungen, mit Rücksicht auf das praktische Bedürfniss*, vol. 1, Vienna, 1854.

Vranješ-Šoljan, B., *Stanovništvo Banske Hrvatske*, Zagreb, 2009.

Waelkens, L., *Amne adverso – Roman Legal Heritage in European Culture*, Leuven, 2015.

Wellspacher. M., "Das Naturrecht und das ABGB", in: *Festschrift zur Jahrhundertfeier des Allgemeinen Bürgerlichen Gesetzbuches*, part 1, Vienna, 1911, p. 175-207.

Levente Völgyesi

Bánk, J., *Kánoni jog II*, Budapest, 1963.

Béli, G., "Bírói gyakorlat a 16. század elejéig", *Jogtörténeti Szemle* 2015, nr. 2, p. 1-8.

Bónis, G., *Szentszéki regeszták*, Szeged, 1997.

Bónis, G., *Középkori jogunk elemei*, Budapest, 1972.

Bónis, G., "Magyi János formuláskönyve és a gyakorlati jogtanítás", in: Csimzadia, A. (*ed.*), *Jubileumi tanulmányok. 1. A Pécsi Egyetem történetéből*, Pécs, 1967, p. 225-259.

Eichmann, E., *Das Prozessrecht des Codex Juris Canonici*, Paderborn, 1921.

Endemann, W., *Das Deutsche Zivilprozessrecht*, Heidelberg, 1868.

Erdő, P., *Egyházjog a középkori Magyarországon*, Budapest, 2001.

Fejérpataky, L., *Tapolczai Bertalan oklevélformilái a XIV. századból*, Budapest, 1887.

Fessler, I.A., *Geschichte von Ungarn*, vol. 3, Leipzig, 1866.

Földi, A., and Hamza, G., *A római jog története és institúciói*, Budapest, 2009.

Hajnik, I., *A magyar bírósági szervezet és perjog az Árpád- és a Vegyes-házi királyok alatt*, Budapest, 1899.

Horváth, P., "Kanonisten und die Corpus Juris Hungarici seu Decretum Generale", in: X. (*ed.*), *Iustum, aequum, salutare. Emlékkönyv Zlinsky János tiszteletére. Festschrift in honour of professor János Zlinszky*, Budapest, 1998, p. 174-179.

Illés, J., *Bevezetés a magyar jog történetébe. A források története*, Budapest, 1910.

Illés, J., "A magyar társadalom és állam szervezete a honfoglaláskor", in: D. Csánki (*ed.*), *Árpád és az Árpádok*, Budapest, 1908.

Jongbloed, A.W., "The Netherlands (1938-2005)", in: Van Rhee, C.H. (*ed.*), *European Traditions in Civil Procedure*, Antwerpen, 2005, p. 69-96.

Karacsonyi, J., "Szent István megkoronázása", in: Nagy, G. (*ed.*), *Századok XXXV*, Budapest, 1901, p. 869-879.

Kaser, M., and Hackl, K., *Das Römische Zivilprozessrecht*, München, 1996.

Kaser, M., *Das Römische Zivilprozessrecht*, München, 1966.

Kazaly, I., *A katholikus egyházjogtan kézi könyve, különös tekintettel Magyarország jogi viszonyaira II*, Vác, 1882.

Koller, J., *Historia episcopatus Quinqueecclesiarum*, vol. 4, Posonii, 1796.

KOVACHICH, M.G., *Formulae sollemnes styli in cancellaria regum, foris minoribus ac locis credibilibus authenticisque regni Hungariae olim usitati*, Pest, 1799.
MAGYARY, G., *Összegyűjtött dolgozatai I*, Budapest, 1942.
MÁRKUS, D., *Corpus Iuris Hungarici*, Budapest, 1899.
MARTON, G., *A római magánjog elemeinek tankönyve. Institútiók*, Debrecen, 1937.
MEZEY, B., "Az ötszáz esztendős jogkönyv", *Jogtörténeti Szemle* 2014/4-2015/1, p. 1-12.
MÓRA, M., Die Frage des Zivilprozesses und der Beweislast bei Gratian, Pécs, 1937.
NÓTÁRI, T., *Római jog*, Szeged, 2013.
PAPP, L., "Az elsőfokú bíróságok rendszere 1849-1871 között", in: KIS, N., and PERES, ZS. (*eds.*), *Ünnepi tanulmányok Máthé Gábor oktatói pályafutásának 50. jubileumára*, Budapest, 2017, p. 307-314.
PLÖCHL, W.M., *Geschichte des Kirchenrechts*, vol. 2, Wien, 1962.
RUSZOLY, J., *Európai jog- és alkotmánytörténelem*, Szeged, 2016.
STIPTA, I., "Das Zivilverfahrensrecht 1848-1945", in: MÁTHÉ, G. (*ed.*), *Die Entwicklung der Verfassung und der Rechts in Ungarn*, Budapest, 2017, p. 541-564.
SZENTIRMAI, A., "Die ungarische Diözesankurie im Spätmittelalter", *Zeitschrift der Savigny-Stiftung für Rechtgeschichte: Kanonistische Abteilung 48* (1962), p. 164-221.
SZENTIVÁNYI, R., *Catalogus concinnus librorum manuscriptorum Bibliothecae Batthyányanae*, Szeged, 1958.
SZUROMI, SZ. A., *Egyházi intézménytörténet*, Budapest, 2003.
TIMON, Á., *Magyar alkotmány- és jogtörténet*, Budapest, 1910.
TRÓCSÁNYI, L., *T/11900. számú törvényjavaslat a polgári perrendtartásról. Általános indokolás*, Budapest, 2016, http://www.parlament.hu/irom40/11900/11900.pdf, accessed 23 April 2018.
VAN CAENEGEM, R.C., *An Historical Introduction to Private Law*, Cambridge, 1992.
VAN RHEE, C.H., "Introduction", in: IDEM (*ed.*), *European Traditions in Civil Procedure*, Antwerpen, 2005, p. 3-23.
WISKY, K., *Spuren der Wirtschaftskrise der Kaiserzen in den römischen Rechtsquellen*, Budapest, 1983.
ZLINSZKY, J., "Jogtanítás, jogtudomány", in: B. MEZEY (*ed.*), *Magyar jogtörténet*, Budapest, 2003, p. 19-26.
ZLINSZKY, I., *A bizonyítás elmélete a polgári peres eljárásban, tekintettel a jogfejlődésre és a különböző törvényhozásokra*, Budapest, 1875.

Paulina ŚWIĘCICKA

ARANGIO-RUIZ, V., "In memoriam Rafael Taubenschlag (6.5.1881-25.6.1958)", *IURA: Rivista internazionale di diritto romano e antico* 10 (1959), p. 146-168.
BARTEL WOJCIECH, M., "Udział przedstawicieli środowisk akademickich w pracach Komisji Kodyfikacyjnej RP (1919-1939)" [The Participation of Representatives of the Academics in the Works of the Codification Commision of the Second Republic of Poland (1919-1939)], *Krakowskie Studia Prawnicze [The Cracovian Studies on Law and State]* 23 (1990), p. 175-184.
BOJARSKI, W., "Les droits réels de Stanisław Wróblewski et le matériel utilise", *Index: Quaderni camerti di studi romanistici* 16 (1988), p. 221-229.
BOSSOWSKI, F., "Ś.p. Stanisław Wróblewski" [The Late Stanisław Wróblewski], *Ruch Prawniczy i Ekonomiczny [The Journal on Legal and Economical Aspects]* 19 (1939), p. 220-222.

CANNATA, C.A., *Lineamenti di storia della giurisprudenza europea, vol. II. Dal medioevo all'epoca contemporanea*, 2nd ed., Torino, 1976.

CHLAMTACZ, M., "Posiadanie w świetle teorii Wróblewskiego" [The Possession according to Wróblewski], *Przegląd Prawa i Administracji* [*The Journal on Law and Administration*] 26 (1901), p. 401-422.

CZECH-JEZIERSKA, B., "Okres dwudziestolecia międzywojennego a rozwój nauki prawa rzymskiego w Polsce" [The Period of the Interwar Period. The Development of Roman Law Studies], *Zeszyty Prawnicze UKSW* [*The Legal Journal of the University of Cardinal Stefan Wyszyński*] 11/4 (2011), p. 161-190.

DYBIEC, J., *Uniwersytet Jagielloński 1918-1939* [*The Jagiellonian University 1918-1939*], Kraków, 2000.

GĄSOWSKI, T., *Collegium Wróblewskiego* [*The Wróblewski's Collegium*], Kraków, 2013.

GIARO, T., "Prawo i historia w dobie globalizacji. Nowe rozdanie kart" [Law and History in the Era of Globalisation. A New Approach], in: IDEM (*ed.*), *Prawo w dobie globalizacji. Konferencja Wydziału Prawa i Administracji Uniwersytetu Warszawskiego (5 marca 2010)* [*Law in the Era of Globalisation. A Conference Organised by the Department of Law and Administration of the University of Warsaw, 5 March 2010*], Warszawa, 2011, p. 73–88.

GÓRNICKI, L., "Działalność Stanisława Wróblewskiego w Komisji Kodyfikacyjnej Rzeczypospolitej Polskiej" [The Activity of Stanisław Wróblewski in the Codification Commission of the Republic of Poland], in: X., *Stanisław Wróblewski (1868–1938). Materiały z posiedzenia naukowego w dniu 21 listopada 2008 r. Archiwum Nauki PAN i PAU: „W służbie nauki"* [*Stanisław Wróblewski (1868-1938). Acts of the Scientific Session Held on 21st November 2008. The Archive of the Polish Academy of Arts and Sciences: "In the Service of Science"*], nr. 19, Kraków, 2011, pp. 79-119.

GÓRNICKI, L., *Prawo cywilne w pracach Komisji Kodyfikacyjnej Reczypospolitej Polskiej w latach 1919-1939* [*Civil Law in the Work of the Codification Commission of the Second Republic of Poland 1919-1939*], Wrocław, 2000.

GRODZISKI, S., "Sub auspiciis Imperatoris", *Krakowskie Studia z Historii Państwa i Prawa* [*The Cracovian Studies on Law and State*] 2 (2008), p. 207-212.

GRODZISKI S., "Komisja Kodyfikacyjna Rzeczypospolitej Polskiej" [The Codification Commission of the Republic of Poland], *Czasopismo Prawno-Historyczne* [*The Journal of Legal History*] 33/1 (1981), p. 47-81.

GRODZISKI S., "Profesor Stanisław Wróblewski w Radzie Wydziału Prawa Uniwersytetu Jagiellońskiego" [Professor Stanisław Wróblewski in the Council of the Faculty of Law at the Jagiellonian University], in: X., *Stanisław Wróblewski (1868–1938). Materiały z posiedzenia naukowego w dniu 21 listopada 2008 r. Archiwum Nauki PAN i PAU: „W służbie nauki"* [*Stanisław Wróblewski (1868-1938). Acts of the Scientific Session Held on 21st November 2008. The Archive of the Polish Academy of Arts and Sciences: "In the Service of Science"*], nr. 19, Kraków, 2011, pp. 61-68.

GRZYBOWSKI, S., "Stanisław Wróblewski (1868-1938)" [Stanisław Wróblewski (1868-1938)], *Kwartalnik Prawa Prywatnego* [*The Journal of Private Law*] 7/1 (1998), p. 5-24.

GRZYBOWSKI S., "Warsztaty cywilistyczne i romanistyczne do II wojny światowej. Szkoły i kierunki" [The Workshops on Private and Roman Law till the 2nd World War: Schools and Directions], in: PATKANIOWSKI, M. (*ed.*), *Dzieje Wydziału Prawa i Administracji Uniwersytetu Jagiellońskiego: od reformy kołłątajowskiej do końca*

XIX stulecia = Studia ad Universitatis Iagellonicae Facultatis Iuris historiam pertinentia [*The History of the Faculty of Law of the Jagiellonian University: from the Kołłątaj's Reform till the End of the 20th Century*], Kraków, 1964, p. 246-259.

GULCZYŃSKI, A., "s.v. Zygmunt Lisowski", in: SCHRAMM, T. (*ed.*), *Poczet rektorów Almae Matris Posnaniensis* [*The Rectors of the Almae Matris Posnaniensis*], Poznań, 2004, p. 27-35.

GWIAZDOMORSKI, J., "Konstrukcja w nauce prawa cywilnego i prawa rzymskiego. Stanisław Wróblewski (1868-1938)" [The Construction in the Dogmatics of Private Law: Stanisław Wróblewski (1868-1938)], in: PATKANIOWSKI, M. (*ed.*), *Dzieje Wydziału Prawa i Administracji Uniwersytetu Jagiellońskiego: od reformy kołłątajowskiej do końca XIX stulecia = Studia ad Universitatis Iagellonicae Facultatis Iuris historiam pertinentia* [*The History of the Faculty of Law of the Jagiellonian University: from the Kołłątaj's Reform till the End of the 20th Century*], Kraków, 1964, p. 269-286.

GWIAZDOMORSKI, J., "Wspomnienia pośmiertne: Stanisław Wróblewski (1868-1938)" [The Post-mortem Memories: Stanisław Wróblewski (1868-1938)], *Rocznik Towarzystwa Naukowego Warszawskiego* [*The Annual Journal of the Warsowian Scientific Society*] 31-38 (1939-1945), p. 278-279.

GWIAZDOMORSKI, J., "Życie i działalność ś.p. Stanisława Wróblewskiego" [The Life and Scientific Work of Stanisław Wróblewski], *Palestra* [*The Bar*] 16/4 (1939), p. 467-487.

KODRĘBSKI, J., *Prawo rzymskie w Polsce w XIX wieku* [*Roman Law in Poland in the 19th Century*], Łódź, 1990.

KOLAŃCZYK K., "Stanislas Wróblewski, le 'Papinien Polonais' et son 'Précis de cours de droit romain'", in: X., *Studi in onore di Edoardo Volterra*, vol. 4, Milano, 1971, p. 329-342.

KOSCHAKER, P., *Europa und das römische Recht*, München, 1947.

KUPISZEWSKI, H., *Prawo rzymskie a współczesność* [*Roman Law and the Modernity*], Warszawa 1988, [2nd ed. by GIARO, T., and LONGCHAMPS DE BÉRIER, F., Kraków, 2013].

KUPISZEWSKI, H., "Rafał Taubenschlag – historyk prawa" [Rafał Taubenschlag – a Legal Historian], *Czasopismo Prawno-Historyczne* [*The Journal of Legal History*] 38/1 (1986), p. 111-155.

KUTRZEBA, S., in: *Rocznik Polskiej Akademii Umiejętności* [*The Annuary of the Polish Academy of Arts and Sciences*], 1938-1939, p. 95-96.

LONGCHAMPS DE BÉRIER, F., "Stanisław Wróblewski o znaczeniu wpływu prawa rzymskiego na prawo współczesne" [Stanisław Wróblewski about the Importance of the Influence of Roman Law to Modern Law], in: X., *Stanisław Wróblewski (1868–1938). Materiały z posiedzenia naukowego w dniu 21 listopada 2008 r. Archiwum Nauki PAN i PAU: „W służbie nauki"* [*Stanisław Wróblewski (1868-1938). Acts of the Scientific Session Held on 21st November 2008. The Archive of the Polish Academy of Arts and Sciences: 'In the Service of Science"*], nr. 19, Kraków, 2011, p. 27-37.

ŁOZA, S. (*ed.*), *Czy wiesz kto to jest?* [*Do You Know Who He Is?*], Warszawa, 1938.

MĄCZYŃSKI, A., "Stanisław Wróblewski (1868-1938)" [Stanisław Wróblewski (1868-1938)], in: STELMACH, J., and URUSZCZAK, W. (*eds.*), *Złota Księga Wydziału Prawa i Administracji* [*The Golden Book of the Faculty of Law and Administration*], Kraków, 2000, p. 251-260.

MAJKOWSKA, R. (*ed.*), *Poczet członków Akademii Umiejętności i Polskiej Akademii Umiejętności w latach 1872-2000* [*The Members of the Polish Academy of Arts and Sciences in 1872-2000*], Kraków, 2006.

MALEC, D. (*ed.*), *Profesorowie Wydziału Prawa i Administracji Uniwersytetu Jagiellońskiego* [*The Professors of the Faculty of Law and Administration of the Jagiellonian University*], vol. 2: 1780-2012, Kraków, 2016.

MARZEC, Ł., "Prawo rzymskie na Uniwersytecie Jagiellońskim w latach 1918-1939" [Roman Law at the Jagiellonian University in 1918-1939], in: M. PYTER (*ed.*), *Nauki historycznoprawne w polskich uniwersytetach w II Rzeczypospolitej* [*Legal History Science in Universities in the Second Republic of Poland*], Lublin, 2008, p. 37-52.

MORAWSKI, L., *Główne problem współczesnej filozofii prawa. Prawo w toku przemian* [*The Main Problems of the Modern Legal Science. Law in the Times of Change*], 4th ed., Warszawa, 2005.

OSUCHOWSKI, W., "Nowe kierunki badań romanistycznych w Polsce. Fryderyk Zoll Starszy (1834-1917)" [New Directions of Romanistic Research in Poland. Fryderyk Zoll Senior (1834-1917)], in: PATKANIOWSKI, M., *Dzieje Wydziału Prawa i Administracji Uniwersytetu Jagiellońskiego: od reformy kołłątajowskiej do końca XIX stulecia = Studia ad Universitatis Iagellonicae Facultatis Iuris historiam pertinentia* [*The History of the Faculty of Law of the Jagiellonian University: from the Kołłątaj's Reform till the End of the 20th Century*], Kraków, 1964, p. 259-268.

OSUCHOWSKI, W., "Prawo rzymskie na tle prawa antycznego. Rafał Taubenschlag (1881-1958)" [Roman Law at the Background of the Ancient Law. Rafał Taubenschlag], in: PATKANIOWSKI, M. (*ed.*), *Dzieje Wydziału Prawa i Administracji Uniwersytetu Jagiellońskiego: od reformy kołłątajowskiej do końca XIX stulecia = Studia ad Universitatis Iagellonicae Facultatis Iuris historiam pertinentia* [*The History of the Faculty of Law of the Jagiellonian University: from the Kołłątaj's Reform till the End of the 20th Century*], Kraków, 1964, p. 297-308.

PATKANIOWSKI, M., "Il diritto romano nell'Università Jagiellonica di Cracovia dall'epoca dell'Illuminismo ai tempi nostril", in: X., *Studi in onore di Edoardo Volterra*, vol. 4, Milano, 1971, p. 81-104.

PATKANIOWSKI, M., "Rozkwit nauk historycznoprawnych na Uniwersytecie Jagiellońskim" [The Flourishing of the Legal History Research at the Jagiellonian University], in: IDEM (*ed.*), *Dzieje Wydziału Prawa i Administracji Uniwersytetu Jagiellońskiego: od reformy kołłątajowskiej do końca XIX stulecia = Studia ad Universitatis Iagellonicae Facultatis Iuris historiam pertinentia* [*The History of the Faculty of Law of the Jagiellonian University: from the Kołłątaj's Reform till the End of the 20th Century*], Kraków, 1964, p. 127-132.

PIENIĄŻEK-BRZOSTOWSKA, A., "O Stanisławie Wróblewskim – romaniście" [About Stanisław Wróblewski –Romanist], in: WITKOWSKI, Z., and BRONOWSKI, C. (*eds.*), *Toruńskie Studia Polsko-Włoskie V / Studi Polacco-Italiani di Toruń V*, Toruń, 2009, p. 11-20.

PISKUREWICZ, J., "Wróblewski w Polskiej Akademii Nauk" [Stanisław Wróblewski at the Polish Academy of Arts and Sciences], in: X., *Stanisław Wróblewski (1868–1938). Materiały z posiedzenia naukowego w dniu 21 listopada 2008 r. Archiwum Nauki PAN i PAU: „W służbie nauki"* [*Stanisław Wróblewski (1868-1938). Acts of the Scientific Session Held on 21st November 2008. The Archive of the Polish Academy of Arts and Sciences: "In the Service of Science"*], nr. 19, Kraków, 2011, p. 69-77.

POL, K., "s.v. Stanisław Wróblewski", in: IDEM (*ed.*), *Poczet prawników polskich* [*The Polish Lawyers*], Warszawa, 2000. p. 765-784.

POL, K., "s.v. Stanisław Wróblewski", in: IDEM (*ed.*), *Poczet prawników polskich XIX i XX wieku* [*The Polish Lawyers of the 19th and 20th Centuries*], add. Adam Redzik, 2nd ed., Warszawa, 2011, p. 751-769.

ROZWADOWSKI, W., "Il possesso nel diritto Romano polacco dopo il 1946 alla luce del diritto romano", *Index: Quaderni camerti di studi romanistici* 16 (1988), p. 231-244.

SOHM, R., *Institutionen, Geschichte und System des Römischen Privatrechts* (1st ed.: Leipzig, 1883) = *Instytucje, historia i system rzymskiego prawa prywatnego*, translated and edited by R. TAUBENSCHLAG and W. KOZUBSKI, Warszawa, 1925.

SCHNUR, R., *Einflüsse des deutschen und des österreichischen Rechts in Polen*, Berlin, 1985; rev. Ajnenkiel Andrzej, "Wpływy niemieckiego i austriackiego prawa w Polsce" [The Influence of German and Austrian Law in Poland], *Czasopismo Prawno-Historyczne* [*The Journal of Legal History*] 39/1 (1987), p. 205-209.

SOŁTYSIŃSKI, S., "Wkład Stanislawa Wróblewskiego w rozwój prawa handlowego" [Contribution of Stanisław Wróblewski to the Development of Commercial Law], in: X., *Stanisław Wróblewski (1868–1938). Materiały z posiedzenia naukowego w dniu 21 listopada 2008 r. Archiwum Nauki PAN i PAU: „W służbie nauki"* [*Stanisław Wróblewski (1868-1938). Acts of the Scientific Session Held on 21st November 2008. The Archive of the Polish Academy of Arts and Sciences: "In the Service of Science"*], nr. 19, Kraków, 2011, p. 45-59.

SONDEL, J., "s.v. Wróblewski Stanisław", in: IDEM (*ed.*), *Słownik Historii i Tradycji Uniwersytetu Jagiellońskiego* [*Dictionary of the History and Tradition of the Jagiellonian University*], Kraków, 2012, p. 1423-1424.

SONDEL, J., "s.v. Zoll Fryderyk starszy" [Zoll Fryderyk Senior], in: IDEM, *Słownik Historii i Tradycji Uniwersytetu Jagiellońskiego* [*Dictionary of the History and Tradition of the Jagiellonian University*], Kraków, 2012, p. 1492-1493.

SONDEL, J., "Stanisław Wróblewski jako romanista" [Stanisław Wróblewski as a Romanist], *Krakowskie Studia Prawnicze* [*The Cracovian Studies on Law and State*] 23 (1990), p. 161–174.

SONDEL, J., "Wkład Stanisława Wróblewskiego w rozwój polskiej doktryny prawa rzymskiego" [Contribution of Stanisław Wróblewski to the Development of Polish Roman Law Doctrine], in: X., *Stanisław Wróblewski (1868–1938). Materiały z posiedzenia naukowego w dniu 21 listopada 2008 r. Archiwum Nauki Polskiej Akademii Nauk i Polskiej Akademii Umiejętności: „W służbie nauki"* [*Stanisław Wróblewski (1868-1938). Acts of the Scientific Session Held on 21st November 2008. The Archive of the Polish Academy of Arts and Sciences: "In the Service of Science"*], nr. 19, Kraków, 2011, p. 13–26.

SONDEL, J., "Z dziejów Katedry Prawa Rzymskiego UJ" [From the History of the Chair of Roman Law of the Jagiellonian University], in: *Prace Komisji Historii Nauki Polskiej Akademii Umiejętności* [*The Works of the Commission of the History of Science of the Polish Academy of Arts and Sciences*], 12 (2013), p. 81-116.

ŚRÓDKA A. (*ed.*), *Uczeni Polscy XIX-XX stulecia* [*The Polish Scholars of the 19th and 20th Centuries*], Warszawa, 1998, vol. 4: S-Ż.

STELMACHOWSKI, A., "Stanisław Wróblewski jako cywilista" [Stanisław Wróblewski as a Civilist], in: X., *Stanisław Wróblewski (1868–1938). Materiały z posiedzenia naukowego w dniu 21 listopada 2008 r. Archiwum Nauki PAN i PAU: „W służbie nauki"*

[*Stanisław Wróblewski (1868-1938). Acts of the Scientific Session Held on 21st November 2008. The Archive of the Polish Academy of Arts and Sciences: "In the Service of Science"*], nr. 19, Kraków, 2011, p. 39-44.

ŚWIĘCICKA, P., "'Amne Adverso' Means 'Looking Upstream'. Remarks on the Book by Laurent Waelkens, 'Amne Adverso'. Roman Legal Heritage in European Legal Culture (Leuven University Press, 2015)", *Krakowskie Studia z Historii Państwa i Prawa* [*The Cracovian Studies on State and Law*] 9/4 (2016), p. 567-578, www.ejournals.eu/Krakowskie-Studia-z-Historii-Panstwa-i-Prawa.

SZAWŁOWSKI, R., *Najwyższe państwowe organy kontroli II Rzeczypospolitej* [*The State Supreme Audit Institutions of the Second Republic of Poland*], Warszawa, 2004.

SZPUNAR, A., PRZYBYŁOWSKI, K., and SIEDLECKI, W. (*eds.*), *Nauka prawa prywatnego i procesowego w Polsce* [*The Scholarship of Private Law and Legal Procedure in Poland*], Kraków, 1948.

SZYMOSZEK, E., "Prawo podmiotowe w nauczaniu Stanisława Wróblewskiego" [The Subjective Right according to Stanisław Wróblewski], in: X., *Honeste vivere... Księga pamiątkowa ku czci Profesora Władysława Bojarskiego* [*Honeste vivere... Studies dedicated to Professor Władysław Bojarski*], Toruń, 2001, p. 255-268.

SZYMOSZEK, E., "Uprawnienie – roszczenie – skarga według Stanisława Wróblewskiego" [Right – Claim – Legal Action according to Stanisław Wróblewski], in: *Valeat Aequitas. Księga pamiątkowa ofiarowana Księdzu Profesorowi Remigiuszowi Sobańskiemu* [*Valeat Aequitas. Studies dedicated to Rev. Professor Remigiusz Sobański*], Katowice, 2000, p. 443-467.

TAUBENSCHLAG, R., *Gli studi di diritto romano in Polonia nel secolo XX, estr. da: Gli studi romani nel mondo*, Roma 1936, vol. 3.

VETULANI, A., *Dzieje historii prawa w Polsce* [*The History of Legal History in Poland*], Kraków, 1948.

WAELKENS, L., *Amne Adverso. Roman Legal Heritage in European Legal Culture*, Leuven 2015.

WIEACKER, F., *Privatrechtsgeschichte der Neuzeit unter besonderer Berücksichtigung der deutschen Entwicklung*, 2nd ed., Göttingen, 1967.

WISŁOCKI, J., *Prawo rzymskie w Polsce* [*Roman Law in Poland*], Kraków, 1945.

WOŁODKIEWICZ, W., "Stanisław Wróblewski – kodyfikator (1838-1938)" [Stanisław Wróblewski – The Codificator (1838-1938)], *Krakowskie Studia Prawnicze* [*The Cracovian Studies on Law*] 23 (1990), p. 147-159 = *Czy prawo rzymskie przestało istnieć?* [*Does Roman Law still exist?*], Kraków, 2003, p. 424-440 [= *Europa i prawo rzymskie. Szkice z historii europejskiej kultury prawnej = Europe and Roman Law*, Warszawa, 2009, p. 627-641] = "Stanisław Wróblewski codificatore", *Index: Quaderni camerti di studi romanistici* 16 (1988), p. 245-253.

WRÓBLEWSKI, S.,"The Programme of Lectures of Roman Law" in: *Archive of the Jagiellonian University* II.

WRÓBLEWSKI, S., "Usucapio pro herede", *Czasopismo Prawnicze i Ekonomiczne* [*The Journal of Law and Economics*] 22 (1923), p. 212-221.

WRÓBLEWSKI, S. and JAWORSKI, W.L., *Komentarz do austriackiego kodeksu cywilnego* [*The Commentary on the Austrian Commercial Code*], vol. 1-3, Kraków, 1900-1904.

WRÓBLEWSKI, S. and ROSENBLATT, J.M., *Komentarz do austriackiego kodeksu handlowego* [*The Commentary on the Austrian Commercial Code*], vol. 1, Kraków, 1906, vol. 2, Kraków, 1907.

WRÓBLEWSKI, S., *Komentarz do Kodeksu Handlowego* [*A Commentary on the Commercial Code*], vol. 1, Kraków, 1935-1936.

WRÓBLEWSKI, S., "O wykładach prawa rzymskiego" [About the Lectures on Roman Law], *Czasopismo Prawnicze i Ekonomiczne* [*The Journal of Law and Economics*] 1/3-4 (1900), p. 433-443.

WRÓBLEWSKI, S., "Ograniczenia darowizny" [The Restictions of Making Donations], in: X., *Ku uczczeniu Bolesława Ulanowskiego* [*Liber amicorum of Bolesław Ulanowski*], Kraków, 1911, p. 341-364.

WRÓBLEWSKI, S., *Polskie prawo czekowe z 14 XI 1924* [*The Polish Law of Cheques of 14.11.1924*], Kraków, 1926.

WRÓBLEWSKI, S., *Polskie prawo wekslowe z 14 XI 1924 wraz z przepisami o procesie wekslowym i o opłatach od weksli* [*The Polish Law of Bills of Exchange of 14.11.1924 with the Provisions on the Procedure*], 1st ed., Kraków, 1925; 2nd ed.: *Polskie prawo wekslowe i czekowe* [*The Polish Law of Bills of Exchange and Cheques*], Kraków, 1930.

WRÓBLEWSKI, S., *Powszechny austriacki kodeks cywilny uzupełniony ustawami i rozporządzeniami, objaśniony orzeczeniami sądu* [*The Commentary on the Austrian Civil Code, the Laws and the Judgements of the Supreme Tribunal in Vienna*], vol. 1, Kraków, 1914; vol. 2, Kraków, 1918.

WRÓBLEWSKI, S., *Prawo wekslowe i czekowe z 28 IV 1936* [*The Polish Law of Bills of Exchange and Cheques of 28.04.1936*], Kraków, 1936.

WRÓBLEWSKI, S., *Zarys wykładu prawa rzymskiego* [*The Outline of the Lecture of Roman Law*], vol. 1: *Historia stosunków wewnętrznych Rzymu i źródeł prawa, losy prawa rzymskiego po śmierci Justyniana, nauki ogólne prawa prywatnego* [*The History of Internal Relationships in Rome, Sources of Law, History of Roman Law after the Death of Justinianus. General Part of Roman Law*], Kraków, 1916; vol. 2: *Prawo rzeczowe* [*Law of Property*], Kraków, 1919, [Review in: *Przegląd Prawa i Administracji = The Journal on Law and Adminstration* 41 (1916), p. 172 (anonymous)].

WYKA, K. (*ed.*), *Patrząc ku młodości. Wspomnienia wychowanków w Uniwersytecie Jagiellońskim* [*Looking toward the Youth. Memoires of Students of the Jagiellonian University*], Kraków, 1964.

WYROZUMSKI, J., "Przedmowa" [Introduction], in: X., *Stanisław Wróblewski (1868–1938). Materiały z posiedzenia naukowego w dniu 21 listopada 2008 r. Archiwum Nauki PAN i PAU: „W służbie nauki"* [*Stanisław Wróblewski (1868-1938). Acts of the Scientific Session Held on 21st November 2008. The Archive of the Polish Academy of Arts and Sciences: "In the Service of Science"*], nr. 19, Kraków, 2011, p. 7-8.

ZIMMERMANN, R., *Roman Law, Contemporary Law, European Law. The Civilian Tradition Today*, Oxford, 2004.

ZOLL, F. (Jr), "Ś.p. Stanisław Wróblewski" [The Late Stanisław Wróblewski], *Kwartalnik Prawa Prywatnego* [*The Journal of Private Law*] 2/1 (1939), p. 7-15, repr. in: HOMOLA-SKĄPSKA, J. (*ed.*), *Wspomnienia Fryderyka Zolla (1865-1948)* [*Memories of Fryderyk Zoll (1865-1948)*], Kraków, 2000, p. 501-511.

ZOLL, F. (Sr), *O krytycznych badaniach tekstu zbiorów justyniańskich* [*About the Critical Studies of the Text of the Justinian's Collections*], Kraków, 1872.

ZOLL, F. (Sr), "O nauce prawa rzymskiego na naszych uniwersytetach" [About the Science of Roman Law in Our Universities], *Przegląd Prawa i Administracji* [*The Journal on Law and Administration*] 1892, p. 12-23.

ZOLL, F. (Sr), "O naukowym stanowisku prawa rzymskiego po zaprowadzeniu kodeksu cywilnego w Niemczech" [About a Scientific Place of Roman Law after an Introduction of the Civil Code in Germany], *Czasopismo Prawnicze i Ekonomiczne* [*The Journal of Law and Economics*] 1/1-2 (1900), p. 1-17.

ZOLL, F. (Sr), *O wykładach prawa rzymskiego i obowiązującego prawa cywilnego na uniwersytetach austriackich* [*About the Lectures of Roman Law and Civil Law at the Universities in Austria*], Kraków, 1873.

ZOLL, F. (Sr), *Pandekta czyli nauka rzymskiego prawa prywatnego* [*Pandecta, or the Science of Roman Private Law*], vol. 1 (General Part), vol. 2 (Law of Property), Kraków, 1888, vol. 3 (Law of Obligations), Kraków, 1910.

ŻUKOWSKI, P.M., "s.v. Lisowski Zygmunt", in: MALEC, D. (*ed.*), *Profesorowie Wydziału Prawa i Administracji Uniwersytetu Jagiellońskiego* [*The Professors of the Faculty of Law and Administration of the Jagiellonian University*], vol. 2: 1780-2012, Kraków, 2016, p. 299-301.

ŻUKOWSKI, P.M., "s.v. Szymoszek Edward", in: MALEC, D. (*ed.*), *Profesorowie Wydziału Prawa i Administracji Uniwersytetu Jagiellońskiego* [*The Professors of the Faculty of Law and Administration of the Jagiellonian University*], vol. 2: 1780-2012, Kraków, 2016, p. 531-532.

ŻUKOWSKI, P.M., "s.v. Zoll Fryderyk starszy" [Zoll Fryderyk Senior], in: MALEC, D. (*ed.*), *Profesorowie Wydziału Prawa i Administracji Uniwersytetu Jagiellońskiego* [*The Professors of the Faculty of Law and Administration of the Jagiellonian University*], vol. 2: 1780-2012, Kraków, 2016, p. 599-601.

ŻUKOWSKI, P.M., "Wychowankowie Uniwersytetu Jagiellońskiego w Komisji Kodyfikacyjnej Rzeczypospolitej Polskiej 1919-1939" [The Scholars of the Jagiellonian University in the Codification Commission of the Republic of Poland 1919-1939], *Palestra* [*The Bar*] 54/9-10 (2009), p. 164-170.

INDEX OF AUTHORS

Paolo ANGELINI read political sciences at the University of Teramo, and history at the university of Chieti-Pescara. In 2010, he received his Ph.D. from the Faculty of Law at the university of Teramo. He was granted scholarships at the Max-Planck-Institute for European Legal History in Frankfurt am Main and at Harvard University's Dumbarton Oaks Institute in Washington D.C. From 2011 until 2017, he worked as a postdoctoral researcher at the KU Leuven.

Matthias CASTELEIN studied history (2010) and law (2014) at the KU Leuven and at Tilburg University. He is currently finishing his Ph.D. at KU Leuven on the legal history of Corsica in the sixteenth and seventeenth centuries. He is also practising as a lawyer at the Kortrijk bench.

Wim DECOCK read classics and law. In 2011, he obtained a Ph.D. in Law from KU Leuven, as well as a degree of *Dottore di ricerca in diritto europeo su base storico-comparatistica* from the university of Rome III. His dissertation centred on the historical and theological foundations of modern contract law. He joined the KU Leuven Faculty of Law in 2013, and is currently a full-time research professor (BOF-ZAP). He also teaches at the law faculty of the university of Liège. He received several awards, *inter alia* the *Heinz-Maier-Leibnitz Preis* of the *Deutsche Forschungsgemeinschaft*, the Raymond Derine Prize 2012, and the ASL-Prize in Humanities and Social Sciences 2012.

Wouter DRUWÉ read law, theology and canon law at the Catholic University of Leuven (KU Leuven), with an exchange semester at the University of Fribourg, Switzerland. In 2018, he defended his Ph.D. on loans and credit in early modern legal *consilia* and *decisiones* of the Northern and Southern Low Countries. He has been a Ph.D. Fellow of the Research Foundation – Flanders (FWO). As of October 2018, he is assistant professor of Roman law and legal history at KU Leuven.

Tiziana FAITINI obtained a Ph.D. in Political Philosophy at the University of Trento in 2014 with a dissertation on the history of the experience of professionalism. In 2016, she was a postdoctoral fellow at the *Abteilung für Abendländische Religionsgeschichte* of the *Leibniz Institut für Europäische Geschichte* in Mainz. She is currently adjunct professor in Political Philosophy in Trento and MKW-Marie Skłodowska-Curie Cofund Fellow at the *Max Weber Centre for Advanced Cultural and Social Studies* in Erfurt.

Tomáš Gábriš is a full professor of legal history at the Faculty of Law of the Comenius University in Bratislava, Slovak Republic. He has published more than 250 items, including seven monographs, *e.g.* on the relationship between law and history, on the modernization of law in the Hungarian Kingdom, and on the history of law in East-Central Europe. As an expert in legal history, he was appointed as a member of the committee that drafted the Civil Procedure Code for Slovakia, and is currently a member of the committee preparing a draft of the new Civil Code.

Gábor Hamza is ordinary professor of Roman law and legal history at the Eötvös-Loránd University in Budapest. He is a full member of the Hungarian Academy of Sciences.

Dalibor Janiš is an assistant professor at the Faculty of Arts of the University of Ostrava in the Czech Republic. His research interests include medieval and early modern legal history, Bohemian and Moravian provincial law, municipal law, feudal law of the bishopric of Olomouc, critical editions of legal sources and the history of nobility.

Katrin Kello is Senior Adviser at the Department of International Research Cooperation of the Estonian Research Council. She read history (MA 2003) at the university of Tartu. In 2014, she obtained a Ph.D. in Media and Communications.

Vasileios-Alexandros Kollias is a Greek attorney-in-law. He studied law in the *National* and Kapodistrian University of Athens (2010). He holds a MSc in Ecclesiastical *Law* from the aforementioned law school of the University of Athens (2012), as well as a MSc in Legal History from the law school of the Aristotle University of Thessaloniki (2014). For his recently defended Ph.D. in law at the aforementioned university of Athens (Dr. Iur. 2017), he studied chrysobulls *as sources of* Byzantine Law.

Mirela Krešić is an associate professor at the Faculty of Law of the University of Zagreb. She teaches courses on 'Croatian legal history in the European context', and on 'Women's legal history: Croatian tradition and the European context'. Her research interests include the law of succession, the Croatian communal household, the *ABGB* in Croatia and Slavonia, women's legal history, as well as Croatian public notaries.

Tamara Matović recently defended her Ph.D. in legal history at the Faculty of Law of the University of Belgrade. She completed undergraduate studies in law (2007-2011), a clinical legal education in contract law (2010-2011) and a master in comparative legal history (2011-2012) at the University of Belgrade. From 2013 to 2015, she was a research trainee at the Institute for Byzantine Studies of the Serbian Academy of Sciences and Arts, and from 2015 to 2017 a research assistant. As of 2018, she is a research associate at the same Institute. She also teaches Roman law and legal history at the Faculty of Law of Union University in Belgrade. She is a member of the Serbian committee for Byzantine Studies and of the Association of Friends of Mount Athos.

Maciej Mikuła studied law (2007) and history (2008) at the Jagiellonian University of Kraków. In 2014, he published his Ph.D. on a topic of Polish legal history as a monograph: *Prawodawstwo króla i sejmu dla małopolskich miast królewskich (1386-1572). Studium z dziejów rządów prawa w Polsce*. He is assistant professor at the Faculty of Law and Administration at the Jagiellonian University. His research interests include the history of the municipal law of Magdeburg and its derivates in Central Europe, the edition of legal sources, criminal law in the *Interbellum* and religious freedom. He is secretary of the scientific journal *Cracow Studies of Constitutional and Legal History*.

Valerio Massimo Minale studied law at the State University of Milan and graduated in 2004. After a biennial School of specialization in legal studies, he obtained a Ph.D. in Byzantine History at the Università Orientale of Naples with a thesis concerning the influence of Byzantine law on the legal system of Kievan Russia; in the meantime he has been scholar at the *Istituto Italiano per gli Studi Storici*. He spent a year in Berlin (DAAD) and a semester in Frankfurt am Main (Max-Planck-Institut für europäische Rechtsgeschichte), then he achieved a four-year grant at the Università Bocconi again in Milan, where he taught Roman Trade Law. Qualified as associate professor in Roman Law in 2014 and 2017, he is now researcher at the Università Federico II of Naples.

Msgr. **Roland Minnerath** is the Archbishop of Dijon. Previously, he has been a professor of Church history and of Church-State relationships in Strasbourg.

Annick Peters-Custot is a *professeur des universités* at the University of Nantes. In 2002, she obtained a Ph.D. in history at the University of Paris I on a dissertation on the modalities of acculturation of the Greek population in Post-Byzantine Southern Italy (eleventh-fourteenth centuries). In 2011, she received a *habilitation à diriger les recherches* at the same university with a thesis entitled *L'Italie méridionale byzantine, normande et souabe. Entre Orient et Occident*, and with a monography on Bruno of Cologne in Calabria. She published several articles and edited four books on the Byzantine legacy in Italy, all published with the *Collection de l'École française de Rome*.

Dmitry Poldnikov is professor at the Department of general and inter-branch legal disciplines in the National Research University 'Higher School of Economics' in Moscow. He teaches courses on foreign legal history and comparative law. His research interests cover the history of contract law, *ius commune*, legal scholarship, and the reception of Roman law in Continental Europe. His principal publications include three monographs (2008, 2011, 2016) and a textbook (2013) on the rise and evolution of the general doctrine of contract law in medieval and modern Western Europe, as well as a series of articles concerning its adaptation in modern Russian legal scholarship. He is a member of the editorial board of the Journal on European History of Law and a member of the European Society for Comparative Legal History.

Merike Ristikivi is an associate professor of legal history at the Faculty of Law of the University of Tartu, Estonia. She has studied law (Ph.D. 2010) and classical philology (MA 2006). Her main research interests are legal linguistics and discourse analysis, Latin legal terminology, law journals and periodicals, and Roman law and its reception.

Chris Rodriguez holds degrees in legal history, history, classics and German. He obtained a Ph.D. in law (legal history) from the University of Paris II. The thesis, which was supervised by Prof. Dr. Jean-Pierre Coriat with the advice of Prof. Joseph Mélèze-Modrzejewski, concerns the *Acta Alexandrinorum*.

Hesi Siimets-Gross is an associate professor of legal history and Roman law at the Faculty of Law of the University of Tartu. She has studied law and is an expert of legal history and Roman law (dr. iur. 2011, MA 2002). Her main research interests are Roman private law, the history of Roman law, the reception of Roman law, especially in the Baltic provinces of the Russian Empire in the nineteenth century, the history of Roman legal science, the abolition of serfdom and the freedom processes, human rights in the Estonian Republic in the *Interbellum* and the history of Estonian private law in the twentieth century.

Paulina Święcicka is assistant professor of Roman law at the Faculty of Law and Administration of the Jagiellonian University of Cracow. She teaches courses on legal rhetoric in practice, on Latin legal terminology and on Roman jurisprudence as formative of modern legal science. In 2009, she defended her Ph.D., which dealt with the argumentation of late-republican Roman jurists and *rationes* of legal solutions in cases of *damnum iniuria datum*.

Levente Völgyesi graduated in law at the Eötvös-Loránd University in 1996. He got a Ph.D. in legal sciences (2008) and habilitated (2017) in the same university. He earned his diplomas in theology and canon law (MA and JCL) between 2005 and 2011 at the Pázmány Péter Catholic University in Budapest. Currently he teaches at both universities as a lecturer in civil and canon law. He serves as the defender of the bond of the episcopal court of Vác and as a permanent deacon incardinated in the same diocese. His areas of research include the legal history of municipalities, architectural and monument protection law, and the history of civil procedure.